Adolf Legde

Geschichte des 2. Badischen Dragoner-Regiments Nr. 21

Adolf Legde

Geschichte des 2. Badischen Dragoner-Regiments Nr. 21

ISBN/EAN: 9783741183348

Hergestellt in Europa, USA, Kanada, Australien, Japan

Cover: Foto ©ninafisch / pixelio.de

Manufactured and distributed by brebook publishing software (www.brebook.com)

Adolf Legde

Geschichte des 2. Badischen Dragoner-Regiments Nr. 21

Geschichte

des

2. Badischen
Dragoner-Regiments Nr. 21.

Verfaßt von

Legde,
Rittmeister und Eskadronchef im Regiment.

Mit Abbildungen und zwei Ueberfichtskarten.

Berlin 1893.
Ernst Siegfried Mittler und Sohn
Königliche Hofbuchhandlung
Kochstraße 68–70.

Vorwort.

Im Jahre 1892 ertheilte der Regimentskommandeur, Herr Oberstlieutenant v. Uslar, dem Verfasser den ehrenvollen Auftrag, die Geschichte des Regiments zu schreiben.

Mit Lust und Liebe, mit voller Hingebung habe ich die Arbeit unternommen und durchgeführt. Schwierig war sie für mich insofern, als mir nur spärlich vorhandene Akten zu Gebote standen. Ich verfehle daher an dieser Stelle nicht, meinen Dank denjenigen Herren zu wiederholen, welche mich mit Angaben und Material unterstützt haben.

So möge denn die Geschichte des 2. Badischen Dragoner-Regiments Nr. 21 eine freundliche Aufnahme bei den Kameraden und Gönnern desselben finden.

Ist es mir gelungen, die Dahingeschiedenen der Vergessenheit zu entrücken, den noch lebenden Kameraden vergangene Zeiten wieder wachzurufen, und finden die Kommenden durch dieses Buch Interesse an den Thaten und Erlebnissen des Regiments, so werde ich hierin einen reichen Lohn für meine Arbeit erblicken.

Bruchsal, im Januar 1893.

Der Verfasser.

Inhalts-Verzeichniß.

Seite

I. Abschnitt.
Von der Formation des Regiments bis zum Feldzuge 1866 1

II. Abschnitt.
Der Feldzug 1866 22

III. Abschnitt.
Zeit der Reorganisation von Ende 1866 bis 1870 47

IV. Abschnitt.
Der Feldzug 1870/71 56
   1. Die Vorbereitung zum Kriege. Die Mobilmachung und Verwendung des Regiments diesseits des Rheins 56
   2. Vom Uebergang über den Rhein bis zum Beginn der Belagerung von Straßburg 63
   3. Vom Beginn der Belagerung bis zur Kapitulation von Straßburg 71
   4. Der Uebergang über die Vogesen bis Besoul 79
   5. Von Besoul bis Dijon 82
   6. Der Vorpostendienst in Dijon 88
   7. Nuits und die Expedition nach Châtillon sur Seine . . . 97
   8. Die Stellungen um Besoul und Villerserel 104
   9. Belfort 107
  10. Die Verfolgung der Bourbaki'schen Armee 114
  11. Die Zeit des Waffenstillstandes 122
  12. Der Rückmarsch in die Heimath 126

V. Abschnitt.
Von 1871 bis 31. Dezember 1892 138

Anhang.
Kurzer Rückblick auf die Organisation und Kriegsgeschichte der Markgräflich und Großherzoglich badischen Kavallerie 164

Anlagen.

		Seite
I.	Personal-Veränderungen und Ranglisten von 1850 bis 1892	201
II.	Zu- und Abgangsliste der Offiziere von 1850 bis 1892	244
III.	Liste der Kommandeure, etatsmäßigen Stabsoffiziere, Rittmeister, Adjutanten, Regimentsärzte, Zahlmeister und Wachtmeister von 1850 bis 1892	259
IV.	Zu- und Abgangsliste der Reserve-Offiziere, Aerzte und Beamten	266
V.	Liste der Namen und Garnisonen des Regiments	270
VI.	Bekleidung und Ausrüstung des Regiments	271
VII.	Militärkonvention zwischen Baden und Preußen	274
VIII.	Benutzte Quellen	282

Karten.

Uebersichtskarte des Feldzuges 1866,
" " " 1870/71.

Verzeichniß der Abbildungen.

Das 2. Badische Dragoner-Regiment Nr. 21 im Jahre 1892.
Die Kommandeure von 1850 bis zur Gegenwart.
Ansicht des alten Bauhofthores in Bruchsal.
Ansicht der neuen Stallung in Bruchsal.
Der verstorbene Chef des Regiments, Markgraf Maximilian von Baden.
Zum Anhang: Markgräflich badische Reiterei 1790.

I. Abschnitt.

Von der Formation des Regiments bis zum Feldzuge 1866.

Die Reorganisation der badischen Truppen begann im Januar 1850 unter dem Kriegspräsidenten, Generallieutenant Freiherr v. Roggenbach, zunächst mit der Reuformation der Reiterei.

Seine Königliche Hoheit der Großherzog geruhte durch Ordre vom 6. Januar Allergnädigst zu bestimmen:

"Die Reiterei hat aus drei Regimentern zu bestehen, welche den Namen 1., 2., 3. Reiter-Regiment führen. Bis auf weiteren Befehl wird vom 1. Reiter-Regiment nur nebst der bisherigen Dragoner-Schwadron noch eine Schwadron gebildet."

Eine Allerhöchste Ordre vom 1. Februar befahl nunmehr auch die Aufstellung des 1. Reiter-Regiments zu vier Schwadronen.

Infolge dieser Allerhöchsten Befehle wurden am 20. Februar die Depots der Reiterei aufgelöst und die Reuformation der Reiter-Regimenter wie nachstehend in Vollzug gesetzt: Die Mannschaften der Depots der früheren drei Dragoner-Regimenter wurden je in drei gleiche Theile getheilt, und sodann aus diesen Theilen drei Reiter-Regimenter derart gebildet, daß ein jedes Regiment von jedem der früheren Depots gleich viele Mannschaft erhielt. Diese drei neuen Regimenter wurden dem "Kommando der Reiterei" unter dem Obersten Konstantin v. Roggenbach unterstellt.

Das diesseitige Regiment wurde in der Garnison Mannheim unter der Benennung:

"2. Reiter-Regiment"

am 20. Februar gebildet und war somit aus den früheren 1849 aufgelösten drei Dragoner-Regimentern "Großherzog, Markgraf Max Nr. 1 und v. Freystedt Nr. 2" formirt.

Der Stiftungstag des Regiments selbst fällt jedoch entsprechend der Allerhöchsten Kabinets-Ordre auf den 6. Januar 1850.

Dem Regiment wurden infolge Allerhöchsten Befehls vom 10. Januar folgende Offiziere zugetheilt:

Kommandant: Oberst Hilpert.
Stabsoffizier: Major Baer.
Rittmeister I. Klasse: Frhr. v. Freystedt, v. Kleudgen und Frhr. v. Stengel.
Rittmeister II. Klasse: Frhr. v. Stetten.
Oberlieutenant: Cassinone, Frhr. v. Menzingen, v. Holzing, Wirth und Frhr. v. Seldeneck.
Lieutenant: Frhr. v. Schaeffer, v. Fabert, Gramm, Schauffler, Warth, v. Stoecklern und Frhr. v. Hornstein.

Diese Zutheilung der Offiziere weist im Vergleich mit der in der Anlage 1 vom 20. Februar aufgestellten ersten Rangliste des Regiments einige Abweichungen auf, welche durch Veränderungen infolge Aufstellung von zwei weiteren Schwadronen im 1. Reiter-Regiment hervorgerufen wurden und hier nachfolgend erwähnt werden.

Am 1. Februar: Rittmeister Frhr. v. Weiler und Oberlieutenant Kieffer reaktivirt und in das Regiment versetzt.

Rittmeister v. Kleudgen, Lieutenant Gramm in das 1. Reiter- und Lieutenant Frhr. v. Schaeffer, unter Beförderung zum Oberlieutenant, in das 3. Reiter-Regiment versetzt.

Oberlieutenant Frhr. v. Seldeneck die unterthänigst nachgesuchte Entlassung, mit dem Charakter als Rittmeister von der Suite der Reiterei, bewilligt.

Am 12. Februar: Oberlieutenant Wirth zum 1. Reiter-Regiment versetzt.

Der Friedensetat des Regiments war festgesetzt worden, wie folgt:

A. Regimentsstab.

1. Streitbare: 1 Kommandant, 1 etatsmäßiger Stabsoffizier, 1 Regimentsadjutant, 1 Stabstrompeter, 1 Regimentsfourier, 1 Verwaltungsfourier, 12 Offizierpferde und 1 Dienstpferd.
2. Nicht Streitbare: 1 Regimentsarzt, 1 Rechnungsführer, 1 Oberarzt oder Oberchirurg, 1 Chirurg, 1 Oberthierarzt, 1 Thierarzt, 1 Büchsenmacher, 1 Profoß, 4 Offizierpferde, 1 Dienstpferd.

B. **Vier Schwadronen, je zu:**
1 Rittmeister als Schwadronskommandant, 1 Oberlieutenant, 2 Lieutenants, 1 Oberwachtmeister, 1 Schwadronswachtmeister, 3 Wachtmeister, 6 Unteroffizieren, 4 Trompetern, 6 Karabiniers 1. Klasse, 12 Karabiniers 2. Klasse, 67 Reiter, 1 unberittenen Schwadronsschmied, 5 unberittenen Offiziersdienern, 9 Offiziers- und 100 Dienstpferden.

Nachdem vorstehend der äußere Aufbau des Regiments veranschaulicht worden ist, folgt nunmehr eine gedrängte Uebersicht des Dienstbetriebes und der inneren Verwaltung.

Ein gewisses Eingehen in das Detail ließ sich hierbei nicht vermeiden, doch ist dieses nur insoweit geschehen, als es zum Verständniß des Ganzen und zur Orientirung über Rekrutirung, Remontirung, Kasernirung, Verpflegung, Rechtspflege und Verwaltung unerläßlich erforderlich ist. Dagegen wird bezüglich der Personalveränderungen und Ranglisten sowie der Bekleidung und Ausrüstung des Regiments auf die Anlagen verwiesen.

Beginnend mit der Wehrverfassung, so hatte das Großherzogthum Baden, ebenso wie die meisten europäischen Staaten bis 1848 das Konskriptionssystem, d. h. das gesetzlich geregelte System der Aushebung aller wehrfähigen Staatsbürger unter Zulassung der Stellvertretung oder Loskauf, aufrecht erhalten. 1849 wurde von dem badischen Kriegsministerium ein neues Wehrgesetz ausgearbeitet, welches am 12. Februar zur Wirksamkeit gelangte und das obige Konskriptionsgesetz vom 14. Mai 1825 beinahe vollständig aufhob. Das Gesetz brachte die allgemeine Wehrpflicht in voller Reinheit zur Durchführung; jede Stellvertretung wurde abgeschafft und das Institut der Einjährig-Freiwilligen eingeführt. Die Dienstpflicht wurde für alle Waffen auf sechs Jahre in der Linie und ein weiteres Jahr in der Reserve festgesetzt. Außerdem wurden alle nicht im Dienste stehenden Wehrpflichtigen der Linie, welche das 21. Lebensjahr zurückgelegt hatten, sowie die Reservisten der Bürgerwehr zugetheilt. Dieses eben erläuterte Gesetz wurde jedoch schon am 13. Februar 1851 wieder aufgehoben und dafür das Konskriptionsgesetz vom 14. Mai 1825 unter Beibehaltung der einjährigen Dienstzeit für gebildete junge Männer eingeführt. Somit war also die Stellvertretung wiederum gestattet, hingegen befreiten schwere körperliche Gebrechen, sowie gewisse im Gesetz vorgesehene Fälle auf Reklamation vollständig von der Wehrpflicht. Auch erklärte das Gesetz solche Personen, die mit Zuchthaus bestraft waren, für unwürdig zum persönlichen Kriegsdienst, verpflichtete sie aber bei vorhandenem Vermögen zur Gestellung eines Stellvertreters. Der Ersatz des Regiments erfolgte also durch Konskription und zwar durch eine ordentliche und durch eine außerordentliche. Die erstere war zur Erhaltung auf dem etatsmäßigen Friedensfuß bestimmt und die letztere fand im Falle eines Krieges statt.

Die Remontirung geschah größtentheils mit inländischen Pferden; für die Aufstellung des Kriegskontingents waren geeignete Maßregeln zur Bereithaltung der erforderlichen Pferde getroffen.

Für den inneren Dienst galten die Vorschriften über die allgemeine Kriegsdienstordnung vom 25. Juni 1839 als maßgebend. Näher auf dieses Reglement einzugehen, würde zu weit führen, hier sei nur bemerkt, daß die Vortrefflichkeit der Dienstvorschriften und ihre Brauchbarkeit für die Armee sich im Laufe der Jahre so bewährt hatte, daß die bessernde Hand der Reorganisation nur den achten Abschnitt dieser Vorschriften, den Unterricht und die Uebungen der Truppen betreffend, durch eine totale Umarbeitung im Jahre 1851 zu vervollkommnen suchte. Die Kriegsdienstvorschriften zerfielen in die allgemeine Dienstordnung, welche, in neun Abschnitte zergliedert, in ihrer Reihenfolge nur allgemeine Direktiven gab, und in die speziellen Dienstordnungen, die das Detail des Dienstes bestimmten. Hiernach war die Schwadron eine taktische Einheit und zerfiel für den inneren Dienst:

1. in 8 Beritte, jeder mit 1 Korporal und 2 Karabiniers;
2. in 4 Züge zu je 2 Beritten, jeder Zug war einem Lieutenant der Schwadron zugetheilt, und unter diesem stand ein Zugswachtmeister.

Der Oberwachtmeister und der Schwadronswachtmeister bildeten mit dem Schwadronskommandanten den Stab der Eskadron.

Die Ausbildung der Leute bei der Schwadron regelte sich derartig, daß die Rekruten bei ihrem Eintritt in die Züge der Schwadron eingetheilt wurden. Jeder Zug bestand zum Reitdienst aus zwei Abtheilungen (einer Rekruten- und einer Abtheilung älterer Mannschaft). Der Zugskommandant ertheilte allein den Reitunterricht seines Zuges. Dagegen leitete die Dressur der Remonten, sowie die Ausbildung der Unteroffiziere im Reiten der betreffende Rittmeister selbst. Für besonders schwierige ältere Pferde, sowie für widersetzliche Remonten war vom Regiment ein geeigneter Lieutenant als Reitinstruktor befohlen; dieser bezog eine besondere

Funktionszulage und hatte außer der Dressur obiger Pferde noch den jüngeren Offizieren des Regiments Reitunterricht zu ertheilen.

Ungefähr nach dreimonatlicher Ausbildung im Reiten wurde mit dem Zugsunterricht und etwa einen Monat später mit dem Schwadronsexerziren begonnen. Hieran schloß sich das Regimentsexerziren an. Neben dem geschlossenen Exerziren wurden andere Ausbildungszweige, wie die zerstreute Fechtart, der Felddienst, der Schießunterricht, die gymnastischen Uebungen, die Uebungsmärsche und die Gefechtsübungen betrieben. Das Fußexerziren wie den theoretischen Unterricht der Rekruten leitete bei der Eskadron ein Offizier nach den allgemeinen Bestimmungen für den Unterricht. Letzterer umfaßte den Schulunterricht, den theoretischen Unterricht in allen Dienstzweigen und den praktisch-taktischen Dienstunterricht. Der Schulunterricht sollte die Unteroffiziere und Gefreiten mit Lesen, Schreiben, Rechnen und mit der Geographie vertrauter machen und wurde im Regiment ertheilt; der theoretische sowie der praktisch-taktische Unterricht umfaßte die Instruktion der Leute in allen Dienstzweigen und gab allgemeine Direktiven über die Rekrutenausbildung, Fortbildung der bereits eingeübten Mannschaften, Uebungen im Skelett, den Garnisondienst, Felddienst, das Scheibenschießen, Fechten, Voltigiren und Schwimmen.

Als grundsätzliche Art für die Unterkunft des Mannes bestand die Kasernirung, und waren die hierüber bestehenden Vorschriften ebenso zweckmäßig als in jeder Hinsicht für die Truppen günstig. Die Leute jedes Zimmers waren unter die Befehle eines besonderen Zimmerkommandanten gestellt. Die Mannschaft kochte zusammen, und hatte darüber ein Unteroffizier als Menagemeister die Oberaufsicht. Zur Einzelkasernirung berechtigt waren beim Regiment: sämmtliche Oberwachtmeister, der Stabstrompeter, der Profoß, der Büchsenmacher, der Chirurg, der Thierarzt und drei weitere Unteroffiziere oder Trompeter im Oberwachtmeister- oder Wachtmeisterrang. Abgesonderte Kasernirung, d. h. zu zwei bis vier Mann in einem Zimmer: sämmtliche Schwadronswachtmeister, der Regiments-Verwaltungsfourier, die Wundarzneidiener, die Freiwilligen und die Portepeefähnriche.

Die Verpflegung der Mannschaften des Regiments war durch eine umfassende Verordnung über das Menagewesen der badischen Truppen vom Jahre 1839 derartig geregelt, daß an der Menage nicht nur alle Dragoner, sondern auch die nicht verheiratheten Unteroffiziere und Trompeter theilnehmen mußten. Die Menage jedes Mannes bestand aus Morgen= und Mittagskost, und gehörten zur Ersteren 1½ Schoppen Suppe, zur Letzteren 1⅛ Schoppen Suppe, 1⅛ Schoppen Gemüse und wenigstens 5 Loth gekochtes beinloses Fleisch. Für diese Kost zahlte in Anbetracht der damaligen billigen Lebensmittelpreise — so z. B. kostete noch im Jahre 1853 das Pfund Ochsenfleisch nur 10 Kreuzer, gleich heutigen 30 Pfennigen — jeder Theilnehmer beim Löhnungsappell 5 Kreuzer an die Kasse des Kochvereins.

An Brot erhielt jeder Mann alle vier Tage einen Laib.

Was die Rechtspflege anbetraf, so wurde diese nach dem badischen Militär=Strafrecht und der Militär=Prozeßordnung gehandhabt. Die Aburtheilung begangener, gerichtlich zu ahndender Straffälle geschah durch ein Standgericht, wenn die beantragte Strafe drei Jahre Militär= arbeits= oder Zuchthausstrafe nicht erreichte, und der Angeschuldigte ein Unteroffizier oder Soldat war. Der untersuchungsführende Offizier hatte im Auftrage des Gerichtsherrn die Untersuchung über Disziplinarvergehen zu leiten, konnte jedoch die Zeugen nur mittelst Handschlags verpflichten.

Bei Weitem verschieden von den heutigen Einrichtungen erwies sich die Gestaltung der Disziplinar=Strafgewalt. Als kleine Dis= ziplinarstrafen bestanden: Strafarbeit und Strafdienst; und als größere Disziplinarstrafen: Kasernenarrest, Zimmerarrest, Arrest im Arrestanten= zimmer und schwerer oder Dunkelarrest.

Es konnte erkennen:
1. Der Karabinier gegen Dragoner: Verweis.
2. Der Korporal gegen Dragoner: Verweis, Strafarbeit, Strafausrücken; gegen Karabiniers: Verweis, Strafausrücken.
3. Der Wachtmeister gegen Dragoner: Verweis, Strafarbeit, Strafausrücken, Zimmerarrest bis zu zwei Tagen; gegen Karabiniers: Verweis, Strafausrücken, Zimmerarrest bis zu einem Tage; gegen Korporale: Verweis.
4. Der Oberwachtmeister gegen Dragoner, Karabiniers und Korporale: Zimmerarrest bis zu zwei Tagen; gegen Wacht= meister: Zimmerarrest bis zu einem Tage.
5. Der Lieutenant gegen Dragoner, Karabiniers und Korporale: Zimmerarrest bis zu vier Tagen; gegen Wachtmeister: Zimmerarrest bis zu 2 Tagen; gegen Oberwachtmeister: Verweis.

6. Der Schwadronskommandant gegen Dragoner und Karabiniers: einfachen Arrest bis zu sechs Tagen; gegen Korporale: einfachen Arrest bis zu drei Tagen; gegen Lieutenants: gewöhnlichen Hausarrest bis zu zwei Tagen.
7. Der Regimentskommandant gegen Dragoner und Karabiniers: Dunkelarrest bis zu acht Tagen; gegen Unteroffiziere: Dunkelarrest bis zu vier Tagen; gegen Lieutenants: Wacharrest bis zu sechs Tagen; gegen Rittmeister: Wacharrest bis zu drei Tagen; gegen Stabsoffiziere: strengen Hausarrest bis zu einem Tage.

Betrachten wir nunmehr die Verhältnisse des Regiments, so stand dieses in Beziehung auf den inneren und äußeren Dienst unter dem Brigadekommando; dagegen in Beziehung auf den Kriegshaushalt unmittelbar unter dem Kriegsministerium.

Um diesen Dienstzweigen vorstehen zu können, waren dem Regiment unterstellt:

a) in Beziehung auf den inneren und äußeren Dienst, sowie die Verwaltung der Personalien und der Pferde: zunächst der Stabsoffizier und dann die Schwadronskommandanten;
b) in Beziehung auf die Militärökonomie: der Regiments-Verwaltungsrath und der Regimentsquartiermeister;
c) bezüglich der Gesundheitspflege: der Regimentsarzt mit dem Oberarzt und Chirurgen, der Oberthierarzt und der Thierarzt;
d) bezüglich der Rechtspflege: ein Auditor als Regimentsauditor.

Den Faden der chronologisch geordneten Geschichtsschreibung nunmehr wieder aufnehmend, bestrebt sich der Verfasser die wichtigsten Begebenheiten nachstehend zu verzeichnen:

1850. Am 30. April fand vor Seiner Königlichen Hoheit dem Prinzen Wilhelm von Preußen und Seiner Großherzoglichen Hoheit dem Generallieutenant Markgrafen Maximilian von Baden, auf dem Mannheimer Exerzirplatze eine Parade statt, welche Zeugniß von dem regen Eifer und wetteifernden Pflichtgefühl in dem jungen Regimente ablegte. Im Juli war, nachdem infolge der damaligen Verhältnisse die Besetzung des Großherzogthums durch ein preußisches Armeekorps sich als nothwendig erwiesen hatte, eine Konvention zwischen Preußen und Baden dahin abgeschlossen worden, daß Großherzoglich badische Truppen nach Preußen verlegt wurden. Unter jenen badischen Truppen befand sich auch das diesseitige Regiment. Bevor es die Heimath verließ, fand am 9. Juli im Schwetzinger Schloßgarten vor Seiner Königlichen Hoheit dem Großherzog Leopold eine Parade statt. Am 17. Juli trat das Regiment über Darmstadt, Hanau, Fulda, Eisenach, Langensalza, Halle, Potsdam, Berlin den Marsch nach Preußen an. Es waren zwei Kolonnen formirt worden: die erste (3. und 4. Eskadron) unter dem Befehl des Obersten Hilpert und die zweite Kolonne (1. und 2. Eskadron) unter dem des Majors Baer; beide Kolonnen vereinigten sich am 21. August in Heinersdorf. Nach einem fünfwöchentlichen beschwerlichen Marsche kam am 28. August das Regiment in die Standquartiere Königsberg in der Neumark und Arnswalde; ersterer Ort wurde von dem Stab sowie der 1. und 2. Eskadron und letzterer von der 3. und 4. Eskadron unter dem Befehl des Rittmeisters v. Freystedt belegt. Es war in Aussicht genommen, das Regiment gleich den übrigen ausgerückten badischen Abtheilungen mehrere Jahre in diesen Garnisonen zu belassen, jedoch die schlechten Unterkunftsverhältnisse derselben veranlaßten einen baldigen Wechsel in den Standquartieren. Die badischen Truppen wurden von der Provinz Brandenburg nach der Provinz Westfalen verlegt, und sollte das 2. Reiter-Regiment am 10. November in nachstehenden Ortschaften folgendermaßen dislozirt werden: Stab und eine Schwadron in Münster, eine Schwadron in Hamm, eine in Telgte und eine in Warendorf. Infolge dieser Verlegung verließ das Regiment am 3. Oktober seine bisherigen Garnisonen Königsberg und Arnswalde und marschirte über Soldin, Fürstenwalde, Magdeburg, Höxter nach der Provinz Westfalen ab. Auf der Haide von Fürstenwalde wurde das Regiment am 12. Oktober durch den General v. Wrangel besichtigt, welcher nach Schluß der Vorstellung den Offizieren wie der Mannschaft seine volle Anerkennung aussprach. Nach einem langen und mitunter sehr beschwerlichen Marsche gelangte das Regiment Anfang November in die Gegend der neu angewiesenen Garnisonen.

Jedoch die Politik der deutschen Großmächte hatte sich während dieser Zeit scharf zugespitzt: Oesterreich stand der beabsichtigten preußischen Union feindlich gegenüber und Preußen schien zu mannhafter Vertheidigung seiner Unionspolitik entschlossen zu sein; preußische Truppen rückten in Kurhessen ein und besetzten die vertragsmäßigen Etappenstraßen. Diese für den allgemeinen Frieden Deutschlands Besorgniß erregenden Ereignisse veranlaßten die Großherzogliche Regierung zu dem Befehl, die badischen Truppen wieder in ihre Heimath zurückzuziehen. So trat das Regiment am 8. November den Rückmarsch über Dortmund, Köln, Koblenz, Worms, Mannheim nach Karlsruhe an, während welcher Zeit die preußischen Truppen gemäß den Bestimmungen des Olmützer Vertrages Baden räumen mußten. Am 7. Dezember traf das Regiment in Karlsruhe ein. Seine Königliche Hoheit der Großherzog Leopold empfing dasselbe im Park und ließ es dann vor dem Großherzoglichen Schlosse defiliren.

So war das 2. Reiter-Regiment nach fünfmonatlicher Abwesenheit wieder in die Heimath zurückgekehrt und hatte seit dem Abmarsche aus dem Vaterlande während dieser Zeit eine herrliche Probe eines musterhaft guten Benehmens und eines ehrenhaften Verhaltens abgelegt. Die Berichte der Königlich preußischen Militärbehörden waren voll des Lobes über die vorzügliche Haltung der in den Marken dislozirt gewesenen Großherzoglichen Truppen, und noch heute rühmen die Bewohner von Arnswalde die gute Führung und Haltung der badischen gelben Dragoner. Am 17. Dezember detachirte das Regiment die 1. Schwadron nach Rastatt zur Uebernahme des Festungsdienstes.

1851. Durch Allerhöchsten Befehl vom 30. Januar wurde dem Regiment, unter Beibehaltung einer detachirten Schwadron in Rastatt, die Garnison Bruchsal zugewiesen, und marschirte dasselbe am 15. Februar dorthin ab.

Am 23. April übernahm die 2. Eskadron die Ablösung in Rastatt. Am 20. Juni marschirte eine kombinirte Schwadron unter dem Kommando des Rittmeisters v. Stengel nach Wiesenthal zur Einweihung des Denkmals für die dort gefallenen Preußen.

Am 19. August löste die 3. Eskadron die 2. und am 15. Dezember die 4. die 3. Eskadron in Rastatt ab.

Am 24. Dezember geruhte Seine Königliche Hoheit der Großherzog Leopold, das Kommando des Armeekorps an Höchstdessen Bruder, den Markgrafen Maximilian, Großherzogliche Hoheit, zu übertragen. So war den neu errichteten badischen Truppen die hohe Gnade und Ehre zu Theil geworden, daß an ihrer Spitze als Führer ein erhabener Prinz des Großherzoglichen Hauses stand, der in frühester Jugend schon auf den Schlachtfeldern einer großen Zeit seine ritterlichen Tugenden und seine glühende Vaterlandsliebe mit seinem Blute besiegelt, und der schon beinahe ein ganzes Menschenalter in dem Armeekorps segensreich gewirkt hatte.

1852. Zu Anfang des Jahres erkrankte Großherzog Leopold, und wurden während des anhaltenden Unwohlseins am 21. Februar dem Prinzen Friedrich, Seiner Königlichen Hoheit dem jetzt regierenden Großherzog, die Regierungsgeschäfte übertragen. Nach kurzer Krankheit wurde am 24. April Seine Königliche Hoheit der Großherzog Leopold, jener schwer geprüfte Fürst, noch ehe er das angebahnte Werk des neuen Staatsaufbaues hätte vollenden können, durch den Tod von seinen Leiden erlöst. Seine Königliche Hoheit der Prinz Friedrich übernimmt Höchstselbst „bei der schweren Geistes- und Leibeskrankheit des nunmehrigen Großherzogs Ludwig, Königliche Hoheit" die Regierung des Landes.

Am 25. April fand die Huldigung und Vereidigung des Regiments auf den neuen Regenten, Prinzen Friedrich, statt. Behufs Theilnahme an der am 1. Mai stattfindenden feierlichen Beisetzung Seiner Königlichen Hoheit des Höchstseligen Großherzogs Leopold marschirte am 30. April das Regiment von Bruchsal mit dem Stab der 2., 3. und 4. Eskadron in das Kantonnement Durlach und mit der 1. Eskadron nach Beiertheim. — Am 1. Mai wohnte das Regiment der feierlichen Beisetzung in der Stadtkirche zu Karlsruhe bei und besetzte bei der Trauerfeierlichkeit den äußeren Schloßhof.

Am 2. Juni geruhte Seine Königliche Hoheit der Prinzregent nachstehende Allerhöchste Ordre zu erlassen. „Ich finde Mich bewogen, den Oberbefehl über Mein Armeekorps künftig Selbst zu führen."

Der Freude, welche die Armee über diese Höchste Entschließung empfinden mußte, gab das Kriegsministerium in folgendem Präsidialbefehle Ausdruck:

„Kameraden aller Grade und Waffengattungen! Seine Königliche Hoheit der Regent, unser gnädigster Kriegsherr, wird künftig den Oberbefehl über Höchstsein Armeekorps unmittelbar Höchstselbst führen, mit diesem Höchsten Entschluß ist uns die höchste Ehre, das höchste Glück des Soldaten geworden.

Kameraden! das Vaterland fordert, es erwartet von uns, daß wir diese Ehre, dieses Glück nach seinem ganzen hohen Werthe erkennen und uns dessen würdig zeigen, nicht nur in guten Tagen, sondern in Noth und Tod.

Kameraden! Unser jugendfrischer, ritterlicher Kriegsherr hat ein offenes Herz für den Soldaten, lohnt ihm dagegen mit einem treuen Herzen, und es wird der Segen des Himmels und die Ehre von unseren Waffen nimmer weichen. Der Himmel beschütze unseren gnädigen Kriegsherrn und das Vaterland."

Am 8. Juni wurde das Regiment nach Karlsruhe beordert, um auf dem dortigen Exerzirplatze an der Parade vor den russischen Großfürsten Nikolaus und Michael theilzunehmen.

Am 2. Oktober marschirte das Regiment zum Manöver aus und war bis zum 11. in der Umgegend von Karlsruhe dislozirt. Am Sonntag, den 3. Oktober, fand große Parade statt, am 4. und 5. morgens 9 Uhr Linienevolutionen unter dem Brigadier, am 6. und 7. morgens 8 Uhr ebenfalls Brigadeexerziren in Verbindung mit der reitenden Batterie, am 8. um 9 Uhr Korpsmanöver bei Mörsch, am 9. Feldmanöver bei Mörsch, am 10. Ruhe und am 11. Oktober Abmarsch in die Garnison.

Den Glanzpunkt dieser Herbstübungen bildete der 3. Oktober, an welchem durch die hohe Gnade des Landesfürsten und Kriegsherrn der Infanterie neue Feldzeichen verliehen wurden.

1853. Am 16. Juni wurde die 1. Schwadron zur Uebernahme des Festungsdienstes in Rastatt detachirt und am 13. Oktober löste die 2. Schwadron erstere wieder ab.

Im November erhielt das Regiment 46 Remonten, so daß sich der Pferdebestand der 1. Schwadron auf 111 und der aller anderen auf 109 Pferde stellte. Demgemäß mußten im Dezember, um den Sollbestand nicht zu überschreiten, 42 Pferde des Regiments ausrangirt werden. Der Etat der Karabiniers wurde am 18. Dezember auf 12 pro Schwadron vermindert.

1854. Am 14. Februar erfolgte die Ablösung in Rastatt durch die 3. und am 14. Juni durch die 4. Schwadron.

Laut Allerhöchster Ordre vom 19. Februar wurde der Kommandant des Regiments, Oberst Hilpert, unter Beförderung zum Generalmajor zum Kommandanten der Bundesfestung Rastatt ernannt; an seine Stelle trat Oberstlieutenant Hecht vom 3. Reiter-Regiment.

Durch die Einführung der Kolbenpistole als Ordonnanz-Feuerwaffe bei der Reiterei erfolgte am 6. März eine Abänderung der Vorschriften über die Pferdeausrüstung und Packordnung.

Am 8. September raffte der Tod dem Regiment seinen Kommandanten, Oberstlieutenant Hecht, in bedauerlicher Weise dahin. Auf einer Pürschfahrt in der Lußhardt entlud sich beim Aussteigen aus dem Wagen die über die Schulter gehängte Flinte; der Schuß

— den Kopf zerschmetternd — führte auf der Stelle den Tod herbei. Das stete Wohlwollen, die persönliche Liebenswürdigkeit sichern dem entschlafenen Kommandanten in aufrichtiger Verehrung ein treues Andenken im Regiment.

Am 30. September wurde der bisherige etatsmäßige Stabsoffizier, Oberstlieutenant v. Freystedt, zum Kommandanten des Regiments ernannt.

Der Dienststand der Reiter und Pferde des Regiments wurde vom 1. August ab auf 300 Reiter und 396 Pferde festgesetzt.

1855. Seine Königliche Hoheit der Regent hatte sich am 10. Januar Allergnädigst bewogen gefunden, den Reiter-Regimentern die frühere Benennung „Dragoner-Regimenter" wieder zu ertheilen; demgemäß führte fortan das Regiment die Bezeichnung:

„2. Dragoner-Regiment."

Von der durch den Krimkrieg hervorgerufenen theilweisen Mobilmachung der Großherzoglich badischen Truppen wurde das Regiment nicht berührt.

Am 5. März erfolgte die Uebernahme des Festungsdienstes in Rastatt durch die 1. Schwadron, welche am 29. Juni durch die 2. wieder abgelöst wurde.

Laut kriegsministeriellen Erlasses vom 2. Juni wurden die Rekruten auf den 1. Juli einberufen und in den etatsmäßigen Friedensdienststand eingerechnet.

Am 18. Dezember wurde der frühere Kommandant des Regiments, Generalmajor Hilpert, zur Zeit Kommandant der Bundesfestung Rastatt, zum Kommandanten der Reiterei ernannt. Leider verstarb derselbe, welcher seit der Errichtung des Regiments bis 1854 an dessen Spitze gestanden hatte, bereits am 27. Mai des folgenden Jahres zu Karlsruhe. In dem Entschlafenen hatte das Großherzogliche Armeekorps einen der Wackersten und Besten verloren, die es in seinen Reihen zählte, einen Offizier von reichen militärischen und menschlichen Tugenden, dessen Lebensgeschichte zurückführt auf eine Zeit welthistorischer kriegerischer Ereignisse und Thaten, denen er ruhmvoll anwohnte, und der sich seitdem in mannigfachen Lebensstellungen gleichmäßig bewährt hatte. Seinem alten hochverehrten, geachteten und geliebten Kommandanten ist das Regiment zu großem Danke verpflichtet, und wird dem Verstorbenen in demselben ein ehrendes Andenken stets gewahrt bleiben.

1856. Das Kommando der Großherzoglichen Reiterei wurde dem General Schuler Allergnädigst übertragen.

Seine Königliche Hoheit der Prinzregent geruhte nach einer Regentschaft von mehr als vier Jahren zur Wahrung aller Interessen Seines geliebten Landes, sowie zur vollen Ausübung Seiner Rechte und Pflichten unter Zurücksetzung Seiner persönlichen brüderlichen Gefühle Sich die Krone aufs Haupt zu setzen und mittelst Patents vom 5. September die Großherzogliche Würde und den Titel anzunehmen. Bald darauf, am 20. September, war ein nicht minder erfreuliches Ereigniß für das badische Land, die Vermählung Seiner Königlichen Hoheit des Großherzogs mit der Prinzessin Louise, Tochter Seiner Königlichen Hoheit des Prinzen Wilhelm von Preußen. An demselben Tage wurde dem Regiment die hochehrende Auszeichnung zu Theil, daß Seine Großherzogliche Hoheit Markgraf Maximilian zum Inhaber des Regiments ernannt wurde; demgemäß führte das Regiment künftig die Benennung:

„**2. Dragoner-Regiment Markgraf Maximilian.**"

Für die Zeit vom 30. September bis 4. Oktober waren größere Truppenübungen bei Karlsruhe befohlen, an denen das Regiment theilzunehmen bestimmt war. Dasselbe marschirte am 29. September in die Kantonnements Knielingen, Mühlburg, Grünwinkel und kehrte am 6. Oktober wieder in die Garnison zurück. Während dieser Feldmanöver erfolgte am 1. Oktober eine große Parade vor Seiner Majestät dem Hochseligen König von Preußen Friedrich Wilhelm IV., welcher Seine Königliche Hoheit den Großherzog mit seiner erlauchten Gemahlin nach Karlsruhe begleitet hatte. Die vorzügliche Haltung der Truppen befriedigte Seine Majestät in hohem Maße. Der Großherzogliche Kriegsherr geruhte durch Allerhöchsten Befehl vom 2. Oktober dieses hohe Lob wie nachstehend zur Kenntniß der Armee zu bringen: „Es gereicht Mir zu besonderem Vergnügen, den zur gestrigen Parade beigezogenen Truppentheilen bekannt geben zu können, daß Seine Majestät der König von Preußen Mir die vollkommenste Befriedigung über das Aussehen und die Haltung der Truppen auszusprechen geruht haben."

Nach Beendigung dieser Herbstübungen löste die 4. die 3. Schwadron, welche seit dem 15. Juni den Festungsdienst versah, in Rastatt ab.

1857. Der Dienststand eines Dragoner-Regiments an Dienstpferden und Mannschaft wurde durch Kriegsministerial-Erlaß vom 7. März folgendermaßen festgesetzt:
1. Dienstpferde: 451, nämlich im Stab 3 und pro Schwadron 112, einschließlich der im Remontehof befindlichen Pferde des Regiments.
2. Mannschaft: Der Dienststand derselben richtet sich im Allgemeinen nach dem Präsenzstand der Pferde bei der Schwadron in der Art, daß:
    a) so viele Dragoner im Dienst präsent zu halten sind, als sich Dienstpferde bei der Schwadron befinden, nach Abzug der für 11 Unteroffiziere, 4 Trompeter und 12 Karabiniers erforderlichen und der im Remontehof stehenden Pferde;
    b) drei weitere Dragoner pro Schwadron als Ersatz für Kranke und sonst vom Dienst Abgehende;
    c) unberittene Dragoner so viele, als Offiziere in der Schwadron vorhanden sind, und weiter
    d) für je 4 im Remontehof befindliche Pferde ein Dragoner.

Es soll jedoch hierdurch unter keinen Verhältnissen der Dienststand von 89 Dragonern pro Schwadron überschritten werden.

Durch Allerhöchste Ordre vom 27. März hatten die Schwadronen fortan die Benennung „Eskadrons" zu führen.

Am 3. August war die Taufe Seiner Königlichen Hoheit des Erbgroßherzogs in der Schloßkirche zu Karlsruhe. Zur Feier dieses Tages fand große Parade auf dem Schloßplatze und abends Bankett im Schlosse statt. Eine Deputation von Offizieren des Regiments war zu diesen Festlichkeiten befohlen worden.

Die taktischen Herbstübungen des Armeekorps fanden in diesem Jahre mit vereinigten Brigaden unter Zutheilung von Artillerie vom 17. bis 24. September für die 1. Infanterie-Brigade und für die Reiter-Brigade mit der reitenden Batterie bei Karlsruhe, und für die 2. Infanterie-Brigade vom 28. September bis 3. Oktober bei Freiburg statt. Das Regiment marschirte am 17. September in die Kantonnements nach Beiertheim, Bulach, Daxlanden und Grünwinkel, wechselte dieselben am 23. mit Durlach und Hagsfeld und kehrte am 24. nach Beendigung der Brigademanöver in seine Garnisonen zurück.

Eine Allerhöchste Ordre vom 4. November befahl die definitive Einführung des seit dem Frühjahr den drei Dragoner-Regimentern zur Einübung übergebenen Exerzir-Reglements, mit Einschluß der bisher provisorischen Vorschrift für den Gebrauch der Kolbenpistole, als Dienstvorschrift für die Reiterei.

1858. Eine Ordre vom 20. Januar bestimmte, daß die Rekruten, welche bisher am 1. April einberufen wurden, in den Jahren 1858, 1859, 1860 und 1861 jeweilig am 1. März in den Dienst zu rufen sind.

Am 19. August wurde der Oberst v. Freystedt mit seinem Adjutanten, Oberlieutenant Kapferer, behufs Kenntnißnahme des preußischen Kavallerie-Reglements zum 7. Ulanen-Regiment nach Saarbrücken kommandirt.

Am 16. September verließ das Regiment die Garnison und hatte im Verein mit den übrigen zu den Manövern ausgerückten Truppen am 17. zur Feier der Fahnenweihe des 3. Füsilier-Bataillons auf dem Exerzirplatze zu Karlsruhe vor Seiner Königlichen Hoheit dem Großherzog und Ihrer Königlichen Hoheit der Frau Großherzogin große Parade.

Dann nahm das Regiment vom 23. September ab an den im Schwarzwalde bei Donaueschingen stattfindenden großen Herbstübungen des Armeekorps Theil. Die Generalidee für diese Uebungen lautete:

„Das Westkorps ist bei Kehl über den Rhein gegangen, hat Offenburg und Umgegend besetzt und seine Spitze ins Kinzig-Thal bis Steinach vorgeschoben. Nach einem Rasttage daselbst beginnt es am 23. September seine Bewegung durch Vorrücken ins obere Kinzig- und Guttach-Thal.

Das Ostkorps hat sich am 23. September bei Billingen versammelt. Der Kommandirende führt das Korps am 24. gegen die Benz-Ebene und Sommerau vor, in der Absicht, den Feind anzugreifen, wo er ihn findet, um ihn an der Ersteigung des Schwarzwald-Plateaus zu verhindern.

Das Westkorps wirft jedoch beim Zusammentreffen mit dem Gegner diesen zurück, setzt am 25. seine Offensive fort, vertreibt durch seine Uebermacht den Feind aus den Stellungen bei Billingen und nimmt am 26. Donaueschingen ein. In der Stellung auf dem Oberesch kommen dem Ostkorps die erwarteten Verstärkungen zu. Es schlägt hier den feindlichen Angriff ab, ergreift selbst die Offensive, nimmt Donaueschingen am selben Tage wieder und nöthigt den Feind zum Rückzuge auf die Straße nach Wolterdingen."

Nach der Ordre de Bataille war das 2. Dragoner=Regiment Markgraf Maximilian bis zum 26. September dem Westkorps zugetheilt. Am 27. schloß das Manöver mit einer Gefechtsübung des ganzen Armeekorps gegen einen markirten Feind zwischen Donaueschingen und Döggingen unter der persönlichen Leitung Seiner Königlichen Hoheit des Großherzogs. Das Regiment trat am 29. September den Rückmarsch über den Schwarzwald an und traf mit den drei Schwadronen am 5. Oktober wieder in Bruchsal ein. Die 2. Eskadron löste am 2. Oktober die 1., welche vom 17. Mai nach Rastatt detachirt war, von dem Festungsdienst ab.

1859. Nicht mit friedlichem Glockengeläute, welches den Jahreswechsel so gern zu begleiten pflegt, trat das Jahr 1859 in die Welt. Die äußere Ankündigung einer baldigen Kriegserklärung gab die Ansprache des Kaisers Napoleon an den österreichischen Botschafter bei dem Neujahrsempfang, welche durch ihre Herbheit allgemeines Aufsehen erregte. Dieser Neujahrsgruß fand eine Ergänzung in der Thronrede, mit welcher Viktor Emanuel am 10. Januar 1859 die Kammern eröffnete und unzweideutig die zwischen den Kabinetten von Wien und Turin—Paris herrschende Spannung betonte.

Zwar bemühten sich England und Preußen, den drohenden Krieg durch ihre Vermittelung zu verhindern, jedoch durchkreuzte Oesterreich diese Verhandlungen durch ein Ultimatum an Sardinien, nach dessen Zurückweisung es mit Ueberschreitung der sardinischen Grenze am 29. April den Krieg begann.

Die Möglichkeit, daß auch Deutschland — als der nächste Nachbar der drei kriegführenden Mächte - eingreifen müsse, veranlaßte den Deutschen Bund am 23. April, die Marschbereitschaft der Hauptkontingente zu beschließen.

In Baden hatte man jedoch für den Fall einer Mobilmachung schon vorbereitende Maßregeln dahin getroffen, daß ein Pferde-Ausfuhrverbot erlassen und zur Sicherstellung des Pferdebedarfs eine Zwangsremontirung angeordnet worden war, sowie daß die Exkapitulanten nicht, wie gewöhnlich, am 1. April entlassen wurden. Im April erging ferner eine Aufforderung an praktische Aerzte, Thierärzte und Wundarzneidiener, sowie ein öffentlicher Aufruf an junge Männer zum Eintritt auf Kriegsdauer.

Infolge der durch Bundesbeschluß angeordneten Marschbereitschaft bestimmte ein Allerhöchster Befehl vom 17. Mai die Formation einer Feld-Division (3 Infanterie-Brigaden, 1 Kavallerie-Brigade, 6 Batterien) und einer Besatzungs-Brigade (1 Infanterie-Regiment, 1 Dragoner-Division zu 2 Eskadrons und 4 Batterien Festungsartillerie).

Der bisherige Präsident des Großherzoglichen Ministeriums, Generallieutenant Ludwig, erhielt das Kommando der Feld-Division.

Bei der Aufstellung der Kriegsrangliste des Regiments wurde Oberlieutenant v. Hornstein und Lieutenant v. Göler zur Dragoner-Division der Besatzungs-Brigade versetzt, und zwar Ersterer unter Ernennung zum Eskadrons-Kommandanten.

Gemäß der Marschbereitschaft wurde die Brigade der Reiterei in ihrer bisherigen Formation dem Kommando der Feld-Division unterstellt, dagegen die Dragoner-Division der Besatzungs-Brigade für Rastatt zu zwei Eskadrons in der Stärke von je 100 Pferden neu organisirt und dem Kommando der Besatzungs-Brigade zugetheilt. Diese Division wurde jedoch am 30. Juni aufgehoben und aus den gerittenen Pferden derselben die Dragoner-Eskadron der Besatzungs-Brigade gebildet. Die überzähligen Pferde wurden den drei Dragoner-Regimentern zugetheilt. Infolge dieser Erhöhung der Etats an Mannschaften und Pferden, sowie infolge des Eintreffens der bisher in Rastatt stationirten Eskadron des Regiments entstand Mangel an Räumlichkeiten in Kaserne und Stallungen, und mußten abwechselnd einzelne Eskadrons in der Umgegend von Bruchsal Ortsquartiere beziehen. Im Juni wurde die 1. Eskadron nach Büchenau, im Juli die 4. nach Ubstadt, im August die 2. nach Unteröwisheim verlegt, und im September erfolgte die Detachirung der 4. Eskadron nach Rastatt. Die Stärke des Regiments betrug 20 Offiziere und 467 Pferde.

Am 21. Juni wurde die mobile Feld-Division auf dem Karlsruher Exerzirplatze zusammengezogen und im Beisein des zum Kommandanten des 8. deutschen Bundes-Armeekorps ernannten Prinzen Friedrich von Württemberg besichtigt.

Seine Königliche Hoheit der Großherzog geruhte folgende Ansprache an die Truppen zu richten:

„Soldaten!

Mit freudiger Begeisterung seid Ihr Meinem Rufe zu den Fahnen gefolgt und mit unermüdetem Fleiß habt Ihr die so nothwendige militärische Ausbildung zu erlangen gesucht, zu welcher die bisherige Zeit, die Vorbereitung für ernste Ereignisse, ausschließlich gewidmet war.

Mit gleich freudigem Gefühl spreche Ich Euch heute Meine ganze Zufriedenheit aus über das, was Ich bisher selbst wahrgenommen habe und Mir über den Hergang der verhältnißmäßig so kurzen Ausbildungszeit berichtet wurde.

Ausdauernder Fleiß, treue Hingebung und unbedingter Gehorsam haben Euch bis heute beseelt und verbunden mit warmer Vaterlandsliebe habt Ihr des Tages geharrt, diese hohen Soldatentugenden kräftig zu bethätigen. Ihr habt Mich dadurch zu ebenso großem Danke verpflichtet, als mit erneutem, festem Vertrauen zu Eurer unverbrüchlichen Treue erfüllt, und Ich will Euch beides — Dank und Vertrauen — dadurch beweisen, daß eine größere Beurlaubung vielen unter Euch die Wohlthaten des Familienlebens zurückgiebt, das Ihr mit Aufopferung verlassen habt.

Zu Euren gewohnten Beschäftigungen zurückgekehrt, seid indessen stets wachsam auf Eure Ehre und eingedenk Eures Fahneneides. Noch ist die Zeit der Ruhe und des Friedens nicht gekommen, und größere Opfer, schwerere Prüfungen als bisher können uns bevorstehen. Seid also stets Meines Rufes gewärtig und eilet dann mit deutschem Muth zu Meinen Fahnen, bereit, einzustehen für den Ruhm und die Ehre unseres Vaterlandes."

Gemäß der in der Allerhöchsten Ansprache befohlenen Beurlaubung verblieben die drei jüngsten Zugangsklassen im Dienste, während die ältere Mannschaft des Regiments — soweit solche nicht zur Wartung der Pferde nothwendig war — nach der Heimath beurlaubt wurde.

Der italienische Krieg hatte durch die Schlachten von Magenta und Solferino einen unerwartet schnellen Verlauf genommen.

Frankreich und Oesterreich schlossen am 11. Juli plötzlich den Frieden von Villafranca, ohne daß Napoleon sein Programm: Italien frei bis zur Adria! durchgeführt hatte.

Infolge dessen beschloß am 21. Juli der Bundesrath einstimmig, das Bundeskontingent wieder auf den Friedensfuß zu setzen. Mit der Demobilisirung wurde das Kommando der Feld=Division und der größte Theil der Neuformationen wieder aufgelöst; speziell für die

Reiterei kam nur die Dragoner-Schwadron der Besatzungs-Brigade in Betracht. Die Offiziere und Mannschaften dieser Schwadron wurden den Regimentern zugetheilt, aus denen sie bei Bildung der Brigade versetzt worden waren, dagegen wurden die Unteroffiziere und Trompeter dem (1.) Leib-Dragoner-Regiment überwiesen. Die Dienstpferde wurden auf die drei Dragoner-Regimenter gleichmäßig vertheilt, und die dadurch über den Stand von 112 Pferden pro Schwadron sich ergebenden Pferde verkauft. Am 1. Oktober wurden die Reserven des Regiments entlassen.

Während so Baden und sein Heer zu Ende des Jahres 1859 in die altgewohnten, friedlichen Geleise wieder einlenken konnte, hatte die Hohlheit der österreichischen Regierungsmacht und die Unhaltbarkeit der bestehenden Zustände eine Situation zwischen den beiden deutschen Großmächten geschaffen, die über kurz oder lang zum blutigen Streit um die Hegemonie in Deutschland führen mußte.

1860. Die Herbstübungen im Jahre 1860 umfaßten im Monat September größere Truppenübungen bei Karlsruhe; die Reiter-Brigade war dort vom 2. bis 8. September für ihre Brigadeübungen in Verbindung mit der reitenden Batterie konzentrirt. Das Regiment marschirte am 1. September in die Kantonnements Beiertheim—Bulach—Dazlanden und kehrte nach Schluß der Brigademanöver am 10. September wieder in die Garnison zurück.

1861. Am 10. April übernahm die 2. Eskadron den Festungsdienst in Rastatt und wurde am 28. September durch die 3. wieder abgelöst.

Da in diesem Jahre die größeren Herbstübungen ausfielen, so fand vom 24. bis 27. September bei Karlsruhe Brigadeexerziren statt. Das Regiment verließ am 22. seine Garnison und bezog während dieser Uebungen dieselben Quartiere wie im Vorjahre. Am 26. September war Vorstellung vor Sr. Königlichen Hoheit dem Kronprinzen von Preußen. Im Anschluß hieran war ein Hindernißrennen von den Offizieren der Brigade arrangirt, in welchem Lieutenant Malzacher vom (1.) Leib-Dragoner-Regiment siegte. Die sämmtlichen Offiziere der Brigade hatten die Ehre, nach beendigtem Rennen von Sr. Königlichen Hoheit zu einem Frühstück in einem auf dem Exerzirplatze aufgeschlagenen Zelte befohlen zu werden. Am 13. Oktober starb der General der Kavallerie Frhr. v. Gayling; zu Ehren des hochverdienten Verstorbenen legte das ganze badische Offizierkorps acht Tage Trauer an.

1862. Am 15. Januar wurde die 4. Schwadron nach Rastatt detachirt und am 16. Mai wiederum durch die 1. abgelöst. Am 14. Februar wurde die Wirksamkeit des Gesetzes vom 20. Januar 1858, die frühere Einberufung der Rekruten betreffend, auf die Jahre 1862, 1863, 1864 und 1865 ausgedehnt, so daß die Rekruten nunmehr auch fernerhin am 1. März in den Dienst gestellt wurden.

Laut Allerhöchstem Befehl vom 7. August erhielten die Oberthierärzte und Thierärzte künftig die Benennung: „Oberpferdeärzte und Pferdeärzte; die Leitung des Sanitätsdienstes bei den Pferden wurde einem „Stabs-Pferdearzt" übertragen.

Da auch in diesem Jahre keine größeren Herbstübungen abgehalten wurden, so machte das Regiment am 2. September einen Uebungsmarsch auf den Karlsruher Exerzirplatz, kochte daselbst ab und kehrte am gleichen Tage nach Bruchsal zurück. Am 12. September fand im Verein mit dem 3. Dragoner-Regiment bei Sandhausen eine kleine Gefechtsübung mit Biwak statt. Am 27. September bezog laut Allerhöchstem Befehl vom 1. März das ganze Regiment die Residenzstadt Karlsruhe als Garnison.

1863. Am 14. September fand durch die Bundesinspektion eine Besichtigung auf dem Karlsruher Exerzirplatze statt; das Regiment stand unter dem Kommando des Generals v. Freystedt im Brigadeverbande; am 15. wurden Uebungen mit gemischten Waffen abgehalten. Als im Winter 1863/64 der deutsch-dänische Krieg ausbrach, erschienen bei dem Ernst der politischen Verhältnisse mehrfache Vorbereitungsmaßregeln zu einer Mobilmachung in kürzester Frist nothwendig; jedoch wurden alle diese Bestimmungen zu Anfang des Jahres 1864 wieder aufgehoben, da es den badischen Truppen nicht beschieden war, an dem vorgenannten Feldzuge theilzunehmen.

Am 6. Dezember wurde Prinz und Markgraf Wilhelm von Baden, Großherzogliche Hoheit, zum Generallieutenant und zum Generalinspektor des Großherzoglichen Armeekorps ernannt.

1864. Am 10. Juli wurde die 1. Eskadron zur Uebernahme des Festungsdienstes nach Rastatt detachirt und am 21. September durch die 2. wieder abgelöst.

Vom 18. bis 20. August nahm das Regiment an den Operationsmärschen in der Nähe von Karlsruhe theil, und vom 3. bis 17. September hatte es theils geschlossen, theils in einzelnen Eskadrons bei dem Brigademanöver sowie bei den Uebungs- und Operationsmärschen mit gemischten Waffen Verwendung gefunden.

1865. Am 1. Mai wurde im Allerhöchsten Auftrage der Rittmeister Kapferer mit Generalmajor v. Freystedt zur Feier des fünfzigjährigen Bestehens des Königlich preußischen Ulanen-Regiments Nr. 7 nach Saarbrücken befehligt.

Der 10. Juli führte wiederum den Garnisonwechsel der 1. Eskadron nach Rastatt herbei, welche dann weiterhin am 21. September durch die 2. abgelöst wurde.

Vom 21. August bis 18. September fanden unter Leitung Seiner Großherzoglichen Hoheit des Prinzen Wilhelm von Baden größere Herbstübungen zwischen Karlsruhe und Pforzheim statt, bei denen das 2. Dragoner-Regiment Markgraf Maximilian dem Ostkorps zugetheilt worden war.

Seine Großherzogliche Hoheit Prinz Wilhelm sprach mittelst nachstehenden Tagesbefehls vom 19. September seine volle Zufriedenheit aus:

„Mit heutigem Tage schließen die Kriegsübungen des Großherzoglichen Armeekorps. Ich finde Mich veranlaßt, den Herren Generalen und Stabsoffizieren, sowie sämmtlichen Offizieren, Aerzten und Kriegsbeamten Meinen Dank zu sagen für die kräftige Unterstützung, welche Mir durch ihren Eifer und guten Willen geworden ist.

Alle Abtheilungen haben ihre Schuldigkeit freudig gethan; sie sind, Dank der Hingebung der Kommandeure, kriegstüchtig ausgebildet, und es tritt nunmehr die Aufgabe an uns heran, sie in diesem Zustande zu erhalten, die Manneszucht zu stärken und den militärischen Geist, den Geist der Unermüdlichkeit und Selbstverleugnung, der uns auszeichnen soll, zu stählen. Der Dienst in den Garnisonen und die gemachten Erfahrungen gewähren hierzu die beste Gelegenheit; Ich bin überzeugt, daß sie reichliche Ausbeute finden wird. Seiner Königlichen Hoheit dem Großherzog, unserem gnädigsten Fürsten und Herrn, aber danken wir die Vereinigung aller Theile des Großherzoglichen Armeekorps. Seiner Anerkennung, Seiner warmen Fürsorge würdig zu bleiben, bereit, das Schwert zu ziehen für Fürst und Vaterland, im Frieden unsere Kräfte zu üben für den Krieg, dies sei und bleibe unser erhabenes Ziel. Es lebe der Großherzog!"

Schon im nächsten Jahre sollte es dem fürstlichen Feldherrn, dem Seine Königliche Hoheit der Großherzog am 11. November das Kommando über sämmtliche Truppen zu übertragen geruht hatte, beschieden sein, das badische Heer in das Feld zu führen.

II. Abschnitt.

Der Feldzug 1866.

Die Rivalität Oesterreichs und Preußens in Deutschland machte den Krieg von 1866 zu einer weltgeschichtlichen Nothwendigkeit. Jeder Versuch zu einer Einigung Deutschlands war seit dem Emporblühen Preußens unter Friedrich dem Großen durch die alte, unselige Eifersucht Oesterreichs vereitelt worden und führte schon 1848 einen großen Theil der deutschen Nation zu der Ueberzeugung, daß dieser verderbliche Dualismus der deutschen Großmächte nur durch Ausscheiden Oesterreichs aus Deutschland beseitigt werden könne. Zu Anfang des Jahres 1866 verfinsterte sich der politische Horizont immer mehr, und es bedurfte daher nur eines äußeren Anstoßes, um den langen tiefinnerlichen Kampf zu entfachen. Diesen gab die österreichische Regierung, indem sie am 1. Juni die schleswigholsteinsche Frage dem Bundestage in Frankfurt zur Entscheidung vorlegte. Nach heftigen Streitigkeiten führte Oesterreich, nachdem es einen Kongreß zur Schlichtung des Streites abgelehnt hatte, im Vertrauen auf seine kriegerische Ueberlegenheit und die Hülfe der meisten deutschen Staaten den Ausbruch des Krieges durch seinen Antrag auf Mobilmachung der nicht preußischen Bundeskorps, der am 14. Juni 1866 vom Bundesrath mit neun gegen sechs Stimmen angenommen wurde, herbei. Hierdurch war der entscheidende Schritt zur Auflösung des Bundes erfolgt, da ein Theil desselben den Krieg gegen den anderen beschloß.

Die badische Regierung hatte bei dieser verhängnißvollen Abstimmung vergebens zu vermitteln versucht, und als der Krieg unausbleiblich schien, sich sogar bemüht, die anderen Mittelstaaten für bewaffnete Neutralität zu gewinnen; Großherzog Friedrich reiste persönlich nach Pillnitz zu einer Besprechung mit dem Könige von

Sachsen, doch auch diese Allerhöchsten Bemühungen für die Erhaltung des Friedens mußten bald als gescheitert betrachtet werden. Somit sah sich Baden, durch seine geographische Lage zu der Erklärung gezwungen, den weiteren Schritten der Nachbar-Bundesstaaten beitreten zu wollen.

Vorbereitende Maßregeln zu einer Mobilmachung waren schon Mitte Mai und Anfang Juni getroffen worden; die Mobilmachungsordre selbst datirte aber erst vom 18. Juni und lautete:

„Ich befehle, infolge der durch Bundesrathsbeschluß angeordneten Mobilmachung des 8. deutschen Armeekorps, die Aufstellung meiner Feld-Division.

Karlsruhe, den 18. Juni 1866.

(gez.) Friedrich."

Unter dem 20. Juni geruhte Seine Königliche Hoheit der Großherzog zum weiteren Vollzug Höchst Ihres Befehls vom 18. folgende Formation Höchst Ihres Armeekorps zu befehlen:

I. Feld-Division.

Infanterie.

1. Brigade: Leib-Grenadier-Regiment . . . . . 2 Bataillone,
            5. Infanterie-Regiment . . . . . . 2 =
            Jäger-Bataillon . . . . 1 =
2. Brigade: 2. Infanterie-Regiment, König v. Preußen 2 =
            3. = ... 2 =
            2. Füsilier-Bataillon . . . . . . 1 =
                                                           10 Bataillone.

Reiterei.

Die 3 Dragoner-Regimenter:
       2 Regimenter zu je 4 Eskadrons,
       1 Regiment = 3 =

Artillerie:

1 reitende glatte 6 Pfünder-Batterie . . . 6 Geschütze,
4 gezogene 6 Pfünder Fuß-Batterien . . . . zu je 6 Geschützen
    nebst den Munitionskolonnen;

ferner: 1 Pionier-Abtheilung, 1 Brückenzug, 1 Sanitäts-Kompagnie und die Armeezweige.

II. Ersatzkontingent.

1. Füsilier-Bataillon; 3 Ersatz-Bataillone; 2 Eskadrons; 1 Fuß-Batterie zu 6 glatten 6 Pfünder-Geschützen.

III. Besatzungskontingent in Rastatt.

4. Infanterie-Regiment, Prinz Wilhelm, 2 Bataillone; 1 Eskadron; 1 Festungs-Artillerie-Bataillon, bestehend aus 1 Ausfall-Batterie und 3 Batterien Festungsartillerie.

Zum Führer dieser mobilen Feld-Division geruhte Seine Königliche Hoheit der Großherzog den Generallieutenant Prinzen Wilhelm von Baden zu ernennen, welcher nachstehenden Tagesbefehl erließ:

Hauptquartier Karlsruhe, den 22. Juni 1866.

Kameraden der Großherzoglichen Feld-Division!

Seine Königliche Hoheit der Großherzog, mein gnädigster Fürst und Herr, hat Mir das ehrenvolle Kommando Seiner Feld-Division zu übertragen geruht.

Ich bin stolz auf das huldvolle Vertrauen, welches unser Allergnädigster Kriegsherr in dieser ernsten Zeit in Meine Person zu setzen gewillt ist.

Mein Leben, das Fürst und Vaterland gehört, sei Bürge für treue Erfüllung meiner Aufgabe.

Kameraden! Der Krieg fordert nun seine eisernen Rechte, und den heiligen Pflichten, welchen wir durch Leistung des Fahneneides unterworfen sind, müssen wir jetzt in vollstem Umfang nachkommen.

Ich will mit Euch die Erwartungen rechtfertigen, welche das Vaterland in uns setzt.

Es lebe der Großherzog!

Der Kommandant der Großherzoglich badischen Feld-Division.

(gez.) Wilhelm, Prinz von Baden.

Die badischen Truppen bildeten die 2. Division des 8. Bundes-Armeekorps; Letzteres bestand aus 3 Divisionen, deren erste das Königreich Württemberg und deren dritte Division das Großherzogthum Hessen-Darmstadt stellte. Neu formirt wurde eine 4. Division aus der österreichischen Brigade Hahn, den nassauischen Truppen und 2 kurhessischen Schwadronen.

Prinz Alexander von Hessen übernahm das Kommando des 8. Armeekorps mit nachstehendem Tagesbefehl:

Kameraden des 8. Bundes-Armeekorps!

Durch den Beschluß Eurer Kriegsherren zum Oberbefehlshaber des 8. Bundes-Armeekorps ernannt, habe Ich dieses Kommando mit heutigem Tage übernommen.

Vertrauend blicke Ich auf Euch, Württemberger, Badener, Hessen und Nassauer, und heiße mit Euch die braven österreichischen Kameraden willkommen, die demnächst in den Verband des Armeekorps treten sollen.

Was immer die Zukunft uns bringen mag, sie wird uns festen Herzens, einigen Sinnes finden, und sei die Aufgabe noch so schwer.

Wir wollen und werden sie lösen in Zuversicht auf Gott, auf den deutschen Mannesmuth und Deutschlands gute Sache. — Nochmals heiße Ich Euch von Herzen willkommen!

Hauptquartier Darmstadt, den 18. Juni 1866.

(gez.) Prinz Alexander von Hessen.

Generallieutenant.

Den Oberbefehl über die ganze Bundes-Armee erhielt Prinz Karl von Bayern, welcher zugleich kommandirender General der bayerischen Truppen war.

Die Stärke der beiden Bundes-Armeekorps betrug 86 000 Mann, ihnen stand die preußische Main-Armee von 45 000 Mann unter dem General Vogel v. Falckenstein gegenüber. Die preußischen Hauptkräfte waren in der richtigen Erkenntniß der militärischen Sachlage auf dem östlichen Kriegsschauplatz verwendet worden, um in Böhmen die Hauptentscheidung herbeizuführen. Die preußische Main-Armee, bestehend aus den Divisionen v. Goeben, v. Manteuffel und v. Beyer, hatte in erster Linie den Auftrag, Hannover und Kurhessen außer Wirksamkeit zu setzen, um dann auf dem süddeutschen Kriegsschauplatz Verwendung zu finden. Zunächst gelang es den Preußen, die hannoversche Armee, welche zwar noch rechtzeitig bei Göttingen gesammelt worden war, dann aber tagelang plan- und ziellos zwischen dem Harz und Thüringer Wald hin- und herzog und auf die Ankunft des bayerischen Heeres harrte, in dem blutigen Gefechte bei Langensalza zu stellen und den 29. Juni nach ehrenvollem Kampfe zur Kapitulation zu zwingen. Somit hatte die preußische Main-Armee den ersten Theil ihrer Aufgabe erfüllt, denn mit Auflösung der hannoverschen Armee war Norddeutschland von Feinden gesäubert, die Verbindung zwischen dem Osten und Westen der Monarchie sichergestellt und eine Basis für die Operationen nach Süddeutschland gewonnen.

Der Feldzugsplan der Bundestruppen bezweckte zunächst die Vereinigung zwischen Frankfurt und Würzburg, weiterhin eine Offensive in nordwestlicher Richtung mit der Hoffnung, hierdurch eine

Theilung der preußischen Kräfte und damit eine Schwächung der feindlichen Hauptarmee herbeizuführen. Am 7. Juli sollte die Vereinigung des 7. und 8. Bundes-Armeekorps bei Hersfeld stattfinden, jedoch die Versuche der Bayern, den Hannoveranern Hülfe zu bringen, vereitelten diese Berechnung. Erst auf die Nachricht von der Kapitulation bei Langensalza entschloß sich Prinz Karl von Bayern endgültig, die Vereinigung mit dem 8. Bundes-Armeekorps bei Fulda zu erstreben. So trat infolge dieses Befehls aus dem bayerischen Hauptquartier das 8. Armeekorps den Flankenmarsch auf Fulda an.

Die badische Division dagegen erhielt wegen anscheinender Bedrohung aus der Richtung Koblenz und Köln einen Spezialauftrag und wurde an der Lahn zurückgelassen, um hier sowohl die Main-Basis zu decken, als auch die Armee bei ihrem Vorrücken in das Fulda-Thal in Flanke und Rücken zu sichern. Zur Verstärkung wurde dieser Division die Korps-Reservekavallerie, 3. Württembergisches und 2. Hessisches Reiter-Regiment unter dem württembergischen Generallieutenant v. Entreß zugetheilt. Diese bekam am 3. Juli den Befehl, nach Norden gegen Marburg hin aufzuklären, während vom gleichen Tage ab die badische Division den Lahnabschnitt Gießen—Wetzlar besetzt hielt.

Unser Regiment erhielt am 4. Juli in Karlsruhe Marschbefehl, und es fallen fortan die Kriegsbegebenheiten desselben mit denen des 8. deutschen Korps zusammen, auf dessen Operationen unter spezieller Berücksichtigung der Antheilnahme des Regiments nachstehend der Hauptwerth gelegt werden muß.

Die Kriegsrangliste des Regiments war folgende:

Kommandant: Oberstlieutenant Wirth; etatsmäßiger Stabsoffizier: Major Schauffler; Regimentsadjutant: Oberlieutenant Frhr. Göler v. Ravensburg; Regimentsarzt Dr. Heuberger, Feldarzt Lahif; Ober-Pferdearzt Weber.

1. Eskadron: Rittmeister Frhr. v. Seldeneck, Lieutenant Winsloe.
2. Eskadron: Rittmeister Schmich, Lieutenants Frhr. v. Stockhorner, Graf v. Sponeck.
3. Eskadron: Rittmeister v. Stoecklern, Oberlieutenant Freiherr v. Schönau-Wehr, Lieutenant Frhr. v. Wechmar.
4. Eskadron: Oberlieutenant v. Jagemann und Graf v. Sparre; Oberlieutenants Frhr. v. Reichlin, v. Gilm und Lieutenant Schmidt waren zur Ersatzabtheilung der Reiterei versetzt; Lieutenant v. Vincenti hatte eine aus Remonten

gebildete Eskadron in Rastatt zu organisiren; Oberlieutenant Camerer, Ordonnanzoffizier Sr. Königlichen Hoheit des Großherzogs, wurde auf Kriegsdauer ins Divisions-Hauptquartier befehligt; Lieutenant Wachs wurde zum Hauptquartier des 8. Armeekorps kommandirt; Rittmeister Frhr. v. Hornstein war krank in Rastatt.

Die Eskadrons rückten in einer Stärke von 125 Pferden aus. Die 4. Eskadron sollte ursprünglich als Ersatz-Eskadron in Rastatt verbleiben, jedoch wurde dieser Befehl wieder aufgehoben, und es blieben dort nur ein Offizier und 55 Mann detachirt.

Am 4. Juli 2 Uhr wurde das Regiment in seiner Garnison Karlsruhe alarmirt und gelangte, nachdem Se. Königliche Hoheit der Großherzog auf dem Bahnhofe sich vom Regiment und Offizierkorps Allergnädigst verabschiedet hatte, mittelst Extrazüge im Laufe des Abends und der Nacht in Friedberg an, lagerte daselbst am Bahnhofe und bezog am 5. vormittags Kantonnements.

Wir haben die Preußen in dem Augenblicke verlassen, in welchem sie die Hannoveraner zur Kapitulation gezwungen hatten. General Vogel v. Falckenstein vereinigte nunmehr seine drei Divisionen bei Eisenach und rückte über den Thüringer Wald gegen die Bayern vor, welche im Begriff waren, sich vom Thal der Werra nach dem der Fulda zu wenden, um dem dorthin sich nähernden 8. Bundes-Armeekorps die Hand zu reichen. Die Divisionen Beyer und Manteuffel setzten den Marsch auf Hünfeld—Fulda fort, während die Division Goeben zur Sicherung dieses Marsches gegen die anrückenden Bayern detachirt wurde. Die Ausführungen dieses Befehls führten am 4. Juli einerseits zum eiligen Rückzuge der bayerischen Reservekavallerie und andererseits zu dem ersten ernstlichen Zusammenstoß bei Dermbach. Die unmittelbare Folge dieses Gefechtes war, daß die Bayern am Abend den Rückzug südwärts an die fränkische Saale antraten, um an deren Defileen in günstiger Stellung dem Angriff des Gegners entgegenzutreten. Das preußische Heer folgte in einem Parallelmarsche durch das Fulda-Thal und erreichte mit den Divisionen Beyer und Goeben am 6. Juli die Gegend von Fulda, mit der Division Manteuffel Hünfeld. Das 8. Korps hatte mit den drei Divisionen am 5. Juli den Flankenmarsch auf Fulda fortgesetzt, mußte jedoch in Anbetracht des Rückzuges der Bayern von der Marschrichtung abweichen, um in zweckmäßig gewählter Direktion

Herbstein—Schlüchtern—Brückenau—Kissingen eine Vereinigung mit dem 7. Korps zu erzielen. Doch infolge der bedenklichen Nähe des bedeutend stärkeren Gegners und infolge der jetzt eingetroffenen Nachricht über die Katastrophe bei Königgrätz erschienen plötzlich Lage und Aufgabe des 8. Korps in anderem Lichte. Kein Erfolg auf dem westlichen Kriegsschauplatz konnte die schwere Niederlage der österreichischen Waffen in Böhmen wieder auswetzen; die Hauptsache war entschieden, und ein baldiger Friedensschluß stand zu erwarten. Daher mußte der Prinz von Hessen von einem Rechtsabmarsch, bei dessen Ausführung er Flanke und Rücken dem Feinde preisgab, absehen und nunmehr zur Sicherung des Territoriums der alliirten Staaten gegen feindliche Invasion die Main-Linie in der Hoffnung wieder zu gewinnen suchen, daß Prinz Karl jetzt die Vereinigung des Korps auf der Linie Hanau—Aschaffenburg anstatt in Franken anstreben würde.

Aus diesen Gründen wurde der Rückmarsch nach Frankfurt befohlen, welcher jedoch vorerst eine Vereinigung beider Korps unmöglich machte.

Die badische Division verharrte indessen gemäß ihrem Auftrage, Frankfurt und die Main-Linie zu sichern, sowie die linke Flanke des 8. Korps zu schützen, am 5. Juli in ihrer Aufstellung bei Gießen und Wetzlar und klärte durch die Reservereiterei weiter gegen Marburg auf. Letztere hatte das Vorgehen des Feindes im Fulda-Thal gemeldet und die Gegend nördlich der Lahn bis Kassel hin frei vom Feinde gefunden. Dagegen trafen aus Mainz beunruhigende Nachrichten von preußischen Unternehmungen im Rhein-Thal fortdauernd ein, so daß Prinz Wilhelm, um seine Kräfte an der Lahn nicht zu zersplittern, am 5. den Rückmarsch nach Butzbach und am 6. nach Vilbel hinter den Nidda-Abschnitt befahl.

Das Regiment speziell traf am 5. Juli, als einer der letzten Truppentheile der mobilen badischen Feld-Division, auf dem strategischen Aufmarschgebiete vollzählig ein. Die 4. Eskadron hatte morgens 6 Uhr ihre Garnison Rastatt verlassen, kam gegen 1 Uhr mittags in Friedberg an und marschirte direkt in ihr angewiesenes Quartier Ockstadt.

Im Laufe des Nachmittags verbreitete sich die Nachricht von der österreichischen Niederlage bei Königgrätz und im Laufe des Abends die von dem plötzlich befohlenen Rückmarsch der ganzen Division auf Frankfurt hinter die Nidda-Linie, welche Ereignisse naturgemäß deprimirend auf die Stimmung der Truppen wirken mußten.

In der Nacht vom 5. bis 6. wurde gegen 1 Uhr morgens das Regiment alarmirt und erhielt den Befehl, die 1. badische Munitionskolonne unter Hauptmann v. Seldeneck, den Train sowie sämmtliche Offizierpferde über Frankfurt nach Neu-Isenburg zu eskortiren. Auf dem Marsche dorthin ging zwischen Ober- und Nieder-Wöllstadt die Meldung von einer rechten Seitenpatrouille ein, daß kleinere unbekannte Abtheilungen gegen den Rhein zu bemerkt worden wären. Eine Aufklärung durch die halbe 1. und durch die 2. Eskadron ergab aber die Unrichtigkeit dieser Meldung. Der Marsch wurde unter starker Seitenbedeckung nach Vilbel auf der Hauptstraße fortgesetzt. Hier hatte sich im Laufe des Tages die ganze Division vereinigt. Der Train blieb halten; das Regiment bezog mit dem Stabe, 1. und 4. Eskadron in Bonames, mit der 3. in Heddernheim und mit der 2. Eskadron in Haarheim Quartier. Die Eskadrons hatten sich selbständig gegen Friedberg und den Rhein zu sichern, und zwar übernahm die 2. den rechten und die 3. Eskadron den linken Flügel der Vorpostenaufstellung. Am späten Nachmittage wurde das Regiment abermals alarmirt und marschirte auf der Straße nach Vilbel ab, erhielt jedoch Gegenbefehl, so daß 11 Uhr nachts die alte Postenkette auf dem hohen Taunusrücken wieder eingenommen war. Einzelne Züge des Regiments waren infolge dessen seit dem 5. abends nicht mehr verpflegt worden. Nachts 1 Uhr entstand unaufgeklärter Weise falscher Alarm.

Die Division vereinigte sich gegen 3 Uhr morgens auf dem Rußlandfelde und nahm eine Gefechtsstellung ein. Nach Tagesanbruch ging die Division wieder auf der Straße Friedberg—Nauheim vor; das Regiment wurde der Avantgarde der 1. Infanterie-Brigade beigegeben und übernahm die Marschsicherung.

Eine drückende Hitze nach einem starken Regenguß, ohne Nahrung und Fourage machte diesen Marsch zu einem sehr anstrengenden und ungemein ermüdenden; einzelne Abtheilungen waren fast 40 Stunden hindurch ununterbrochen auf den Pferden gewesen. Gegen 4 Uhr Nauheim erreichend, bezogen der Stab, die 1., 2. und 3. Eskadron daselbst Quartier, während die 4. Eskadron mit zwei Kompagnien des 1. Bataillons·5. Infanterie-Regiments nördlich Mörlen auf Vorposten zog und bis gegen Butzbach hin patrouillirte.

Am 8. Juli verblieb das Regiment in den Quartieren, da den ermüdeten Truppen, welche in zwei Nächten nicht zur Ruhe gekommen und nur mangelhaft oder gar nicht verpflegt worden waren, nach den anstrengenden Märschen ein Ruhetag durchaus gewährt werden mußte.

Die Konzentration des gesammten 8. Armeekorps fand am 9. Juli in der Umgegend von Frankfurt statt. Die Division wurde nochmals hinter die Nidda zurückgenommen; das Regiment selbst bildete hierbei im Verein mit den zwei Kompagnien des 5. Infanterie-Regiments die Nachhut und belegte alsdann mit dem Stab, der 1. und 4. Eskadron Vilbel, mit der 2. Dortelweil und mit der 3. Eskadron Kronau. Die 2., wie die 3. Eskadron schoben am Tage je einen Zug als Vorposten in Richtung auf Friedberg vor.

Den 10., 11. und 12. Juli behielt das Regiment die Kantonnements bei; vom Feinde war trotz weitgehender Patrouillen Nichts entdeckt worden. Am Nachmittag des 12. wurde das diesseitige Regiment der Reservereiterei (3. Württembergisches, 2. Hessisches und 1. Badisches Reiter-Regiment) zugetheilt, mit dem Auftrage, am 13. Juli früh 7 Uhr von Vilbel gegen Oberroßbach abzumarschiren und das dortige 3. württembergische Reiter-Regiment von Vorposten abzulösen. Der Stab, die 2. und 4. Eskadron kamen nach Oberroßbach, die 1. und 3. Eskadron unter dem Kommando des Majors Schauffler nach Buchenbrücken. Von jedem Kantonnement wurde eine Feldwache vorgeschoben und Patrouillen gegen Nauheim, Obermörlen, Ockstadt, Wehrheim und Friedrichsdorf entsendet.

Die preußische Main-Armee entschloß sich am 9. Juli, die Direktion auf Hanau aufzugeben, um die an der fränkischen Saale stehenden Bayern aufzusuchen. Nach einem beschwerlichen Marsche durch das Rhön-Gebirge erreichten die preußischen Truppen die Bayern im Saale-Thale und zwangen sie nach scharfen Gefechten bei Hammelburg und Kissingen zum Rückzuge nach Schweinfurt und hinter den Main. Aus dem Hauptquartier in Böhmen hatte General Vogel v. Falkenstein Nachrichten über lebhafte Friedensverhandlungen mit Oesterreich erhalten, und da er ein Gleiches mit Süddeutschland befürchtete, so faßte er nach den Gefechten an der Saale den kühnen Operationsplan, sich mit seiner Armee westwärts gegen das 8. Bundeskorps zu wenden.

Prinz Alexander beschloß auf die Nachricht von dem Anmarsch der preußischen Main-Armee, seine isolirte Stellung bei Frankfurt aufzugeben und eine Vereinigung mit den Bayern bei Würzburg anzustreben. Um sich des Main-Ueberganges bei Aschaffenburg zu versichern, wurde am 12. und 13. die hessische Division auf der

Bahn inſtradirt. Gleichzeitig wurden die Päſſe bei Gelnhauſen beſetzt und die Verfügung getroffen, daß die öſterreichiſche Brigade Hahn auf der Bahn über Darmſtadt und von der württembergiſchen Diviſion eine Brigade nach Aſchaffenburg abgehen ſollte, ſo daß am 15. das Gros des 8. Korps bei Aſchaffenburg vereint geweſen wäre, während die badiſche Diviſion eine Reſerveſtellung bei Babenhauſen einnehmen ſollte. Allein der Gegner hatte ſeinen Anmarſch derart beſchleunigt, daß ſchon am 13. ein blutiger Zuſammenſtoß der Heſſen und der Diviſion Goeben bei Laufach und Frohnhofen ſtattfand, und daß am 14. infolge dieſes mit heldenmüthiger Bravour, aber unglücklich geführten Gefechtes die Hahnſche Brigade bei Aſchaffenburg eine Niederlage erlitt.

Mit dem Verluſte des wichtigen Main=Ueberganges bei Aſchaffenburg mußte Prinz Alexander die auf dem rechten Ufer geplante Vereinigung mit dem 7. Armeekorps aufgeben und die Konzentration nach Mittelfranken in die Gegend von Uffenheim (20 Kilometer ſüdlich Ochſenfurt) zurückverlegen.

Die Reſervereiterei hatte infolge des angetretenen Rückzuges des 8. Armeekorps am 14. Quartier bei Frankfurt zu beziehen, ſo daß das Regiment in der kurzen Zeit der Operation dieſe Straße zum fünften Male zurückmarſchirte. Nach einem ſehr ſtaubigen, heißen und beſchwerlichen Ritt wurde Bornheim erreicht, wo Oberlieutenant v. Reichlin, welcher zur Erſatzabtheilung der Reiterei in Karlsruhe abkommandirt geweſen war, zum Regiment ſtieß. Schon abends 6 Uhr wurde wieder aufgebrochen, um in Marſch über Frankfurt — Sachſenhauſen — Sprendlingen gegen Mitternacht das Kantonnement Ditzenbach zu erreichen. Es war alſo von dem Regiment ein Doppelmarſch von faſt 16 Stunden Dauer ausgeführt worden.

Das ganze 8. Korps war nunmehr am Abend den 14. Juli zwiſchen Darmſtadt und Babenhauſen vereinigt.

Für den 15. wurde vom Prinzen Alexander der definitive Abmarſch auf den drei über Obernburg, Höchſt und Reinheim durch den Odenwald führenden Straßen befohlen. Die Reſervereiterei marſchirte nach Roßdorf — Groß=Zimmern, Gundenhauſen, Dieburg, welch letzterer Ort dem Regiment als Quartier zuertheilt wurde.

Nachträglich zu erwähnen bliebe noch, daß in Ditzenbach der Dragoner Kunz der 2. Eskadron mit ſeinem kranken Pferde zurückgelaſſen werden mußte. Seine geſchickte Verkleidung, ſein umſichtiges

Benehmen bewahrten ihn vor der Gefangennahme durch die bald hierauf eintreffenden Preußen, so daß er nach dem Waffenstillstande über Darmstadt zu seiner Eskadron nach Beiertheim reiten konnte, wo er zur Belohnung zum Karabinier befördert wurde.

In Dieburg sicherte sich das Regiment gegen Babenhausen, durch welchen Ort unaufhörlich Truppen der bei Aschaffenburg geschlagenen dritten hessischen Division zurückgingen. Es wurde erwartet, daß diesen der Feind unmittelbar folgte, und das Regiment dieserhalb alarmirt. Alle entsandten Patrouillen ergaben jedoch die übereinstimmenden Meldungen, daß von den Preußen weit und breit Nichts zu sehen wäre. Das Regiment setzte infolge dessen seinen Marsch nach dem neu angewiesenen Quartier Habitzheim fort und sicherte sich durch eine Vorpostenaufstellung gegen Groß-Umstadt.

Rittmeister Schmich war bei dem Alarm in Dieburg mit seinem Pferde derartig gestürzt, daß er dem Regiment nur mittelst Wagen folgen konnte; Lieutenant v. Stockhorner übernahm für ihn die Führung der 2. Eskadron.

Am 16. wurde der Marsch auf Brensbach angetreten; der Stab, 1., 2. und 4. Eskadron bezogen hier Quartier, während die 3. Eskadron als Partikularbedeckung der 2. reitenden württembergischen Batterie in Nieder-Kleinsbach untergebracht wurde. Den Sicherungsdienst stellte an diesem Tage das rückwärts in Groß-Bieberau liegende Leib-Dragoner-Regiment.

General Vogel v. Falckenstein war am 16. mit der Brigade Wrangel in Frankfurt eingezogen, das die Bundesversammlung schon am 14. verlassen und mit Augsburg vertauscht hatte. Die Brigade Kummer folgte am 17., während General v. Manteuffel Aschaffenburg und General v. Beyer Hanau besetzt hielten. In diesen Stellungen blieben die preußischen Truppen, denen besonders durch das Eintreffen der oldenburgisch-hanseatischen Brigade nicht unbeträchtliche Verstärkungen erwuchsen, bis zum 20. Juli unverändert stehen, da die Verwaltung der neu okkupirten Gebiete, die Eröffnungen der rückwärtigen Eisenbahnverbindungen und die Heranziehung von Verstärkungen für die Main-Armee eine längere Pause in den kriegerischen Operationen nothwendig machten.

Am 17. Juli verblieb infolge Ruhetags des 8. Armeekorps das Regiment in seinen Quartieren.

Den 18. Juli wurde es mit dem Stabe der Reservereiterei nach Beerfelden dislozirt.

Am 19. Juli wurde der Marsch über die hohen Berge des Odenwaldes fortgesetzt. Die Pferde mußten stundenlang geführt werden, Lebensmittel und Fourage mangelten fast gänzlich. Als Quartier war dem Regiment Oberscheidenthal angewiesen, jedoch die große Armuth dieses kleinen Ortes, wie der Mangel an Unterkunft führten zu dem ersten Biwak in diesem Feldzuge. Portepeefähnrich Maier und Oberwachtmeister Müller erhielten hier die Allerhöchste Ordre über ihre Beförderung zum Lieutenant, Ersterer wurde der 4. und Letzterer der 2. Eskadron zugetheilt.

Am 20. kam das Regiment nach Wallbürn und betrat kaum 14 Tage nach dem Ausmarsch aus der Heimath wieder den engeren vaterländischen Boden.

Lieutenant Müller und Korporal Waldvogel wurden mit 10 Dragonern und 11 stark gedrückten Pferden nach Karlsruhe in die Garnison geschickt.

Die Vereinigung beider Hälften des Bundesheeres war an diesem Tage an der Tauber erreicht; die Bayern standen in der Linie Würzburg—Hettstadt—Remlingen—Marktheidenfeld, während vom 8. Korps in erster Linie die 1. badische Brigade bei Wertheim, die württembergische Division bei Tauberbischofsheim, die österreichische Brigade bei Gerlachsheim und in zweiter Linie die 2. badische Brigade bei Hundheim, die hessische Division zwischen Miltenberg und Hardheim, die Reservekavallerie und Artillerie in der Gegend von Wallbürn und die nassauische Brigade bei Buchen standen.

Am 21. wurde die Division ganz nach dem Tauber=Abschnitt herangezogen. Das Regiment löste das 3. Badische Dragoner= Regiment bei der Reservereiterei ab und biwakirte bei Brombach.

Der 22. Juli war ein Ruhetag; das Regiment kam mit dem Stab und der 2. Eskadron, deren Führung Rittmeister Schmich wieder übernommen hatte, nach Reicholsheim, mit der 1. nach Nassig, mit der 3. nach Wertheim und mit der 4. Eskadron nach Bestenheid. Schon am 19. war infolge einer Zusammenkunft der Prinzen Alexander und Karl zu Tauberbischofsheim beschlossen worden, die nun endlich vereinigte und völlig kampffähige Armee am 24. durch den Spessart vorgehen zu lassen, um sich Aschaffenburgs zu bemächtigen und um die preußische Armee bei Frankfurt und Hanau anzugreifen. Dieser geplanten Offensive kam jedoch die preußische Main=Armee, deren Oberkommando nunmehr dem General v. Manteuffel übertragen war, durch ein unerwartet schnelles Vor=

bringen auf dem linken Main-Ufer zuvor. Die am 21. Juli begonnenen Bewegungen hatten am 22. die Division Goeben bis König, die Division Beyer bis Wallstadt und die Division Fließ bis Laudenbach gelangen lassen. Am Abend desselben Tages stießen bei Neukirchen feindliche Patrouillen aufeinander. Es gingen bei dem badischen Oberkommando Meldungen über die drohende Nähe der Preußen ein, so daß noch in der Nacht Patrouillen im Main-Thal abwärts von Wertheim über Freudenberg—Bürgstadt gegen Miltenberg entsendet und die Aufgänge aus dem Erfa-Thale gegen Neukirchen durch ein Bataillon (Sachs), eine Batterie (Deimling) und eine Eskadron des Regiments (Seldeneck) besetzt wurden. Endlich war eine Eskadron (Oehlwang) der Reservereiterei nach Walldürn zur Beobachtung des Morsbach-Thals entsendet, so daß demnach an den drei wichtigsten Aufgangspunkten auf das breite, westlich der Tauber liegende Plateau badische Abtheilungen standen.

Am 23. früh 2½ Uhr konzentrirte sich infolge alarmirender Nachrichten die badische Division zwischen Hundheim und Steinbach, um dort dem weiteren Vorrücken des Feindes entgegen zu treten. Die 1. Brigade Laroche besetzte Hundheim und . die 2. Brigade Steinbach.

Gefecht bei Hundheim am 23. Juli.

Das Regiment, welches am 23. gemäß seiner Verwendung als Divisionskavallerie in dem ganzen Tauber-Abschnitt bei der Infanterie vertheilt war, traf am 23. im Laufe des Vormittags nach und nach auf dem Gefechtsfelde ein. Der Stab und die Eskadron Schmich marschirte 5 Uhr 30 Minuten früh von Reicholsheim direkt nach Hundheim und rückte bald nach 10 Uhr in die Bereitschaftsstellung der 1. Brigade östlich dieses Dorfes ein. Die 3. und 1. Eskadron waren gegen 11 Uhr zur Stelle. Letztere war schon nachts von Rassig aus mit dem Bataillon Sachs und der Batterie Deimling nach Neukirchen vorgerückt, um dort nach Entsendung von Patrouillen in das Erfa-Thal als Geschützbedeckung verwendet zu werden. Die unter dem Wachtmeister Schitterer auf Eichenbühl vorgesandte Patrouille stieß auf überlegene Kavallerie; Dragoner Conrad gerieth in Gefangenschaft.

Gegen 2 Uhr liefen Meldungen von dem Anmarsch starker feindlicher Kolonnen aller Waffen auf der Straße Miltenberg—Neukirchen ein. Hierauf trabte die Schwadron Seldeneck zur weiteren

Rekognoszirung vor, erhielt jedoch aus dem vorliegenden Walde
westlich Hundheim Feuer und mußte sich zurückziehen. Zwei Kom=
pagnien des Leib=Grenadier=Regiments nebst 2 Geschützen wurden
vorgezogen und nahmen den von feindlicher Kavallerie schwach ver=
theidigten Waldrand, die beiden Geschütze beschossen eine nach Neu=
kirchen zurückgehende feindliche Eskadron. Hierauf zogen sich Infanterie
wie Artillerie wieder nach Hundheim zurück, so daß der Wald am
Tiefenthalerhof von den badischen Truppen unbesetzt blieb. Unter=
dessen war Prinz Wilhelm von einer Rekognoszirung gegen Neu=
kirchen zurückgekehrt und ertheilte nunmehr der Schwadron Schmich
den Befehl, die Fühlung mit dem abgezogenen Feinde wieder her=
zustellen; die Eskadron trabte in Zugkolonne auf der Straße
Hundheim—Neukirchen bis zum Walde vor und entsandte Patrouillen
gegen Neukirchen, sowie den Lieutenant v. Stockhorner mit dem
vierten Zuge zur Beobachtung der linken Flanke gegen Riedern.
Während dieser Beobachtung ging beim Kommando in Hundheim
die Meldung ein, daß feindliche Abtheilungen sich in der rechten
Flanke zwischen Sonderried und Oedengesäß gezeigt hätten. Dem=
gemäß erhielt gegen 5 Uhr die Schwadron Schmich den Befehl, gegen
den nordwestlich von Hundheim gelegenen Wald (Hintere Stauden)
in der Richtung auf Nassig zu rekognosziren. Es ergab sich, daß der
Wald von starker feindlicher Infanterie besetzt war. Oberlieutenant
Vögelin vom 5. Infanterie=Regiment schwärmte mit seinem Zuge
gegen den Wald aus, so daß sich hier ein lebhaftes Feuergefecht
entspann, bei dem der Feind indessen Terrain gewann. Die Schwadron
Schmich ging auf Hundheim zurück, ihr folgte der durch starke Ver=
luste geschwächte Infanteriezug. General v. Laroche zog nunmehr
das ganze 5. Infanterie=Regiment, das 2. Bataillon des Leib=
Grenadier=Regiments und die Batterie Deimling vor, während unser
Regiment gesammelt und nordöstlich Hundheim gedeckt aufgestellt
wurde.

Da indessen wider Erwarten der Wald frei vom Feinde gefunden
wurde, so unternahm General v. Laroche eine Rekognoszirung auf
Nassig, ging mit seinen Truppen bis Sonderried vor, wurde aber
dann durch die auf der Straße Neukirchen—Nassig vormarschirende
Division zur Rückkehr auf Hundheim gezwungen, wobei die Nachhut
mit einer rechten feindlichen Seitendeckung (2 Bataillonen, 1 Eskadron
und 2 Geschützen) in ein ziemlich ernstes und verlustreiches Gefecht
verwickelt wurde. Diese feindliche rechte Seitendeckung war ursprünglich

von Neukirchen auf Tiefenthalerhof marschirt, hier war sie links
von der Hauptstraße abgebogen und hatte sich, gedeckt durch den
Wald, in nordöstlicher Richtung auf Birkhof derartig dirigirt, daß
sie plötzlich zwischen Hundheim und dem von Sonderried zurück=
gehenden 5. Infanterie=Regiment stand. Es entwickelte sich sofort
ein lebhaftes Gefecht, das Grenadier=Regiment, eine Jäger=Kompagnie
und das 2. Badische Dragoner=Regiment wurden aus der Bereitschafts=
stellung bei Hundheim vorgezogen und gingen à cheval der Chaussee
vor. Die 3. Eskadron setzte auf preußische 6. Dragoner zur
Attacke an, die 2. folgte als Unterstützung, jedoch kam es nicht zum
Zusammenstoß, da das energische Feuer einer Grenadier=Kompagnie
die feindliche Eskadron zum Rückzug zwang. Nachdem sich der
größte Theil der badischen Truppen entwickelt und ein lebhafter
Geschützkampf begonnen hatte, wechselte das Regiment mehrmals seinen
Platz und wurde schließlich bis dicht an die Ostlisiere von Hundheim
herangezogen.

Nach und nach verstummte das Feuer jedoch, der Gegner brach
gegen 7 Uhr abends das Gefecht ab und zog sich durch den Wald
gegen Tiefenthalerhof zurück, wo er eine Beobachtungsstellung ein=
nahm. Die Division Fließ dagegen blieb bei Naffig stehen und be=
setzte während der Nacht Wertheim.

Die badische Division rückte gegen Abend in das Biwak bei
Kühlsheim, die 2. Schwadron übernahm die Nachhut. An dem
Gefecht bei Hundheim hatte vom Regiment die 4. Eskadron keinen
thätigen Antheil genommen, da sie von ihrem Quartier Bestenheid
den Patrouillendienst in Main=Thal gegen Miltenberg versehen und
die Verbindung mit dem bayerischen Armeekorps halten mußte. Für
die Nacht wurde der Schwadron Werbach, auf dem östlichen Ufer
der Tauber, als Quartier angewiesen. Außer der ersten badischen
Brigade war an diesem Tage noch die Eskadron Oehlwang vom
Leib=Dragoner=Regiment mit zwei preußischen Schwadronen des
8. Husaren=Regiments, welche zur Avantgarde der Division Goeben
gehörten, bei Walldürn in ernste Berührung getreten.

Prinz Alexander von Hessen, der Oberbefehlshaber des
8. Korps, ließ auf die Meldung von dem Gefecht bei Hundheim
noch am Abend des 23. die 3. Division bei Hardheim und die Re=
servereiterei bei Steinsfurth konzentriren, während eine württem=
bergische Brigade auf das linke Tauber=Ufer vorrücken mußte.

Von der preußischen Main-Armee standen am Abend des 23. Juli die Division Goeben bei Amorbach, die Division Fließ bei Neukirchen und die Division Beyer bei Miltenberg. Außerdem hatte General v. Beyer am 22. schon zur Rekognoszirung der bayerischen Stellung von Aschaffenburg aus ein Bataillon und eine Eskadron gegen Heidenfeld vorgesandt. Die Bayern, obwohl von dem Vorgehen feindlicher Streitkräfte am linken Main-Ufer unterrichtet, lenkten dennoch ihre Aufmerksamkeit fortdauernd auf dieses Detachement hin und glaubten den Hauptangriff der Preußen in der Richtung Heidenfeld erwarten zu müssen. Deshalb erschien es im bayerischen Hauptquartier bedenklich, durch einen allgemeinen Linksabmarsch zur Unterstützung des 8. Korps die Straße von Aschaffenburg nach dem nahen Würzburg zu entblößen. Prinz Karl von Bayern befahl zu derselben Zeit, wo am linken Ufer des Mains das 8. Korps auf der ganzen Front bereits zurückgedrängt worden war, den Vormarsch auf dem rechten Ufer. Demgemäß erreichte am 23. Juli das 7. Korps mit der Division Feder Karlstadt-Gemünden, mit der Division Hartmann Lohr—Heidenfeld und mit der Division Stephan die Gegend von Hettstadt.

So sehen wir also jetzt fast am Ende der kriegerischen Operationen nach einer glücklich erreichten Vereinigung wiederum die Trennung beider Korps in dem Augenblick, wo der Feind in unmittelbare Nähe heranrückte. Während die Bayern in ängstlicher Sorge um Würzburg den Hauptangriff des Feindes vom Spessart her erwarten, steht das 8. Armeecorps isolirt der an Zahl und Stärke weit überlegenen preußischen Armee hart gegenüber.

Infolge dieser ungünstigen Kriegslage zog der Prinz von Hessen am 24. Juli seine sämmtlichen Abtheilungen hinter die Tauber zurück, um in einer konzentrischen Stellung entweder dem von Walldürn bis Miltenberg vorrückenden Feinde entgegenzutreten oder eine Operation in seiner Flanke auszuführen. Nach diesen Dispositionen hatten zu beziehen:

Die 1. Division eine Stellung auf den Höhen des rechten Tauber-Ufers mit Vortruppen in Impfingen und Tauberbischofsheim; die 2. Division bei Brunnthal und Werbachhausen mit Vortruppen in Hochhausen und Werbach; die 3. Division Großrinderfeld; die 4. Division bei Grünsfeld—Paimar; die Artilleriereserve bei Ilmspan—Schönfeld und die Reservereiterei bei Gerchsheim—Ober- und Unter-Altertheim. Gemäß dieses Befehls war also die 1. Division als Vorhut, die 2. und 4. als Schlachtkorps und die 3. als Reserve zu betrachten.

Gefecht bei Werbach am 24. Juli.

Die drei im Biwak bei Külsheim vereinigten Eskadrons des Regiments, welche der 2. Infanterie-Brigade zugetheilt wurden, marschirten um 5 Uhr 30 Minuten früh hinter letzterer auf einem engen, staubigen und steilen Feldwege gegen die Tauber ab, passirten gegen Mittag Werbach und ritten dann nach kurzem Halt das Thal der Welz aufwärts gegen Werbachhausen. Die in Werbach einquartiert gewesene 4. Eskadron schloß sich bei diesem Ort dem Regiment wieder an. Halbwegs Werbachhausen erhielt die 2. Eskadron den Befehl, an der dortigen Sägemühle abzukochen, um dann zum 3. Infanterie-Regiment, welches mit der Batterie Hoffmann Werbach besetzt hielt, zurückzumarschiren. Der 4. Zug der Schwadron Schmich unter Lieutenant v. Stockhorner trabte sofort nach Werbach zurück und blieb dort nach Abgabe von acht Ordonnanzen bei der feuernden Batterie Hoffmann als Spezialbedeckung neben der Kirche halten.

Die dortige Infanterie hatte mit zwei Kompagnien vom 2. Infanterie-Regiment das auf dem linken Ufer gelegene Hochhausen besetzt. Die Brücke bei Werbach war stark verbarrikadirt, jedoch ein Steg über die Tauber für den eventuellen Rückzug geschlagen. Prinz Wilhelm von Baden hatte zwar den Befehl, den Uebergang von Werbach zu vertheidigen; indessen faßte er wohl mit Recht seine Aufgabe dahin auf, hier den Preußen nur einen Aufenthalt zu bereiten und ihnen ein Arrieregardengefecht zu liefern. Seine rechte Flanke war gegen Wertheim zu völlig entblößt und hier der Tauber-Fluß für die Preußen offen, so daß eine hartnäckige Vertheidigung des Flußüberganges bei Werbach keine Aussicht auf einen Erfolg bot. Demgemäß standen auch der Rest der 2. Brigade und die Reserve-Batterie bei Werbachhausen und die 1. Brigade bei Brunnthal.

Vom Feinde rückte die Division Fließ nach der Besetzung von Wertheim über die Tauber bis Urphar vor und stand somit zwischen den beiden feindlichen Korps; die Division Beyer im Centrum marschirte bis Hundheim und die Division Goeben bis Hardheim. Nach diesen großen Märschen sollten die preußischen Truppen ruhen, jedoch General v. Goeben erhielt von der schwachen Besetzung der Tauber-Linie Meldung und beschloß sofort, sich der wichtigen Punkte Tauber-

Bischofsheim und Werbach zu bemächtigen. Unter Detachirung der oldenburgischen Brigade gegen Hochhausen führte der rastlose General Theile seiner Division gegen Tauberbischofsheim vor. Während hier der Kampf mit der württembergischen Division andauerte, war auch das Gefecht bei Werbach entbrannt, in welches später die Avantgarde der Division Beyer mit eingriff. Das Feuer der feindlichen Batterien zeigte sich dem eigenen sehr überlegen, richtete sich später gegen die auf Werbach vorgehende 2. Schwadron des Regiments sowie gegen die aus dem engen, langen Welzbach=Thale debouchirenden dichten Kolonnen der 2. Brigade. Die preußische Infanterie ging in Kompagniekolonnen gegen Hochhausen und Werbach vor, und nach hartnäckigem Kampfe an der Tauber=Brücke mußten die badischen Truppen der Uebermacht weichen und wurden von der 1. Brigade bei Werbachhausen aufgenommen.

Das diesseitige Regiment erhielt Befehl, über Brunnthal nach Wenkheim zu marschiren, gegen Abend rückte es dann in das von der Division bei Unter=Altertheim bezogene Biwak. Lieutenant Winsloe war mit seinem Zuge vom Prinzen Wilhelm zum Prinzen Alexander mit der Meldung geschickt worden, daß die badische Division die äußerst ungünstige Stellung bei Werbach verlassen und eine andere bei Wenkheim im Welz=Thal besetzt habe.

Am Abend des 24. Juli war also nach den lebhaften Gefechten an der Tauber die preußische Main=Armee im Besitz dieser Fluß=linie; die Division Goeben biwakirte bei Bischofsheim, die Division Beyer bei Werbach und die Division Fließ bei Wertheim.

Von der Bundes=Armee biwakirte unter Zurücklassung einer starken Arrieregarde bei Steinbach die badische Division bei Ober- und Unter=Altertheim, während die hessische Division in Wenkheim die rechte Flanke des 8. Korps deckte, welches am 25. früh auf der Linie Groß=Rinderfeld—Wenkheim—Steinbach untergebracht war. Die bayerische Armee, die ihrer ausgedehnten und nach Norden vorgeschobenen Stellung wegen nicht in die Gefechte an der Tauber=Linie eingreifen konnte, konzentrirte sich im Laufe des 24. Juli, um der Gefahr zu begegnen, daß die Preußen sich nochmals zwischen beide Hälften des Bundesheeres einschieben könnten, unter Zurücklassung einer Division bei Lohr in der Gegend von Roßbrunn.

Ihre Avantgarde war nach Helmstadt vorgeschoben, dahinter stand der rechte Flügel bei Roßbrunn—Hettstadt und der linke bei Waldbrunn.

Am Morgen des 25. treffen wir das 8. Armeekorps in der Stellung Groß-Rinderfeld — Wenkheim — Neubrunn in Gefechtsbereitschaft, und zwar rechter Flügel die badische Division, Centrum die hessische, linker Flügel die österreichisch-nassauische Division und in Reserve die württembergischen Truppen.

Die preußische Main-Armee setzte ihren Vormarsch auf Würzburg fort mit der Absicht, den rechten Flügel des Korps vom Prinzen Alexander von Hessen nach Süden abzudrängen und sich so zwischen Bayern und Bundestruppen zu schieben und sie möglichst einzeln zu schlagen. Die Division Beyer und Theile der Division Fließ stießen bei ihrem Vormarsch in Helmstadt auf die Bayern und drängten sie auf Waldbrunn—Roßbrunn zurück. Der General v. Göben entsandte zur Deckung seiner rechten Flanke die Brigade Wrangel über Paimar auf Schönfeld und marschirte selbst mit den Brigaden Kummer und Welzien auf der großen Straße von Tauberbischofsheim nach Würzburg.

Gefecht bei Gerchsheim am 25. Juli.

Das Regiment rückte früh 6 Uhr unter Aufstellung von Vorposten und Entsendung von Patrouillen gegen die Tauber in die Bereitschaftsstellung der Division bei Wenkheim. Zur Verbindung mit den Bayern war Lieutenant Winsloe mit einem Zuge nach Helmstadt detachirt worden; er wurde dort auf Befehl des Prinzen Luitpold zur Rekognoszirung auf dem linken bayerischen Flügel verwendet und machte hierdurch den mit abwechselnden Erfolgen hin und her wogenden Kampf bei Helmstadt mit. Aus Neubrunn traf vom Oberlieutenant v. Reichlin die Meldung ein, daß durch den Abzug der Bayern die rechte Flanke der Division entblößt sei; Prinz Wilhelm entsandte sofort das 3. Infanterie-Regiment, die Schwadron Schmich und die Batterie Hoffmann dorthin.

Gegen 11 Uhr vormittags wurden in der ganzen Front und in der linken Flanke anmarschirende starke feindliche Kolonnen sichtbar. Der Oberbefehlshaber, Prinz Alexander, befahl nunmehr den Rückmarsch des 8. Korps in die Stellung Gerchsheim—Altertheim mit der Absicht, sich hierdurch einerseits der bayerischen Armee zu nähern und andererseits eine weniger ausgedehnte Kampfstellung einzunehmen. Mittags 1 Uhr war von den Truppen dieser Befehl vollzogen. Das 2. Badische Dragoner-Regiment wurde auf der Straße nach Würzburg bis nördlich des Waldes bei Kist zurückbeordert und sollte dort weitere Befehle abwarten. Der badischen Division fiel die wichtige Aufgabe zu, die Verbindung zwischen der bayerischen Armee und der Hauptmacht des 8. Bundeskorps herzustellen. Jedoch die Bedrohung ihrer rechten Flanke infolge des unglücklichen Gefechts der Bayern bei Helmstadt, sowie Widersprüche in den Befehlen aus dem Hauptquartier des Prinzen von Hessen veranlaßten den Prinzen Wilhelm, eine Stellung nördlich Ober=Altertheim einzunehmen.

Gegen 4 Uhr debouchirte die preußische Brigade Kummer aus dem Walde südlich Gerchsheim, sie wurde aber von den überlegenen österreichisch=nassauischen Batterien derartig wirksam beschossen, daß die nassauische Brigade gegen den Wald einen Offensivstoß unter= nehmen konnte. Jedoch scheiterte dieser Angriff an dem verheerenden Schnell= und Salvenfeuer des preußischen Zündnadelgewehrs.

Gegen 7 Uhr rückte die Brigade Wrangel von Schönfeld aus auf Gerchsheim gegen die linke Flanke vor, und gleichzeitig mit dieser griff der General v. Göben mit den Brigaden Kummer und Weltzien die Front des Feindes an. Prinz Alexander beschloß infolge der Bedrohung der Rückzugslinie der Bundestruppen, den Angriff des Gegners nicht abzuwarten, und befahl den Rückzug des 8. Korps durch den Rinderfelder Forst, so daß das ganze Gefecht bei Gerchsheim den Charakter eines Arrieregardengefechts trug. Die Deckung des langen Walddefilees übernahm zunächst die badische Division. Die 1., 3. und 4. Division, sowie die Reservereiterei defilirten unter Zurücklassung eines württembergischen und eines hessischen Bataillons durch den Wald. Während dessen zog sich der Geschützkampf mehr und mehr auf die Höhe hinauf. Die Schwadron Schmich, unterstützt durch zwei Züge des Regiments, sowie durch einen württembergischen Reiterzug, übernahm die Partikularbedeckung der badischen Batterien Dienger und Deimling, hielt fast drei Stunden im scharfen Granatfeuer und setzte schließlich auf preußische Infanterie, die ziemlich gedeckt den Berg heraufkam, zur Attacke an. Jedoch auf der Höhe angelangt, wurden sechs feindliche Bataillone in Anmarsch gemeldet, welche Uebermacht den in der Nähe haltenden Prinzen Wilhelm veranlaßte, zu befehlen, daß die Batterien in das Defilee abziehen sollten, und daß die Schwadron Schmich nur dann attakiren solle, wenn der Abmarsch gestört würde. Demgemäß fuhren die Batterien zugweise vom rechten Flügel ab.

Das zurückgebliebene württembergische, hessische sowie das 2. Bataillon des Badischen Leib=Grenadier=Regiments besetzten und vertheidigten den Waldrand. Wiederholt wurden hier die Angriffe der preußischen Infanterie mit dem Bajonett abgewiesen. Endlich der feindlichen Uebermacht weichend, zogen sich auch die letzten Truppen zurück: das 2. Bataillon des Leib=Grenadier=Regiments und die Schwadron Schmich bildeten die äußerste Nachhut des ganzen Korps. Der Abmarsch durch das lange Walddefilee war äußerst langsam und stockend, da diese einzig benutzbare Würzburger Straße von großen Truppenmassen und Fuhrwerken beider Armeekorps fast völlig verstopft war. In dieser äußerst bedenklichen Lage drängte glücklicherweise infolge der rasch eingebrochenen Dunkelheit der Feind nicht nach. Wie sehr das Walddefilee versperrt war, beweist der Marsch der Schwadron Schmich, welche erst nach vollen sechs Stunden das nur eine Meile vom Gefechtsfelde entfernte Biwak bei Kist erreichte.

Die Division Goeben blieb am 25. bei Gerchsheim stehen, die Division Beyer bei Helmstadt und die Division Flies bei Uettingen.

Die Bayern standen zwischen Roßbrunn und Waldbrunn, ihre Lage war eine sehr bedrohte; der für den 26. Juli befohlene Rückzug über den Main konnte nur durch eine Gefechtsstellung des 8. Korps auf dem Nikolaus=Berg, hart westlich von Würzburg, bewerkstelligt werden. Infolge dessen rückte dasselbe am 26., 4 Uhr früh, auf den Nikolaus=Berg und das gegenüberliegende Plateau jenseits der Straße Höchberg—Würzburg. Nur die Artilleriereserve und die Reservereiterei überschritten den Main, die 4. Division besetzte die Eisenbahn= und Schiffbrücken bei Heidingsfeld.

Gegen Mittag wurde der Rückzug fortgesetzt; das 8. Korps und mit ihm unser Regiment ging theils über Würzburg, theils über Heidingsfeld auf das rechte Main=Ufer über und bezog bei Rottendorf Biwak; die badische Division deckte durch eine Arrieregardenstellung auf dem Nikolaus=Berge diesen Flußübergang.

Das 7. Korps war schon um 4 Uhr früh von den preußischen Divisionen Flies und Beyer bei Roßbrunn angegriffen worden und mußte sich, nach einem der blutigsten Gefechte des ganzen Feldzuges, gegen Mittag in und unterhalb Würzburg ebenfalls über den Main zurückziehen.

Es war somit der in der Kriegsgeschichte höchst seltene Fall eingetreten, daß sich die beiden feindlichen Armeen mit verkehrten Fronten gegenüberstanden.

Am Abend des 26. Juli war die westdeutsche Armee mit ihrem Gros zwischen Rottendorf und Würzburg konzentrirt.

Am 27. fand bei Würzburg der Artilleriekampf zwischen den Batterien der Division Goeben und den schweren Festungsgeschützen statt. Während dieser Beschießung mußte unser Regiment näher an die Stadt heranrücken. Nach zweistündigem Artilleriekampfe wurde das Feuer auf beiden Seiten eingestellt, und hiermit war der letzte kriegerische Akt auf dem westlichen Kriegsschauplatz beendet.

Das Regiment erhielt gegen Abend den Befehl, mit der badischen Division zur Sicherung des Main-Ueberganges in der Richtung Ochsenfurt—Erlach den Weitermarsch anzutreten. Die Schwadron Stöcklern war schon vorher der 2. Brigade gefolgt und bezog unter Aufstellung von Vorposten in Ochsenfurt Ortsunterkunft. Das Regiment selbst machte bei Erlach Halt und verblieb dort bis zum 30. Juli im Biwak. Das kalte, stürmische Wetter und der ununterbrochene Regen machten das Biwakiren während dieser drei Tage zu einer weiteren Strapaze für die durch langwierige Märsche sehr erschöpften Truppen. Der Boden war total erweicht, die Pferde sanken bis fast an die Sprunggelenke im Schmutz ein, und die nothdürftig gebauten Laubhütten boten den Leuten keinen Schutz.

Inzwischen war am 26. Juli in Nikolsburg der Präliminarfriede zwischen Preußen und Oesterreich zu Stande gekommen, welcher Oesterreich auferlegte, zur Auflösung des Deutschen Bundes und zu einer neuen Gestaltung Norddeutschlands seine Zustimmung zu geben. Hierdurch war die politische Lage in eine neue und bedeutsame Phase getreten, so daß die süddeutschen Regierungen sich beeilten, ebenfalls von Preußen einen Waffenstillstand zu erlangen. Diese Verhandlungen mit dem preußischen Hauptquartier führten für die Großherzogliche Regierung zu dem raschen Resultat des sofortigen Austritts der badischen Division aus dem Verbande des 8. Korps. Während der badisch-preußische Waffenstillstand am 3. und der Friedensvertrag erst am 17. August abgeschlossen wurde, erhielt Seine Großherzogliche Hoheit Prinz Wilhelm schon am 29. Juli von Karlsruhe den Befehl:

"Mit den badischen Truppen aus seiner Stellung bei Würzburg abzuziehen und in das Land zurückzukehren."

Der Regimentskommandant, Oberstlieutenant Wirth, versammelte am 30. früh das Offizierkorps im Biwak bei Erlach, theilte demselben diese Allerhöchste Ordre mit und verlas nachstehenden Tagesbefehl, welcher mit einem nicht endenwollenden Hurrah auf Seine Königliche Hoheit den Großherzog von den Truppen begrüßt wurde.

Hauptquartier Erlach, den 29. Juli 1866.
Soldaten!

Seine Königliche Hoheit der Großherzog hat den Rückmarsch der Truppen der Feld-Division in das badische Heimathland Allergnädigst zu befehlen geruht, da deren Thätigkeit bei dem bevorstehenden Waffenstillstand ein Ziel gesetzt ist.

Ich ergreife mit Freuden diesen Anlaß, um den Offizieren, Unteroffizieren und Soldaten wiederholt Meine Anerkennung über deren Ausdauer und Hingebung in Ertragung aller Strapazen auszusprechen.

Wenn es uns auch nicht vergönnt war, einen entscheidenden Antheil an der Lösung der großen Frage zu nehmen, die unser deutsches Vaterland beschäftigt, so habe Ich doch die erhebende Ueberzeugung gewonnen, daß die badischen Truppen auf Märschen und in Gefechten den alten Ruhm ihrer Vorfahren bewahrt haben. Ich bin als ihr Führer stolz darauf, aussprechen zu können, daß die Hingebung in Ertragung aller Entbehrungen, die Ruhe und Entschlossenheit im Gefechte und vor Allem die Aufrechterhaltung der Disziplin unser junges Armeekorps würdig macht, allen Gefahren, die unserem Vaterlande in Zukunft bevorstehen, mit Erfolg entgegenzutreten.

Mit erhobenem Gefühle rufe Ich meinen braven Waffengefährten die Parole unseres Ausmarsches zu:

„Es lebe unser Großherzog!
Es lebe unser theures Vaterland!"

Der Divisionskommandant:
(gez.) Prinz Wilhelm von Baden,
Generallieutenant.

So war denn der Feldzug ohne große Entscheidungsschlacht auch auf dem westlichen Kriegstheater beendet. Aus dem vergossenen Blute ist deutsche Einheit und deutsche Macht erwachsen. Preußen war die einzige leitende Großmacht in Deutschland geworden: besser abgerundet als bisher, konnte es hoffen, seinen geschichtlichen Beruf würdig zu erfüllen und der gesammten deutschen Nation ein Schirm und Hort gegen alle ihre Feinde zu werden.

Am Morgen des 30. Juli schied die badische Feld-Division, nachdem ihr fürstlicher Feldherr mit General v. Manteuffel die näheren Bestimmungen des Durchmarsches durch die preußische Aufstellung vereinbart hatte, aus dem Verbande des 8. Bundeskorps aus und kehrte auf der ihr vorgeschriebenen Marschroute Berolsheim, Schefflenz, Sinsheim, Bruchsal in die engere Heimath zurück.

Unser Regiment wurde mit der 1., 2. und 4. Eskadron dem Befehle des Generalmajor v. Laroche unterstellt, während die 3. Eskadron der zweiten Infanterie-Brigade attachirt wurde. Die Quartiere des Rückmarsches waren folgende:

30. Juli   Stab, 1. und 4. Eskadron Grünsfeld;
          2. Eskadron Grünsfeldhausen.
31. =   Stab, 2. und 4. Eskadron Oberschupf;
          1. Eskadron Unterschupf.
1. August Stab, 2. Eskadron Adelsheim;
          1. Eskadron Osterburken;
          4. =   Sennfeld.
2. =   1. =   Obrigheim;
          2. =   Neckarzimmern;
          4. =   Neckarelz.
3. =   Ruhetag.
4. =   Stab, 2. und 4. Eskadron Kirchhardt;
          1. Eskadron Riechen.
5. =   Stab, 1. und 4. Eskadron Diedelsheim;
          2. Eskadron Birklingen.
6. =   nach Vereinigung mit der 3. Eskadron bei Diedelsheim, Karlsruhe.

Seine Königliche Hoheit der Großherzog hatte die Gnade, die Feld-Division bei Durlach zu begrüßen und an deren Spitze in die durch Triumphbögen und Kränze festlich geschmückte Residenzstadt einzurücken. Dort begrüßte der Oberbürgermeister, umgeben vom Magistrat und einer zahlreichen Menschenmenge, in der herzlichsten Weise die heimkehrenden Truppen. Es bezog hierauf, da der im Frühjahr 1866 ausgesprochene Allerhöchste Befehl, welcher das

2. Dragoner-Regiment im Herbst 1866 in die Garnison Bruchsal verlegte, infolge der Mobilmachung wieder zurückgenommen worden war, die 1., 3. und 4. Eskadron die Kaserne in Karlsruhe und die 2. Eskadron bis zum 25. August Quartier in Beiertheim.

Es wurden dem Regiment an Auszeichnungen vor dem Feinde verliehen:

Korporal Hotz — silberne Karl Friedrich-Militär-Verdienstmedaille; Oberwachtmeister Kretzler und Stoffel, Wachtmeister Heldin — kleine goldene Zivil-Verdienstmedaille am Bande des Karl Friedrich-Militär-Verdienstordens. 608 Angehörige des Regiments erhielten am 7. September die Felddienstmedaille. Außerdem belobte Seine Großherzogliche Hoheit der Prinz Wilhelm vor versammeltem Offizierkorps wegen guter Patrouillenführung den Oberlieutenant v. Reichlin und den Lieutenant Winsloe.

Nachträglich bleibt noch zu erwähnen, daß der Korporal Hotz deshalb dekorirt wurde, weil er, am Tage von Hundheim mit sechs Dragonern abgeschnitten, drei Tage und Nächte im Walde bei Wertheim sich verborgen hielt, nachts dann einen preußischen Train durchbrach, dem württembergischen Lieutenant v. Crailsheim eine feindliche Kolonne von zehn Wagen verrieth, diese mit überrumpeln half und schließlich am Tage des Einzuges in Karlsruhe wohlbehalten zum Regiment stieß.

Am 8. August fand feierlicher Feldgottesdienst auf dem großen Karlsruher Exerzirplatze statt. Seine Königliche Hoheit der Großherzog geruhte, den versammelten Offizieren in huldvoller Weise mit erhebenden, unvergeßlichen Worten Allerhöchst seinen Dank für die Pflichterfüllung und für das Verhalten der Feld-Division in dem nunmehr beendeten Feldzuge auszusprechen.

Verluste hatte das Regiment:

4 Dragoner verwundet, 2 vermißt, 5 Pferde verwundet und 2 vermißt.

III. Abschnitt.

Zeit der Reorganisation von Ende 1866—1870.

Durch die glänzenden Siege Preußens in Böhmen war Oesterreich zu dem Frieden von Prag am 23. August 1866 gezwungen worden. Derselbe verpflichtete bekanntlich den Kaiserstaat, seine Zustimmung zu einer neuen Gestaltung Deutschlands ohne seine Betheiligung zu geben, an Italien Venetien, an Preußen seine Rechte auf Schleswig-Holstein abzutreten und die von Preußen in Norddeutschland herzustellenden neuen Einrichtungen, einschließlich der Territorialveränderungen, anzuerkennen. Hiermit verlor Oesterreich die 1815 errungene und 1849 wiedereroberte Stellung in Italien und Deutschland für immer.

Was die Neuordnung der Verhältnisse in Deutschland anbelangte, so wurden sämmtliche norddeutschen Staaten nach Einverleibung von Hannover, Schleswig-Holstein, Kurhessen, Nassau und Frankfurt a./M. in das preußische Gebiet zu einem staatlichen Gemeinwesen — dem Norddeutschen Bund — vereinigt. So war also der preußisch-deutsche Krieg rasch und in einer Weise zu Ende geführt, die dem besiegten Theil jede überflüssige Schädigung und Demüthigung ersparte und Preußens Ueberlegenheit in staatlicher und militärischer Beziehung so deutlich kundgab, daß sein moralisches Anrecht auf die Führerschaft des deutschen Volkes fast allgemein anerkannt wurde. Diese Ueberzeugung führte bei den süddeutschen Staaten zu einem sofortigen geheimen Schutz- und Trutzbündnisse mit Preußen.

Seine Königliche Hoheit der Großherzog von Baden und Seine Majestät der König von Preußen, beseelt von dem Wunsche, das künftige Verhältniß der Souveräne und ihrer Staaten möglichst innig zu gestalten, schlossen zur Bekräftigung des Friedensvertrages am 17. August 1866 nachstehenden Allianzvertrag:

Artikel 1: Zwischen Seiner Königlichen Hoheit dem Großherzoge von Baden und Seiner Majestät dem Könige von Preußen wird hiermit ein Schutz- und Trutzbündniß geschlossen. — Es garantiren Sich die hohen Kontrahenten gegenseitig die Integrität des Gebietes Ihrer bezüglichen Länder und verpflichten Sich im Falle eines Krieges Ihre volle Kriegsmacht zu diesem Zwecke einander zur Verfügung zu stellen.

Artikel 2: Seine Königliche Hoheit der Großherzog von Baden überträgt für diesen Fall den Oberbefehl über Seine Truppen Seiner Majestät dem Könige von Preußen.

Artikel 3: die hohen Kontrahenten verpflichten Sich, diesen Vertrag vorerst geheim zu halten.

Artikel 4: Die Ratifikation des vorstehenden Vertrags erfolgt gleichzeitig mit der Ratifikation des unter dem heutigen Tage abgeschlossenen Friedensvertrages, also bis spätestens zum 21. August dieses Jahres.

Zur Urkund dessen haben die beiderseitigen Bevollmächtigten diesen Vertrag in doppelten Exemplaren unterzeichnet und ihre Siegel beigedrückt.

So geschehen zu Berlin, den 17. August 1866.

(L. S.) gez. v. Freydorf.   (L. S.) gez. v. Bismarck.

Aber nicht allein auf militärischem Gebiete erstrebte Baden zur Wiederherstellung eines Gesammtdeutschlands jede mögliche Annäherung an Preußen und den Norddeutschen Bund, sondern es suchte auch auf volkswirthschaftlichen Gebieten durch Verträge das Gefühl der Zusammengehörigkeit zum Ausdruck zu bringen. An der Spitze dieser Einheitsbewegung in Süddeutschland stand wie immer der Großherzog Friedrich von Baden, welcher in der Thronrede vom 5. September 1867 mit einfachen Worten unumwunden sein edles Ziel kundgab: „Mein Entschluß steht fest, der nationalen Einigung unausgesetzt nachzustreben, und gerne werde Ich und mit Mir Mein Volk die Opfer bringen, die mit dem Eintritt in dieselbe untrennlich verbunden sind." •

Den sofortigen Eintritt Badens in den Norddeutschen Bund verhinderte bloß die ablehnende Haltung Bismarcks, der Frankreich auch nicht den geringsten Vorwand zu einer Einmischung in die deutschen Angelegenheiten geben wollte.

— 49 —

So sehen wir Anfang des Jahres 1867, daß die hierdurch vorgezeichnete Politik von dem neuen badischen Ministerium energisch in die Hand genommen wurde.

Bereits einmal, bei der Reorganisation von 1849/50, hatte die preußische Armee als Vorbild gedient, sie sollte jetzt nach der glänzenden Probe des siegreichen Feldzuges von 1866 in Allem mustergültig sein, und ihre Einrichtungen sollten unbedingt und ohne Rückhalt auf die badischen Verhältnisse übertragen werden. War auch die gestellte Aufgabe eine schwierige, so führte sie doch in dreijähriger, mit freudiger Hingabe durchgeführter Arbeit zu einem hohen und schönen Resultate; denn als der alte Erbfeind jenseits des Rheins 1870 in übermüthiger Weise die Brandfackel des Krieges entfachte, da konnte das badische Armeekorps neugerüstet Arm in Arm mit den Kameraden aus Nord und Süd den französischen Heißspornen mit Sicherheit entgegentreten.

Unter Mitwirkung des Generals v. Beyer, der als preußischer Militärbevollmächtigter nach Karlsruhe geschickt worden war, begann nunmehr die Organisation der badischen Truppen.

Bei der jetzt folgenden chronologischen Behandlung der neuen Heereseinrichtung werden die wichtigsten Veränderungen in diesem Gebiet — soweit sie das Regiment berühren — angeführt werden, während in Bezug auf Uniform- und Personalveränderungen wiederum auf die Anlagen I. und VI. verwiesen wird.

Die Demobilmachung brachte zunächst die vor dem Kriege bestandene Organisation zurück. Die Exkapitulanten wurden am 1. September entlassen und die auf Kriegsdauer angestellten Beamten traten wieder in ihr früheres Verhältniß zurück.

1867. Dies Jahr war für die Organisation des Großherzoglichen Armeekorps hochbedeutend, es legte Zeugniß dafür ab, daß die Regierung bestrebt war, die preußischen Militäreinrichtungen in ihrem ganzen Umfange anzunehmen. Das Verdienst der Durchführung dieses großen Werkes war vor Allem das zweier genialer Männer, welche von Seiner Königlichen Hoheit an die Spitze des Heeres gestellt worden waren, des Kriegsministers Generallieutenant v. Beyer und des Generalstabschefs Major v. Leszczynski, beide aus Königlich preußischen Diensten übernommen.

Schon am 28. April wurden Offiziere sämmtlicher Waffen zur Dienstleistung in Königlich preußischen Truppenabtheilungen befehligt. Von unserem Regiment war es der Rittmeister Frhr. v. Selbeneck, welcher zu den Uebungen der Gardekavallerie nach Berlin kommandirt wurde und erst Ende August wieder zum Regiment zurückkehrte.

Am 15. Mai wurde mit Preußen eine besondere Konvention abgeschlossen, welche den badischen Offizieren und Offiziersaspiranten die preußischen Militär-Bildungsanstalten öffnete. Am 1. Juni erschien eine Instruktion über die Behandlung und Ausbildung der Einjährig-Freiwilligen, welche sich ganz den darüber in der preußischen Armee gültigen Vorschriften anschloß, so daß im Oktober die ersten Einjährig-Freiwilligen in das Regiment eintraten. Am 5. Oktober erfolgte ein Gesetz über die Vornahme der nächsten Aushebung der Kriegsdienstpflichtigen, nach welchem das bisherige System der Stellvertretung — vergl. I. Abschnitt, über das Konskriptionsgesetz vom 14. Mai 1825 — aufgehoben wurde. Es mußte sich mithin jeder kriegsbrauchbare Dienstpflichtige der Altersklasse 1847 zur Aushebung stellen, um persönlich seiner Dienstverpflichtung im stehenden Heere nachzukommen. Aber schon im Februar 1868 wurde ein neues Wehrgesetz, welches alle waffentauglichen Badenser zum persönlichen Wehrdienst verpflichtete, und welches sich vollständig an die norddeutsche Wehrverfassung anschloß, von den badischen Kammern angenommen. Da sich nunmehr durch diese Einführung der allgemeinen Wehrpflicht die Anzahl der jährlich ausgehobenen Rekruten bedeutend steigerte, so mußte naturgemäß zu einer Aenderung in der Organisation des Armeekorps geschritten werden. So traten am 26. Oktober bedeutende Veränderungen im Großherzoglichen Armeekorps ein, deren Wichtigkeit es rechtfertigen wird, sie in ihrem ganzen Umfange an dieser Stelle einzufügen:

I. Infanterie.

Die Infanterie wird künftig aus 6 Regimentern zu je 3 Bataillonen bestehen, welche in drei Brigaden formirt sind. Die Regimenter führen die Benennung (1.) Leib-Grenadier-Regiment, 2., 3., 4., 5. und 6. Linien-Infanterie-Regiment. — Die beiden ersten Bataillone des Leib-Grenadier-Regiments behalten ihre bisherige Bezeichnung bei, die beiden ersten Bataillone der 5 Linien-Regimenter nehmen die Benennung 1. und 2. (Musketier-) Bataillon und das 3. Bataillon eines jeden Regiments die Benennung 3. (Füsilier-) Bataillon an.

Zur Herstellung dieser Formation befehle Ich zunächst:
Ein drittes Infanterie-Brigadekommando wird errichtet.

Das Jäger-Bataillon wird als solches aufgehoben, mit dem
(1.) Leib-Grenadier-Regiment vereinigt und bildet dessen 3. (Füsilier-)
Bataillon. Dieses Bataillon bleibt vorerst zu sechs Kompagnien
formirt, welche mit den Nummern 9 bis 14 bezeichnet werden.

Das 1. und 2. Füsilier-Bataillon werden als solche aufgehoben
und mit Beibehaltung ihrer Nummern zu einem Regiment vereinigt,
welches die Nummer 6 zu führen hat.

Die Kompagnien des 2. Bataillons dieses Regiments nehmen
die Nummern 5 bis 8 an. Die 4. und 8. Kompagnie eines jeden
der fünf Linien-Regimenter werden mit den Nummern 9 bis 10 je
in ein 3. (Halb-) Bataillon unter Kommando eines Stabsoffiziers
vereinigt. Die abgegebenen 4. und 8. Kompagnien werden sodann
in jedem der fünf Linien-Regimenter neu aufgestellt.

II. Reiterei.

In einem jeden der drei Dragoner-Regimenter wird eine
5. Eskadron errichtet.

III. Artillerie.

Im Feldartillerie-Regiment wird eine 7. (6 Pfünder-) Batterie
und im Festungsartillerie-Bataillon eine 5. Kompagnie aufgestellt.
Sämmtliche Batterien des Festungsartillerie-Bataillons nehmen je
die Bezeichnung Kompagnie an. Die bisherige Ausfall-Batterie bildet
die 1. Kompagnie (mit bespannten Geschützen).

Ein Pionier-Abtheilungskommando und eine 2. Pionier-Kompagnie wird neu aufgestellt.

Schloß Baden, den 26. Oktober 1867.
Ludwig. Friedrich.

Die in der vorstehenden Allerhöchsten Kabinetsordre befohlene
Aufstellung einer 5. Eskadron in jedem der drei Dragoner-Regimenter trat im November derartig beim diesseitigen Regiment in Vollzug, daß alle vier Eskadrons je 22 Dragoner und Pferde abgaben,
und aus diesem Bestande die 5. Eskadron in der Stärke von 88 Pferden
formirt wurde. Das Kommando erhielt der bisherige Oberlieutenant
v. Jagemann unter Beförderung zum Rittmeister und Eskadronkommandanten. Das Regiment verblieb mit dem Stabe und den vier
Eskadrons in der Garnison Karlsruhe, dagegen wurde eine Schwadron
nach Durlach verlegt, welche alljährlich am 1. Oktober die Garnison
mit einer anderen Eskadron des Regiments wechseln sollte. Zunächst
bezog die 3. Eskadron v. Stöcklern die Garnison Durlach, an

Stelle ihres Kommandanten wurde zum Mitglied der Verwaltungs-
kommission der Militär-Kreditkasse Rittmeister Kapferer ernannt.

Im September fanden zwischen Rastatt und Karlsruhe Manöver
statt, an welchen das Regiment theilnahm. Nach Schluß dieser
Herbstübungen nahm am 21. September auf dem Karlsruher
Exerzirplatze Se. Majestät König Wilhelm von Preußen Parade
über die badischen Truppen ab. Nach erfolgtem Parademarsch in
Zugs- und Eskadronsfront schloß sich der Parade ein Exerziren
der einzelnen Brigaden und des Feldartillerie-Regiments vor
Sr. Majestät an.

1868. Wurde schon im Vorjahre die eifrigste, reorganisatorische
Thätigkeit entfaltet, so führte die am 24. Februar erfolgte Berufung
des Generallieutenants v. Beyer zum Kriegsminister eine noch erhöhte Wirksamkeit herbei. Diese in ihrem ganzen Umfange dar-
zustellen, würde weit über die Grenzen einer Regimentsgeschichte
hinausgehen; dementsprechend werden nur diejenigen reformatorischen
Bestimmungen hervorgehoben werden, welche die früheren Verhältnisse
des Regiments am einschneidendsten änderten.

Hat es sich der Verfasser im ersten Abschnitt bei der Darstellung
angelegen sein lassen, in kurzen Zügen eine Charakteristik der Rekrutirung, Remontirung, Rechtspflege und des Dienstbetriebes im
Regiment zu entwerfen, so soll demgegenüber nunmehr der Versuch
unternommen werden, die Veränderungen hervorzuheben, welche die
neue Epoche nach diesen Richtungen hin mit sich brachte.

Beginnen wir wiederum mit der Wehrverfassung, so wurde, wie
schon bei der Schilderung des Vorjahres angedeutet, am 12. Februar
das neue Wehrgesetz analog dem preußischen eingeführt. Das badische
Land erhielt eine Eintheilung in 10 Landwehr-Bezirkskommandos,
von welchen die beiden folgenden den Ersatz unseres Regiments stellten.
Das Landwehr-Bezirkskommando Karlsruhe umfaßte die Aemter
Durlach, Ettlingen, Pforzheim, Karlsruhe; und dasjenige von Bruchsal
die Aemter Sinsheim, Eppingen, Bretten, Schwetzingen und
Bruchsal.

Am 14. Mai wurden die in den Dienstvorschriften enthaltenen
und bisher im Regiment gehandhabten Bestimmungen über die Verwaltung im Innern außer Kraft gesetzt und letztere durch die Einführung der bezüglichen Königlich preußischen Bestimmungen in
erheblicher Weise vereinfacht. Ein Gleiches geschah hinsichtlich der
bisherigen Vorschriften über den inneren Dienst; hierfür wurden

gemäß Allerhöchster Entschließung vom 7. August die Königlich preußischen Dienstvorschriften für Kasernen- und Quartier-Ordnung, Urlaub, persönliche Meldungen, Gesuche und Beschwerden, Grüßen, Appell, Rang- und Dienstverhältnisse einzelner Chargen unter unbedeutenden Modifikationen eingeführt.

Nicht minder erheblich und mit den früheren Prinzipien durchaus brechend, waren das neue Militär-Strafgesetzbuch vom 14. Mai und die Allerhöchste Verordnung vom 28. Juni über die Disziplinarbestrafung bei den Truppen vom 7. April. Während früher schon der Karabinier und Korporal Strafen über seine Untergebenen verhängen konnte, stand jetzt nur solchen Offizieren die Zuständigkeit zur Verhängung von Disziplinarstrafen zu, denen der Befehl über eine oder mehrere Truppenabtheilungen übertragen worden war.

Auch die Benennungen der Kommandostellen sowie die der Chargen von Offizieren, Beamten und Unteroffizieren wurden die gleichen, wie in der preußischen Armee. Das Armeekorps-Kommando hieß fortan: Divisionskommando; das Kommando der Reiterei: Kavallerie-Brigadekommando; der Regimentskommandant: Regimentskommandeur; Eskadronskommandant: Eskadronchef; Oberlieutenant: Premierlieutenant; Lieutenant: Sekondlieutenant; Regimentsquartiermeister: Zahlmeister; Regimentsarzt: Ober-Stabsarzt; Oberarzt: Stabsarzt; Oberwachtmeister: Wachtmeister; Wachtmeister: Sergeant; Korporal: Unteroffizier; Karabinier: Gefreiter.

Als Schluß dieser reorganisatorischen Thätigkeit bleibt noch zu erwähnen, daß am 2. März der Friedensetat für eine Eskadron in Nachstehendem zum sofortigen Vollzug bekannt gegeben wurde: 1 Wachtmeister, 1 Portepeefähnrich, 4 Sergeanten, 10 Unteroffiziere, 3 Trompeter, 20 Gefreite und Kapitulanten, 94 Gemeine, 5 Oekonomiehandwerker und 1 Lazarethgehülfe.

Wir sehen also in diesem Jahre den Kriegsminister mit gleicher Rührigkeit auf allen Gebieten seines weiten Wirkungskreises in Thätigkeit, und die Folge war, daß auf Grund der raschen Einführung sämmtlicher Reglements und Verordnungen in allen Dienstzweigen, die frühere badische Armee bald ein der preußisch-deutschen Armee gleicher Bestandtheil wurde.

Am 5. Juni wurde Premierlieutenant Camerer zur Dienstleistung in der 1. Sektion (Allgemeine Kriegsabtheilung) des Kriegsministeriums kommandirt, und am 17. desselben Monats trat der auf die Dauer eines Jahres zur Dienstleistung als Ordonnanzoffizier

bei Seiner Königlichen Hoheit dem Großherzog kommandirte Premier=
lieutenant G. Winsloe in das Regiment zurück.

Das Regiments= und Brigadeexerziren wurde im Herbst bei
Karlsruhe abgehalten. Im Anschluß hieran fanden bei Pforzheim
die großen Manöver der ganzen badischen Division statt.

Am 1. Oktober wurde Lieutenant Wachs zum Militär=Reit=
institut nach Hannover kommandirt.

1869. Durch Allerhöchsten Befehl vom 21. April wurde das
wiederholte Gesuch Seiner Großherzoglichen Hoheit des Prinzen und
Markgrafen Wilhelm von Baden um Enthebung vom Divisions=
kommando aus Familienrücksichten, unter Anerkennung seiner treuen
und guten Dienste genehmigt, und der Kriegsminister, Generallieutenant
und Generaladjutant v. Beyer, bis auf Weiteres mit der Führung
der Division beauftragt.

An den Herbstübungen der Division, welche in der Gegend von
Bretten stattfanden, nahm das Regiment theil und rückte dieserhalb
Ende August aus seiner Garnison ab. Am Schluß des Manövers
hatten Seine Königliche Hoheit der Großherzog die Gnade, den drei
Dragoner=Regimentern Standarten, sowie den neu errichteten Füsilier=
Bataillonen Fahnen zu verleihen.

Die gesammte Division vereinigte sich am 9. September, dem
Geburtstage des Allerhöchsten Landesherrn, an der Schwedenschanze
westlich Eppingen. Nachdem der evangelische Geistliche — Divisions=
pfarrer Lindenmaier — sowie der katholische Divisionspfarrer
Schäfer in feierlicher Ansprache unter Hinweis auf die Bedeutung
dieses Ehrenzeichens die Standarten geweiht hatten, wurden dieselben
von Seiner Königlichen Hoheit dem Großherzog persönlich den
Regimentern übergeben. Hierauf erfolgte Vorbeimarsch mit den neu
verliehenen Feldzeichen, und alsdann bezog die Division an Ort und
Stelle ein Biwak.

Am 11. September traf das Regiment wieder in Karlsruhe ein.

Beschreibung der Standarte.

Standartentuch: 48 cm im Quadrat; dasselbe ist von schwerer
doppelter weißer Seide und zeigt auf beiden Seiten den mit einem
grünen Eichenkranz umschlossenen badischen Greif, welcher Schwert
und Schild in den Klauen hält. Ueber diesem badischen
Wappen steht die Devise „Fidelitas" mit der bunt gestickten
Fürstenkrone.

In jeder der vier Ecken befindet sich der gekrönte Namenszug F in gelber Seide mit einem kleinen grünen Eichenkranz umgeben. Die drei offenen Seiten des Standartentuches sind mit Goldfranzen eingefaßt, während die vierte Seite mittelst vergoldeter Nägel an dem Standartenstock befestigt ist.

Standartenstock: 2 m 87 cm lang, schwarz polirt, ist in seiner Form den mittelalterlichen Lanzen ähnlich. Die drei Holzkehlen sind mit vergoldeten Schienen beschlagen und diese wieder mittelst 48 Nägeln an der Stange befestigt.

Standartenring: 2 cm unter dem Flaggentuch, trägt die Inschrift: B. D. R. II.

Standartenspitze: Von vergoldeter Bronze mit dem Monogramm und der Krone des Landesfürsten. Später wurde auf der einen Seite der Spitze laut Allerhöchster Kabinetsordre vom 22. August 1872 das Eiserne Kreuz angebracht, während unterhalb derselben die silberne Karl Friedrich-Militär-Verdienstmedaille mit der Umschrift: „Friedrich, Grossherzog von Baden, am 1. April 1871" und „d. II. Dr. Reg. Markgraf Maximilian für Tapferkeit und Treue" befestigt worden ist.

Standartenbänder: Zwei schmale silberne Tressen in der Länge des Flaggentuches, die in zwei silbernen Quasten endigen, sind unter der Standartenspitze am Knopfe angebracht.

Bandolier: Ein 11 cm breiter Gurt, überzogen mit hellblauem Sammet, auf welchem zwei Silbertressen in der Breite von je 4 cm laufen.

Am 11. September sprach ein Allerhöchster Befehl die nachstehende Zufriedenheitsbezeugung mit den Leistungen der Truppen aus:

Ich habe mit besonderer Genugthuung den größeren Uebungen Meiner Division auch in diesem Jahre beigewohnt und Mich von den unverkennbaren Fortschritten überzeugt, welche dieselbe auf dem Wege einer kriegstüchtigen Ausbildung abermals gemacht.

Ich danke den Führern, wie der Mannschaft für dies erfreuliche Resultat und halte Mich ihres allseitigen ferneren Wetteifers auf dem betretenen Wege gern versichert.

Eppingen, den 11. September 1869.

(gez.) Friedrich.

Sekondlieutenant Wachs kehrte am 1. Oktober von der Reitschule zurück.

IV. Abschnitt.

Feldzug 1870/71.
Die Vorbereitung zum Kriege. Die Mobilmachung und Verwendung des Regiments diesseits des Rheins.

Der Ausbruch des deutsch-französischen Krieges 1870/71 traf Preußen und die mit ihm durch Geheimvertrag verbündeten süddeutschen Staaten unerwartet. Man hatte nicht an die sobaldige Verwirklichung der französischen Gelüste geglaubt, trotzdem aber war die Möglichkeit derselben vorgesehen.

Nach dem Ausscheiden Oesterreichs aus dem deutschen Staatenbund hatte Preußen die alleinige Führerschaft übernommen und die engere Verbindung mit den süddeutschen Staaten angebahnt. Der Sinn für nationale Zusammengehörigkeit war durch das Jahr 1866 neu belebt und wurde von dem patriotischen Gefühl der gesammten Bevölkerung getragen. Damit hatte sich aus den Trümmern des alten, ohnmächtigen, heiligen römischen Reiches eine kräftige, lebensvolle, neue Schöpfung erhoben.

Die deutschen Fürsten waren von derselben Bewegung wie das Volk ergriffen und hatten den früheren Zwiespalt vergessen. Unter den süddeutschen Staaten stand Baden in echt deutscher Haltung seit lange voran. Die Franzosen hatten sich gründlich verrechnet, als sie auf eine wohlwollende Neutralität, wohl gar auf eine Verbindung mit Süddeutschland hofften. Solchen Berechnungen trat das hochherzige Wort unseres badischen Landesfürsten entgegen, daß er viel lieber als Privatmann in Preußen leben wolle, wie als Rheinbundvasall und Großherzog von Napoleons Gnaden in Karlsruhe. Diese Liebe zum gemeinsamen Vaterlande, diese einmüthige Erhebung der deutschen Stämme und ihrer Fürsten zeugte von dem vollen Vertrauen auf die preußische Heeresleitung und ließ es den süddeutschen Staaten gegenüber rechtfertigen, wenn die Regierungen von Bayern, Württemberg, Baden, Hessen — anscheinend das eigene Land entblößend — ihre Kontingente bereitwillig der Hauptversammlung anschlossen und unter Befehl des Königs Wilhelm stellten. Somit trat ganz Deutschland unter Waffen, vom ersten Moment seiner Bedrohung an geeint, wie nie zuvor.

Sofort nach dem Eintreffen der französischen Kriegserklärung hatte die Nacht zum 16. Juli den Allerhöchsten Befehl zur Mobilmachung für Preußen und die norddeutschen Bundesstaaten gebracht, dem bald darauf auch die süddeutschen Staaten folgten. Die Riesenmaschine, durch welche scheinbar die Armeen wie aus der Erde gestampft wurden, arbeitete bekanntlich mit einer imposanten Ruhe. Infolge dieses Ineinandergreifens aller Faktoren verlief denn auch die Mobilmachung der badischen Division ohne Störung, trotzdem wiederholte Gerüchte von einem Einfall der Franzosen die Bewohner Badens beunruhigten.

Den drei badischen Dragoner-Regimentern war beinahe gleichzeitig mit der Mobilmachungsordre auch der Marschbereitschaftsbefehl zugegangen und unserem Regimente speziell Tags darauf am 17. Juli schon der Befehl zum Abmarsch. Durch diesen Abmarsch wurde das Regiment gezwungen, den Uebergang zur Kriegsformation unterwegs auszuführen, ein Uebelstand, der zwar zu einigen Unbequemlichkeiten, nicht aber zu ernsteren Störungen führte. Täglich wurden, sobald wiederum eine gewisse Anzahl von einberufenen Mannschaften in der Garnison eingetroffen und ausgerüstet war, die zur Kompletirung des Regiments bestimmten Leute und Pferde letzterem nachgeschickt und so nach und nach die Eskadrons auf die Kriegsstärke ergänzt. Nahezu die Hälfte der Offiziere waren auf Remontirung, Transporten u. bergl. kommandirt und trafen gleichfalls erst einer nach dem andern bei ihren Eskadrons ein. Am 28. Juli, dem dreizehnten Mobilmachungstage, stand das Regiment vollständig kriegsbereit da, und zwar in einer Stärke von 19 Offizieren, 61 Unteroffizieren, 14 Trompetern, 513 Dragonern, 4 Lazarethgehülfen, 34 Trainsoldaten, 3 Aerzten, 3 Pferdeärzten, 1 Zahlmeister; 69 Offiziers-, 591 Dienst- und 18 Trainpferden.

Schon nach der eigentlichen Erklärung des Kriegszustandes und dem Abbruche der diplomatischen Beziehungen Badens zu Frankreich, welcher am 28. Juli erfolgte, waren wiederholt Gerüchte über einen wahrscheinlichen plötzlichen Vorstoß der Franzosen von Straßburg her verbreitet. Ein solcher Vorstoß hätte zur Folge haben können, daß ein Theil der badischen Truppen nach Osten aus der Richtung der beabsichtigten Versammlung nördlich Rastatt abgedrängt wurde. Daß dieser Einfall in deutsches Gebiet der französischen Kriegserklärung unmittelbar folgen mußte, wenn er überhaupt beabsichtigt wurde, war ein naheliegender Gedanke; denn er versprach nicht allein Aussicht auf leichte Erfolge, sondern auch einen Ausgleich der auch den Franzosen bekannten numerischen Ueberlegenheit des Gegners. Die eigenthümliche geographische Lage Badens, die Rücksicht auf den Zusammenhang mit der eigenen Armee, deren Aufmarschgebiet jenseits des Rheins lag, bedingte sowohl eine Beobachtung nach zwei Seiten — nach Süden und Westen — als auch eine Verwendung der Truppen nach verschiedenen Richtungen. Deshalb wurde bei der badischen Feld=Division den hier entwickelten Gesichtspunkten vom ersten Augenblick an Rechnung getragen, indem stärkere Beobachtungs=Detachements an den Rhein vorgeschoben wurden, um so einerseits genaue Nachrichten von jenseits des Rheins zu erhalten und andererseits die sofortige Vereinigung sämmtlicher badischen Truppen nördlich Rastatt sicher zu stellen.

Dem Regiment wurde die Ehre zu Theil, zu diesen Grenzbesatzungen zu gehören; es marschirte deshalb schon Sonntag, den 17. Juli, morgens 7 Uhr, in der momentan disponiblen Stärke von 9 Offizieren und 313 Mann von seiner bisherigen Garnison Karlsruhe nach Kuppenheim. Tags vorher war schon ein Detachement von 53 Mann unter Sekondlieutenant Frhrn. v. Rüdt behufs Beobachtung der Rhein=Fähren bei Lauterburg nach Au am Rhein abgerückt. Die Vereinigung der drei badischen Kavallerie=Regimenter fand am 17. Juli zwischen Rastatt und Karlsruhe statt; unser Regiment hatte von Kuppenheim aus den Rhein bis Kehl zu überwachen; das Leib=Dragoner=Regiment kam nach Mühlburg, Knielingen und Daxlanden, westlich Karlsruhe, zu liegen und hatte gleichzeitig Patrouillen in die bayerische Pfalz zu entsenden; das 3. Regiment blieb zur Verfügung nach beiden Richtungen in Rippur, südlich Karlsruhe. Die Ausführung des Auftrags unseres Regiments geschah in der Weise, daß die Eskadron v. Schilling die Beobachtung des Rheins von Iffezheim bis Neufreistett übernahm und gleichzeitig die Verbindung mit Kehl herstellte; die Eskadron Camerer dagegen wurde bis Bühl vorgeschoben und hielt Verbindung mit einer Kom=

pagnie (Hauptmann Weinzierl), welche für eine erforderlich werdende Zerstörung der über den Schwarzwald in das württembergische Gebiet führenden Kniebis-Straßen bei Oberkirch bereit stand. Die beiden anderen Eskadrons des Regiments mit Stab hatten in Kuppenheim Kantonnements bezogen. Am 18. Juli schickte das 2. Dragoner-Regiment Lieutenant v. Rüdt mit 30 Pferden nach Kehl zum Patrouillendienst auf der Linie Diersheim-Marlen. Ferner wurden die beiden Eskadrons v. Schilling und Camerer nach Lichtenau an den Rhein bezw. nach Bühl an der Bergstraße vorgeschoben, um von diesen Punkten aus das Rhein-Thal bis Kehl besser abpatrouilliren zu können. Zwar konnten nach Lage der örtlichen Verhältnisse von den Patrouillen über die Angelegenheiten im Elsaß zahlreiche Nachrichten nicht eingehen. Man war darauf angewiesen, was man am jenseitigen Ufer an Bewegungen sah, und dies beschränkte sich auf das Erscheinen vereinzelter Patrouillen sowie einiger französischen Zoll- und Grenzwächter. Rittmeister v. Schilling entwickelte sofort mit dem ihm in hervorragendem Maße eigenen Ueberblick der Situation eine rastlose Thätigkeit. Verkleidete Dragoner, Fuhrleute und Bauern aus der Gegend wurden als Kundschafter über den Rhein geschickt, mit dem Auftrage, die Nachricht von großen Truppenansammlungen möglichst zu verbreiten. Zugleich wurde ein reger Patrouillengang über Greffern-Grauelsbaum und Helmlingen bis zur Ziegelhütte bei Membrechtshofen organisirt. — Auf französischer Seite hatten die Zoll- und Grenzwächter, an wenigen Stellen nur kleinere Militärpatrouillen, die Beobachtung übernommen. Zur Täuschung erschienen unsere Patrouillen in allen nur erdenklichen Formen, bald zu Pferde, bald zu Fuß, bald in Helm, bald in Mütze und dergleichen mehr, stets wieder an anderen Stellen auf dem Rheindamm und wechselten Schüsse mit den französischen Posten über den Rhein hinüber.

Inzwischen war die Mobilmachung soweit vorgeschritten, daß dem Oberkommandirenden der III. Armee gemeldet werden konnte: „Die badische Feld-Division ist zwischen Au und Karlsruhe gefechtsbereit." Am 22. Juli besagten die Nachrichten über den Gegner bei Straßburg, daß algerische Truppen daselbst auf dem Polygon lagerten; weitere stärkere Streitkräfte seien von Belfort aufgebrochen. Daher erfolgte das Vorschieben einer Avantgarde nach Süden zu an die Murg. Das 2. Grenadier-Regiment wurde dorthin mittelst der Eisenbahn von Mannheim und Durlach transportirt und trat mit unserem in Kuppenheim befindlichen Regiment und zwei Batterien unter den Befehl des Generallieutenants v. La Roche. Die Aufstellung dieser Avantgarde erfolgte zwischen Oos und Kuppenheim, ihre Vorposten nahmen an der Murg in der Linie Kartung—Hügelsheim Stellung. Hieran schlossen sich dann die Vorposten der Besatzung von Rastatt. Patrouillen gingen bis Bühl und Lichtenau. Dem Detachement in Oberkirch wurde Lieutenant v. Borke mit einem Zuge der Eskadron Hübsch behufs Uebernahme der Aufklärung zugewiesen. Am 24. Juli hatten die bis zum Abend eingegangenen Kundschafternachrichten festgestellt, daß nunmehr bei Straßburg zahlreiche Truppenansammlungen sich zeigten, und dies legte die Möglichkeit eines Rhein-Ueberganges stärkerer Kräfte bei der Festung nahe. Daraufhin wurde eine Verstärkung der gegen Süden vorgeschobenen Truppen angeordnet und befohlen, daß am 25. die württembergische Reiter-Brigade nach Rauenthal rücken und daselbst des Morgens 9 Uhr zur Verfügung des Generals v. La Roche stehen sollte. Demgemäß übernahm die Brigade den Sicherungsdienst bei der Avantgarde, erhielt Muggensturm, Kuppenheim und Rauenthal zur Unterkunft, während unser Regiment nach Bischweier, Ober- und Niederweier zurückging. Das Regiment, das nunmehr in voller Stärke kriegsbereit war, benutzte die durch dies Zurückziehen gewonnene Zeit zur Ruhe und Erholung und zur nochmaligen Revision seiner Ausrüstung.

Am 25. Juli wurde der folgende Divisionsbefehl ausgegeben:

Die beifolgenden Telegramme, nach welchen Seine Majestät unser erhabener Bundesfeldherr uns in die III. Deutsche Armee, unter dem Befehl Seines siegbekrönten Sohnes, des Kronprinzen, einreiht, bringe ich hiermit zur Kenntniß der mobilen Feld-Division. Hierbei biete ich allen Offizieren, Unteroffizieren und Soldaten der meinem Kommando von Seiner Königlichen Hoheit dem Großherzog, unserem erlauchten Kriegsherrn, zu meiner besonderen Freude und Genugthuung anvertrauten Division meinen herzlichsten Soldatengruß und meinen Glückwunsch zu der uns gewordenen Auszeichnung, Arm an Arm mit unseren deutschen Waffenbrüdern einzutreten für Deutschlands Ehre, für Deutschlands Größe, für Deutschlands heiligste Güter. Mich beseelt das feste Vertrauen, daß wir die uns gestellte Aufgabe glücklich lösen werden; denn ich kenne Eure Tüchtigkeit, Eure Treue und Euren Eifer. Erhaltet mir Euer Ver-

trauen, das Ihr mir, seit ich an Eurer Spitze zu stehen
das Glück habe, stets bewiesen, und dem gegenseitigen Ver=
trauen wird auch der Erfolg nicht fehlen. Bewahret unter
allen Umständen Kaltblütigkeit und Ruhe; sie allein gewähr=
leisten die sichere Handhabung der so unerläßlichen Gefechts=
disziplin, und vergesset nie, daß die schönsten Erfolge des
Soldaten stets nach vorwärts liegen.

Darum vorwärts mit Gott für Fürst und Vaterland!
Karlsruhe, den 24. Juli 1870.

(gez.) v. Beyer,
Generallieutenant.

**Telegramm an Seine Königliche Hoheit den Großherzog
von Baden.**

Seine Majestät der König, mein Herr Vater, hat mich
mit der Führung der Süd=Armee, welche neben den ge=
sammten süddeutschen Truppen auch aus preußischen Korps
bestehen wird, beauftragt. Da mir hierdurch die ehrenvolle
Aufgabe zu Theil wird, Euer Königlichen Hoheit Truppen
in diesem Kriege zu führen, so werde ich Euer Königlichen
Hoheit in Karlsruhe persönlich Meldung erstatten.

(gez.) Friedrich Wilhelm,
Kronprinz von Preußen.

**Telegramm an Seine Königliche Hoheit den Kronprinzen
von Preußen.**

Seiner Majestät Ernennung Euer Königlichen Hoheit
zum Befehlshaber der deutschen Süd=Armee gereicht mir und
meinen Truppen zur größten Freude und Ehre. Möchte es
uns gelingen, unter Euer Königlichen Hoheit Befehl höchst
Ihr Vertrauen durch Treue und Tapferkeit zu verdienen.

Jubelnd sehen wir Euer Königlichen Hoheit Ankunft
entgegen.

(gez.) Friedrich,
Großherzog von Baden.

Am 28. Juli hatte die württembergische Division ihre Ueber=
führung in das badische Gebiet beendet, ihre Reiter=Brigade, welche
noch im Süden auf Vorposten stand, erhielt daher Befehl, am 29.
zur Division zu stoßen; für dieselbe hatte nunmehr unser Regiment
wiederum die Vorposten auf der Linie Iffezheim—Marlen (südlich

Kehl) zu übernehmen. Am Abend des 29. standen demgemäß die Eskadrons Hübsch und v. Schönau in dem Geländeabschnitt Iffezheim—Söllingen, die Eskadron Camerer in dem von Söllingen—Neufreistett und die Eskadron v. Schilling endlich in dem von Neufreistett—Marlen, während in Sandweier und Oos stärkere Infanterieposten sich befanden, welche gleichfalls dem Vorpostenkommandeur Oberst Wirth unterstellt waren.

Mehrfache Nachrichten deuteten auf Uebergangsversuche hin, so bei Hüningen und gegenüber Rastatt; am letzteren Punkte zeigten sich stärkere Patrouillen, auch auf der Straße nach Lauterburg wurden Bewegungen von Süden her gemeldet. Die vom Regiment gegen Kehl vorgeschobenen Kavallerieabtheilungen erhielten Weisung, im Falle eines Rhein-Ueberganges des Feindes nicht geschlossen auf Rastatt zurückzugehen, sondern mit kleineren Abtheilungen in die Seitenthäler auszuweichen, um von dort die Fühlung mit dem Gegner zu erhalten.

Inmitten dieser aufklärenden Thätigkeit traf am 29. um 4 Uhr nachmittags vom Oberkommando der III. Armee aus Speyer der Befehl ein: „Die badischen Truppen sogleich in die Gegend von Karlsruhe zurückzuziehen." — Demgemäß erfolgte an alle Abtheilungen Weisung, sich zwischen Karlsruhe und Mühlburg in einem Biwak zu versammeln.

Das Regiment war der Kavallerie-Brigade von La Roche wieder unterstellt. Es erhielt von dieser den Befehl, unter Zurücklassung zweier Eskadrons (Camerer und v. Schilling) und unter Führung des Majors v. Stöcklern zur weiteren Beobachtung des Rhein-Stromes sofort nach Muggensturm zu marschiren. Die genannten beiden Eskadrons verblieben in Oos und Sandweier, und ihre Patrouillen streiften bis Kehl. Am 31. langten die 2. und 5. Eskadron, nach einem sehr ermüdenden Nachtmarsche über Neumalsch und durch den Hardt-Wald, morgens um 6 Uhr 30 Minuten in der Nähe der Abtsmühle bei Mühlburg an, woselbst sie bis 8 Uhr abends biwakirten, um weiterhin bis zum 2. August Ortsunterkunft in Beiertheim und Bulach zu beziehen. Am Abend desselben Tages trafen auch die für den steten Patrouillengang detachirten Eskadrons Camerer und v. Schilling beim Regiment wieder ein.

So war denn die badische Division unter dem Oberbefehl des Generallieutenants v. Beyer jetzt in vollständiger Ausrüstung bereit. Ehe noch die Franzosen einen Einfall gewagt, ja ehe sie auch nur ihre Rüstungen ganz beendet, rückten drei große deutsche Armeen an die Grenze, bereit zum Einmarsch in das französische Land. Die I. Armee, General v. Steinmetz, stand bei Trier; die II. Armee, das Centrum, Prinz Friedrich Karl, war zwischen Mannheim und Bingen aufmarschirt; die III. Armee, Kronprinz von Preußen, bestehend aus dem 5. und 11. preußischen, dem 1. und 2. bayerischen Korps, sowie der 4. Kavallerie=Division, hatte ihre Quartiere in der Gegend von Landau, Speyer, Germersheim. Das hierzu gehörige Korps v. Werder stand mit den badischen Truppen bei Karlsruhe, mit den württembergischen bei Graben.

Das Regiment bildete mit dem Leib=Dragoner=Regiment und der reitenden Batterie die badische Kavallerie=Brigade unter Befehl des Generalmajors v. La Roche. Das badische 3. Dragoner=Regiment wurde Divisionskavallerie.

Vom Uebergang über den Rhein bis zum Beginn der Belagerung von Straßburg.

Der vom Chef des Generalstabes, General v. Moltke, eingereichte und vom König Wilhelm genehmigte Feldzugsplan faßte von Haus aus die Eroberung der feindlichen Hauptstadt ins Auge, welche für Frankreich von größerer Bedeutung war als die Hauptstädte in anderen Ländern. Auf dem Wege dahin sollte die Streitmacht des Gegners möglichst von dem an Hülfsmitteln reichen Süden ab= und in das engere Hinterland des Nordens gedrängt werden. Maßgebend aber vor Allem war der Entschluß, den Feind, wo man ihn träfe, unverzüglich anzugreifen und die Kräfte so zusammen zu halten, daß dieser Angriff mit überlegener Zahl geschehen könnte. Um diese vom großen Hauptquartier aus beschlossene Offensive nach dem Elsaß vorzubereiten, waren vom Oberkommando der III. Armee am 2. August vormittags Befehle an die einzelnen Korps erlassen worden, wonach sich diese zunächst in mehreren Biwaks zusammenzuziehen hatten. Demgemäß vereinigte sich am nämlichen Tage die badische Feld=Division bei Mühlburg und trat gegen Abend den Vormarsch über den Rhein bei Maxau an. Unser Regiment passirte die Brücke um 8 Uhr. Eine unabsehbare Menschenmenge war nach Mühlburg, Knielingen und Maxau zusammengeströmt, um beim Scheiden aus der Heimath den Truppen ein letztes Lebewohl auf glückliches Wiedersehen zuzurufen. Unaufhörlich erschallten die Hurrahs der marschirenden Truppen; weit hinaus ertönte der Deutschen Schutz- und Trutzlied: „Die Wacht am Rhein!" Mit dem Ueberschreiten des Rheins war die badische Division nunmehr in den direkten Verband der III. Armee eingetreten, deren fürstlicher Oberbefehlshaber die verbündeten Truppen durch nachstehenden ersten Armeebefehl begrüßte:

Hauptquartier Speyer, 30. Juli 1870.
Soldaten der III. Armee.

Von Seiner Majestät dem König von Preußen zum Oberbefehlshaber der III. Armee ernannt, entbiete Ich den von heute ab unter Meinem Befehle vereinigten Königlich preußischen, Königlich bayerischen und Königlich württembergischen und Großherzoglich badischen Truppen Meinen Gruß.

Es erfüllt Mich mit Stolz und Freude, an der Spitze der aus allen Gauen des deutschen Vaterlandes vereinten Söhne für die gemeinsame nationale Sache, für deutsches Recht, für deutsche Ehre gegen den Feind zu ziehen. Wir gehen einem großen und schweren Kampfe entgegen, aber in dem Bewußtsein unseres guten Rechts und im Vertrauen auf Eure Tapferkeit, Ausdauer und Mannszucht ist uns der siegreiche Ausgang gewiß. So wollen wir denn festhalten in treuer Waffenbrüderschaft, um mit Gottes Hülfe unsere Fahnen zu neuen Siegen zu entfalten für des geeinigten Deutschlands Ruhe und Frieden!

(gez.) Friedrich Wilhelm,
Kronprinz von Preußen.

Am 3. August war der Aufmarsch der III. Armee beendet und folgende Aufstellung erreicht:

Am weitesten vorgeschoben, nördlich Bergzabern, stand die 4. bayerische Division, hinter ihr bei Billigheim das 5., bei Rohrbach das 11. preußische Armeekorps. Weiter rückwärts, nördlich Landau, befand sich die 3. bayerische Division, das 1. Korps südwestlich Germersheim. Die 4. Kavallerie-Division hatte Quartiere um Offenbach, östlich Landau, bezogen. Die badische und die württembergische Division, vorläufig zu einem Korps unter Befehl des Generals v. Werder vereinigt, bildeten den linken Flügel der Armee, welcher durch den großen Bien-Wald von der übrigen Aufstellung getrennt war. Die Badenser standen bei Pforz und Hagenbach, die Württemberger noch auf dem rechten Rheinufer bei Knielingen.

Zwischen beiden Divisionen war die Maxauer Brücke von einem Bataillon besetzt. Für den 4. August wurde der allgemeine Vormarsch der Armee über die französische Grenze befohlen, um in breiter Front die Lauter von Weißenburg bis Lauterburg zu erreichen. Die Disposition des Oberkommandos der III. Armee lautete für die badische und württembergische Division: „Das Korps Werder marschirt auf der großen Straße nach Lauterburg, sucht sich in Besitz dieses Ortes zu setzen und setzt auf dem jenseitigen Ufer Vorposten aus. Trains bei Hagenbach." In Ausführung dieses Befehls brach die Division morgens 5 Uhr aus dem Biwak bei Pforz auf, fand Lauterburg vom Feinde gänzlich verlassen und bezog südlich dieser Festung Vorposten. Der während der Nacht gefallene Regen hatte die Wege, namentlich im Bien-Walde, sehr aufgeweicht. Die badische Kavallerie-Brigade unter Generalmajor v. La Roche blieb für diesen Tag noch in Reserve nördlich der Lauter und biwakirte bei Berg. Gegen Mittag hörte man in der Richtung von Weißenburg Kanonendonner, sowie heftiges Gewehr- und Mitrailleusenfeuer. Im Laufe des Nachmittags traf die Nachricht von dem dort errungenen ersten Siege ein, welchen Theile des 2. bayerischen, des 5. und 11. preußischen Korps gegen die französische Division Douay erfochten hatten. Der geschlagene Feind war in Richtung auf Wörth zurückgegangen, um sich dort mit größeren feindlichen Streitkräften unter Marschall Mac Mahon zu vereinigen. Die III. Armee setzte, dem Feinde folgend, am 5. August ihren Vormarsch fort und erreichte die Linie Lembach—Preuschdorf—Aschbach. Das Regiment speziell überschritt mit der Brigade um 6 Uhr 15 Minuten die Lauter und folgte nach Aschbach. — Im Hauptquartier der III. Armee zu Sulz hatte man am 5. August die Ueberzeugung gewonnen, daß die Hauptkräfte des Gegners in westlicher Richtung hinter der Sauer zu suchen waren. Der Kronprinz beabsichtigte, die Armee am 6. August mehr nach dem rechten Flügel hin zusammenzuziehen, ihr aber im Uebrigen zunächst Ruhe zu gewähren. Ein Theil sollte vorläufig noch die Front gegen Süden behalten. Diese letztere Aufgabe, d. h. die Rechtsschwenkung der III. Armee gegen Straßburg hin zu decken, wies der vorerwähnte Befehl dem Werderschen Korps zu: „Das Korps Werder marschirt nach Reimersweiler und nimmt die Front nach Süden, Vorposten gegen den Hagenauer Forst vorgeschoben. Die Straßen bei Kühlendorf und die Eisenbahn bei Hoffen sind durch starke Vorposten-Detachements zu decken." Unsere Division schob sich daher etwas mehr westlich auf gleiche Höhe mit Sulz, erhielt aber infolge des mittlerweile entbrannten Kampfes bei Wörth schon gegen Mittag den Befehl, in Richtung auf Saarburg vorzurücken. Die Kavallerie-Brigade allein blieb noch im Biwak bei Aschbach stehen und sicherte sich nach Kühlendorf. Um 12 Uhr erfolgte dann auch ihr Abmarsch gegen Hohweiler. Schon seit mehreren Stunden hatte man in der Ferne die dumpfen Schläge des Geschützfeuers vernommen, und allmählich zeigten sich die ersten Spuren des noch unentschieden hin und her wogenden Kampfes bei Wörth. Hier war schon infolge einer Rekognoszirung der 20. preußischen Infanterie-Brigade in der Frühe die Schlacht zwischen Mac Mahon und der III. Armee unter dem Kronprinzen von Preußen auf das Heftigste entbrannt. Deutsche und Franzosen waren so nahe aneinander gerückt, daß das Gefecht auch gegen den Willen der oberen Leitung sich entspann. Vom Werderschen Korps hatten nur die Württemberger noch an der Schlacht von Wörth theilgenommen. Die badische Division hatte erst am späten Nachmittage, wo schon der letzte entscheidende Stoß gegen Fröschweiler, das Bollwerk des Feindes, von den preußischen, bayerischen und württembergischen Bataillonen ausgeführt, und hiermit der Sieg für die deutschen Waffen entschieden war, auf der Höhe von Gunstett Stellung genommen. Der Kavallerie-Brigade war es ebenfalls nicht vergönnt, aktiv mit in das Gefecht einzugreifen. Zwar war ihr auf dem Marsche nach Hohweiler der lang ersehnte Befehl, schleunigst in Direktion Gunstett auf das Schlachtfeld vorzurücken, zugegangen, jedoch bei Surburg angekommen, traf der Gegenbefehl ein, eine beobachtende Stellung nördlich des großen Hagenauer Waldes einzunehmen und zugleich die ohne jegliche stärkere Bedeckung bei Hohweiler stehende Train- und Munitionskolonne durch entsprechenden Patrouillengang gegen Süden zu decken. Die Brigade verblieb daher auf den Höhen westlich Hohweiler, marschirte abends bis Schwabweiler vor, um daselbst zu biwakiren. Kaum hatte jedoch die Mannschaft abgekocht, die Pferde gefüttert und in dem nahen Sauerbach getränkt, als der Befehl eintraf, sofort wieder auf die Höhen bei Hohweiler zurückzumarschiren. Ziemlich erschöpft kamen die Dragoner gegen Mitternacht daselbst an und biwakirten in Sturm und Regen während der fünften Nacht. Jedoch auch dieser zweifelhaften Ruhe sollte die Brigade hier nicht lange pflegen, denn schon nach zwei Stunden erhielt sie den Auftrag, in aller Frühe eine gewaltsame Rekognoszirung auf Hagenau zu unter=

nehmen. Um 4 Uhr früh trabte die Brigade auf der großen Straße durch den Hagenauer Wald vor und stand zwei Stunden später, um 6 Uhr, vor den Thoren der Stadt. Zwei Züge der Eskadron v. Schönau waren unterwegs an der Eberbachbrücke, als Replis und Relais nach rückwärts zurückgelassen worden. Die reitende Batterie unter Bedeckung der Eskadrons Hübsch und v. Schönau fuhr auf, während zu gleicher Zeit die Eskadron Camerer die Aufklärung des Geländes westlich gegen den Bahnhof, die Eskadron v. Schilling östlich gegen Sachsenhausen übernahm. Der Brigade-Kommandeur, General v. La Roche, setzte sich an die Spitze des Leib-Dragoner-Regiments und rückte mit demselben im Galopp in Hagenau ein, wohin einzelne Trümmer der geschlagenen Mac Mahonschen Armee geflüchtet waren. Durch dieses überraschende Auftreten war die Bestürzung des Feindes so groß, daß derselbe weder Zeit noch Muth zu einer einheitlichen Vertheidigung hatte. Bis gegen Mittag war der Ort durch die Brigade vollständig gesäubert, 14 französische Offiziere, 150 Mann und 90 Pferde waren zu Gefangenen gemacht, sowie zahlreiche Militärfahrzeuge und Vorräthe erbeutet worden. Neugierig und zunächst mit komischer Scheu betrachteten unsere Dragoner hauptsächlich die dunklen Turkos in ihrem phantastischen Anzuge; und man vernahm die verwunderten Ausrufe: „Vor diesen Kerls sollten wir uns fürchten! Das sind ja kaum Menschen!" Der Nimbus der Unüberwindlichkeit, welcher die französische Armee in der Einbildung unserer Leute noch umgeben hatte, war mit einem Male verschwunden, und stolzer denn je fühlten sich die Unseren fortan im Bewußtsein, einer gebildeten und wohldisziplinirten Armee anzugehören. Während dieser Ueberrumpelung der Stadt Hagenau kamen einzelne Patrouillen des Regiments mit denjenigen des Feindes in scharfe Berührung, wobei besonders die Unerschrockenheit des Sergeanten Ludwig Metzger aus Graben, der Dragoner Christian Schulz aus Oberschaffhausen und Johann Jakob Müller aus Heidelberg hervorgehoben werden muß. Ersterer war mit einer Patrouille von 3 Mann über Sachsenhausen gegen den Nonnenhof vorgeritten und traf hier auf eine doppelt so starke feindliche Patrouille (Kürassiere und Infanterie). Trotz des heftigen Feuers, das sofort auf ihn gerichtet wurde, sprengte er mit seinen drei Leuten kühn darauf los, überritt die Infanteristen, worin ihn der Dragoner Müller tapfer unterstützte. Dragoner Schulz war während dessen mit seinen anderen Kameraden mit den Kürassieren im Handgemenge, wurde dabei am Kopfe verwundet, ergriff aber sein Pistol, schoß zwei Kürassiere vom Sattel und erbeutete deren Pferde. Das Pferd des Dragoners Schulz war gleichfalls verwundet worden. Es bedarf wohl keiner Erwähnung, daß diese erste Kriegsbeute im Regiment mit Jubel begrüßt wurde. — Gegen Mittag des 7. August, nachdem die Vorposten gegen Straßburg ausgestellt waren, und nachdem die Eskadron v. Schönau den Weitertransport der gesammten Beute aus Hagenau, sowie der Gefangenen zum Etappenkommando in Sulz übernommen hatte, bezog die Kavallerie-Brigade hinter Hagenau Biwak. Abends gegen 7 Uhr traf dann die Avantgarde der badischen Division in Hagenau ein, welche letztere den Auftrag erhalten, den Gegner in der Richtung auf Straßburg zu verfolgen und für die nächsten Tage Stellung bei Brumath zu beziehen. Mit dem Beginn dieser Bewegung trennte sich die badische Division von der III. Armee und der bisher mit ihr zu einem Korps vereinigt gewesenen württembergischen Division, die dem weiteren Vormarsche durch die Vogesen gegen die Saar sich anschloß. Am 8. August früh 6 Uhr verließ die badische Division bei strömendem Regen ihre Stellung um Hagenau und marschirte nach Brumath ab.

Das Regiment, zu welchem die Eskadron v. Schönau nach Abgabe der Gefangenen und der Kriegsbeute am nämlichen Tage zurückkehrte, bezog nordöstlich Brumath Biwak. Für die Kavallerie begann nunmehr die wichtige Aufgabe, die Verbindungen Straßburgs gegen Norden und Westen hin zu unterbrechen; demgemäß wurde unserem Regiment speziell der Rayon von Wantzenau bis Vendenheim zugetheilt. Premierlieutenant George Winsloe zerstörte die Eisenbahn- und Telegraphenlinie von Straßburg nach Paris. Jedoch kaum von diesem Ritt zurückgekehrt, ging ihm direkt der Befehl von der Division zu, auch noch die Telegraphen- und Eisenbahnverbindungen südlich Straßburg zu zerstören. Bei einbrechender Dunkelheit, begleitet von den Lieutenants v. Rüdt und Brandeis nebst 40 Dragonern aller Eskadrons, die sich freiwillig gemeldet hatten, brach Premierlieutenant Winsloe auf und vollzog — begünstigt durch eine völlig dunkle und stürmische Nacht — bei Holzheim und Fegersheim, im Rücken der feindlichen Festung die ihm gewordene schwierige und gefahrvolle Aufgabe. Speziell hatten sich hierbei durch entschlossenes und muthiges Auftreten französischen Eisenbahnarbeitern gegenüber ausgezeichnet: die Dragoner Franz Bodomino aus Mühlbach und Joseph Koffler aus Dummersheim.

Die Nachricht von dem Verluste der Schlacht bei Wörth im Verein mit der nach Straßburg strömenden großen Menge von Flüchtlingen und Verwundeten der geschlagenen Armee hatte auf die Einwohner Straßburgs einen so niederschmetternden Eindruck ausgeübt, daß ein Handstreich auf die Festung selbst nicht ohne Aussicht auf Erfolg zu sein schien. Man beschloß, den Versuch zu wagen, und wurden die Kavallerie-Brigade, die Korpsartillerie und sechs auf Wagen der Fuhrparkkolonne gesetzte Kompagnien zur Lösung dieser Aufgabe bestimmt. Alle diese Truppen brachen am 8. August nachmittags aus dem Biwak auf. Während des Vormarsches sicherten Patrouillen des Regiments die linke Flanke. Eine unter Führung des Vizewachtmeisters Gustav Ziegler aus Karlsruhe nach Schiltigheim entsandte Patrouille gelangte bis an das Glacis der Festung, fand aber das erste Pallisadenthor verbarrikadirt, jedoch nicht besetzt. Rasch entschlossen ließ Ziegler die Hälfte seiner Leute absitzen, um trotz des unterdessen vom gegenüberliegenden Walle aus auf ihn gerichteten Gewehrfeuers die Barrikade wegzuräumen. Jedoch das immer heftiger werdende Feuer verhinderte die Ausführung seines kühnen Unternehmens. Die Gefreiten Kasimir Schäfer aus Iffezheim, Gustav Gröhbühl aus Berghausen, die Dragoner Johann Georg Imgraben aus Brötzingen, Leo Ott aus Ulm, Valentin Hormuth aus Rheinsheim und Nikolaus Scheidt aus Krötzingen zeichneten sich hierbei durch große Kaltblütigkeit aus. — Während die Kavallerie so bis an das Glacis der Festung streifte und mit der Besatzung Schüsse wechselte, wurde das durch einen Parlamentär gestellte Verlangen der Uebergabe entschieden von dem Kommandanten abgelehnt, so daß der unternommene Handstreich als gescheitert zu betrachten und die Zurückziehung des Detachements auf Brumath bei der Schwäche des Letzteren geboten war. Unser Regiment wurde hierbei in der Arrieregarde verwendet und gelangte erst gegen Mitternacht nach seinem früheren Biwaksplatze.

Den 9. und 10. August hatte die Division Ruhetag. Am Abend des 10. erhielt General v. Beyer unmittelbar aus dem Hauptquartier Sr. Majestät des Königs den Befehl:

„Alle Zuzüge von feindlichen Truppen und Material nach Straßburg, besonders von Süden her, zu verhindern. Am besten volle Einschließung, wozu Verstärkungen unterwegs."

Mit gewohnter Präzision und Energie wurden sofort von der Division die nöthigen Dispositionen getroffen, um bereits für den nächsten Tag die einleitenden Schritte zur Ausführung der ebenso wichtigen als schwierigen Aufgabe zu thun. Jedoch bevor wir die Ereignisse vor Straßburg weiter verfolgen, wenden wir uns, des allgemeinen Ueberblicks halber, zunächst zur Deutschen Heeresmacht an der Saar, wo gleichzeitig mit dem Siege bei Wörth die Entscheidung bei Spichern gefallen war. Der Hauptkampf zog sich nun nach Metz, dem stärksten Bollwerk Frankreichs. Die Schlachten von Bionville am 16., unter Führung des Prinzen Friedrich Karl, und Gravelotte am 18. August, unter der persönlichen Leitung Seiner Majestät, entschieden. Der französischen Armee war der Rückzug nach Verdun abgeschnitten; sie wurde von dem Prinzen Friedrich Karl in Metz eingeschlossen und versuchte vergeblich, in der heißen Schlacht von Noisseville den eisernen Gürtel zu durchbrechen. Gleichzeitig drang südlich der Kronprinz von Preußen mit der III. und der neuformirten Maas-Armee gegen die Armee von Châlons und in Fortsetzung dieser Bewegung gegen Paris vor. Als sich aber das Gerücht bestätigte, daß Mac Mahon sich nach Metz wende, um Bazaine von Nordosten her zu entsetzen, marschirten beide deutschen Heere rechts ab.

Schon durch die Schlacht bei Beaumont am 30. August im Vormarsch aufgehalten, wurde die französische Armee bekanntlich am 1. September bei Sedan völlig geschlagen und eingeschlossen. Sie kapitulirte am 2. September; der Kaiser und 100 000 Mann wurden kriegsgefangen. Die betheiligten beiden deutschen Armeen nahmen nun ihr Marschziel wieder auf und beendeten die Einschließung der Hauptstadt im großen Ganzen am 19. September, mit in Summa 150 000 Mann gegen etwa 200 000 Mann Vertheidiger, von denen freilich zunächst nur 60 000 Mann im freien Felde verwendbar waren.

Wie in Paris, so wurde jetzt in ganz Frankreich zum äußersten Widerstande gerüstet. Bei Rouen, bei Besançon, wie vor allen Dingen an der Loire entstanden neue französische Heere.

Kam es nun darauf an, diese Heeresmassen von Paris fernzuhalten, so hatte man zunächst einen Angriff gegen die Einschließung aus der Richtung von Orléans zu gewärtigen und sandte, um dieser Gefahr die Spitze zu bieten, den General v. d. Tann mit dem 1. bayerischen Armeekorps, der 22. Division und einer Kavallerie-Division dorthin.

Vom Beginn der Belagerung bis zur Kapitulation von Straßburg.

Schon gleich nach dem Siege bei Wörth war die Bezwingung Straßburgs ins Auge gefaßt worden. Der mächtige Kriegsplatz bildete als Brückenkopf über den Rhein eine beständige Bedrohung Süddeutschlands.

Als Marschall Mac Mahon das Elsaß geräumt, waren dem Kommandanten von Straßburg nur drei Linien-Bataillone geblieben. Aus den bei Wörth Versprengten verschiedener Regimenter, aus mehreren vierten Bataillonen und Ersatzabtheilungen, endlich aus Mobil- und Nationalgarden wuchs indessen die Stärke der Garnison auf 23 000 Mann. Die Ausrüstung der Festung an Geschütz war zahlreich.

Wie bereits im vorigen Kapitel erwähnt, begann am 11. August die badische Division ihre Operationen gegen Straßburg. Ungeachtet ihrer geringen Stärke ging sie, ohne von dem Gegner daran verhindert zu werden, auf der Ruprechts-Au bis zum Rhein-Ill-Kanal vor, besetzte das nur auf Gewehrschußweite von den Werken entfernte Dorf Schiltigheim, welches sogleich zur Vertheidigung eingerichtet wurde, und drang in die Vorstadt Königshofen ein.

Am 12. August verließ Seine Königliche Hoheit der Großherzog Karlsruhe und nahm ständiges Quartier in Lampertheim, um seinen Truppen auch fernerhin nahe zu sein.

Am 13. August befahl eine Allerhöchste Kabinetsordre die Formirung eines größeren Belagerungskorps unter dem Oberbefehl des Generals v. Werder. Dieses Korps umfaßte die badische Division, die Garde-Landwehr und die 1. Reserve-Division nebst einer Kavallerie-Brigade, 46 Bataillone, 24 Eskadrons und 18 Feldbatterien; ferner einen Belagerungstrain von 200 gezogenen Kanonen und 88 Mörsern mit 6000 Fußartilleristen und 10 Festungs-Pionier-Kompagnien, zusammen 40 000 Mann. Bis zum 15. August hatte sich dieses Belagerungskorps formirt.

Die Kavallerie bildete von jetzt ab gleichsam eine zweite Umfassungsmauer um das eigentliche Belagerungskorps, mit Front nach auswärts. Sie hatte die Bestimmung, etwaige Entsatzversuche, die theils von Belfort, theils von Epinal her erwartet werden konnten, zu beobachten, eventuell einer Annäherung von feindlicher Seite für den ersten Moment wenigstens entgegen zu treten.

Unser Regiment betheiligte sich hierbei bis einschließlich 31. August durch steten Patrouillen-, Relais- und Vorpostendienst abwechselungsweise im südlichen und westlichen Rayon und hatte als spezielles Beobachtungsobjekt die nur wenige Meilen entfernte Festung Schlettstadt. Es würde zu weit führen, hier jede einzelne Dislokationsänderung des Regiments während der zweiten Hälfte des Monats August aufzuzählen, durchschnittlich standen unsere vorgeschobenen Abtheilungen auf der Linie Rheinau—Benfeld—Obernai, die Soutiens im Rayon Plobsheim—Hipsheim—Innenheim mit entsprechender Relaisverbindung. Je nach den verschiedenen von außen her eingehenden Nachrichten, die sich jedoch meist als bloße Gerüchte oder doch als sehr übertrieben darstellten, wurden die Soutiens näher an ihre detachirten Posten vorgerückt, die Rekognoszirungen auf weite Entfernungen ausgedehnt, oder auch Alles mehr auf einem Punkte konzentrirt.

Inzwischen war der Gürtel um Straßburg immer enger gezogen, verschiedene Ausfallversuche der Besatzung waren von unserer Infanterie stets blutig zurückgeworfen worden. Der tapfere französische Kommandant, General Uhrich, wies aber jede Aufforderung zur Uebergabe standhaft ab. Um daher in kürzester Frist zum Ziel zu gelangen, wurde mit Genehmigung des großen Hauptquartiers der Versuch gemacht, den Platz durch Bombardement zur Uebergabe zu zwingen. Der Antrag, Frauen und Kinder zu entfernen, mußte abgelehnt werden.

Der Bau der Bombardements-Batterien war in den regnerischen, finsteren Nächten auf große Schwierigkeiten gestoßen. Die Kavallerie hatte zu diesem Zwecke alles dazu nothwendige Material an Schaufeln, Bickeln und dergl. auf drei Meilen im Umkreis requirirt und zum Fuhrpark nach Oberscheffolsheim geschafft. In der Nacht zum 25. traten die Batterien in Thätigkeit, und bald leuchtete helle Feuersbrunst auf. Der Bischof von Straßburg war bei den Vorposten in Schiltigheim erschienen, um Schonung für die Einwohner zu erbitten. So sehr nun auch die Beschädigung dieser deutschen Stadt zu beklagen war, mußte, da der Prälat zu Unterhandlungen nicht ermächtigt war, die Beschießung in der Nacht zum 26. fortgesetzt werden, wo das Bombardement seine größte Ausdehnung erlangte. Dennoch konnte man sich im Hauptquartier zu Mundolsheim nicht verhehlen, daß mit dem eingeschlagenen Verfahren das Ziel nicht zu erreichen wäre, und mußte zu dem zeitraubenden methodischen Angriff schreiten.

Während der förmlichen Belagerung blieb im Monat August die Thätigkeit der Kavallerie und somit auch diejenige unseres

Regiments dieselbe wie bisher; nur erschwerten das feindselige Verhalten der Bevölkerung, sowie heimtückische Angriffe auf einzelne Patrouillen den Aufklärungsdienst. Der Fanatismus der Landbevölkerung ging sogar jetzt schon so weit, daß zwei Eskadrons von dem mit nach Südwesten streifenden Leib=Dragoner=Regiment, als sie in einem tief eingeschnittenen Vogesenthale zwischen St. Maurice und Eichhofen abkochten, plötzlich von allen Seiten durch Mobilgarden und Franktireurs heftig beschossen wurden und sich mit einigem Verluste durchschlagen mußten. Zur Deckung dieses Rückzuges wurde Lieutenant Herbst — jetzt Major und Eskadronchef im diesseitigen Regiment — mit seinem Zuge befohlen; derselbe stürzte sich mit großer Bravour auf die starke feindliche Mobilgardenabtheilung, welche die Brücke über den Gießbach am Westausgang von Trimbach besetzt hielt. Trotz mehrerer Salven hieben die Dragoner Alles, was sich nicht mehr in die nächstgelegenen Häuser retten konnte, nieder, passirten Trimbach, beseitigten die Barrikade und stießen dann wieder zu den beiden Eskadrons zurück.

Am 30. August morgens 3 Uhr 30 Minuten trat ein Detachement von 8 Kompagnien, 9 Eskadrons, 2 Batterien und einem Pioniertrupp unter Befehl des Generalmajors v. La Roche von Benfeld aus an, um, Schlettstadt östlich umgehend, nach Markolsheim vorzurücken, in der dortigen Gegend Lebensmittel und Fourage einzutreiben, sowie auch die Telegraphenleitung nach Colmar und die Eisenbahnbrücke bei Guémar zu zerstören. Zur Deckung dieser Fouragirung gegen Schlettstadt wurde die nach Benfeld detachirte Eskadron v. Schilling schon Tags vorher weiter nach Süden vorgeschoben. Vermehrte Patrouillen sollten die Aufmerksamkeit der Besatzung dieser Festung auf sich ziehen. Bei diesen Plänkeleien verdienen ihres muthvollen Benehmens wegen besonders erwähnt zu werden: der Gefreite Johann Maier aus Donaueschingen, die Dragoner Johann Friedrich Hurlebens aus Heidelberg, Jakob Schmitt aus Niederheim, Karl Werner aus Graben und Adam Saukel aus Neckargemünd. — General v. La Roche marschirte mit seinem Detachement, zu welchem das Regiment ohne die Eskadron Camerer gehörte, östlich an Schlettstadt vorbei, ließ zu dessen Beobachtung eine Abtheilung zurück und schritt dann zur Ausführung seiner Aufgabe. Die Verbindung Schlettstadt=Colmar war schon in aller Frühe bei Guémar und die Verbindung Schlettstadt—Neubreisach durch die gleichzeitige Besetzung von Markolsheim unter=

brochen worden. Die Requisitionen in Balbenheim, Mussig und
Schwobsheim ergaben 58 Wagen mit Heu, Stroh, Brod, Fleisch,
Wein und anderen Lebensmitteln, sowie 16 Stück lebendes Vieh, und
die Requisitionen in den Orten Richtolsheim und Schönau 42 Wagen
mit Lebensmitteln.

Am 2. September kehrte General v. La Roche mit seinem
Detachement nach Bensfeld zurück; das Regiment bezog wieder seine
früheren Kantonnements. Mit dem 3. September begann dann
wiederum eine jener Regenperioden, deren Beschwerden die Dragoner
schon öfter empfunden hatten. In den nun folgenden Tagen bis
zum 10. September blieben die Eskadrons in der bisherigen Ver=
wendung, jedoch mit dem Unterschiede, daß der Bereitschafts= und
Patrouillendienst infolge des Gerüchts von einem Durchbruchsversuch
der Straßburger Besatzung nach Süden bedeutend verschärft wurde.

Bei Schlettstadt zeigte sich in diesen Tagen der Feind unter=
nehmender als bisher; nicht unbedeutende Verstärkungen von Mobil=
garden waren daselbst eingetroffen. Feindliche Patrouillen beunruhigten
die Vorposten des Detachements v. Schilling. Die Besatzung der
Festung hatte vor den Werken neue Verhaue und Barriladen an=
gelegt und machte von hier aus Vorstöße auf unsere Feldwache.
Premierlieutenant Alfred Winsloe trieb jedoch mit einigen Dra=
gonern und Infanteristen die feindlichen Patrouillen zurück, erstürmte
zu Fuß die stark von Mobilgarden besetzte Barrilade und brachte
zur allgemeinen Freude einen Wagen mit Lebensmitteln und Bier
als Beute zurück.

Ein heftiges Vorpostengefecht hatte am 7. September der
Lieutenant Graf Sponeck zu bestehen. Kaum mit seiner Feldwache
aufgezogen, geriethen drei seiner Patrouillen in lebhaftes feindliches
Feuer und meldeten stärkere feindliche Abtheilungen im Vormarsch
begriffen. Schnell entschlossen rückte Graf Sponeck mit der kom=
binirten Feldwache vor, schoß sich volle zwei Stunden mit dem
mehr als vierfach überlegenen Gegner herum und nahm schließlich
seine Position mit Sturm. Der Feind verlor hierbei 6 Todte und
viele Verwundete, unsererseits waren zwei Mann Infanterie ver=
wundet. Bei diesem Vorpostengeplänkel hatten sich durch große
Umsicht und persönliche Tapferkeit ausgezeichnet: der Unteroffizier
Conrad Reichert aus Malsch, Trompeter Jakob Friedrich
Beierle aus Flehingen; ferner die Dragoner Mathäus Schelb
aus Hintergarten, Philipp Federle aus Großweier, Carl Lohr

aus Buggensegel, Jakob Stockburger aus Oberkirnach und August Huber I. aus Petersthal.

Was die Witterung während dieser Zeit anbetraf, so regnete und stürmte es unaufhörlich. Infolge dessen traten bei den Pferden verschiedene Krankheitserscheinungen typhöser Art auf, und es war hauptsächlich den praktischen Anordnungen und der stets umsichtigen Thätigkeit unseres Ober-Pferdearztes van Poul zu danken, daß der Ausbruch von Influenza oder Rotz sofort im Keime erstickt wurde.

Am 9. September wurde das Geburtsfest Seiner Königlichen Hoheit des Großherzogs durch Zapfenstreich und feierliche Kirchenparade festlich begangen.

Die Belagerung von Straßburg hatte alle vorhandenen Kräfte in Anspruch genommen; wir sahen die deutschen Truppen nur bis zur Höhe von Schlettstadt vorgedrungen; das ganze obere Elsaß war noch in Händen der Franzosen. Dort hatten sich wie überall bewaffnete Banden gebildet, zu welchen die zahlreiche Arbeiterbevölkerung von Mülhausen ein bedeutendes Kontingent stellte. Das unsererseits unbesetzte, nahe liegende badische Gebiet war bedroht. Die streifenden Banden schossen nach den hart am Rhein gelegenen Dörfern des rechten Ufers und nach den Bahnzügen, so daß der Verkehr eingestellt werden mußte. Das Markgräfler Land, insbesondere die Bewohner des Isteiner Klotzes, waren in größter Aufregung; Gensdarmen und Grenzwächter wurden gesammelt und Bürgerwehren in Mülheim und Schlingen errichtet. Um diesem Unwesen ein Ende zu machen und die aufgeregten Bewohner zu beruhigen, waren vom rechten Rhein-Ufer geeignete Maßregeln getroffen worden. Gleichzeitig aber wurde dem General v. Werder telegraphisch befohlen, das obere Elsaß durch fliegende Kolonnen zu säubern und im Zaum zu halten. Infolge dessen erhielt General Keller mit 4 Bataillonen, 8½ Schwadronen, 3 Batterien den Auftrag, nach Süden über Colmar, nöthigenfalls bis Mülhausen vorzugehen; das Detachement Mülheim wurde ebenfalls unter Befehl dieses Generals gestellt, desgleichen 3 Eskadrons Reservehusaren, welche Schlettstadt beobachten und die Verbindung mit Straßburg unterhalten sollten.

Das vereinigte Regiment, mit Ausnahme zweier Züge unter Premierlieutenant George Winsloe in Illkirch, war bestimmt, sich dieser mobilen Kolonne anzuschließen und rückte behufs dessen nach

Benfeld, dem Konzentrationspunkte des Detachements. — Am 13. September früh trat die mobile Kolonne ihren Vormarsch nach Süden an, erreichte mit ihrer Avantgarde Artzenheim, mit dem Gros auf der Rhein=Straße Markolsheim und mit dem rechten Seitendetachement Zebsheim. Die Avantgarde, welcher unser Regiment zugetheilt war, gerieth an der Brücke über den Rhône=Kanal südlich Artzenheim mit feindlichen Chasseurs in ein Handgemenge. Lieutenant Maier=Ehehalt warf sich mit seinem Zuge letzteren entgegen; jedoch auf 200 Schritte an dieselben herangekommen, erhielt er aus dem jenseits des Kanals stehenden Fährhäuschen plötzlich Feuer, so daß ein weiteres Vordringen ohne Infanterie zur Unmöglichkeit wurde. Im gleichen Moment stürzte sein Pferd nach mächtigem Sprunge über den Chausseegraben, von mehreren Kugeln getroffen, todt zu Boden. Die immer näher gekommenen Chasseurs schritten nun zur Verfolgung der zurückgehenden Dragoner und waren dabei bis auf wenige Schritte an den sich mühsam unter seinem Pferde hervorarbeitenden Lieutenant Maier herangekommen. Dieser suchte sich indessen durch einen kühnen Sprung in den Kanal zu retten. Jedoch zwei Chasseurs sprangen rasch von den Pferden ab, ihm nach in den Kanal und machten ihn so zum Gefangenen. Während dessen war eine Kompagnie im Vorrücken begriffen, empfing die Chasseurs mit lebhaftem Feuer und zwang letztere, den gefangenen Lieutenant Maier mit sich schleppend, zum Rückzuge. Rittmeister Hübsch benutzte diesen Moment mit seinen drei Zügen zur Attacke, welcher allein Lieutenant Maier seine Rettung verdankte. Gewandt, wie er war, wand er sich unter den Pferden der Chasseurs durch, eilte, von Baum zu Baum längs der Chaussee Deckung suchend, vom feindlichen Feuer verfolgt, davon und gelangte auf diese Weise völlig unversehrt hinter die attackirenden Dragoner. Die Chasseurs, obgleich bedeutend an Zahl überlegen, nahmen die Attacke des Rittmeisters Hübsch nicht an. Bei der Verfolgung gelang es dem Sergeanten Johann Martin Heß aus Feuerbach, einen feindlichen Reiter, nachdem er ihn verwundet, gefangen zu nehmen. Unser Verlust betrug an diesem Tage: 2 schwer, 1 leicht Verwundeter, 5 Vermißte; 4 Pferde todt, 9 verwundet und 5 vermißt. Außer den bereits Genannten hatten sich in den verschiedenen Momenten des Gefechts durch hervorragende Tapferkeit ausgezeichnet: Die Unteroffiziere Georg Philipp Preßler aus Weinheim, Albert Witzenmann aus Pforzheim, der Trompeter Simon Engel aus Neidenstein, die Gefreiten Lorenz Leibner

aus Hemsbach, Friedrich Gehringer aus Rippoldsau und die
Dragoner Johann Georg Gaugel aus Heimstetten und Georg
Klingler aus Doxlanden.

Am 14. wurde der Vormarsch auf Colmar fortgesetzt. Die
Avantgarde nahm den Weg auf Horbourg, während das Gros die
große Straße auf Colmar einschlug. Das Seitendetachement hatte
von Jebsheim auf Munzenheim aufzubrechen, hier weitere Befehle
zu erwarten und mit Kavallerie gegen Horbourg aufzuklären. Ferner
war eine stärkere Rekognoszirung durch die Eskadron v. Schilling
und einen Zug Infanterie auf Wagen gegen Neubreisach angeordnet,
woraus sich das Gefecht von Biesheim entspann. Premierlieutenant
Alfred Winsloe, der wegen Erkrankung des Rittmeisters v. Schilling das letztgenannte Detachement führte, traf vor Biesheim auf
den Feind. Derselbe hielt die Waldlisiere jenseits des Kanals mit
ungefähr 60 Mann Franktireurs und Mobilgarden besetzt, während
etwa 250 Mann Linieninfanterie und Mobilgarden die nahezu
fünffach schwächere deutsche Abtheilung mit heftigem Feuer aus
Biesheim empfingen. Premierlieutenant Winsloe ließ die eigene
Infanterie sofort vorgehen, behielt drei Züge seiner Eskadron zur
Attacke in Bereitschaft und entsandte den Lieutenant Graf Sponeck
mit einem Zuge zur gleichzeitigen Umgehung um die westliche Dorf-
lisiere in die Flanke der feindlichen Rückzugslinie. Der Feind wurde
aus dem Dorfe herausgeworfen und auf seinem Rückzuge durch
Lieutenant Graf Sponeck vollständig überraschend attackirt. Die
30 Dragoner stürzten sich mit wahrer Todesverachtung mitten in
die Hauptkolonne der feindlichen Infanterie. Ihrem tapferen Führer
zur Seite ritten die Trompeter Beierle, der Sergeant Ludwig
Zuber aus Beierthal und der Unteroffizier Conrad Reichert aus
Malsch, alle arbeiteten schwer mit der blanken Klinge im Gewühl.
Die Verwirrung des Feindes war grenzenlos; die Meisten warfen
die Waffen weg, nur Wenige suchten sich zu vertheidigen, und es begann eine Flucht in einer nicht zu beschreibenden Unordnung bis in
die Thore der Festung. Ungefähr 40 Todte blieben auf dem Platze,
über 20 Verwundete und 8 unverwundete Gefangene brachten die
Verfolger mit zurück. Dem Unteroffizier Reichert war in diesem
Gefecht das Pferd unter dem Leibe getödtet worden; stehenden Fußes
hatte er, umringt von Mobilgarden, weitergekämpft, bis er vom
Sergeanten Zuber herausgehauen wurde. Bei dem ganzen Gefechte
hatte das Regiment nur 2 Todte, 1 Schwerverwundeten, sowie

4 todte und 3 verwundete Pferde als Verlust zu beklagen. Besonders ausgezeichnet hatten sich bei dieser Gelegenheit noch: Der Gefreite **Valentin Unser** aus Muggensturm, sowie die Dragoner **Karl Woerner** aus Obertsroth, **Mathäus Schelb** aus Hintergarten, **Wilhelm Wick** aus Sulzbach, **Philipp Federle** aus Großweier, **Jakob Lauble** aus Gutach und **Michael Ziegler** aus Zitzenhausen.

Gegen Mittag bezog das Detachement Winsloe in Horbourg Alarmquartier. Die nahe Stadt Colmar war nach kurzem Gefechte gegen Franktireurs und Mobilgarden kurz vorher genommen und von unseren Truppen besetzt worden. Von so geringer allgemeiner Bedeutung die beiden Gefechte bei Kuenheim und Biesheim auch waren, so werden dennoch beide Tage für das Regiment stets eine schöne Erinnerung bleiben und ein ehrendes Zeugniß abgeben für die Tapferkeit und musterhafte Disziplin seiner Angehörigen. Am nächsten Tage, 15. September, gewährte General **Keller** den ziemlich ermüdeten Truppen einen halben Ruhetag; mittags 1 Uhr erreichte das Detachement Emsisheim und Riquisheim, in welch letzterem Ort die Kavallerie Alarmquartiere bezog.

Am 16. September zog General **Keller** in Mülhausen mit klingendem Spiel ein. Die Einwohnerschaft zeigte sich sehr friedlich, und nirgends stieß man auf Widerstand. Am Nachmittage des 17. September trat General **Keller**, dessen Aufgabe nun vollendet war, den Rückmarsch an, während dessen unser Regiment der Arrieregarde unter Oberst **Wirth** ständig zugetheilt blieb.

Von diesem wohlgelungenen Streifzug zurückgekehrt, trat vom 21. September ab das Regiment in die gegen das Oberelsaß und die Vogesen neugebildete Observationsabtheilung unter Generalmajor v. **La Roche** ein und wurde hier hauptsächlich zu Relais- und Patrouillendienst verwendet. Auch wurden einzelne Eskadrons in dieser Periode den kleineren mobilen Kolonnen, die von Zeit zu Zeit nach Süden entsandt wurden, zugetheilt. Die immer wiederkehrenden Beunruhigungen der diesseitigen Kantonnements durch Franktireurs, verbunden mit der Nachricht, daß sich in Belfort und Mülhausen wieder größere Truppenansammlungen französischerseits bildeten, veranlaßten nämlich zu der Maßnahme, unaufhörlich stärkere Detachements mindestens einen Tagemarsch südlich und südwestlich unserer Vorposten unterwegs zu erhalten, um, zumal der Fall Straßburgs ganz nahe bevorstand, bei Zeiten Nachrichten vom Feinde zu erhalten und etwaige Angriffe energisch abzuweisen.

Am 27. September kapitulirte General Uhrich, und bereits am folgenden Tage besetzten die deutschen Truppen Straßburg. 500 Offiziere und 17000 Mann traten in Kriegsgefangenschaft; die Baarbestände der Staatsbank, 1200 Geschütze, 200000 Handfeuerwaffen und beträchtliche Vorräthe bildeten die reiche Kriegsbeute. Die alte Reichsstadt, welche vor fast 200 Jahren mitten im Frieden von Frankreich geraubt worden, war durch deutsche Tapferkeit dem deutschen Vaterlande wiedergewonnen.

Die Belagerung hatte den Deutschen 39 Offiziere und 894 Mann gekostet. Der Stadt hatten freilich Leiden nicht erspart werden können. 450 Häuser waren vollständig zerstört, Museum und Gemäldesammlung, Stadthaus und Theater, die neue Kirche, das Gymnasium, die Kommandantur und endlich auch die Bibliothek mit 200000 Bänden waren ein Raub der Flammen geworden. Das herrliche Münster zeigte an mehreren Stellen die Spuren der Geschosse, und die Citadelle glich einem Trümmerhaufen. Unter dem Schutt der angegriffenen Werke der Westfront lagen die zerschossenen Geschütze begraben.

Der Uebergang über die Vogesen bis Vesoul.

Ende September besaß Frankreich keine Feld-Armee mehr. Die Armee Bazaines war in Metz eingeschlossen, alle sonst noch vorhandenen regulären Truppen in Paris cernirt. Trotzdem drängte die an Stelle des Kaiserreichs getretene republikanische Regierung mit allen Mitteln auf Fortsetzung des Kampfes. Sie zwang alle waffenfähigen Männer zum Kriegsdienste und organisirte auch im Süden und Südosten Frankreichs neue Truppenkörper, welche die Hauptstadt entsetzen und die Verbindungen der deutschen Armee unterbrechen sollten.

Doch auf unserer Seite war mit dem Fall von Toul und Straßburg eine nicht unerhebliche Veränderung der Kriegslage eingetreten. Beträchtliche Streitkräfte wurden zu anderweiter Verwendung frei; die Garde-Landwehr-Division zog man zur Einschließungs-Armee von Paris heran, und aus der badischen Division, einer aus den preußischen Regimentern Nr. 30 und 34 kombinirten Brigade und einer Kavallerie-Brigade wurde ein 14. Armeekorps gebildet, welches unter Befehl des Generals v. Werder gestellt wurde. Hinsichtlich der Operationsziele dieser Korps sprachen sich die Allerhöchsten Direktiven dahin aus, das Armeekorps habe unter gleichzeitiger Entwaffnung der zu passirenden Departements vorerst die Linie der oberen Seine in der Richtung auf Troyes und Châtillon sur Seine zu erstreben.

Als einleitende Bewegung war am 2. Oktober die Entsendung eines Detachements aller Waffen unter dem Generalmajor v. Degenfeld mit dem Auftrage vorangegangen, die aus der Gegend von Raon l'Etape gemeldeten Ansammlungen stärkerer Franktireurschaaren durch einen vernichtenden Schlag zu zersprengen. — Am 5. Oktober brach das 14. Armeekorps aus den bisher bei Straßburg innegehabten Stellungen, seiner neuen Bestimmung gemäß, auf, um als zunächst zu erstrebendes Ziel die Meurthe auf der Linie Raon l'Etape—St. Dié zu gewinnen. Da aber General v. Werder nicht große Schlachten, sondern vielfach kleinere Kämpfe in den verschiedensten Richtungen zu gewärtigen hatte, so rüstete er, um seine vier Infanterie-Brigaden zur selbständigen Führung solcher Gefechte zu befähigen, eine jede mit Artillerie und Kavallerie aus. In diesen vier Kolonnen (einschl. des bereits vorausgesandten Detachements v. Degenfeld) durchschritt das Korps die Vogesen auf den beiden Straßen über Schirmeck und Barr, wobei feindliche Franktireurschwärme ohne sonderlichen Aufenthalt aus den Engpässen vertrieben wurden. Unser Regiment war der südlichsten dieser Kolonnen unter dem Befehl des Generalmajors v. La Roche zugetheilt. Am 5. Oktober erreichte diese Kolonne die Umgegend von Barr. Die Fortsetzung des Marsches führte am nächsten Tage über St. Pierre, Thauville bis zur Höhe von St. Maurice, das Regiment bezog in Villé Alarmquartiere. Unterdessen marschirte General v. Degenfeld mit der badischen Avantgarde an beiden Ufern der Meurthe in Richtung auf St. Dié vor.

Am nämlichen Tage wurde die schwache Kolonne durch weit überlegene Kräfte von allen Seiten bedrängt, doch gelang es, in wiederholten Angriffen die vom Gegner besetzten Dörfer Etival und Nompatelize zu nehmen. Dieser siebenstündige Kampf endete mit dem exzentrischen Rückzuge des Feindes nach Rambervillers und Bruyères. Er hatte den Deutschen 400, den Franzosen aber 1400 Mann gekostet.

Der am 7. Oktober fortgesetzte Marsch ließ den General v. La Roche das Meurthe-Thal erreichen. Herrliches Herbstwetter

begünstigte den Marsch durch die an die heimathlichen Schwarzwald=
Berge erinnernden Vogesen. Das Regiment bezog die Kantonnements
Lesseux, Frapelle, Beulay und Provenchères. Am 8. Oktober ge=
langte die Kolonne nach St. Dié. Drei Züge unseres Regiments
wurden als Feldwachen auf den Straßen nach La Voivre, Robache
und La Menantille vorgeschoben. Die Eskadron v. Schönau blieb
in St. Marguerite, während das Regiment in St. Dié Kantonne=
ments bezog. Es folgten nun zwei nach den vorangegangenen An=
strengungen des Marsches wohlthuende Ruhetage, während welcher
der Aufmarsch des gesammten 14. Korps im Meurthe=Thale auf
der Linie Räon—Etival—St. Dié beendigt wurde. Es wurde zu=
nächst die Ordre de Bataille wiederhergestellt, hierbei jedoch die
Formation von vier Kolonnen — drei badische und eine preußische
Infanterie=Brigade unter Zutheilung der nöthigen Spezialwaffen —
beibehalten.

Entsprechend dieser Formation waren denn auch am 11. Oktober
drei Kolonnen des Korps, nach kleinen, aber hartnäckigen Gefechten
bei Rambervillers und Bruyères auf der Linie Rambervillers—
Bruyères—Corcieux angelangt und sollten, da man annahm, daß der
soeben geschlagene französische General Cambriels diesseits Besançon
nicht mehr Stand halten würde, auf Epinal operiren, welchen Ort
die Deutschen nach leichtem Gefecht in Besitz nahmen. Die vierte
Kolonne des Korps unter Generalmajor v. La Roche bildete die
allgemeine Reserve und beobachtete während des Vormarsches der
anderen Kolonnen die Straßen nach Schlettstadt und Colmar bei
St. Leonard und Laveline. Diese Beobachtung sowie Herstellung
der Verbindung mit dem für den Vormittag des 11. in Rompatelize
befindlichen Divisionskommando, bildete vorerst die Aufgabe unseres
Regiments. Die betreffenden Relais standen in St. Dié, La Menan=
tille, Herbaville und La Bacherie bis 1 Uhr 30 Minuten mittags
und folgten dann dem Regiment nach La Houssière. Der seit
dem vorigen Tage anhaltende Regen ging bei starkem Sturm nun
in Schneegestöber über, und bot daher die an und für sich schon
malerische Gegend neuen Reiz. — Am folgenden Tage rückte General=
major v. La Roche mit der Reserve bis Bruyères nach, und be=
zogen unsere Eskadrons in Bruyères, Brouvelieures, Domfaing und
Belmont Quartiere. Am 13. war das Regiment auf der Straße
Bruyères—Remiremont nach Docelles und Chenimenil gefolgt und
übernahm die Sicherung gegen Süden und Osten. Der unermüd=

lichen Ausdauer der Patrouillen des Regiments war es hier gelungen, die detaillirtesten Nachrichten über den Feind einzuziehen, die dahin lauteten, daß General Cambriels Korps in einer Stärke von 10 000 Mann sich anfänglich in den starken Defensivpositionen bei Remiremont hatte festsetzen wollen, dann aber theils nach Belfort, theils nach Langres, theils nach Besançon abgezogen sei. Alle diese wichtigen Meldungen bestätigten sich am 14. Oktober, an welchem Tage die Kolonne La Roche Remiremont besetzte und unser Regiment wiederum die Sicherung nach Süden und Südosten übernahm.

General v. Werder wollte nun nach dem gemeldeten Rückzuge des Feindes in südlicher Richtung, wie ihm unter dem 30. September befohlen, über Neufchâteau an die obere Seine marschiren, ein Telegramm aus dem großen Hauptquartier aber wies ihn an, zuvor noch den ihm zunächst stehenden Gegner, den General Cambriels, vollends zurückzuwerfen. Dementsprechend setzte am 16. Oktober das Korps den Marsch über Conflans und Luxeuil nach Vesoul fort und erfuhr auch alsbald, daß in der That der Feind schon am Ognon Halt gemacht, Quartiere bezogen und Verstärkungen erhalten habe. Das Regiment bezog am 16. in der schon von Römerzeiten her berühmten Bäderstadt Plombières Ortsunterkunft. Eine Eskadron unserer Dragoner war in dem luxuriös eingerichteten schönen Kurhaus untergebracht, die übrigen Eskadrons bivakirten auf der Promenade, mit Ausnahme der bei der Avantgarde verwendeten Eskadron v. Schönau, welche mit der einen Hälfte nach La Croisette, mit der anderen nach La Fontaine—St. Pierre vorgeschoben war. Nach einem von strömendem Regen begleiteten Marsche über Fougerolles kamen die Eskadrons am 17. in Luxeuil an, von wo aus mit der bei Conflans eingetroffenen Brigade Prinz Wilhelm durch entsprechende Patrouillen und Relais die Verbindung hergestellt wurde. — Am 18. Oktober verstärkten unser Regiment und eine Batterie die Kolonne Prinz Wilhelm und besetzten die Stadt Vesoul.

Von Vesoul bis Dijon.

General v. Werder konzentrirte am 19. Oktober das ganze 14. Korps um Vesoul, in der Absicht, von hier aus die ihm am Ognon-Flusse gemeldeten Cambrielschen Truppen auf Besançon zurückzuwerfen und sodann in südwestlicher Richtung seinen Marsch auf Dijon fortzusetzen. Demgemäß wurde am 19. das Regiment folgendermaßen dislozirt: Die Eskadron Camerer auf Vorposten bei

Belleguindrey und Andelare mit Patrouillen bis Rioz und Avilley; die Eskadron v. Schönau ins Hauptquartier des Prinzen Wilhelm nach Velle le Châtel; die Eskadron v. Schilling nach Noidans les Vesoul, der Regimentsstab und die Eskadron Hübsch nach Echenoz la Méline. Am 21. Oktober dirigirte sich das Korps, auf drei Straßen gegen Pin, Etuz und Voray vertheilt, in die neue Richtung auf Besançon. In erster Linie marschirten die drei badischen Brigaden, in zweiter, hinter der Mitte folgend, die preußische. Dieser Vormarsch führte am 22. zu den heftigen Kämpfen am Ognon, auf welche bezüglich der Eskadron v. Schönau, die hierbei zur Verwendung gelangte, später zurückgegriffen werden wird. Gleichzeitig mit diesem Vormarsche hatte die badische Kavallerie-Brigade unter Generalmajor v. La Roche, verstärkt durch zwei Kompagnien Infanterie und eine reitende Batterie, den Befehl erhalten, am äußersten rechten Flügel über Gray auf Pesmes vorzustoßen, gegen Auxonne und Dôle zu rekognosziren und die Eisenbahn Besançon—Dijon nachhaltig zu zerstören. Dieses Detachement brach am 21. früh 6 Uhr bei strömendem Regen und heftigem Sturm auf, erreichte nach sehr ermüdendem Marsche mit den drei Eskadrons des Regiments Mottey und Beaujeux, um am nächsten Morgen den Marsch nach Pesmes fortzusetzen. Letzterer Ort wurde nach leichter Vertreibung der dortigen Franktireurs am Nachmittage besetzt. Die Verbindung mit der Avantgarde der Kolonne Prinz Wilhelm wurde am gleichen Abend noch durch den Lieutenant v. Borke bei Marnay hergestellt. Die Zerstörung der Eisenbahn hatte Lieutenant Graf Sponeck in der gleichen Nacht bei Bard ausgeführt.

Die während dieser Zeit gegen Süden unternommenen Rekognoszirungen hatten als Resultat ergeben, daß Auxonne von ungefähr 5000 Mann besetzt sei, und daß Garibaldi seit dem 14. Oktober bei Dôle stärkere Freikorps organisire. General v. Werder ließ diese französischen Streitkräfte aber unbeobachtet und führte sein Korps am 26. nach Dampierre und Gray. Das Detachement La Roche kehrte deshalb am 24. früh nach Gray zurück. Während dieser Expedition des Regiments nach Pesmes war die Eskadron v. Schönau bei der Kolonne des Prinzen Wilhelm verblieben und dort zugweise den verschiedenen Infanterie-Bataillonen zugetheilt. Als daher am 22. die Besitznahme der Uebergänge über den Ognon angeordnet wurde, war es einzelnen Dragonern dieser Eskadron vergönnt, sich durch muthvolles Verhalten rühmlichst auszuzeichnen.

So waren der Sergeant Leo Schnepf aus Michelbach und der Gefreite August Ackenheil aus Dosscheuern bei schon eingetretener Dunkelheit zur Feststellung der feindlichen Stärke in Auxonne vorgesandt worden. Mit der größten Bravour jagten sie gegen das Dorf vor, ritten zwei feindliche Posten über den Haufen, in den Ort dann selbst hinein und brachten so genaue Meldung über die feindliche Besetzung von Auxonne. Der Gefreite Ackenheil wurde hierbei durch zwei Schüsse durch den Hals schwer verwundet, trotzdem aber vom Sergeanten Schnepf mit zurückgebracht. In ähnlicher Weise bekundete auch der Sergeant Schaaf von Sandhausen große Entschlossenheit. Am 25. trat die Eskadron v. Schönau den Rückmarsch nach Gray an und vereinigte sich dort wieder mit dem Regiment, welches gleich den übrigen Truppen des Korps an diesem Tage Ruhe hatte. Unaufhörlich fiel der Regen und erhöhte die trübe Stimmung, hervorgerufen durch die schlechten Quartiere und die noch schlechtere Verpflegung. Nur mühsam konnten die nöthigen Nahrungsmittel durch Requisition aufgebracht werden. Der 26. Oktober brachte besseres Wetter. An diesem Tage wurde die 1. Infanterie-Brigade und die neugebildete Kavallerie-Brigade v. La Roche, das 2. Badische Dragoner- und das 2. Reserve-Dragoner-Regiment behufs Beobachtung der Straße nach Langres auf das rechte Saone-Ufer entsandt. Hier fand man alle Wege unterbrochen, die Wälder durch Verhaue gesperrt und die gesammte Bevölkerung zum Widerstande bereit.

Das Regiment, in der Avantgarde, erreichte nachmittags mit den Eskadrons Camerer und Hübsch Oyrières, mit den Eskadrons v. Schilling und v. Schönau Auvet. Gegen 3 Uhr liefen vom Lieutenant v. Borke Meldungen über starke Besetzungen durch Mobilgarden und Franktireurs von dem kaum eine Meile von Oyrières entfernt liegenden Walde und dem Eisenbahnübergang bei Champlitte ein. Oberst Wirth beschloß hierauf, trotz des sehr ungünstigen Geländes und des furchtbaren Wetters, den Feind aus dieser Stellung zu vertreiben, bezw. eine gewaltsame Rekognoszirung in jener Richtung zu unternehmen. Zu diesem Zwecke wurden ein Zug der weiter rückwärts in Chargey kantonnirenden reitenden Batterie, eine Kompagnie von den Leibgrenadieren und unser Regiment selbst alarmirt. Nach einem kurzen Gefecht wurden die Franktireurs und Mobilgarden zersprengt. Die Dunkelheit verhinderte leider eine weitere Verfolgung. So befahl Oberst Wirth den Rückmarsch.

Der Sturm wüthete derart heftig, daß die Pferde vom Winde förmlich ergriffen und gedreht wurden. Müde und durchnäßt kam das Regiment spät abends nach Oyrières zurück. Am nächsten Tage, dem 27. Oktober, sollte sich das Detachement von La Roche in Fontaine Française vereinigen. Jedoch kaum war die Spitze aus Auvet herausgekommen, als dieselbe aus einer kleinen, nördlich des Ortes gelegenen Waldparzelle Feuer von Mobilgarden erhielt. Infanterie wurde vorgezogen und verdrängte den Feind aus seiner Position; derselbe zog sich auf die dahinterliegende Waldlisiere zurück. Unterdessen hatten unsere Eskadrons Zeit, aus dem Dorfe heraus auf die südwestlich gelegenen Höhen zu gelangen; desgleichen die Fahrzeuge des Regiments, welche sofort unter Bedeckung der Eskadron v. Schönau auf die Straße gegen Autrey dirigirt wurden. Für Kavallerie war das vorliegende Gelände ein sehr ungünstiges, lehmiges und durch anhaltende Regengüsse tief aufgeweichtes Ackerfeld, aber ungeachtet dessen drangen unsere braven Eskadrons v. Schilling und Hübsch auf dem linken, Camerer auf dem rechten Flügel, eine Kompagnie Leibgrenadiere im Centrum gegen den Feind vor, welcher sich in einem kleinen Wäldchen wieder vereinzelt festgesetzt hatte. Nach kurzem Widerstand wurde dieser unter Zurücklassung von Todten und Verwundeten sowie des vollständigen Gepäcks von 200 Mann in wilder Flucht in den großen Bois de Champlitte zurückgeworfen, wobei der Zug des Lieutenants Graf Sponeck Gelegenheit hatte, noch tüchtig einzuhauen. Hier zeichneten sich wiederum aus: der Trompeter Beierle und der Unteroffizier Reichert. Erst gegen Abend rückte das Regiment in Auvet bezw. Oyrières wieder ein. Jedoch schon in der Nacht traf der Befehl ein, daß die Division sich am nächsten Morgen in Arc bei Gray zum Vormarsch gegen Mirebeau—Dijon konzentriren sollte. Demzufolge brach das Regiment schon um 5 Uhr früh auf und schloß sich in Arc der Kavallerie-Brigade auf deren Sammelplatz an. Diese, in ihrer früheren Zusammensetzung — 2. Reserve-Dragoner-Regiment, reitende Batterie, 2 Kompagnien und unser Regiment — unter Generalmajor v. La Roche war als Reserve-Kavallerie-Brigade direkt dem Generalkommando unterstellt worden. Sie hatte die spezielle Aufgabe erhalten, während des allgemeinen Vormarsches auf der Straße Autrey—St. Seine, Hand in Hand mit der auf Mirebeau vorgehenden Kolonne des Prinzen Wilhelm, als rechte Seitenkolonne zu operiren und die Uebergänge über die Bingeanne bei Atricourt, Fley und

Dampierre zu rekognosziren. Nach einem fast 16stündigen Marsche
bei ständigem Regen und Sturm, auf tiefem, aufgeweichtem Lehm=
boden langte das Regiment, aufs Aeußerste erschöpft, abends gegen 10 Uhr
in Alarmquartieren und in und um Dampierre sur Vingeanne an.
Am 29. früh traf zugleich mit der Nachricht, daß Mirebeau von der
Brigade Prinz Wilhelm besetzt sei, der Befehl ein, welcher das
Regiment aus seinem bisherigen Verhältniß löste und dasselbe als
Divisionskavallerie der vorerwähnten Brigade Prinz Wilhelm unter=
stellte. Demgemäß marschirte das Regiment nach Mirebeau ab,
bezog dort mit dem Stab und zwei Eskadrons Quartiere, während
die Eskadrons Hübsch und v. Schönau nach Bezourt, Guiseray und
Cheuge dislozirt wurden, um den Sicherungsdienst gegen Süden und
Westen zu übernehmen. Durch diese neue Verwendung des Regiments
als Divisionskavallerie war es demselben vergönnt, in das am
30. Oktober stattfindende Gefecht bei Dijon mit einzugreifen. Mel=
dungen und die Aussage der Gefangenen hatten nämlich ergeben,
daß Dijon stark besetzt sei. In Erwartung eines Angriffes von
dorther versammelte sich das 14. Korps hinter der Vingeanne, von
wo aus am 30. Oktober früh General v. Beyer mit der 1. und
3. Brigade in Marsch gesetzt wurde. Die Avantgarde stieß schon
an der Tille auf feindliche vorgeschobene Postirungen, verdrängte diese
aber auf das Dorf St. Apollinaire und nach den anstoßenden Höhen.
Patrouillen des Regiments stellten fest, daß Dijon besetzt wäre. Hier
hatten unter dem Eindruck der jüngsten Vorgänge die Nationalgarden
bereits tags vorher die Waffen abgelegt, Mobilgarden und Linien=
besatzung waren südlich abgezogen, die Einwohner setzten es aber
durch, daß die Truppen zu ihrer Vertheidigung wieder herangezogen
wurden. Etwa 8000 Mann standen dazu verfügbar, ihr Befehls=
haber mußte sich jedoch verpflichten, das Gefecht außerhalb der Stadt
zu liefern.

Unser Regiment war beim Vormarsch auf Dijon von Mirebeau
aus mit drei Eskadrons an der Tete, mit einer Eskadron an der
Queue des Gros marschirt und hatte die Aufgabe, die beiden Flanken
der Kolonne zu decken und womöglich die Eisenbahn Dijon—Auxonne
zu zerstören. Letzteres führte der Premierlieutenant George Winsloe
bei Magny sur Tille aus. — Während der weiteren Entwickelung
des sich bald entspinnenden Gefechts in und um Dijon blieben die
Eskadrons v. Schönau und v. Schilling südlich der Straße im
zweiten Treffen. Die Eskadron Hübsch, anfänglich zur Train=

bedeckung befohlen, wurde als Avantgarde einer stärkeren rechten Seitendeckung gegen Orgeux vorgenommen und später, nachdem der Feind bis Varois zurückgedrängt war, wieder zu ihrer ursprünglichen Bestimmung nach Arc sur Tille zurückbefohlen. Die Eskadron v. Schilling sicherte zunächst die stetig vordringende Infanterie in deren linker Flanke, konnte aber bald wegen des mit Reben bepflanzten Geländes dort nicht weiter verwendet werden und wurde deshalb westlich an St. Apollinaire vorüber auf den rechten Flügel gezogen. Die Eskadron v. Schönau endlich, welche den allgemeinen Vorwärtsbewegungen gefolgt war, wurde theils als Geschützbedeckung theils zum Ordonnanzdienst verwendet.

Inzwischen blieb die badische Infanterie in stetigem Vorschreiten gegen die Weingärten und mehrere Gehöfte vor Dijon, welche der Vertheidigung große Vortheile gewährten, und drang endlich mit umfassendem Angriff in die nördliche und östliche Vorstadt ein. Hier entstand nun unter lebhafter Betheiligung der Einwohner ein erbitterter Kampf. Haus für Haus wurde gestürmt, dann aber kam der Angriff vor dem tief eingeschnittenen Suzon-Bach zum Stehen. Dieser Bach umgrenzt die eigentliche Stadt auf der östlichen Seite. Es war spät nachmittags geworden und vor Einbruch der Dunkelheit der Kampf voraussichtlich nicht zu beenden. General v. Beyer ließ daher um 7 Uhr abends, nachdem noch ein Theil der Stadt in Brand geschossen war, das Gefecht abbrechen und die gewonnenen Höhen durch die Avantgarde der Brigade Prinz Wilhelm mittelst Vorposten und starker Patrouillen während der Nacht beobachten.

Die Deutschen hatten gegen 250, die Franzosen etwa 200 Mann verloren, letztere aber außerdem noch 100 Gefangene.

Trotz des gewaltigen Kugelregens, dem die einzelnen Abtheilungen unseres Regiments den ganzen Tag über ausgesetzt waren, hatte dasselbe an Verlusten nur einen schwer und einen leicht Verwundeten, sowie drei verwundete Pferde zu beklagen.

Die Ruhe und Umsicht, mit welcher der Eklaireur- und Ordonnanzdienst während dieses Gefechts von unseren Offizieren und Mannschaften ausgeführt worden war, fand von allen Seiten die rühmlichste Anerkennung.

Am 31. Oktober besetzten die badischen Truppen Dijon; unser Regiment bezog Kantonnements in Varois und Chaignot.

Der Vorpostendienst in Dijon.

Vom großen Hauptquartier waren inzwischen neue Instruktionen beim General v. Werder eingegangen. Es galt, den Vormarsch der II. Armee nach der Loire in der linken Flanke zu sichern, zugleich das Elsaß und die Belagerung von Belfort zu schützen, woselbst nunmehr die 1. und 4. Reserve-Division angelangt waren. Es sollte das 14. Korps, unter Festhaltung von Dijon, nach Vesoul abrücken und von dort die feindlichen Truppenansammlungen um Besançon sowohl, wie bei Langres stören. Selbst offensives Vorgehen gegen Châlon und Dôle wurde gefordert.

Infolge dieses neuen Auftrages mußte das Korps weit auseinander gerissen werden. Die kombinirte preußische Brigade stand in Gray; die 2. Brigade in Vesoul; beide beobachteten Besançon. Erstere außerdem Langres und letztere von Lure aus Belfort; die 2. Brigade deckte gleichzeitig die über Epinal aufgenommene Etappenlinie. Die 1. und 3. badische Infanterie-Brigade hielten Dijon besetzt. So war also das 14. Korps auf einer 12 Meilen langen Linie Dijon—Gray—Vesoul—Lure auseinandergezogen. Jedoch der Feind griff diese schwachen Abtheilungen nicht mit erdrückender Uebermacht an, sondern gab sich der Besorgniß hin, der Gegner könne, verstärkt von Metz aus, einen Angriff auf Lyon beabsichtigen. Trotzdem war die Lage des Generals v. Werder eine äußerst schwierige; denn nicht allein standen schon bei Besançon 45 000 Mann unter Befehl eines neuen Führers, des Generals Crouzat, sondern auch zwischen Dôle und Auxonne versammelte Garibaldi 12 000 Mann. Weiter abwärts im Saône-Thal bildete sich ferner ein neues Korps von 18 000 Mann, und 12 000 Mann National- und Mobilgarden bedrohten von Langres aus die Flanke des vereinzelten deutschen Korps. Diese exponirte Stellung verlangte naturgemäß größte Rührigkeit des numerisch so schwachen 14. Korps. Zur Deckung nach Süden und Südosten wurden daher umfassendere Sicherheitsmaßregeln als bisher angeordnet, um so frühzeitig Nachrichten über neue feindliche Unternehmungen zu erhalten und Mittel zu deren Abwehr bereit zu stellen. Für die Kavallerie und speziell für unser Regiment begann mit dem Tage der Okkupation Dijons eine Periode des angestrengtesten, gefahrvollsten, aber auch höchst interessanten Vorposten- und Patrouillendienstes, welche abwechselnd mit verschiedenen besonderen Detachirungen bis zum Aufgeben von Dijon andauerte.

Vom Regiment wurde die Eskadron Camerer sofort nach Dijon beordert, um von hier aus zu verschiedenen kleineren Kolonnen, deren beinahe täglich einige gegen Süden vorgeschickt wurden, beigegeben zu werden. Vom 7. November ab wurde dieselbe dann zum eigentlichen Vorpostendienst um Dijon herangezogen und demzufolge zugweise nach Chenôve, Marsannay und Perigny dislozirt, während die Eskadrons Hübsch und v. Schönau am 1. November von Barois aus die Beobachtung der Straßen nach Langres und Pontailler übernahmen und überdies den höchst anstrengenden Depeschen- und Postbedeckungs-Dienst nach Mirebeau, Gray und Besoul versahen. Die Eskadron v. Schilling war als Etappenkavallerie in Mirebeau verwendet und hatte hier, in Uebereinstimmung mit den in Barois liegenden Eskadrons, einen gleichfalls sehr anstrengenden Sicherungsdienst gegen Pontailler. Die Eskadron verlor hierbei in der Nähe von Pontailler durch schwere Verwundung einen ihrer tüchtigsten Patrouilleure: den Dragoner Eduard Kaiser aus Görrwihl. Auch einzelne Verluste an Pferden fallen in diese Zeit.

Am 3. November wurde dem Regiment aus Anlaß der am 27. Oktober erfolgten Kapitulation von Metz, wodurch abermals eine große französische Armee kriegsgefangen nach Deutschland abgeführt wurde, folgender Armeebefehl bekannt gegeben:

Soldaten der verbündeten deutschen Armee!

Als wir vor drei Monaten ins Feld rückten gegen einen Feind, der uns zum Kampf herausgefordert hatte, sprach Ich Euch die Zuversicht aus, daß Gott mit unserer gerechten Sache sein werde. Die Zuversicht hat sich erfüllt. Mit dem Tage von Weißenburg, wo Ihr zum ersten Male dem Feinde entgegentratet, bis heute, wo Ich die Meldung der Kapitulation von Metz erhalte, sind zahlreiche Namen von Schlachten und Gefechten in die Kriegsgeschichte unvergänglich eingetragen worden. Ich erinnere an die Tage von Wörth und Saarbrücken, Sedan, Beaumont, bei Straßburg und Paris; jeder ist für uns ein Sieg gewesen. Wir dürfen mit dem stolzen Bewußtsein auf die Zeit zurückblicken, daß noch nie ein ruhmreicherer Krieg geführt worden ist, und Ich spreche es Euch gern aus, daß Ihr Eures Ruhmes würdig seid. Ihr habt alle die Tugenden bewährt, die den Soldaten zieren, den höchsten Muth im Gefecht, Gehorsam, Ausdauer, Selbstverleugnung bei Krankheit und Entbehrung. Mit der

Kapitulation von Metz ist nunmehr die letzte der feindlichen Armeen, welche uns beim Beginn des Feldzuges entgegentraten, vernichtet worden. Diesen Augenblick benutze Ich, um Euch Allen und jedem Einzelnen, vom General bis zum Soldaten, Meinen Dank und Meine Anerkennung auszusprechen. Ich wünsche Euch Alle auszuzeichnen und zu ehren, indem Ich heute Meinen Sohn, den Kronprinzen von Preußen, und den General der Kavallerie, Prinzen Friedrich Karl von Preußen, die in dieser Zeit Euch wiederholt zum Siege geführt haben, zu Generalfeldmarschällen befördere. Was auch die Zukunft bringen möge, Ich sehe dem ruhig entgegen; denn Ich weiß, daß mit solchen Truppen der Sieg nicht fehlen kann, und daß wir unsere so ruhmreich bisher geführte Sache auch ebenso zu Ende führen werden.

H. Q. Versailles, 28. Oktober 1870.   (gez.) Wilhelm.

Vom 5. November ab waren die Sicherungsmaßregeln überall noch verstärkt worden, da die gegen Beaune, Seurre und St. Jean de Losne vorgesandten Detachements fast täglich auf stärkere feindliche Patrouillen gestoßen waren. Es wurde mit Recht eine Ansammlung größerer feindlicher Streitkräfte im Süden vermuthet. Am 8. November traf aus dem großen Hauptquartier die Nachricht ein, daß die Armee des Prinzen Friedrich Karl am 9. auf der Linie Troyes-Châtillon sur Seine eintreffen solle. Zur Aufsuchung der Verbindung mit dieser Armee wurde ein kleines Detachement, darunter zwei Züge der Eskadron v. Schönau unter Premierlieutenant Wachs, gegen Châtillon vorgeschoben.

Seit dem 30. Oktober, dem Tage des Gefechts bei Dijon, hielt das 14. Armeekorps die über 12 Meilen lange Linie Dijon—Gray—Vesoul—Lure besetzt. Mit der 1. Reserve-Division, welche am 3. November Belfort einschloß, wurde Verbindung hergestellt. Offizierpatrouillen der bei Gray und Vesoul stehenden Abtheilungen meldeten, daß die bisher bei Besançon konzentrirten französischen Truppen unter General Cambriels, nunmehr unter General Michel, gegen Dôle abmarschirt seien und sich mit dem Korps Garibaldi vereinigt hätten.

Gegen die Truppen Garibaldis beabsichtigte das 14. Korps einen Vorstoß zu unternehmen und ging am 12. November mit der 2. badischen und der preußischen kombinirten Infanterie-Brigade von Vesoul, bezw. Gray über Pesmes gegen Dôle vor. Die 1. und 3. badische Brigade gaben Dijon auf und marschirten an demselben

Tage bis Pontailler und Umgegend. Unser Regiment bezog in und um Etevaux Kantonnements. Die feindlichen Truppen warteten den Angriff des 14. Armeekorps nicht ab, sondern zogen sich von Dôle in südlicher Richtung zurück. Garibaldi ging demnächst auf das rechte Saône=Ufer über und wählte die Stadt Autun als Stützpunkt für den kleinen Krieg. Infolge dessen wurde der Vorstoß auf Dôle aufgegeben, und das Generalkommando beschloß nunmehr, den Versuch zu unternehmen, die augenblickliche Stellung des Korps zu benutzen, um sich womöglich durch einen Handstreich der Festung Auxonne zu bemächtigen. Deshalb wurde für den 13. November eine Rekognoszirung auf beiden Saône=Ufern angeordnet. Jedoch mußte von einem Handstreich oder Bombardement abgesehen werden, da sich die Festung sehr stark besetzt und armirt zeigte, und da ein rascher Ersatz von Artilleriemunition nicht möglich war.

Das Regiment kam an diesem Tage nach Genlis, die detachirten Abtheilungen stießen infolge des plötzlich eingetretenen starken Schnee= falls und großer Kälte erst gegen Abend ziemlich erschöpft zu dem= selben. Am folgenden Tage, dem 14. November, wurde den Vor= mittag über ein sehr reger Patrouillengang gegen Süden und Westen organisirt, und zwar derart, daß sämmtliche Offiziere unseres Regiments an diesen Tagen in verschiedenen Richtungen unterwegs waren.

Während dessen war die ursprüngliche Avantgarde der Division, die Brigade Keller, von Pontailler aus, westlich Auxonne vorüber, gegen St. Jean de Losne vorgegangen und die Brigade Prinz Wilhelm war als Unterstützung gegen Mittag nachgefolgt. Indeß das Unternehmen gegen Auxonne hatte sich, da die Besatzung der Festung wachsam gefunden wurde, als unausführbar erwiesen, weshalb nun= mehr seitens des Generalkommandos die Konzentration des Korps um Dijon um so mehr als der Sachlage entsprechend erachtet werden mußte, als jene nicht bloß mit den Direktiven des großen Hauptquartiers im Einklang stand, sondern auch bei den vorliegenden Nachrichten von einem Anmarsche Garibaldis auf Dijon geradezu geboten schien. Die kombinirte preußische und die 2. Infanterie=Brigade besetzten daher am 14. Dijon, die 1. Infanterie=Brigade stand südlich dieser Stadt, mit der 3. bei Genlis Verbindung haltend. Dementsprechend fiel der Kavallerie die Beobachtung der Straßen nach Auxonne, St. Jean de Losne, Seurre, Corberon und Beaune zu. Die Vorposten= aufstellung des Regiments erstreckte sich von Mailly bis Tréclun.

Am 15. November abends war diese Stellung bezogen, und das Regiment war in die verschiedenen Vorposten-Kantonnements in nachstehender Weise vertheilt:

Die Eskadron Hübsch stand in Bougeot, die Eskadron v. Schönau in Corcelles les Citeaux und die Eskadron v. Schilling in Flagey les Gilly. Alle drei Eskadrons unter dem Kommando des Majors v. Stöcklern gehörten zum rechten Flügel des Rayons unter Oberst v. Wechmar. Die Eskadron Camerer endlich stand mit zwei Zügen in Saulon la Rue, mit einem Zug in Barges und einem Zug in Saulon la Chapelle, gehörte aber zum linken Flügel des Rayons unter Oberst v. Renz. In diesen Rayons verblieben die Eskadrons im Allgemeinen bis zur Ablösung der Brigade am 23. War bisher der Dienst schon ermüdend, so erreichte die Anstrengung ihren Höhepunkt während dieser acht Tage. Ständig in Bereitschaft, die Pferde infolge der täglich mehrfach vorkommenden Alarmirungen beinahe nie abgesattelt, die Leute nie aus den Kleidern, beinahe täglich auf Relais oder in Patrouillen- oder kleinere Vorpostengefechte verwickelt, war die Ausdauer unseres gesammten Materials wirklich zu bewundern. Trotzdem zeigten die Leute bei allen Gelegenheiten die größte Umsicht und Entschlossenheit. Hier, wie fast nirgends, kam der persönliche Muth und die Gewandtheit des Einzelnen recht zur Geltung. Anscheinend harmlos mit der landesüblichen Blouse bekleidet, unter dieser aber die Schußwaffe verborgen, trieben sich die Bewohner der Gegend in den Weinbergen umher, heimtückisch auf jede kleinere Patrouille lauernd, um aus unnahbarer Stellung dieselben niederzuschießen. Manch braver Dragoner fand auf diese Art sein frühes Grab. Aber gerade diese Gefahr reizte die Kühnheit und Unternehmungslust unserer Patrouillenführer. Die Namen Lorenz Leiderer von Hemsbach, Friedrich Giani von Bruchsal und Severin Reinfried aus Durbach, sämmtlich von der Eskadron Hübsch, verdienen hier mit Recht genannt zu werden.

Der Gefahr stets kühn ins Auge schauend, meldeten sich dieselben wiederholt freiwillig zur Führung von Patrouillen. Leider fiel Reinfried am 16. November zwischen Nuits und Quincey seiner Kühnheit zum Opfer. Weitere schöne Beispiele von Muth und Unerschrockenheit gaben in jener Periode: der früher schon oft erwähnte Unteroffizier Preßler und der Dragoner Joseph Steinle von Lichtenthal. Als Spitze einer am 20. November zur Exekution nach Nuits gehenden Grenadier-Kompagnie hatten dieselben schon von der Lisiere der Stadt aus Feuer erhalten, ritten aber trotzdem nach Nuits hinein und brachten genaue Meldung über die Stärke der feindlichen Besatzung zurück. Beiden wurden hierbei beim Zurückreiten die Pferde unter dem Leibe getödtet. Steinle selbst erhielt eine schwere Verwundung am Knie und starb leider einige Tage später infolge der Amputation in Dijon.

Auch der Führer der 2. Eskadron, der allzeit unermüdliche Rittmeister Hübsch, muß hier von Neuem ehrend erwähnt werden Seinen Leuten ein Vorbild persönlichen Muthes, befand er sich im Straßenkampfe in Dijon im dichten Kugelregen, woselbst ihm sein Pferd Metella unter dem Leibe erschossen wurde. Anderes bleibt hier noch zu erwähnen, so das rechtzeitige Eingreifen des vierten Zuges der Eskadron v. Schilling bei Gelegenheit eines Patrouillengefechts am 18. November bei Quincey, sowie das kühne und umsichtige Auftreten des Lieutenants Freiherrn v. Beust mit seinem Zuge bei einer größeren Rekognoszirung am 21. November gegen die Saône bei Bonnemontre. In solcher Ausübung des kleinen Krieges waren die Tage vom 15. bis 22. November verflossen, als am 23. nachmittags unsere Brigade durch die preußische Brigade von der Goltz von den Vorposten abgelöst wurde. Das Regiment bezog mit der Brigade Prinz Wilhelm Quartiere in und um Dijon. — Gegen die im Saône-Thale südlich Dijon sich mehr und mehr anhäufenden feindlichen Truppen, welche durch Neuformation aus Lyon dauernd Verstärkungen erhielten und im Verein mit Garibaldi den kleinen Krieg mit etwas mehr Geschick und Unternehmungsgeist zu führen begannen, beabsichtigte das 14. Korps einen Vorstoß zu unternehmen. Jedoch mußte man von einer Offensive durch die Côte d'Or im Westen und Nordwesten von Dijon so lange Abstand nehmen, bis das Eintreffen der Reserve-Division v. Schmeling die Zahl der zu den Operationen disponiblen Truppen soweit verstärkte, daß man auf einen nachhaltigen Erfolg jener Operation von vornherein mit Sicherheit rechnen durfte.

Die 4. Reserve-Division v. Schmeling war nach der Einnahme von Neu-Breisach am 12. November aus dem oberen Elsaß abmarschirt, hatte am 18. Besoul und am 23. Gray erreicht. An demselben Tage konzentrirte sich das 14. Korps enger um Dijon, um den beabsichtigten Vorstoß nach Châlon sur Saône auszuführen. Jedoch verlieh der Feind durch eine Offensive gegen Dijon der Sachlage mit einem Schlage ein durchaus verändertes Gepräge. Während das Korps des Generals Cremer von Nuits aus gegen Dijon vorrückte, war Garibaldi, dessen Streifzüge sich bis in das Thal der Seine erstreckten, von Autun aus in nördlicher Richtung aufgebrochen. Man mußte nunmehr befürchten, daß Garibaldi sich nach dem Ueberfall von Châtillon sur Seine mehr nach Nordosten auf das feste Langres wenden würde, um von dort aus die deutsche Rückzugslinie zu gefährden.

Deshalb wurde am 23. November die Brigade Keller nördlich gegen Langres vorgeschoben, bemerkte aber hier nirgends etwas von feindlichen Kräften. Die hier gemeldeten Abtheilungen des Gegners erwiesen sich als herumstreifende Banden und kleine Detachements aus der Festung Langres. So hatten also alle bis zum 24. November ausgeführten Rekognoszirungen in westlicher und nordwestlicher Richtung zu einem bestimmten Resultate nicht geführt, man war nach wie vor im Unklaren über die voraussichtlichen Absichten Garibaldis. Diese wünschenswerthe Aufklärung sollte eine Rekognoszirung der Brigade Degenfeld, darunter die Eskadron v. Schilling unseres Regiments, gegen die Nordabhänge der Côte d'Or in der Richtung auf St. Seine und St. Martin bringen. Dieses Detachement hatte bei Velars und Prénois, unweit westlich von Dijon, am 26. November ein heftiges Gefecht mit Garibaldianern unter Garibaldis eigener Führung zu bestehen; jedoch zu schwach für längeren Widerstand, mußte es sich nach Daix zurückziehen. Gegen Abend griff Garibaldi diese Stellung in unmittelbarster Nähe der Stadt Dijon nochmals an, wurde aber abgewiesen, so daß seine Absicht, sich in den Besitz von Dijon zu setzen, zunächst vereitelt wurde. Diese nächtliche Unternehmung hatte die Alarmirung des ganzen Armeekorps veranlaßt. Alle Truppen rückten auf ihre Alarmplätze und blieben die Nacht über unterm Gewehr. Aber die Absicht Garibaldis war nunmehr vollkommen klar, und General v. Werder befahl demgemäß für den 27. früh den konzentrischen Angriff auf den Gegner. Jedoch die in der Frühe des 27. November vorgehenden preußischen Truppen stellten fest, daß der Rückzug der Franzosen während der Nacht in großer Unordnung über Prénois erfolgt sei. Die Nachhut derselben erlitt bei Pasques noch eine völlige Niederlage, so daß Garibaldi in voller Flucht auf Autun entwich.

Unser Regiment stand an diesem Tage in Dijon marschbereit und bezog, mit Ausnahme der Vorposten-Eskadron Camerer, erst am Nachmittag in den dortigen Bahnhofsschuppen Unterkunft.

Am 28. hatte die Brigade Prinz Wilhelm die Vorposten südlich und südwestlich Dijon zu übernehmen. Unser Regiment wurde hierbei folgendermaßen verwendet: die Eskadron v. Schilling und ein Zug der Eskadron Camerer in Plombières zum rechten Flügel der Aufstellung unter Oberst v. Wechmar, die drei übrigen Züge Eskadron Camerer in Chenôve, Marsannay und Perigny les Dijon, die Eskadron Hübsch in Longvic und zwei Züge der Eskadron v. Schönau in Neuilly les Dijon, sämmtlich unter Befehl des Obersten v. Renz. Die beiden übrigen Züge der Eskadron v. Schönau verblieben zur Disposition in Dijon und besorgten von hier aus einen gleichfalls sehr angestrengten Ordonnanzdienst.

Die nächste Operation, welche General v. Werder befahl, war die Detachirung zweier größerer Kolonnen, um einerseits die Etappenlinie der II. Armee zu schützen und um anderseits durch Verfolgung in der Richtung auf Autun den Garibaldischen Schaaren möglichst viel Abbruch zu thun. Die kombinirte preußische Brigade erhielt daher Befehl, über St. Seine gegen Châtillon sur Seine vorzugehen, bis zum 4. Dezember jedoch wieder nach Dijon zurückzukehren. Die 3. Brigade Keller ging gleichzeitig auf Autun vor. Die letztgenannte Operation wurde in der linken Flanke durch ein kombinirtes Detachement begleitet, zu welcher die Eskadron v. Schilling unseres Regiments gehörte. Nach einem im höchsten Grade ermüdenden Marsche kehrte sie am 3. Dezember nach Dijon zum Regiment zurück. Die übrigen drei Eskadrons verblieben während dieser Zeit in ihrer bisherigen Verwendung als Vorpostenkavallerie, ihre Patrouillen und die von diesen eingebrachten Gefangenen bestätigten am 29. November die Nachricht, daß französischerseits Verstärkungen aus Lyon im Sâone-Thale eingetroffen, und daß Ortschaften längs der Côte b'Or, namentlich Nuits, sowie die Höhen westlich dieser Stadt stark vom Feinde besetzt seien. Um den Vorstoß des Generals Keller auf Autun auch in dieser Richtung zu degagiren, befahl daher General v. Werder auf den 30. eine große Rekognoszirung in der Richtung auf Nuits—Beaune.

Bei dem sich hieraus entwickelnden Gefecht fanden zwei Züge der Eskadron Camerer Gelegenheit, sich zu betheiligen. In den nun folgenden Tagen vom 1. bis 7. Dezember blieb der Dienst des Regiments der gleiche wie bisher, nur wurde derselbe erheblich erschwert durch die sich bis zu 18 Grad steigernde Kälte und den anhaltenden Schneefall. Selbst die Hauptverkehrsstraßen waren zu jener Zeit kaum zu passiren, und hatten demzufolge unsere Patrouillen die größte Mühe, ihre jeweiligen Aufträge auszuführen. Ueberdies war die Verpflegung eine äußerst schwierige geworden, da die ganze Gegend durch die lange Anwesenheit der Truppen fast gänzlich ausrequirirt war, und da die Proviantkolonnen auf den durch starken Schneefall fast ungangbar gewordenen Straßen nicht mehr vorwärts kommen konnten. Die Pferde mußten auf eine Viertel-Haferration gesetzt werden, Heu und Stroh fehlten gänzlich. Es war für die Mannschaften seit Beginn des Feldzuges eigentlich das erste Mal, daß sie wirklichen Mangel litten. Mit wahrer Sehnsucht erwartete man daher die schon längst angekündigten Proviantkolonnen. Am 4. Dezember endlich traf ein Theil derselben, begleitet von den für die badische Division bestimmten Ersatzmannschaften, in Dijon ein. Trotz aller vorerwähnten Unannehmlichkeiten war aber bei unseren Dragonern nicht die geringste Abnahme des guten Humors und der Opferwilligkeit zu bemerken, und täglich meldeten sich Freiwillige zu Patrouillen. So zeichnete sich am 5. Dezember der Gefreite Sturm und der Unteroffizier Matern Kempf rühmlichst aus. Dieselben stießen als Spitze einer Patrouille bei dem Dorfe Epernay auf eine starke Abtheilung Franktireurs. Muthig sprengten sie auf diese los, als dem Unteroffizier Kempf plötzlich das Pferd unter dem Leibe töbtlich getroffen wurde und Kempf selbst, den Hals von einer Kugel durchbohrt, zu Boden stürzte. Unfehlbar wäre jetzt Kempf in Feindes Hand gerathen, wenn nicht Sturm inmitten des feindlichen Kugelregens zurückgeritten wäre, und ihm so Gelegenheit gegeben hätte, sich zu retten. Der Dragoner Gottlieb Wetzel aus Grenzbach gerieth bei dieser Gelegenheit in Gefangenschaft. Abgesehen von solch kleineren Renkontres verhielt sich der Feind aber im Allgemeinen während dieser Periode ziemlich ruhig.

Am 7. Dezember traten infolge der Rückkehr der Brigaden Keller und v. d. Goltz von ihren Spezialexpeditionen nach Autun und Châtillon sur Seine mehrfache Dislokationsveränderungen ein.

Das Regiment wurde, wie folgt, vertheilt: die Eskadron Hübsch in Breteniére, Rouvres und Fauverney mit Patrouillen nach St. Philibert und gegen Süden, die Eskadron v. Schilling in Varanges und Genlis mit Patrouillen gegen Cessey und Longchamp, die Eskadron v. Schönau in Quétigny und die Eskadron Camerer mit dem Regimentsstabe in Chevigny St. Sauveur. Auch bei diesem neuen Vorpostendienst entfalteten unsere Patrouilleure den gleichen regen

Eifer, wie bisher, und hatten sich der vollsten Anerkennung von Seiten der hohen Führer zu erfreuen. An Verlusten hatte das Regiment in diesen Tagen zu beklagen: zwei Schwerverwundete (die kurz nach ihrer Verwundung starben) und zwei Vermißte.

Die Gesammtstellung des 14. Armeekorps um Dijon hatte sich Anfang Dezember folgendermaßen gestaltet: Im Norden und Nordwesten stand die Brigade von der Goltz; im Westen die Brigade Degenfeld; im Süden die Brigade Keller; im Südosten die Brigade Prinz Wilhelm; im Osten die Division Schmeling. Die Kavallerie in Arc sur Tille, Arcelot und Dijon. Die ganze Umgebung war zur Vertheidigung hergerichtet, und sämmtliche Abtheilungen hatten für den Fall eines feindlichen Angriffes genaueste Instruktion.

In dieser konzentrirten Stellung begann durch die dem Gegner infolge der strengen Kälte und des damit verbundenen starken Schneefalls aufgenöthigte Unthätigkeit auf dem ganzen südöstlichen Kriegsschauplatze eine kurze Ruhepause, welche auch den Truppen des Generals v. Werder zugute kam.

Am 10. Dezember übernahm der Generallieutenant v. Glümer wieder das Kommando der Division; Generallieutenant v. Beyer kehrte als badischer Kriegsminister in die Heimath zurück. Auch in der Ordre de Bataille des Korps traten einige Veränderungen ein. Die bisher ziemlich gleichmäßig bei den Brigaden vertheilte Artillerie und Kavallerie traten wieder in bestimmte Verbände. Demgemäß formirte unser Regiment mit dem Leib-Dragoner-Regiment wieder die Kavallerie-Brigade. Mit der Führung der Brigade wurde der preußische Oberst Frhr. v. Willisen, Kommandeur des 3. (neumärkischen) Dragoner-Regiments, beauftragt, da der bisherige, langjährige Brigadekommandeur, General v. La Roche, schwer erkrankt nach Karlsruhe zurückgekehrt war. Auf dem Wege nach Dijon behufs Uebernahme des Brigadekommandos wurde Oberst Frhr. v. Willisen am 12. Dezember zwischen Besoul und Gray in einem Walde bei Vellexon, zugleich mit einem Theile eines Feldlazareths und eines Rekonvaleszenten-Transports, überfallen. Dem Obersten glückte es indeß, das heftige Gewehrfeuer unverletzt zu passiren.

Nuits und die Expedition nach Châtillon sur Seine.

Wir hatten die Beschreibung der gesammten Kriegsschauplätze in Frankreich mit der Belagerung von Metz und Paris abgebrochen. Nach 72tägiger Einschließung kapitulirte endlich auch Metz, wodurch gegen 200 000 Mann in Kriegsgefangenschaft geriethen, womit aber auch der größte Theil der Belagerungs-Armee für die Verwendung im freien Felde verfügbar wurde.

Aufs Neue traten das 2., 3., 9. und 10. Armeekorps nebst einer Kavallerie-Division als II. Armee unter dem Prinzen Friedrich Karl zusammen, welche nach der mittleren Loire abmarschirte.

Aus dem 1., 7. und 8. Armeekorps nebst einer Kavallerie-Division wurde unter dem General v. Manteuffel wiederum eine I. Armee gebildet, welche den Auftrag erhielt, die Einschließung von Paris gegen Norden zu sichern. Aus der III. Armee wurde eine gesonderte Armeeabtheilung unter Führung des Großherzogs Friedrich Franz II. von Mecklenburg-Schwerin ausgeschieden, bestehend aus den Truppen des Generals v. d. Tann, der 17. Division, einer Brigade des 4. Armeekorps und einer zweiten Kavallerie-Division, um in südlicher Richtung wieder gegen die Loire vorzustoßen. So fand am 28. November eine Vereinigung mit der inzwischen herangerückten II. Armee statt. Nachdem an diesem Tage die Franzosen bei Beaune la Rolande und am 2. Dezember bei Loigny geschlagen waren, wurden sie unter Chanzy in der zweitägigen Schlacht von Orléans am 3. und 4. Dezember entscheidend besiegt und in zwei Theile zersprengt, von denen der eine über die Loire zurückging, der andere sich nach Westen wendete und bei Beaugency und bei Cravant in den Tagen des 8. bis 10. Dezember durch den Großherzog zum Rückzug gezwungen wurde.

Die Schlacht von Le Mans, 10. bis 12. Januar, beendete die Kämpfe auf diesem Kriegstheater, während der Siegeszug der I. Armee im Norden, bezeichnet durch die Schlachten bei Amiens am 28. November, an der Hallue am 23./24. Dezember und bei Bapaume am 3. Januar 1871, mit dem glänzenden Siege bei St. Quentin abschloß. — Während durch diese siegreichen Kämpfe im Süden und Norden von Paris ein Entsatz der Hauptstadt vereitelt wurde, hatte deren Besatzung wiederholte Anstrengungen gemacht, den ehernen Ring zu durchbrechen. Die wesentlichsten dieser Kämpfe sind die um Le Bourget (28. Oktober), bei Champigny (2. Dezember) und die Schlacht am Mont Valérien am 19. Januar. Einen Entschluß auf die Einschließungen der Vertheidigung, bezw. der Uebergabe übten diese Niederlagen aber nicht aus, so daß am 5. Januar mit der Beschießung aus schwerem Geschütz zur Einleitung des regelrechten Angriffs begonnen wurde.

Das 14. Armeekorps unter Werder hatte, wie schon aus dem Laufe der speziellen Darstellung zu ersehen ist, Ende Oktober sich in den Besitz von Dijon gesetzt, sowie sich hier zu behaupten verstanden und dadurch gleichzeitig die Ansammlungen derjenigen Truppen geschützt, die bestimmt waren, Belfort zu belagern. Aber die oben erwähnten Erfolge unserer Waffen an der Loire und vor Paris hatten das große Hauptquartier in Versailles veranlaßt, dem 14. Korps neue Gesichtspunkte für seine Operationen zu geben. Die Festung Belfort sollte möglichst bald zu Fall gebracht und die Festungen Langres und Besançon von allen Außenverbindungen abgeschlossen, vor Allem aber in Gemeinschaft mit dem 7. Armeekorps die Verbindung der vor Paris und an der Loire stehenden Armeen mit der Heimath gesichert werden. Dieses 7. Armeekorps unter General v. Zastrow hatte bisher zur Belagerungs=Armee von Metz gehört, war dann aber detachirt worden, um die Besatzung der eroberten Festung zu bilden und die festen Plätze Thionville und Montmédy zu belagern; jetzt war ihm die Bestimmung geworden, sich nordwestlich des 14. Korps an der Seine bei Châtillon einzuschieben, um dem vorher erwähnten Zwecke zu entsprechen. Wie die Instruktion für beide Generale sich aussprach, würde sich ihre Aufgabe nicht durch längeren Widerstand an einer Stelle, sondern am besten durch energische Vorstöße gegen die feindlichen Truppenansammlungen durchführen lassen. Infolge dieses Auftrages detachirte General v. Werder die Brigade Golz gegen Langres und verstärkte das Belagerungskorps von Belfort durch Truppen der 4. Reserve=Division.

Am 15. Dezember erhielt das Generalkommando telegraphisch Befehl, die Gegend von Sémur zu besetzen, weil die Truppen des Generals v. Zastrow zum größten Theil gegen Auxerre abgerückt seien. Rekognoszirungspatrouillen trafen am 16. vielfach auf feindliche Abtheilungen. Während die kalte Witterung, die mit dem Tage von Autun begonnen hatte, und welche bei fußhohem Schnee oft 18° R. betrug, die Unternehmungslust der größtentheils aus Südländern bestehenden französischen Abtheilungen sichtlich herabgestimmt hatte, war mit der Mitte des Monats eingetretenen Thauwetter die Thätigkeit des Gegners wiederum eine vermehrte geworden. Sämmtliche eingehenden Meldungen bestätigten eine wesentliche Verstärkung der französischen Streitkräfte; General Cremer sollte mit 30 000 Mann zwischen Beaune und Nuits, Garibaldi mit 20 000 bei

Autun stehen. Diesen feindlichen Massen konnte General v. Werder bei der größten Kraftanspannung augenblicklich höchstens 16 000 Mann entgegenstellen. Eine Niederlage aber hätte die bisherigen Erfolge des ganzen Korps in Frage gestellt. Um einer solchen Gefahr zu entgehen, blieb dem General v. Werder nur der Ausweg übrig: den Feind einzeln zu schlagen, und zwar zuerst denjenigen, der ihm zunächst stand und zugleich der stärkste war. Dies waren die Truppen des Generals Cremer bei Nuits.

General v. Glümer erhielt daher noch am 16. abends den Befehl, am folgenden Tage einen Vorstoß gegen Süden auszuführen und hierbei eine Brigade durch die Côte b'Or nach Sémur zu entsenden. Zur Disposition standen dem General hierfür die 1. und 2. badische Brigade, die badische Kavallerie-Brigade und die Divisions-artillerie. Die 3. badische Brigade blieb als Besatzung in Dijon zurück.

General v. Glümer trat am 18. Dezember früh den Vormarsch von Longvic gegen Saulon la Rue—St. Bernard—Boncourt an; eine kleinere Kolonne zog längs des Gebirges auf der Straße nach Nuits, eine zweite auf dem Gebirge über Concoeur. Endlich wurde eine größere rechte Seitenkolonne noch weiter im Gebirge über Villars-Fontaine detachirt. General v. Degenfeld, der die letzte Kolonne befehligte, sollte von Nordwesten und Westen her den Gegner bei Nuits in Flanke und Rücken überraschen.

Unser Regiment (mit Ausnahme der Eskadron Camerer, welche als Etappenkavallerie nach Mirebeau abgegeben war) marschirte zunächst beim Gros der Hauptkolonne und entsandte einen Zug in die rechte Flanke über Flagey-les-Gilly auf Boncourt und einen Zug in die linke Flanke der Kolonne auf Savouges. Beide Züge trafen mit diesseitigen Infanterie-Kompagnien zusammen und schlossen sich denselben an.

General Cremer hatte mit etwa 10 000 Mann eine höchst vortheilhafte Position eingenommen, deren Mittelpunkt das auf einer Bergnase der Côte b'Or gelegene Städtchen Nuits bildete. Während die Avantgarde den Gegner bei Ferme la Berchère und Boncourt angriff und ihn über Agencourt auf den Eisenbahnabschnitt südlich Nuits zurückdrängte, hatte die Kavallerie-Brigade die Aufgabe erhalten, womöglich am linken Flügel gegen Prémeaux auf die Rückzugslinie des Feindes zu drücken, jedenfalls aber das ganze Gelände südlich und südöstlich Agencourt genau zu beobachten. Oberst Wirth, der Führer der Kavallerie, trabte zur Ausführung dieses Auftrages mit unserem Regiment und der 1. sowie halben 5. Eskadron Leib-Dragoner-Regiments über Boncourt auf Agencourt vor, um bei Quincey den Menzin-Bach zu überschreiten und dann auf den feindlichen rechten Flügel zu drücken. Leider aber stellten sich unüberwindliche Hindernisse der Ausführung dieser Absicht in den Weg. Die Avantgarden-Eskadron v. Schönau hatte mit vieler Mühe die hoch angeschwollene Menzin durchschritten und wurde nun, mit der Spitze bis auf 50 Schritte an den Bahnkörper herangekommen, von einem förmlichen Hagel von Geschossen empfangen, so daß von einem weiteren Vordringen keine Rede mehr sein konnte. Aehnlich war es der Schwadron Hübsch und der 1. Eskadron des Leib-Dragoner-Regiments ergangen, sie fanden die jenseits Quincey gelegenen Rebhügel stark vom Feinde besetzt. Die Eskadrons zogen sich alle hinter Quincey zurück und entsandten Patrouillen gegen die südlich und östlich gelegenen Dörfer. Diese meldeten, daß sich stärkere Infanterieabtheilungen von Gerland aus zu einer Umgehung von Boncourt in den östlich von Agencourt gelegenen Wald dirigirten. Daraufhin blieb Oberst Wirth mit den ihm noch zur Verfügung stehenden Eskadrons südlich Agencourt stehen und beauftragte seinen Adjutanten, den Premierlieutenant Schmidt, die Sachlage am linken Flügel persönlich festzustellen. In wenigen Minuten hatte dieser Offizier die Höhe bei Berchère erreicht und erhielt sofort vom Kommandeur der Avantgarde den weiteren Befehl, die zwei linken Flügelbataillone der vorgehenden Infanterie zurückzuholen und auf Boncourt zu dirigiren. In forcirtem Ritte durch die Nebengelände über Todte und Verwundete hinweg gelang es dem Adjutanten, ein Bataillon kurz nach Erstürmung des Eisenbahnabschnittes zu erreichen und mitten im dichtesten Kugelregen seinen Auftrag zu bestellen. Die bereits in den Wald andringenden feindlichen Abtheilungen von Agencourt wurden dann von diesem Bataillon zurückgeworfen. Unterdessen wurde auf speziellen Befehl des Obersten v. Willisen durch die Eskadron v. Schönau ein nochmaliger Versuch zur Erzwingung des Bahnüberganges bei Prémeaux gemacht; derselbe scheiterte aber auch diesmal infolge des furchtbaren Feuers, welches vom Bahnwarthaus und vom Uebergang auf die Eskadron gerichtet wurde.

  Inzwischen war der allgemeine Angriff auf den Eisenbahndamm bei Nuits angesichts der günstigen feindlichen Position und der starken Besetzung derselben nur langsam vorwärts geschritten. Unsere Verluste mehrten sich bei dem mörderischen feindlichen Feuer beträchtlich; Prinz Wilhelm wurde schwer, der Divisionskommandeur General v. Glümer und Oberst v. Wechmar leicht verwundet, der tapfere Oberst v. Renz und sein Adjutant, Premierlieutenant Waag, fanden den Heldentod, ebenso der Ordonnanzoffizier des Generals v. Glümer, Lieutenant v. Degenfeld vom 2. Dragoner-Regiment und der Adjutant des Prinzen Wilhelm, Premierlieutenant v. Roeder vom Leib=Grenadier=Regiment. Dem Ordonnanzoffizier des Obersten v. Willisen, Lieutenant v. Borke vom 2. Dragoner-Regiment wurde das Pferd erschossen. Erst gegen 4 Uhr gelang es den tapferen Bataillonen in erbittertstem Kampfe, Mann gegen Mann, den Bahneinschnitt auf der ganzen Linie zu nehmen. Auch Nuits fiel bald darauf unserer unaufhaltsam vordringenden Infanterie in die Hände. Der glückliche Erfolg war dem sehr wirksamen Eingreifen unserer Batterien zu danken. Mit anbrechender Dunkelheit war endlich die Kraft des Gegners gebrochen; auf allen Punkten zurückgedrängt, befand er sich bald in voller Flucht gegen Chaux und Beaune und war für lange Zeit unfähig zu weiteren Unternehmungen.

Unsere Eskadrons bezogen abends auf den Höhen südwestlich Boncourt Biwak. Die übrigen Truppen hatten theils bei Nuits, theils zwischen Boncourt und La Berchère gleichfalls ein nothdürftiges Lager im Freien gefunden.

Das Gefecht von Nuits wird in der Geschichte der badischen Regimenter stets als ein Zeugniß ihrer Tüchtigkeit genannt werden dürfen. Einen 18 000 Mann starken, vortrefflich bewaffneten und in beinahe uneinnehmbaren Positionen stehenden Gegner hatten 9000 Badenser nach sechsstündigem heißen Ringen völlig geschlagen. Aber auch die Opfer, die der Sieg gekostet, waren enorm. 54 Offiziere und 900 Mann waren theils verwundet, theils getödtet. Auch unser Regiment hatte an diesem Tage den Verlust eines braven, hoffnungsvollen Offiziers, des Sekondlieutenants Ferdinand Frhr. v. Degenfeld zu beklagen. Derselbe fand hier in treuer Pflichterfüllung ein frühes, aber ehrenvolles Ende. Dagegen hatte sonst wunderbarer Weise das Regiment, ungeachtet dasselbe während drei Stunden anhaltend im Feuer gestanden, und trotz mehrfacher Angriffsversuche gegen die feindliche Infanterie keinen Verlust an Mannschaften. Drei Pferde dagegen wurden getödtet.

Am Morgen des 19. erhielt die Kavallerie die Aufgabe, mittelst stärkerer Detachements gegen Süden die abziehenden Reste der

Cremerschen Truppen zu verfolgen. Die Eskadrons Hübsch und
v. Schönau gingen daher vor, stießen anfänglich noch auf schwachen
Widerstand, meldeten aber schließlich übereinstimmend, daß der Gegner
in Richtung auf Beaune und Autun abgezogen sei. Die Division
zog sich daher am 21. nachmittags nach Dijon zurück. Der Stab
und zwei Eskadrons bezogen Quartiere in Dijon, die Eskadron
v. Schönau kam nach Ruffeu. Tags darauf traf dann auch die
Eskadron Camerer, von Mirebeau zurückkehrend, beim Regiment in
Dijon ein.

Zur Herstellung der Verbindung mit dem 7. Armeekorps
war erst die Absendung einer Brigade nach Sómur beabsichtigt
worden; nach den Verlusten von Nuits und den Nachrichten über die
weitere Verstärkung des Gegners mußte jedoch von der Detachirung
einer so großen Truppenabtheilung abgesehen werden, und es wurde
daher nur eine mobile Kolonne mit 2 Bataillonen, 2 Eskadrons
(Eskadrons Camerer und Hübsch vom Regiment), 1 Batterie und
1 Pionierdetachement nach Westen entsandt. Geführt wurde dies
Detachement von dem kühnen und thatkräftigen Major v. Röder,
vom 5. Badischen Infanterie-Regiment. Am 22. Dezember früh
verließ die Kolonne Dijon.

Die seit dem 13. Dezember herrschende milde Witterung hatte
in der Nacht vom 21./22. einer strengen Kälte Platz gemacht, welche
bei dem an und für sich schon außerordentlich schwierigen Gelände die An=
strengungen der Truppen bedeutend erhöhte. Die beiden Eskadrons
wurden hauptsächlich zu größeren selbständigen Patrouillen ver=
wendet, welche, nach allen Richtungen hin theils als Avantgarde,
theils als Seitendeckung auf stunden= und meilenweite Entfernung vor=
geschoben, der nachmarschirenden Kolonne hinreichenden Schutz gewähren
sollten. Am ersten Tage wurde St. Seine, am 2. Baigneuc les Juifs
erreicht. Die Kälte hatte eine für die sonstigen klimatischen Ver=
hältnisse dieser Gegend außergewöhnliche Höhe von 14 bis 16° R.
erreicht. Ein scharfer schneidender Wind machte dieselbe nahezu un=
erträglich. Die Wege waren spiegelglatt, und wurde hierdurch schon
der Marsch im höchsten Grade erschwert. Für Mann und Pferd
gehörte daher diese Expedition zu den anstrengendsten Strapazen des
ganzen Feldzuges. Da man nirgends auf energischen Widerstand
gestoßen, und der Befehl zur schleunigen Rückkehr eingetroffen war,
so ging das Detachement nach Dijon zurück und bewerkstelligte am
27. seine Vereinigung mit dem Korps. Während dieser Expedition

waren für die übrigen Eskadrons unseres Regiments die letzten Tage in Dijon ohne größere Anstrengung unter Ausführung von leichtem Patrouillen- und Ordonnanzdienst vergangen.

Die Stellungen um Besoul und Villersexel.

Deutscherseits war man Ende Dezember noch im Zweifel, wo die Bourbakische Armee geblieben sei. Von der II. Armee waren Nachrichten eingegangen, daß immer noch starke Truppenmassen bei Bourges standen. Aus der Schweiz waren andererseits starke Truppentransporte auf der Eisenbahn von Lyon nach Besançon gemeldet. Vor der Front des Werderschen Korps tauchten endlich kleinere feindliche Detachements auf, mit denen man bisher noch nicht in Berührung gekommen war. General v. Tresckow meldete von Belfort aus, daß die Bourbakische Armee mit ihren Spitzen bereits den Doubs bei Clerval und l'Isle sur Doubs erreicht hätte. Angesichts dieser Nachrichten war beim Generalkommando des 14. Korps kein Zweifel mehr darüber, daß es sich jetzt feindlicherseits um einen Entsetzungsversuch von Belfort handelte.

Dieser drohenden Gefahr nach Kräften zu begegnen, beschloß General v. Werder die Räumung Dijons und eine möglichst schnelle Konzentration sämmtlicher Kräfte in der Gegend von Besoul. Von hier aus glaubte er je nach Umständen die erforderlichen Unternehmungen gegen die linke Flanke des auf Belfort im Vormarsche befindlichen Feindes rechtzeitig und mit Nachdruck ausführen zu können.

Dijon wurde daher am 27. Dezember früh völlig aufgegeben und der Marsch nach Besoul in Eilmärschen angetreten. Das Regiment kam auf diesem Rückmarsch am 27. nach neunstündigem Marsche mit dem Stab sowie den Eskadrons v. Schilling und v. Schönau nach Rénève l'Eglise, mit den beiden anderen Eskadrons nach Arc sur Tille. Der zweite Marschtag vereinigte das Regiment in Gray, von wo aus dasselbe am 28. nach Traves kam. Der Marsch war auf der durch Schnee und Kälte spiegelglatt gewordenen Straße äußerst beschwerlich gewesen, zumal die scharfen Stollen am Beschlag der Pferde bald abgestumpft waren, und die Eskadronsschmiede die Arbeit des Wiederschärfens nicht mehr zu bewältigen im Stande waren. Der größte Theil des Weges wurde deshalb, die Pferde am Zügel führend, zu Fuß zurückgelegt.

Das 14. Korps hatte am 29. Dezember abends seinen Aufmarsch bei Besoul beendet, und es standen die 1. und 2. badische

Infanterie-Brigade und das Detachement v. d. Golz bei Vesoul, die Division Schmeling bei Villersexel und Esprels, die 3. badische Brigade in Gray und wurde später in die Gegend von Vesoul gezogen. Außerdem war Lure durch ein Detachement besetzt. Die Kavallerie-Brigade und die Korpsartillerie hatten die in nächster Nähe nördlich und nordwestlich von Vesoul gelegenen Ortschaften belegt. Endlich hielt die beim Korps eingetroffene Verstärkung, das Detachement Debschütz, zur Deckung des Belagerungskorps von Belfort zwischen dem Doubs und der Schweizer Grenze.

Die nun folgende Periode bis zum 8. Januar dürfte für die Geschichte des Regiments dadurch von Interesse sein, daß in derselben die hohe Wichtigkeit des durch Kavallerie besorgten Patrouillendienstes und Nachrichtenwesens sehr zu Tage trat. Auch erreichte der Relais- und Ordonnanzdienst in dieser Zeit eine hohe Bedeutung. Die vorgesandten Kavalleriepatrouillen trafen fast überall auf Truppen neuer, bisher noch nicht gesehener feindlicher Regimenter, die auf die stets wachsende Stärke der feindlichen Armee schließen ließen; immer aber nur auf Regimenter, die von Lyon hergekommen sein mußten; von Truppen der ehemaligen Loire-Armee wurde noch nichts bemerkt.

Im Allgemeinen verhielt sich in den ersten Tagen des neuen Jahres der Feind ziemlich ruhig. Aber trotz aller Anstrengungen der unausgesetzten Rekognoszirungen war es unmöglich, die Situation völlig zu klären. Vorbeorderte Detachements konstatirten, daß der gegen den Ognon vorgegangene Gegner sich wieder hinter den Doubs zurückgezogen habe. Endlich am 8. Januar erhellte ein Lichtstrahl das ungewisse Dunkel. Die Vorposten des rechten Flügels und des Centrums wurden in zum Theil nicht unbedeutende Renkontres verwickelt, die zu zahlreichen Verlusten beiderseits führten. Außerdem meldeten alle Patrouillen übereinstimmend die Anwesenheit Bourbakis mit mindestens drei Korps, sowie deren Direktion gegen Norden. Während deshalb auf deutscher Seite das 2. und 7. Armeekorps zur Unterstützung des 14. Korps angewiesen wurden und General v. Manteuffel den Oberbefehl dieser drei deutschen Korps erhielt, fiel bis zum thatsächlichen Eingreifen der beiden ersten Korps dem General v. Werder die alleinige Aufgabe zu, mit seinen schwachen Kräften den vierfach überlegenen Feind aufzuhalten, die Belagerung Belforts, die Kommunikationen des Elsaß zu schützen. Da sich inzwischen immer deutlicher durch die Vorpostengefechte herausstellte, daß der feindliche Hauptstoß in Richtung auf Belfort erfolgen sollte, so beschloß General

v. Werder, mit dem Korps links abzumarschiren und den Angriff des Gegners in der Stellung an der Lisaine und Allaine vor Belfort zu erwarten. Erreichte jedoch Bourbaki diese ausersehene Defensivstellung vor dem General v. Werder, so war Belfort entsetzt, und das 14. Korps hatte eine seiner Hauptaufgaben verfehlt. Um daher rechtzeitig vor dem Feinde diese Stellung von Vesoul aus zu erreichen und Zeit zur fortifikatorischen Verstärkung derselben zu gewinnen, beabsichtigte die geniale Oberleitung, ohne den eigenen Vormarsch zu unterbrechen, dem Gegner überraschend in die Flanke zu fallen. Diese Idee des Generals v. Werder war wohl einer der bedeutendsten Schachzüge im ganzen Feldzuge. Vesoul wurde daher aufgegeben und der Flankenmarsch nach Osten angetreten.

Zur Ausführung des Offensivstoßes war am 9. Januar früh die Division Schmeling auf Villerseyel dirigirt worden, während das Detachement v. d. Goltz in Richtung Marat zur eventuellen Unterstützung folgen sollte. Aus diesen Operationen entspann sich in und um Villerseyel ein fast 16 Stunden langes, heißes Gefecht. General Bourbaki hatte mit dem größten Theile seiner Korps nach und nach die Front nach Norden genommen. Der Flankenstoß war gelungen, und General v. Werder hatte sich für alle Fälle den Vorsprung für den Marsch nach Belfort gesichert. Während dessen hatte sich das Gros des 14. Korps auf der direkten Straße über Lure auf Belfort in Marsch gesetzt, um den Anschluß an die dortigen Belagerungstruppen zu gewinnen.

Unser Regiment war mit der vereinigten Kavallerie-Brigade nach 6 Uhr morgens von Auxon und Umgegend aufgebrochen und folgte der Division. Auf die Nachricht von dem immer heftiger werdenden Gefechte bei Villerseyel bog jedoch die Brigade, zugleich mit dem größten Theil der badischen Division, in südlicher Richtung von der ursprünglichen Direktion ab. Nur der 2. Brigade sollte es noch vergönnt sein, ins Gefecht einzugreifen; die übrigen Abtheilungen blieben bei Aillevans in Reserve zurück und kamen nicht zur Aktion. Das Regiment bezog für die Nacht in dem Dorfe Montjustin Alarmquartier. Für den 10. Dezember hatte General v. Werder angeordnet, daß unter dem Schutze weit vorgeschobener Kavallerie das Korps theils über Lure, theils über Granges in die bekannte Lisaine-Stellung abziehen sollte. Der größte Theil der Aufgabe, diese Bewegung zu verschleiern, fiel unserem Regimente zu. Nach kurzem Aufenthalt bei Arpenans, dem Sammelplatz der Brigade, übernahm das Regiment die Arrieregarde. Vier Züge unter Führung der Lieutenants Ziegler, Maier-Ehehalt, v. Borke und des Portepeefähnrichs Witzenmann wurden als sogenannte stehende Patrouillen nach Noroy le Bourg, Aillevans, Arpenans und Mollans detachirt, mit dem Befehl, kleinere Patrouillen gegen den Feind im Laufenden zu erhalten und sämmtliche Straßen von Westen, Südwesten und Süden zu beobachten. Alle Patrouillen sollten bis zum Einbruch der Dunkelheit stehen bleiben und dann in der Richtung auf Lure nachfolgen. Die Eskadron Camerer war früh morgens vom Sammelplatz aus behufs Uebernahme der Trainbedeckung und Freihaltung der Straßen gegen Lure vorausgeschickt worden. Das Regiment selbst trat dann mit einer halben Stunde Distanz vom Gros der Division um 11 Uhr 30 Minuten vormittags den Rückmarsch an und gelangte um 3 Uhr 30 Minuten abends nach dem ihm bestimmten Alarmquartier in Magny Vernois bei Lure.

So war denn der Abzug bewerkstelligt, und General v. Werder hatte seinen Zweck in vollstem Maße erreicht; denn Bourbaki, der auch für den 10. noch einen kräftigen Widerstand bei Villersexel erwartete und seine Truppen zum Angriff konzentrirte, verlor hier kostbare Zeit, in der die deutschen Truppen ohne Hinderniß fast parallel der feindlichen Front gegen Belfort abziehen und drei volle Tage für die Verstärkung der Lisaine-Stellung ausnutzen konnten.

Belfort.

Am 11. Januar setzte das 14. Korps den Marsch nach Belfort fort. Die Kälte hatte sich jetzt in der Nähe der Vogesen noch gesteigert; tiefer Schnee erschwerte den Marsch durch das Hügelland, und ein eisiger Wind pfiff durch die Reihen der langen Kolonne. General v. Werder war seinen Truppen vorausgeeilt, um mit dem Kommandeur der Belagerungstruppen, Generallieutenant v. Tresckow, die Maßnahmen der Vertheidigung vor Belfort zu besprechen und die Möglichkeit einer Stellungnahme an der Lisaine zu prüfen. Diese örtliche Besichtigung zeigte, daß die Lisaine als unbedeutender Bach bei Frahier eine offene Wiesenmulde durchfließt, dann aber bis Chagey steile, bewaldete Berghänge hat. Bei Héricourt gestaltet sich das Thal zur breiten, freien Ebene, wird aber völlig beherrscht von der Felshöhe des Mont Vaudois. Weiter abwärts begleiten die Waldhöhen den Fluß bis Montbéliard, welcher Ort, umflossen von

dem Allaine-Bach, einen starken Stützpunkt und zugleich den Abschluß
der Vertheidigungslinie bildet. Die Bewaldung des Geländes westlich
der Lisaine mußte dem Angreifer die Entwickelung großer Massen
und starker Artillerie erschweren. Zwar bei der herrschenden strengen
Kälte war der Fluß überall zugefroren, aber nur zwei größere
Straßen führten aus der Richtung, in welcher das französische Heer
anrückte, in das Thal hinab, diejenige auf Montbéliard und diejenige
auf Héricourt. Die übrigen Abstiege waren enge, bei der Glätte
schwer zu benutzende Hohlwege. Bereits hatte General v. Tresckow
die wichtigsten Punkte mit Belagerungsgeschütz besetzt, und zwar das
Schloß von Montbéliard, die nahe Höhe von La Grange Dame
und diejenige bei Héricourt.

Die ganze gewählte Stellung war die Linie Delle—Montbéliard—Héricourt—Frahier, welche das Thor von Belfort ab-
schließt. Die Thaleinschnitte des Allaine- und Lisaine-Baches
bildeten die Fronten, während links das neutrale Gebiet der Schweiz,
rechts die Vogesen Flankenschutz gewähren sollten.

Nach dieser Defensivstellung brach das 14. Korps mit allen
Abtheilungen auf, und es gelang demselben thatsächlich, sich zwischen
den Feind und Belfort einzuschieben.

Das Regiment war am 11. Januar aus dem Brigadeverbande
ausgeschieden und bildete nunmehr mit der reitenden Batterie die
Spezial-Arrieregarde der abziehenden badischen Division. Es erreichte nachmittags den Ort Champagney, bezog dort Alarmquartiere,
um dann am 12. mit den Eskadrons v. Schilling und v. Schönau
nach Ronchamp überzusiedeln und von hier aus durch entsprechende
Relais in Lure, La Côte, Ronchamp und Ban le Champagney die
Verbindung zwischen dem Detachement Willisen und dem rechten
Flügel der Division bei Frahier herzustellen. Das Detachement
Willisen (3 Kavallerie-Regimenter, 8 Kompagnien und 2 Batterien)
hatte vom General v. Werder den Auftrag erhalten, Lure so lange
zu behaupten, bis die Proviantkolonnen von Luxeuil über Frahier
zum Korps herangezogen wären. Endlich sollte Oberst Willisen
Besoul und die ganze Ognon-Linie beobachten und über den Feind
Nachrichten einziehen, um so denselben stets zu beunruhigen. — Im
Laufe des 13. Januar hatten die dem General v. Werder unterstellten Abtheilungen, ausschließlich des größeren Theils der Ein-
schließungstruppen von Belfort, die ganze Lisaine-Linie besetzt; das
Detachement von Debschütz: Delle—Beaucourt—Erincourt; die Di-

vision von Schmeling: Montbéliard—Bethoncourt—Bussurel—Héricourt; die Brigade v. d. Goltz: Couthenans — Luze — Chagey: das Detachement v. Willisen: Lure behufs Sperrung der Straße bei Ronchamp und endlich die badische Division, auf dem eigentlichen rechten Flügel der Stellung: Frahier mit Detachements bei Etobon und Béverne und mit der Reserve in Chalonvillars—Buc—Mandrevillars und Echenans. General v. Werder hatte sein Hauptquartier in Bréviliers aufgeschlagen, wohin dann auch während der Schlacht die Reserve nachgezogen wurde. Mit größtem Eifer ward nun die vom Gegner gewährte Frist benutzt, um Schützengräben und Batterieeinschnitte zu erbauen, Telegraphen- und Relaislinien herzustellen, Wege zu bessern und für Lebensmittel und Munition zu sorgen.

Unser Regiment brach zu dem für den 13. Januar bestimmten Sammelplatz bei Frahier früh 6 Uhr 30 Minuten von Ronchamp bezw. Champagney auf, ließ in Frahier die Eskadron von Schönau zur Disposition des Generals v. Degenfeld zurück und schloß sich mit den drei anderen Eskadrons der Brigade Keller an, die sich vorerst bei Buc konzentrirte.

Nachdem am 13. und 14. das französische Heer noch keine ernsten Angriffe auf die deutsche Stellung gemacht hatte, begann am 15. Januar früh die durch die heldenmüthige Vertheidigung der Lisaine-Linie so berühmt gewordene breitägige Schlacht. Der Gegner stand mit dem 15., 24. und 20. Korps versammelt und in Entfernung von kaum einer Meile dem linken Flügel und dem Centrum der Deutschen gegenüber. Den rechten vermuthete General Bourbaki an den Mont Vaudois angelehnt. Sein Plan war, mit starken Kräften die Lisaine oberhalb dieses Stützpunktes zu überschreiten und so durch Umfassung des Gegners den frontalen Angriff zu erleichtern. Dazu waren das 18. Korps und die Division Cremer bestimmt. Dieser zweckmäßigen Anordnung stand jedoch entgegen, daß gerade die beiden genannten Abtheilungen, welche nach der Absicht des Oberkommandirenden am 14. den Kampf zuerst beginnen sollten, den weitesten Anmarsch hatten. Das 18. Korps erreichte in dem schwierigen Berg- und Waldgelände an diesem Tage nur mit seinen Spitzen die Gegend von Lomont, und die Brigade Cremer rückte eben erst von Vesoul ab. Sonach war ein Aufschub bis zum 15. bedingt.

Auf deutscher Seite konnte der allgemeine Angriff des überstarken Gegners stündlich erwartet werden, und General v. Werder fühlte sich verpflichtet, den ganzen Ernst seiner Lage auf telegraphischem Wege in Versailles zur Sprache zu bringen. Die Flußlinien seien durch Frost passirbar, die Deckung von Belfort beraube ihn jeder Freiheit der Bewegung und setze die Existenz seines Korps aufs Spiel, er bitte dringend zu erwägen, ob Belfort ferner festgehalten werden solle. Im großen Hauptquartier sagte man sich, daß jeder weitere Rückzug des 14. Korps das Aufgeben der Belagerung und den Verlust des dafür bestimmten umfangreichen Materials zur unmittelbaren Folge haben müsse, und befahl deshalb dem General v. Werder, die Schlacht vorwärts Belfort anzunehmen. Indeß ehe dieser Befehl eintraf, hatte der General ihm schon aus eigener Entschließung entsprochen.

Am 15. Januar morgens hatte die Schlacht von Belfort auf der ganzen Linie begonnen. Es war ein schöner Sonntag Morgen: die weiten Schneefelder erglänzten im Sonnenschein; unten in Héricourt standen die Geschütze bereits im heftigsten Kampfe; das ganze Thal entlang schallte der Donner der Kanonen und bald darauf auch das Geknatter des Infanteriefeuers. Das 15. französische Korps war mit zwei durch Artillerie verstärkten Divisionen gegen Montbéliard angerückt, eine dritte folgte als Reserve. Die deutschen Postirungen zogen sich auf das linke Lisaine-Ufer zurück, die Franzosen nahmen bei einbrechender Dunkelheit Besitz von der Stadt Montbéliard, rückten aber nicht über dieselbe hinaus. Weiter nördlich rückte das französische 24. Korps vor gegen Bussurel. Das 18. Korps gelangte ebenfalls nachmittags Luze und Chagey gegenüber mit zwei seiner Divisionen zur Entwickelung. Die Division Cremer hatte trotz ihres späten Eintreffens in Lure den Marsch in aller Frühe fortgesetzt und rückte mit ihrer ersten Brigade nach Etobon vor, so daß sich hier um Mittag ein Gefecht gegen das Detachement des Generals v. Degenfeld entspann. Das 20. Korps endlich war als Armeereserve links nach Coisevaux vorgezogen worden.

Mit Einbruch der Dunkelheit verstummte das Gefecht. Trotz der feindlichen Uebermacht, trotz der auf allen Punkten der Schlachtlinie mit ebenso großer Bravour als Hartnäckigkeit unternommenen Offensivstöße, war es, dank der trefflichen Leitung und der Tapferkeit der deutschen Truppen, der Bourbakischen Armee nicht gelungen, die Stellung an der Lisaine zu durchbrechen.

Der Kavallerie war während der Schlacht selbst infolge des äußerst schwierigen Geländes eine größere Verwendung nicht vergönnt, nur einzelnen Abtheilungen derselben fiel die nicht unwesentliche Rolle des Ordonnanz=, Patrouillen= und Relaisdienstes zu. Bei unserem Regiment waren am 15. hauptsächlich Abtheilungen der Eskadron v. Schönau auf den rechten Flügel von Frahier aus über Etobon und Chenebier hinaus zur Rekognoszirung vorgezogen und von der Eskadron Camerer Relais zur Verbindung von Brévilliers nach Montbéliard aufgestellt worden, während die übrigen Eskadrons den ganzen Tag über in Reserve östlich Brévilliers standen. Gegen Abend bezog das Regiment Alarmquartier in Chavonvillars. Am 16. Januar, morgens 6 Uhr 30 Minuten, traten die Deutschen in den gestrigen Stellungen wieder unter die Waffen. Die Kälte hatte etwas nachgelassen. Ein dichter Nebel lagerte in den Thälern, nur die Bergspitzen traten deutlich hervor. Erst gegen Mittag, bei lauem Winde, sank der Nebel, die Luft wurde klar, und die Sonne fing an, den Schnee zu thauen.

Die Franzosen begannen ihren Angriff abermals mit ihrem rechten Flügel. Weiter links rückte die verstärkte 1. Division des französischen 15. Korps gegen Bethoncourt an. Vom 24. französischen Korps wurde der Kampf um Bussurel geführt. Gegen die Linie Héricourt—Luze führte das 20. Korps zwei Divisionen vor. Bei Chagey standen zwei Divisionen des 18. Korps den Deutschen gegenüber, verhielten sich jedoch ziemlich ruhig. Während des ganzen Tages wurde wiederum auf der ausgedehnten Linie mit gesteigerter Heftigkeit gefochten, und es glückte den deutschen Truppen, von Montbéliard bis Chagey alle Angriffe sieg= und erfolgreich abzuweisen. Der geringe Nachdruck aber, mit welchem am 16. Januar das Gefecht auf dieser ganzen Front geführt wurde, läßt vermuthen, daß man überall erst die Wirkung der geplanten Umfassung des deutschen rechten Flügels abwarten wollte. Diese Aufgabe fiel nun dem General Cremer zu. Mit ihm vereinigte sich in Etobon die 2. Division des 18. Korps. Von dort rückten sonach zwei Divisionen gegen Chenebier vor, wo General v. Degenfeld mit zwei Bataillonen, zwei Batterien und der Schwadron v. Schönau unseres Regiments stand. Letztere hatte vom frühesten Morgen ab den anstrengendsten Patrouillendienst versehen und war außerdem während des zehnstündigen Gefechts bei Chenebier, ständig dem feindlichen Feuer ausgesetzt, als Geschützbedeckung verwendet worden.

Das Detachement von Degenfeld mußte, der gewaltigen Uebermacht weichend, in nördlicher Richtung über Frahier den Rückzug antreten. Die Franzosen waren nicht gefolgt, sondern hatten sich mit der Besetzung von Chenebier und Echevanne begnügt. Dennoch war an diesem Tage die Vertheidigungslinie der Deutschen nirgends durchbrochen, immerhin aber war ihr äußerster rechter Flügel bis auf dreiviertel Meilen nahe an Belfort zurückgedrängt.

Das Regiment (ohne Eskadron v. Schönau) hatte auch an diesem Tage nicht Gelegenheit, direkt in den Kampf einzugreifen; es verblieb in seiner Reservestellung bei Brévilliers und war hier dem Geschütz- wie Gewehrfeuer des Feindes mehr oder weniger ausgesetzt. Bei einbrechender Abenddämmerung bezog das Regiment Alarmquartiere in Buc. Kurz vorher war noch die Eskadron Hübsch zur Verstärkung der Kavallerie des rechten Flügels abgegangen, kam aber nicht mehr zum Gefecht, da, wie schon erwähnt, der Gegner bei Chenebier stehen blieb. Die Eskadrons v. Schönau und Hübsch wurden mit Einbruch der Dunkelheit in und um Chalonvillars untergebracht.

Die Ruhe vor der deutschen Front sollte jedoch nicht lange währen; denn um 8 Uhr abends brach der Feind überraschend und mit großer Macht bei Bethoncourt, Bussurel und Héricourt nochmals zum Angriff vor. Jedoch scheiterte dieser unter schweren Verlusten an dem vereinigten Geschütz- und Gewehrfeuer des wachsamen Vertheidigers. Um vor Allem die Gefechtslage auf seinem rechten Flügel wiederherzustellen, vermochte General v. Werder doch nur noch 4 Bataillone, 4 Schwadronen und 2 Batterien zu einer Generalreserve zu versammeln, indem er diese von den minder bedrohten Punkten und selbst von Belfort her nach Brévilliers und Mandrevillars heranzog. Noch abends 8 Uhr erhielt General Keller den Befehl, mit zwei Bataillonen aufzubrechen, um nach Vereinigung mit der Brigade Degenfeld durch einen geeigneten Offensivstoß wieder in den Besitz des Dorfes Chenebier zu gelangen. Nach 4 Uhr früh setzte sich General Keller von den Höhen von Chalonvillars aus in Bewegung, und zwar mit einer Kolonne über Echevanne gegen den nördlichen Theil, mit der anderen auf dem linken Ufer der Lisaine gegen den östlichen und den südlichen Theil des Dorfes Chenebier. Durch diesen Ueberfall von Chenebier, aus dem sich dann ein bis nachmittags andauerndes heftiges Gefecht entwickelte, war es dem General Keller, wenn auch mit ungeheuren Opfern, gelungen, einen Durchbruch des Feindes auf dieser Seite vollständig zu verhüten. Während dieser Gefechte am rechten Flügel hatte Bourbaki am 17. Januar nochmals im Centrum bei Montbéliard verzweifelte Anstrengungen gemacht, die deutschen Linien zu durchbrechen, aber vergebens. Zwei Divisionen des 18. Korps gingen gegen Chagey und Luze vor, und zehn Bataillone des 15. Korps versuchten über Montbéliard vorzudringen. Doch auf allen Punkten zurückgeschlagen, erlahmte die Kraft des Gegners allmählich, und man hatte auf deutscher Seite gegen Abend das Gefühl, daß der Angriff nicht mehr erneuert werden würde. Der Zustand der französischen, noch wenig kriegsgewohnten Truppen war sehr bedenklich. Sie hatten während der bitterlich kalten Nächte biwakirt, zum Theil unter Waffen und meist ohne Nahrung. General Bourbaki mußte von einer nach weiter links ausgreifenden Umfassung absehen, weil dadurch die Verpflegung vollends erschwert wurde, und die Gefahr entstehen mußte, daß die Deutschen dann über Montbéliard auf die Verbindungen der französischen Armee fallen würden. Dazu kam die Nachricht, daß die Korps des Generals v. Manteuffel mit ihren Spitzen bereits bis Fontaine Française, also nahe an Gray, herangerückt seien. Unter solchen Umständen entschloß sich General Bourbaki zum Rückzuge. Demgemäß kam es im Laufe des 18. Januar, trotzdem noch morgens die Franzosen in voller Stärke vor der ganzen Front der Deutschen standen, nur zu Kanonaden und kleinen Schützengefechten. Am Abend wurde der vollständige Rückzug des Gegners konstatirt. Von einer sofortigen allgemeinen Verfolgung mußte General v. Werder absehen; denn auf deutscher Seite waren die durcheinander gekommenen Truppen erst zu sondern, die Munition und Verpflegung waren zu ergänzen, und die Truppe bedurfte vor Allem der Ruhe. Die Wirkung, die dieser überaus glänzende Erfolg auf die gesammte deutsche Nation damals ausgeübt, war eine großartige und begeisternde. Von allen Seiten brachte der Telegraph dankerfüllte Telegramme und Glückwünsche in den wärmsten Worten für den General v. Werder und seine Truppen. Der General selbst erließ als Tagesbefehl nachstehende Worte:

> Das 14. Armeekorps und die um Belfort vereinigten Truppen haben durch ihre außerordentlichen Leistungen und Ertragung von Strapazen größter Art, sowie ihre glänzende Tapferkeit dem Vaterlande einen Dienst geleistet, den die Geschichte gewiß zu den denkwürdigsten Ereignissen des ruhmreichen Feldzuges zählen wird. Es ist uns gelungen

den sehr überlegenen Feind, der Belfort entsetzen und in
Deutschland einfallen wollte, aufzuhalten und sodann siegreich abzuweisen. Mögen die Truppen, auf deren Leistungen
die Augen Deutschlands gerichtet waren, zuvörderst in diesen
Erfolgen einen Lohn für ihre Mühen erblicken. Der Dank
Seiner Majestät des Königs wurde mir bereits Allergnädigst übermittelt; meine aufrichtigsten Glückwünsche
für diese ruhmreichen Tage vom 14. bis 18. Januar
füge ich bei.

(gez.) v. Werder.

Von Seiner Majestät dem Könige von Preußen war folgendes
Schreiben an den kommandirenden General eingelaufen:

Ihre heldenmüthige dreitägige Vertheidigung Ihrer
Position, eine belagerte Festung im Rücken, ist eine der
größten Waffenthaten aller Zeiten. Ich spreche Ihnen für
Ihre Führung, den tapferen Truppen für ihre Hingebung
und Ausdauer Meinen Königlichen Dank, Meine höchste
Anerkennung aus und verleihe Ihnen das Großkreuz des
Rothen Adler-Ordens mit Schwertern als Beweis dieser
Anerkennung.

Ihr dankbarer König
Wilhelm.

Die Verfolgung der Bourbakischen Armee.

Wir haben gesehen, daß auf deutscher Seite der General
v. Manteuffel mit dem 2. und 7. Armeekorps zur Unterstützung
des 14. Korps angewiesen wurde. General v. Manteuffel erreichte
mit diesen beiden Korps am 20. Januar die Gegend von Gray.
Auf die Meldung von dem glücklichen Ausgange der Schlacht bei
Belfort und dem hierauf erfolgten Rückzuge der französischen Ost-
Armee gegen Besançon beschloß General v. Manteuffel, mit
seinen zwei Korps zwischen Dijon und Besançon hindurch zu rücken,
um sich dem mehr als doppelt so starken Feinde vorzulegen und
ihn völlig zu vernichten. Der General verzichtete zunächst auf die
Verbindung mit dem 14. Korps, führte mit seinen Truppen eine
Rechtsschwenkung aus und marschirte in südlicher Richtung gegen
Dôle. Die größere Schlagfertigkeit seiner Korps, die größere Gewandtheit seiner Unterführer verliehen ihm das zum Gelingen
eines so kühnen Manövers nöthige Vertrauen. General v. Moltke

sprach sich damals Seiner Majestät dem Kaiser gegenüber dahin aus: „Die Operation des Generals v. Manteuffel sei eine äußerst kühne und gewagte, welche aber zu den größten Resultaten führen könne; falls er eine Niederlage erleiden sollte, dürfe man ihn nicht tadeln, denn um große Erfolge zu erreichen, müsse etwas gewagt werden." Ohne Säumen dem schwer zu erreichenden Ziele zueilend, dirigirte General v. Manteuffel am 20. das 2. und 7. Korps in südlicher Richtung in Marsch und ließ zur Festhaltung der starken Kräfte von Garibaldi in Dijon die Brigade Ketteler nordwestlich dieser Stadt zurück. Die französische Ost-Armee war seit dem 18. von der Lisaine aufgebrochen. Am linken Ufer des Doubs blieb nur das 14. Korps mit dem Auftrage, die Engpässe des schroffen Bergzuges Lomont östlich Clerval gegen Norden zu vertheidigen, alle übrigen Korps zogen sich zwischen Doubs und Ognon zurück, gefolgt von der Division Cremer als Nachhut.

Das deutsche 14. Armeekorps trat nebst der 4. Reserve-Division am 20. Januar die Verfolgung des Generals Bourbaki mit allen Truppen an und führte in den nächsten Tagen eine allgemeine Linksschwenkung mit der Front nach Süden aus.

Das Regiment trat am 20. mit der Eskadron Hübsch in der Avantgarde, mit den Eskadrons v. Schilling und v. Schönau im Gros der 1. Brigade den Vormarsch in Direktion auf Villersexel an. Die Eskadron Camerer war als Begleitkommando zum Korpsstab nach Saulnot befohlen worden. Ohne nennenswerthen Aufenthalt gelangte die Avantgarden-Eskadron, unter Einbringung zahlreicher Gefangener, gegen Abend bis Athesans und das Gros bis Froteyles-Lure. Am 21. Januar erreichte die badische Division in Beendigung der allgemeinen Linksschwenkung des Korps mit der Avantgarde Espreis, mit dem Gros Villersexel und Gegend, bei welcher Gelegenheit sich unser Regiment endlich einmal wieder vollständig vereinigte. Auch Lieutenant v. Rüdt kehrte von seiner Expedition zurück. Dieser Offizier war mit einem Zuge der Eskadron Camerer behufs Vereinigung mit einem Infanteriedetachement, zum Zwecke einer Zerstörung der durch die südliche Partie der Vogesen führenden Straße, über Ballon d'Alsace am 12. Januar detachirt worden. Nachdem am 14. die Brücke bei St. Maurice gesprengt war, kehrte Lieutenant v. Rüdt am 17. nach Giromagny zurück und schloß sich fortan dem Detachement des Obersten v. Willisen an. Am 19. früh zur Aufklärung über Lyoffans und Moffans vorausgeschickt, traf

Lieutenant v. Rübt auf eine im Marsche auf Athesans begriffene feindliche, etwa 60 Mann starke Abtheilung Kavallerie. Nach mehrfachen Versuchen, die Unsrigen durch Abgeben von Salven in ihrem Vorrücken aufzuhalten, stellten sich endlich die feindlichen Reiter am Nordausgange des Dorfes Athesans. Trotz der dreifachen numerischen Ueberlegenheit des Feindes attackirte Lieutenant v. Rübt mit seinen 20 Dragonern die abgesessenen feindlichen Schützen, welche aber nach Abgabe von zwei Salven die Flucht ergriffen. Das Resultat dieser kühnen Attacke war, daß Lieutenant v. Rübt 20 Gefangene und 11 erbeutete Pferde mit zurückbrachte, während er seinerseits nur zwei Pferde verlor. Auch der Dragoner Adam Haut zeichnete sich bei dieser Gelegenheit ganz besonders aus. Er war bei der Attacke auf dem in der Hauptstraße befindlichen Glatteis gestürzt, und sein Pferd lief ohne Reiter dem zum Theile schon fliehenden Gegner nach. Haut, kurz besonnen, raffte sich auf, sprang zu Fuß dem Feinde entgegen und war einer der Vordersten, die ins Handgemenge kamen. Hier ergriff er das Gewehr eines neben ihm gestürzten Chasseurs und sandte den Fliehenden noch mehrere Schüsse nach. Wenige Minuten darauf hatte einer der anderen Dragoner mit einigen Beutepferden auch dasjenige von Haut zurückgebracht. Ferner hatten bei diesem Renkontre große Unerschrockenheit an den Tag gelegt: der Sergeant Joseph Haag von Neibsheim, die Unteroffiziere Joseph Haas von Niedereschach und Eugen Lohr von Philippsburg, die Gefreiten Anton Schmidt von Urloffen und Johann Karl Schieferdecker von Bargen, der Kriegsfreiwillige Karl Seubert aus Karlsruhe, sowie die Dragoner Julius Kah von Baden, Jakob Friedrich Sprecher von Unteröwisheim, Ludwig Höferlin von Bollingen, Gustav Joseph Eckerth von St. Georgen, Wilhelm Behrens von Mingolsheim sowie die beiden bereits früher genannten Franz Bodomino und Joseph Koffler.

In der Nacht vom 22./23. traf beim Regiment der Befehl ein, daß am folgenden Morgen zwei Züge der Eskadron v. Schilling als Etappenkavallerie nach Lure zurück und die beiden anderen Züge als Relais in Villersexel stehen bleiben sollten. Der Regimentsstab und die Eskadron v. Schönau bezogen nach kurzem Marsche Kantonnements in Tiefffrans. Eine besondere und vollständig selbständige Verwendung erhielt am gleichen Tage Major v. Stöcklern mit den beiden Eskadrons Hübsch und Camerer. Oberst v. Willisen war nämlich auf speziellen Befehl des Oberkommandos der Süd-Armee mit der Kavallerie und Artillerie seines bisherigen Detachements in Eilmärschen nach Pesmes befohlen, und infolge dessen dem Major v. Stöcklern der Auftrag ertheilt worden, sofort mit zwei Eskadrons nach Bellefaux zu marschiren und von hier aus die Verbindung mit dem 7. Armeekorps, welches bei Etuz und Marnay stand, herzustellen und aufrecht zu erhalten. Demgemäß marschirte Major v. Stöcklern am 23. früh über Dampierre les Montbozon und Filain nach Bellefaux. Schon während des Marsches traf dieses Detachement mit einzelnen kleinen Abtheilungen der feindlichen Arrieregarde zusammen, welche sich jedoch nach Abgabe einzelner Schüsse schleunigst zurückzogen. In Bellefaux angekommen, wurde in Erfahrung gebracht, daß ungefähr eine Stunde vorher etwa 500 Versprengte und Mobilgarden, von Besoul kommend, die Straße durch Bellefaux nach Rioz eingeschlagen hatten. Alle diese Umstände ließen auf die Schwierigkeiten schließen, durch welche das Aufnehmen der Verbindung mit dem 7. Armeekorps behindert sein mußte. Nichtsdestoweniger aber wurde diese Aufgabe noch in der gleichen Nacht durch Lieutenant Brandeis nach einem Ritt von 120 Kilometern gelöst. Am 24. Januar morgens wurde dann das Detachement v. Stöcklern, entsprechend dem Vormarsch der 1. Infanterie-Brigade, nach Rioz vorgeschoben und im Anschluß an die Relaislinie Etuz—Rioz eine direkte Verbindung von Rioz bis Rougemont über Marloz, Loulans und Montbozon hergestellt. Außerdem hatte Major v. Stöcklern während seines Vormarsches nach Rioz durch Portepeefähnrich Witzenmann eine neue Relaisverbindung mit Besoul, welche Stadt nunmehr wieder als Hauptetappe des Armeekorps eingerichtet wurde, organisirt. Die Relais dieser Linie standen in Besoul, Bellefaux, Mailly, Frétigny und Gy. Es waren somit an diesem Tage 15 Relais des Regiments in Funktion. Die hohe Wichtigkeit dieses vor dem Kriege so wenig beachteten und wenig geübten Dienstzweiges kam jetzt sehr zur Geltung, und es gereicht unserem Regiment gewiß zur Ehre, daß infolge richtiger Auswahl gewandter Leute und entschlossener Führer während des ganzen Feldzuges nicht eine einzige Depesche, selbst unter den schwierigsten Verhältnissen und in den gefahrvollsten Tagen, unrichtig befördert wurde oder gar verloren ging.

Der am 25. Januar ausgegebene Korpsbefehl ordnete einen Rechtsabmarsch des Werderschen Korps an, wodurch ein etwaiges Ausweichen des Feindes in der Richtung auf Gray verhindert werden sollte. Die 1. badische Brigade stand am Abend dieses Tages mit

ihren Hauptkräften bei Bonnevent und Beloreille, das Detachement
von der Goltz mit seiner Avantgarde bei Boulot, die 3. Brigade in
Rioz und Gegend. Gegen Blamont an der Schweizer Grenze vor=
geschoben stand General v. Debschütz. Das preußische 7. Armee=
korps hatte bei Quingey und St. Vit zu beiden Seiten des Doubs
Stellung genommen, das 2. Korps sich bei Villers--Farley ver=
sammelt. Schon zog sich der Kreis der Deutschen enger und enger
um die Trümmer der Bourbakischen Armee zusammen, nur noch
wenige Züge auf dem großen Schachbrett des Krieges, und die
französische Ost-Armee war von ihren Rückzugslinien abgeschnitten.
Jedoch der französische Obergeneral war nicht gewillt, sich einer
Einschließung bei Besançon, um welchen Ort das Gros seiner Armee
am 23. Januar Aufstellung genommen hatte, auszusetzen. Er berief
einen Kriegsrath zusammen, in welchem der Rückzug nach Pontarlier
beschlossen wurde, da die Ermattung der Truppen und die sichtbar
einreißende Unbotmäßigkeit derselben wenig Erfolg etwaiger Angriffs=
unternehmungen erhoffen ließen.

Jedoch schon am 25. abends hatten die deutschen Führer den
Abmarsch des Feindes auf Pontarlier entdeckt. Am 26. setzte sich
General v. Manteuffel mit dem 7. und 2. Armeekorps und dem
Detachement v. d. Goltz nach Osten in Bewegung und nahm nach
kurzem Gefecht die Stadt Salins. Der gesuchte Vorsprung war
damit gewonnen, der Weg der Preußen nach Pontarlier kürzer als
derjenige Bourbakis. Am folgenden Tage rückte die badische Division
wieder vor, und zwar in den vom 7. Korps bisher besetzten Rayon:
Recologne—St. Vit. Wiederholt aufgetretene Gerüchte eines Durch=
bruchsversuchs Bourbakis gegen Norden veranlaßten während dieses
Vormarsches eine Versammlung der Division bei Recologne, wobei
die Eskadron v. Schönau und zwei Eskadrons des 3. Dragoner=
Regiments unter Kommando des Obersten Wirth in Reserve blieben,
während die Eskadrons Camerer und Hübsch unter Major v. Stöck=
lern, welche mit der 1. Infanterie-Brigade die Avantgarde bildeten,
einen lebhaften Patrouillengang gegen Besançon unterhielten. Die er=
wähnte Befürchtung bestätigte sich jedoch nicht, worauf gegen Abend
Quartiere bezogen wurden. Das Detachement v. Stöcklern kam
nach St. Vit, die 3 Reserve-Eskadrons nach Mercey le Grand.
Behufs Erhaltung der Verbindung mit der über den Doubs vor=
geschobenen Division Schmeling wurde ein Infanteriedetachement
nach Voray und Etuz detachirt, welchem die Eskadron v. Schilling

beigegeben wurde. Dieses Detachement besetzte demgemäß am gleichen Tage noch die Ognon-Uebergänge.

Alle durch den Vormarsch der Division überflüssig gewordenen Relais wurden nunmehr eingezogen und nur die Linien Vesoul—Rioz und Vesoul—St. Vit beibehalten. Die erste Linie übernahm die Eskadron v. Schilling, die letztere die Eskadron v. Schönau. Am 28. Januar hatte das 2. Korps die Absperrung des Geländes von Poligny bis zur Schweizer Grenze vollzogen und dadurch dem Gegner die Straße Pontarlier—Lons le Saunier bei Champagnole und dem Passe von Montrond verlegt. Das 7. Korps zog sich mehr südlich, um alle von Pontarlier nach Westen führenden Straßen beherrschen zu können. Im Anschluß hierau schob sich das 14. Korps gleichfalls mehr nach Süden, und die badische Division übernahm speziell die Vorpostenstellung bei Quingey, unter Beibehaltung der Beobachtung der von Besançon nördlich führenden Straßen. Dementsprechend wurde die 1. Infanterie-Brigade gegen Quingey vorgeschoben, und die ihr unter Major v. Stöcklern zugewiesenen Eskadrons Camerer und Hübsch behufs Verwendung zum Patrouillen- und Relaisdienst den einzelnen Bataillonen zugetheilt, und zwar wurde die Eskadron Camerer zum Gros der Brigade in Byans, die Eskadron Hübsch mit einem Zuge nach Quingey, mit einem Zuge nach Abbans dessus und mit zwei Zügen nach Abbans dessous gezogen. Mit dem Einrücken in diese Kantonnements erreichte Major v. Stöcklern sofort die Relaisverbindung mit der Division in St. Vit mittelst Relaisstationen in Byans, Courtefontaine und Fraisans. Durch die fernere Maßnahme, wonach die Eskadron v. Schönau am 28. früh von Mercey le Grand und Recologne dislozirt wurde und hier mit entsprechender Infanterie die Beobachtung der Straße nach Besançon übernehmen mußte, war das Regiment als solches vollständig aufgelöst, und wurde infolge dessen der Regimentsstab der Division in St. Vit attachirt. Während der nun folgenden Operationen des Generals v. Manteuffel, welche am 29. mit der Zurückwerfung der feindlichen Hauptmacht auf Pontarlier und am 31. mit dem Uebertritt der gesammten französischen Ost-Armee bei Les Verrières auf Schweizer Gebiet endigten, behielten die einzelnen Abtheilungen des Regiments wohl ihre jetzigen Standquartiere inne, wurden jedoch zu einem höchst anstrengenden Relais- und Ordonnanzdienst verwendet, so daß oft nur noch 10 bis 15 Dragoner per Eskadron in den betreffenden Kantonnements disponibel blieben. Die Offiziere des Regiments waren beinahe ständig mit Depeschen oder zur Regulirung bezw. Neuaufstellung von Relais unterwegs. Speziell hervorzuheben sind hier die Leistungen der Offiziere der Eskadrons Camerer und Hübsch, die bei den an und für sich schon schwierigen, damals aber durch die große Kälte und die ungeheuren Schneemassen nur mit Aufbietung aller Energie zu bezwingenden Terrainverhältnissen des Jura-Gebirges Tage und Nächte lang den größten Gefahren ausgesetzt waren. So stellte Premierlieutenant George Winsloe in der Nacht vom 29./30. die Relais der Linien Byans—Arbois in Lisle und Arc et Senans, Lieutenant v. Borke am 30. die Relais der Linie Byans—Lévier in Pessans, La Chapelle, Saisenay und Cernans bis Villeneuve aus. Am gleichen Tage stellte Lieutenant v. Rüdt die direkte Verbindung mit der Division Schmeling in Ornans her. Ueberall auf feindliche Abtheilungen von Besançon oder Salins stoßend, erreichte dieser Offizier mit ungemeiner Anstrengung auf großen Umwegen sein Ziel. Im folgte am nächsten Tage Lieutenant Brandeis mit Depeschen an General v. Schmeling. Mit ähnlichen Schwierigkeiten verbunden waren die von Lieutenant Asal geleitete Aufstellung der Relais in Point Billiers, Myons, Eternoz, Deservillers, Labergemont und Lévier zur Verbindung mit Pontarlier und der Ritt des Premierlieutenants George Winsloe in der Nacht vom 1./2. Februar zum General v. Manteuffel. Unterdessen war am 30. Januar morgens die Nachricht über den in Versailles abgeschlossenen Vertrag, betreffend die Kapitulation von Paris, sowie den 21 tägigen Waffenstillstand für die I. und II. Armee, eingetroffen. Da jedoch hiernach die Departements Jura, Doubs und Côte d'or vorderhand noch vom Waffenstillstand ausgeschlossen blieben, so setzte die deutsche Süd-Armee ihre Operationen bis zur faktischen Okkupation dieser drei Departements fort. Das 14. Korps erhielt Befehl, sich in keine ernsteren Offensivbewegungen gegen Besançon mehr einzulassen, dagegen die strengste Beobachtung der nach dieser Festung führenden Straßen zu unterhalten, eventuelle Angriffe von jener Seite aber energisch zurückzuweisen. Am 31. Januar erfolgte endlich der Uebertritt der Bourbakischen Armee auf Schweizer Gebiet. Die badische Division behielt mit geringen Abweichungen ihre bisherige Dislokation bis zum 12. Februar bei und bezog von diesem Tage an, nachdem die obenerwähnten drei Departements durch Vorschieben stärkerer Abtheilungen bis Lons le Saunier und St. Laurent einerseits und bis Beaune und Seurre anderseits als faktisch okkupirt

betrachtet werden konnten, infolge einer allgemeinen Dislokations=
änderung der Süd=Armee, nach und nach folgende Stellungen: die
1. Brigade, der Armeereserve zugetheilt, Dôle und Gegend; die
2. Brigade Rochefort bis Rans, zu beiden Seiten des Doubs; die
3. Brigade Byans, Quingey, St. Vit bis Marnay und die Kavallerie=
Brigade des Obersten v. Willisen die Ortschaften nördlich Dôle gegen
Pesmes. Unser Regiment hatte in seiner bisherigen Verwendung
keine, in seiner Dislokation nur die Aenderung erfahren, daß die
Eskadron v. Schönau am 3. Februar von Recologne nach Berthe=
lange herangezogen wurde, am 4. aber wegen zu enger Kantonnirung
drei Züge nach Cottier detachiren mußte, und daß die Eskadron
v. Schilling am 10. Februar, nachdem sie durch Abtheilungen der
4. Reserve=Division in Vorey und Etuz abgelöst worden war, Quartiere
in Marnay und Recologne bezog.

Das Hauptquartier des Generals v. Werder war in den
letzten Tagen nach Dôle verlegt worden und unser Divisionskommando
nach La Barre übergesiedelt.

So endete also der mit den kühnsten Erwartungen begonnene
Zug der Bourbakischen Armee.

Den wichtigsten Erfolg seines dreiwöchentlichen Feldzuges hatte
General v. Manteuffel unter beständigen Gefechten, aber seit den
Tagen an der Lisaine ohne Schlacht, durch Märsche erreicht, Märsche
zwar, wie sie bei Anstrengungen und Entbehrungen aller Art in
dieser Jahreszeit und in solchem Gelände nur von einer vorzüglichen
Truppe unter kühner und geschickter Führung geleistet werden können.
Ein kurzes Resumé dieser Erfolge giebt General v. Manteuffel
selbst in seinem am 2. Februar von Pontarlier aus datirten nach=
stehenden Tagesbefehl:

„Soldaten der Süd=Armee!

Eure Märsche und Kämpfe bei Schnee und Eis im hohen
Jura sind nicht vergeblich gewesen; 2 Adler, 12 Geschütze,
7 Mitrailleusen, sowie 15 000 Gefangene, worunter
zwei Generale und viele Offiziere, viele Hunderte von
Proviantwagen, viele Tausende von Chassepots sind in Euren
Händen. Dijon ist zurückerobert, und soeben erhalte ich aus
Berlin die telegraphische Nachricht, daß 80 000 Mann der
französischen Armee bei Les Verrières in die Schweiz über=
getreten sind, d. h. daß sie dort die Waffen ablegen und
bis zum Friedensschluß internirt bleiben. Die Armee

Bourbakis ist außer Kampf gesetzt, und auch ihre Reste in den Gebirgen werden Euren Waffen bald verfallen sein. — Soldaten der Süd-Armee! Ich spreche Euch meinen Glückwunsch und meine volle Anerkennung aus."

So befanden sich jetzt zwei französische Heere gefangen in Deutschland, ein drittes eingesperrt in der Hauptstadt und das vierte entwaffnet auf fremdem Boden.

Die Zeit des Waffenstillstandes.

Wir hatten im 6. Kapitel die kurze Darstellung des deutsch-französischen Krieges mit den Kämpfen im Süden und Norden von Paris zum Entsatz der Hauptstadt abgebrochen und haben nunmehr nur noch zur Vervollständigung des Ganzen die Zeit bis zur Beendigung des Krieges nachzuholen.

Während der Feind die letzten vergeblichen Anstrengungen machte, seine verzweifelte Lage zu bessern, hatte sich in Deutschland seit dem Tage von Sedan der hochpatriotische Wunsch Bahn gebrochen, die wunderbaren Erfolge dieses Feldzuges zur Herstellung eines einheitlichen, starken und großen Reiches zu benutzen. Diese Forderung war dann im Verlauf des Krieges mit einer solchen Entschiedenheit und Einstimmigkeit erneuert worden, daß im Dezember dem König Wilhelm von Preußen der Vorschlag gemacht wurde, die Ausübung der Präsidialrechte im Deutschen Bunde mit der Führung des Kaisertitels zu vereinigen und mit der Erneuerung dieser seit dem Jahre 1806 ruhenden Würde zugleich das Deutsche Reich wiederherzustellen.

Fürsten und Völker stimmten freudig diesem Vorschlag zu, sie sahen in den Namen „Kaiser und Reich" ein ausgesprochenes Symbol deutscher Einheit, das durch die Ehrfurcht eines Jahrtausends geheiligt war.

König Wilhelm nahm die Würde an, und am 18. Januar 1871, dem 170jährigen Gedenktage der Gründung des preußischen Königthums, fand in Versailles im Schlosse Ludwigs XIV. die feierliche Proklamation des deutschen Kaiserreiches statt. Der Befehl, durch welchen Seine Majestät der Kaiser und König dieses Ereigniß der Armee kundgab, lautete:

> Mit dem heutigen für Mich und Mein Haus denkwürdigen Tage nehme Ich, im Einverständniß mit allen deutschen Fürsten und unter Zustimmung aller deutschen Völker, neben der von Mir durch Gottes Gnade ererbten

Stellung des Königs von Preußen auch die eines deutschen Kaisers an. Eure Tapferkeit und Ausdauer in diesem Kriege, für welche Ich Euch wiederholt Meine vollste Anerkennung aussprach, hat das Werk der inneren Einigung Deutschlands beschleunigt, ein Erfolg, den Ihr mit Einsetzung Eures Blutes und Eures Lebens erkämpft habt. Seid stets eingedenk, daß der Sinn für Ehre, treue Kameradschaft, Tapferkeit und Gehorsam eine Armee groß und siegreich macht; erhaltet Euch diesen Sinn, dann wird das Vaterland immer wie heute mit Stolz auf Euch blicken, und Ihr werdet immer sein starker Arm sein.

Hauptquartier Versailles, 18. Januar 1871.

Wilhelm.

Den Glückwunsch der Süd=Armee hatte General v. Manteuffel schon am 22. vom Hauptquartier Pesmes an Seine Majestät den Kaiser entsandt; derselbe lautet:

An
Seine Majestät den Kaiser Deutschlands
in Versailles.

Eurer Kaiserlich Königlichen Majestät Armeebefehl vom Königsberger Krönungstage ist heute Abend bei der Süd=Armee eingetroffen; noch während des Marsches wird er bei allen Kompagnien ꝛc. verlesen werden und uns ein neuer Sporn sein, Ew. Majestät Zufriedenheit zu erwerben. Wie der Lorbeer frisch ergrünte um die Fahnen der Kurfürstlich=Königlichen Armee, so möge er auch höher noch sich ranken um die Fahnen der Königlich=Kaiserlichen Armee. — Gott segne Ew. Kaiserliche Königliche Majestät!

Der Oberbefehlshaber der Süd=Armee.
(gez.) Frhr. v. Manteuffel.

Nachdem am 28. Januar Paris kapitulirt hatte, wurde zugleich ein dreiwöchentlicher Waffenstillstand für ganz Frankreich abgeschlossen und damit der Friedensschluß eingeleitet.

Nicht eingeschlossen in den Waffenstillstand war allein der südliche Kriegsschauplatz, wo die deutsche Strategie — wie wir im vorigen Kapitel gesehen haben — gerade im Begriff stand, einen neuen großen Triumph zu feiern, indem sie nun zum vierten Male eine ganze feindliche Armee kampfunfähig machte. Am 14. Februar endlich, nachdem die Uebergabe von Belfort in Versailles stipulirt worden war, wurde der Waffenstillstand nunmehr auch auf die Süd=Armee ausgedehnt.

Trotzdem an eine Wiederaufnahme der Feindseligkeiten von keiner Seite geglaubt wurde, wurden dennoch von Seiten des Ober=kommandos alle Vorbereitungsmaßregeln für diese Eventualität ge=troffen und die Süd=Armee in neue Verbände zusammengestellt. Unser Regiment hatte hierbei das 3. Badische Dragoner=Regiment in dessen bisheriger Verwendung als Divisionskavallerie der badischen Division abzulösen. Die infolge dessen nothwendig gewordene Dislokation der einzelnen Eskadrons war bereits am 13. auf folgende Weise in Vollzug gesetzt worden: der Regimentsstab mit den Eskadrons v. Schilling und Camerer trat zur 3. Brigade. Erstere Es=kadron verblieb in Marnay und Recologne und legte Relais zur Verbindung mit St. Vit; letztere dislozirte einen halben Zug nach Quingey, einen halben Zug nach Abbansdessus, einen halben Zug nach Abbansdessus, einen halben Zug nach Byans und anderthalb Züge nach St. Vit; der übrige halbe Zug wurde zum Relaisdienst auf den Linien St. Vit—Byans und St. Vit—La Barre verwendet. Die Eskadron v. Schönau trat zur 2. Brigade und erhielt von dieser die Orte La Barre, Salins und Orchamps als Kantonnements zugewiesen. Die Eskadron Hübsch, der 1. Brigade zugetheilt, war gleichfalls am 13. mit dieser Brigade von Quingey bezw. den beiden Abbans abmarschirt und hatte für die Nacht in Orchamps Quartiere bezogen, um am nächsten Tage nach Dôle, ihrem eigentlichen Kantonnement, über=zusiedeln. Hier angekommen, erhielt die Eskadron jedoch den Befehl, sofort nach Pesmes abzumarschiren, um einer dort eintreffenden Garibaldischen Brigade als Begleitkommando bis zur südlichen Grenze des Departements du Jura zu dienen. Nach ziemlich starken Märschen, am 15. bis Tavaux, am 16. bis Anois und Beauchemin, trat die Eskadron am 17. ihren Rückmarsch nach Dôle an, woselbst sie am gleichen Abend eintraf und Kantonnements bezog. — Während dessen waren seit dem 16. Februar verschiedene mündliche Verhand=lungen behufs genauer Feststellung der Demarkationslinie um Besançon zwischen General Keller und dem Kommandanten jener Festung, dem französischen General Roland, in La Croixrouge ab=gehalten worden. Nach wiederholtem vergeblichen Weigern erkannte letzterer schließlich die Grundzüge der Versailler Konvention an, worauf unter Freilassung eines neutralen Gebietes von 20 Kilometer um Besançon für die 3. Brigade eine neue Dislozirung auf den 21. anberaumt wurde. Der Brigadestab, unser Regimentsstab und die Eskadron Camerer gingen nach Gendrey, und die Eskadron v. Schilling zog ihre Abtheilungen von Marnay nach Cult und Sornay zurück. Relais zur Verbindung mit La Barre einerseits und Pesmes bezw. Gy andererseits wurden organisirt. Der Waffenstillstand war unterdessen bis zum 24. verlängert worden. Am 22. war das Divisionskommando nach Dôle, unser Brigade- und Regimentsstab mit der Eskadron Camerer nach La Barre verlegt worden, woselbst Alles bis zum Ablauf des Waffenstillstandes, der unterdessen wieder bis zum 26. verlängert worden war, verblieb. Am 26. dislozirte die Division, unter Zugrundelegung der von Seiten des Oberkommandos gegebenen Direktiven, derart, daß am 27. früh sofort der Vormarsch nach Süden angetreten werden konnte. Die nördlich und längs des Ognon-Flusses kantonnirenden Abtheilungen wurden mehr südlich auf die Doubs-Linie dirigirt und Dampierre geräumt, um der an der Straße Dôle—Besançon vorgezogenen Division Schmeling Platz zu machen. Die ganze badische Division schob sich daher mehr westlich, was auf die Dislozirung unserer Eskadrons folgenden Einfluß ausübte: die Eskadron Camerer bezog am Nachmittag des 26. Kantonnements auf dem linken Doubs-Ufer in Etrepignoy, Our und Rans; die Eskadron v. Schilling, welche in der Nacht um 2 Uhr 30 Minuten in La Barre ankam, wurde am nächsten Morgen nach La Barre, Orchamps, Andelange und Châtenois dislozirt und stellte die Relaisverbindung mit Dôle her; die Eskadron v. Schönau belegte mit der 2. Brigade die Orte Dôle, Choisey und Gervay, und die Eskadron Hübsch bezog Kantonnements in Montmirey le Château und Montmirey la Ville.

Der auf den 27. früh erwartete Vormarsch fand jedoch nicht statt, vielmehr traf vom Oberkommando die Weisung ein, wonach ohne ausdrücklichen Befehl das seitherige neutrale Gebiet bezw. die Demarkationslinie nicht überschritten werden sollte. Erst gegen 4 Uhr abends traf dann die offizielle Nachricht ein, daß die Friedenspräliminarien in Versailles unterzeichnet seien.

Mit Ausnahme zweier Züge der Eskadron v. Schönau, welche wegen Mangels an Platz von Dôle nach Brévans und Authume verlegt wurden, verblieben nunmehr alle Abtheilungen in ihren am 27. bezogenen Kantonnements und richteten sich daselbst bequemer ein. Das Regiment benutzte die nun folgenden Ruhetage bis zum 5. März zur Verpackung und Fortschaffung der nach und nach unbrauchbar gewordenen Gegenstände, zur Ergänzung des eisernen Bestandes, sowie überhaupt zur völligen Instandsetzung des gesammten Materials.

Am Abend des letztgenannten Tages traf dann die weitere Nachricht von der in Versailles erfolgten Ratifikation des Präliminarfriedens ein.

Der Rückmarsch in die Heimath.

Am 6. März traf der Befehl Seiner Majestät des Kaisers ein, welcher die Auflösung des 14. Armeekorps anordnete. General v. Werber, um dessen Namen die Geschichte einen ewig grünen Lorbeer geschlungen hat, und der besonders im Herzen des badischen und oberrheinischen Volkes von Geschlecht zu Geschlecht einen Ehrenplatz behalten wird, nahm in folgendem Korpsbefehl von seinen Truppen Abschied:

Soldaten des 14. Korps!

Auf Befehl Seiner Majestät des Kaisers und Königs ist das 14. Armeekorps aufgelöst. Mit dem schönen lohnenden Bewußtsein treu erfüllter Pflicht könnt Ihr zurückblicken auf Eure Theilnahme an diesen gewichtigen, welthistorischen Kämpfen, auf Eure Leistungen, die unter Gottes gnädigem Beistande von reichem Erfolge gekrönt wurden und die Allerhöchsten Anerkennungen fanden. Zieht nun hin in die Heimath und arbeitet mit ebenso viel Hingebung an dem friedlichen Ausbau des deutschen Vaterlandes, wie Ihr zur Gründung seiner Größe kriegerisch thätig gewesen seid. Mein Dank begleitet Euch in Eure Heimath. Gedenket zuweilen Eures tiefbewegten Führers, wie er Euch nie vergessen wird.

Gott schütze Euch, wie er das 14. Korps geschützt hat.

Dôle, den 7. März 1871.

Der kommandirende General des 14. Armeekorps.

(gez.) v. Werber.

General der Infanterie.

Der Rückmarsch der badischen Division fand in drei aus allen Waffen zusammengesetzten Kolonnen statt. Das Regiment wurde zunächst dem zweiten Marsch=Echelon unter General Keller unterstellt, später aber auch theils dem zweiten und theils dem dritten Echelon zugetheilt. Der Weg führte an den Ufern des Ognon und Doubs hinauf, über Montbéliard, Altkirch und Mülhausen auf der Rhein-Thalstraße des Elsaß bis Straßburg, wo das Regiment bei Kehl den Rhein überschritt. Von hier ab glich auf badischem Gebiete längst der Rhein-Straße der Marsch einem wahren Triumphzuge, überall war die Aufnahme eine dankerfüllte, herzliche.

Die Marschquartiere im Einzelnen waren folgende:

6. März. Regimentsstab und 3. Eskadron: Moissey, Saligny, Offlanges und Serre les Mouliòres; 2. Eskadron: Brans und Dammartin; 4. Eskadron: Ougney, Saligny und Thervay; 5. Eskadron: Montmirey le Château, Pointre und Fräsne.

7.   =   Ruhetag.

8.   =   Stab und 3. Eskadron: Pesmes; 2. Eskadron: La Résie, St. Martin, Tromarey und Hugier; 4. Eskadron: Ballay; 5. Eskadron: Gy und Bucey les Gy.

9.   =   Stab und 2. Eskadron: Gy; 3. Eskadron: Choye und Villefrancou; 4. Eskadron: Bucey les Gy; 5. Eskadron: Rioz, Dournon und Chambornay.

10. =   Stab und 3. Eskadron: Rioz; 2. Eskadron: Sorans les Breurey; 4. Eskadron: Cirey; 5. Eskadron: Montbozon, Foutenois und Bouhans.

11. =   Ruhetag.

12. =   Stab und 4. Eskadron: Montbozon; 2. Eskadron: Foutenois les Montbozon; 3. Eskadron: Cubry; 5. Eskadron: Villerferel, Autrey, Villers la ville und Magny le Grand.

13. =   Stab und 2. Eskadron: Rougemont; 3. Eskadron: Cubry mit Relaislinie Villerferel—Vesoul; 4. Eskadron: Abbenans und Bonrnel Château; 5. Eskadron: Ruhetag.

14. =   Stab und 4. Eskadron: Crevans, Scénans und Saulnot; 5. Eskadron: Lyoffans, Moffans, Beverne und Froten les Lure.

15. =   Stab und 2. Eskadron: Montbéliard; 4. Eskadron: Courcelles; 3. Eskadron: Villerferel; 5. Eskadron: Blancher bas, Anzelles bas und Sermamagny.

An diesem Tage verließ Seine Majestät der Kaiser den Boden des besiegten Frankreich, um sich unter nicht endenwollendem Jubel nach dem von ihm neugeschaffenen Deutschen Reiche und der Heimath zurückzubegeben; an der Grenze erließ er seinen letzten Armeebefehl, das Lebewohl des Kriegsherrn.

Soldaten der deutschen Armee!

Ich verlasse an dem heutigen Tage den Boden Frankreichs, auf welchem dem deutschen Namen so viele neue kriegerische Ehren erwachsen, auf dem aber auch so viel theures Blut geflossen ist.

Ein ehrenvoller Friede ist jetzt gesichert, und der Rückmarsch der Truppen in die Heimath hat zum Theil begonnen. Ich sage Euch Lebewohl und Ich danke Euch nochmals mit warmem und gehobenem Herzen für Alles, was Ihr in diesem Kriege durch Tapferkeit und Ausdauer geleistet habt. Ihr kehrt mit dem stolzen Bewußtsein in die Heimath zurück, daß Ihr einen der größten Kriege siegreich geschlagen habt, den die Weltgeschichte je gesehen, daß das theure Vaterland vor jedem Betreten durch den Feind geschützt worden ist, und daß dem deutschen Reiche jetzt Länder wieder erobert worden sind, die es vor langen Jahren verloren hat.

Möge die Armee des nunmehr geeinten Deutschlands dessen stets eingedenk sein, daß sie sich nur bei stetem Streben nach Vollkommenheit auf ihrer hohen Stufe erhalten kann, dann können wir getrost der Zukunft entgegensehen.

Nancy, den 15. März 1871.

(gez.) Wilhelm.

Die weitere Dislokation unseres Regimentes war die folgende:

16. März. Stab, 2. und 4. Eskadron: Ruhetag; 3. Eskadron: Arcey; 5. Eskadron: Rougemont, Augeot, Eteimbes und La Chapelle sous Rougemont.
17.   =   Stab und 4. Eskadron: Montreux vieux; 2. Eskadron: Fontaine; 3. Eskadron: Héricourt; 5. Eskadron: Ruhetag.
18.   =   Stab: Altkirch; 2. Eskadron: Carsbach; 3. Eskadron: Hagenbach; 4. Eskadron: Büttweiler; 5. Eskadron: Uffholz.

19. März.		Stab: Mülhausen; 2. Eskadron: Riedisheim; 3. Eskadron: Rixheim; 4. Eskadron: Dornach; 5. Eskadron: Sulzmatt.
20.	=	Stab, 2., 3. und 4. Eskadron: Ruhetag; 5. Eskadron: Horbourg bei Colmar.
21.	=	Stab und 4. Eskadron: Enzisheim; 2. Eskadron: Münchhausen; 3. Eskadron: Hirzfelden; 5. Eskadron: Ruhetag.
22.	=	Stab: Neubreisach; 2. Eskadron: Dürrenenzen; 3. Eskadron: Baltzenheim; 4. Eskadron: Wiedensohlen; 5. Eskadron: Ruhetag.
23.	=	Ruhetag.
24.	=	Stab, 2. und 4. Eskadron: Markolsheim; 3. Eskadron: Mackenheim; 5. Eskadron: Muntzenheim.
25.	=	Stab und 2. Eskadron: Artolsheim, Bootzheim; 3. Eskadron: Richtolsheim; 4. Eskadron: Bösenbiesen, Hessenheim; 5. Eskadron: Ohnenheim, Heidolsheim.
26.	=	Stab und 3. Eskadron: Obenheim; 2. Eskadron: Roßfeld, Herbsheim; 4. Eskadron: Rheinau; 5.Eskadron: Witternheim, Neunkirch und Friesenheim.
27.	=	Ruhetag.
28.	=	Stab und 5. Eskadron: Eschau; 4. Eskadron: Ohnenheim; 2. und 3. Eskadron: Jegersheim.
29.	=	Um 10 Uhr bei der Schachen=Mühle, südlich Straßburg, Parade vor Sr. Excellenz dem General der Infanterie v. Werder, Rheinübergang bei Kehl. Stab, 2. und 4. Eskadron: Alt= und Neu=Freistedt; 3. und 5. Eskadron: Membrechtshofen.
30.	=	Ruhetag.
31.	=	3. und 5. Eskadron: Ottersdorf; 2. und 4. Eskadron: Plittersdorf.
1. April.		Stab, 3. und 5. Eskadron: Malsch; 2. Eskadron: Oberweier; 4. Eskadron: Muggensturm.
2.	=	Stab und 2. Eskadron: Hagsfelden; 3. und 4. Eskadron: Blankenloch; 5. Eskadron: Büchig.
3.	=	Große Parade der badischen Feld=Division vor Sr. Königlichen Hoheit dem Großherzog auf dem Karlsruher Exerzirplatze.

An dieselbe schloß sich der feierliche Einzug aller in der Parade gestandenen Regimenter in die festlich geschmückte Residenzstadt Karlsruhe. Eine ungeheure Menschenmenge, aus Nah und Fern herbeigeströmt, harrte der einziehenden Truppen, als dieselben um die Mittagszeit durch das Mühlburger Thor die Kaiserstraße betraten. Unaufhörlicher Jubel, begeisterte Hochrufe mischten sich in die fröhlich schmetternden Klänge der Militärmusik. Hoch aber schlug jedes Soldatenherz, als den Truppen in den Kantonnements nachstehendes an Se. Königliche Hoheit den Großherzog gerichtetes Telegramm Sr. Majestät des Kaisers aus Berlin verlesen wurde:

Beim Einmarsch der braven badischen Division in Karlsruhe, nach ehrenvoll durchkämpftem Kriege, heiße Ich dieselbe im Vaterlande willkommen unter dankbarer Anerkennung ihrer hervorragenden tapferen Leistungen.

(gez.) Wilhelm.

Se. Königliche Hoheit der Großherzog antwortete:

Im Namen meiner braven Landsleute sage ich Euer Majestät ihren und Meinen ehrerbietigsten Dank für die wohlthuenden Worte gnädiger Anerkennung, die für alle Zeiten als ein Ehrendenkmal in unseren Herzen bewahrt werden sollen.

(gez.) Friedrich.

Beide Depeschen übergab Se. Königliche Hoheit der Großherzog dem Divisionskommandeur, General v. Glümer, mit folgendem Tagesbefehl:

Indem Ich Ihnen diese wohlverdiente Anerkennung mittheile, wünsche Ich, daß Sie denjenigen Truppentheilen, welche heute hier zur Parade versammelt waren, aussprechen, daß Ich hocherfreut war, sie in der Heimath begrüßen zu können. Der gesammten Division aber sage ich Meinen treuen Dank für die wesentlichen Dienste, welche sie in unermüdlicher Ausdauer und in tadelloser Pflichterfüllung als deutsche Krieger dem Vaterlande geleistet hat. Möge ein dauernder Friede der schönste Lohn sein für die großen Opfer, welche dieser Krieg von uns Allen gefordert hat. Möge der Friede Gottes den Tapferen zu Theil werden, welche für die Größe und Macht des Vaterlandes auf dem

Felde der Ehre den Heldentod gestorben sind. — Ehre ihrem Andenken!

Karlsruhe, am 3. April 1871.

(gez.) Friedrich.

Zugleich wurde mit vorstehenden Allerhöchsten Depeschen folgende Ordre mitgetheilt:

Ich verleihe in Anerkennung der tapferen und in jeder Beziehung guten Haltung Meiner Feld=Division während der Feldzüge 1870/71 an die Fahne des 1. Bataillons des (1.) Leib=Grenadier=Regiments die goldene und an die Fahne aller übrigen Bataillone der sechs Infanterie=Regimenter, sowie an die Standarten der drei Dragoner=Regimenter die silberne militärische Karl Friedrich=Verdienstmedaille.

Karlsruhe, den 1. April 1871.

(gez.) Friedrich.

Der mit Aufbietung gewaltiger Kräfte von beiden Seiten geführte Krieg war bei rastlos schnellem Verlauf in der kurzen Zeit von sieben Monaten beendet.

Gleich in die ersten vier Wochen fallen acht Schlachten, unter welchen das französische Kaiserthum zusammenbrach und die französische Armee aus dem Felde verschwand. Neue massenhafte, aber geringwerthigere Heeresbildungen glichen die anfänglich numerische Ueberzahl der Deutschen aus, und es mußten noch zwölf neue Schlachten geschlagen werden, um die entscheidende Belagerung der feindlichen Hauptstadt zu sichern. Zwanzig feste Plätze sind genommen worden, und kein Tag ist zu nennen, an welchem nicht größere oder kleinere Gefechte stattgefunden hätten.

Straßburg und Metz, in Zeiten der Schwäche dem Vaterlande entfremdet, waren wieder zurückgewonnen, und das deutsche Kaiserthum war neu erstanden.

Wenn im Jahre 1870 aus Frankreichs Kriegserklärung kein europäischer Krieg entstand, dessen Ende und Folgen unübersehbar werden konnten, so verdankt Europa dies einzig und allein nur den unaufhaltsamen Siegen der deutschen Waffen.

Seine Majestät der deutsche Kaiser und Seine Königliche Hoheit der Großherzog belohnten die Leistungen des Regiments während des Feldzuges 1870/71 mit folgenden Dekorationen:

I. Mit dem Eisernen Kreuz 2. Klasse.

1. Oberst und Regimentskommandeur **Wirth**, 2. Major v. **Stöcklern**, 3. Rittmeister Frhr. v. **Schilling**, 4. Rittmeister **Camerer**, 5. Rittmeister **Hübsch**, 6. Premierlieutenant Frhr. v. **Schönau**, 7. Premierlieutenant George **Winsloe**, 8. Premierlieutenant Alfred **Winsloe**, 9. Premierlieutenant **Schmidt**, 10. Lieutenant **Wachs**, 11. Lieutenant Graf **Sponeck**, 12. Lieutenant Frhr. v. **Rüdt**, 13. Lieutenant v. **Borle**, 14. Lieutenant v. **Hagen**.

15. Sergeant **Betthäuser**, 16. Unteroffizier **Preßler**, 17. Dragoner **Schlindwein**, 18. Unteroffizier **Bouginé**, 19. Freiwilliger **Giani**, sämmtlich von der 2. Eskadron.

20. Wachtmeister **Seigel**, 21. Sergeant **Haag**, 22. Sergeant v. **Schuhmann**, 23. Gefreiter **Rothermel**, sämmtlich von der 3. Eskadron.

24. Trompeter **Beierle**, 25. Unteroffizier **Reichert**, 26. Sergeant **Metzger**, 27. Wachtmeister **Triebstorn**, 28. Unteroffizier **Unser**, 29. Dragoner **Huber**, sämmtlich von der 4. Eskadron.

30. Sergeant **Schüpf**, 31. Unteroffizier **Schaaf**, 32. Unteroffizier **Weinbrecht**, 33. Unteroffizier **Häfner**, 34. Wachtmeister **Mehlin**, 35. Trompeter **Heinitel**, 36. Unteroffizier **Eble**, 37. Vizewachtmeister v. **Jagemann**, sämmtlich von der 5. Eskadron.

38. Stabstrompeter **Reuther**.

II. Mit dem Eisernen Kreuz 2. Klasse am weißen Bande.

39. Feldarzt Dr. **Vogel**.

III. Mit dem Orden vom Zähringer Löwen.

a) Kommandeurkreuz 2. Klasse mit Schwertern: Oberst und Regimentskommandeur **Wirth**.

b) Ritterkreuz 1. Klasse mit Schwertern: Rittmeister Frhr. v. **Schilling** und Premierlieutenant Alfred **Winsloe**.

c) Ritterkreuz 2. Klasse mit Schwertern: 1. Major v. **Stöcklern**, 2. Premierlieutenant Frhr. v. **Schönau**, 3. Premierlieutenant George **Winsloe**, 4. Premierlieutenant **Schmidt**, 5. Lieutenant v. **Borle**,

6. Lieutenant Ziegler, 7. Ober-Pferdearzt van Poul, 8. Sergeant Metzger (4. Eskadron).

IV. Mit dem Karl Friedrich-Militär-Verdienstorden.

1. Oberst Wirth, 2. Rittmeister Camerer, 3. Rittmeister Hübsch, 4. Lieutenant Maier-Ehehalt, 5. Lieutenant Graf Sponeck, 6. Lieutenant Frhr. v. Rüdt, 7. Lieutenant Brandeis.

V. Mit der silbernen Karl Friedrich-Militär-Verdienstmedaille:

1. Sergeant Betthäuser,
2. Unteroffizier Preßler,
3. Dragoner Schlindwein,
4. Trompeter Engel,
5. Sergeant Rückert,
6. Unteroffizier Bouginé,
7. = Kempf,
8. Gefreiter Sturm.
} 2. Eskadron.

9. Wachtmeister Seigel,
10. Dragoner Bobomino,
11. Sergeant Haag,
12. Unteroffizier Kuttler,
13. Dragoner Dietrich,
14. Trompeter Heß.
} 3. Eskadron.

15. Trompeter Beierle,
16. Unteroffizier Reichert,
17. Sergeant Metzger,
18. = Huber,
19. Gefreiter Gröbühl,
20. Dragoner Kaiser.
} 4. Eskadron.

21. Sergeant Schüpf,
22. Unteroffizier Schaaf,
23. Gefreiter Ackenheil,
24. Vizewachtmeister v. Jagemann.
} 5. Eskadron.

VI. Mit der silbernen Civil=Verdienstmedaille am Bande
der Karl Friedrich=Militär=Verdienstmedaille.

1. Unteroffizier Bieringer,
2. Dragoner Haukel,
3. Freiwilliger Dr. phil. Meyer,　} 2. Eskadron.
4. Unteroffizier Leibner.

5. Dragoner Koffler,
6.   =   Engler.　} 3. Eskadron.

7. Wachtmeister Triebskorn,
8. Oberlazarethgehülfe Stern,
9. Dragoner Schelb,
10.   =   Schindler,
11.   =   Waldi.　} 4. Eskadron.

12. Sergeant Hauf,
13.   =   Schneckenburger.　} 5. Eskadron.

Verlustliste.

1. Patrouillengefecht bei Hagenau am 7. August 1870.
Dragoner Christian Schulz von Oberschaffhausen, l. verw.
1 Pferd todt.

2. Patrouille bei Grafenstaden am 13. August 1870.
1 Pferd todt.

3. Patrouille gegen Schlettstadt am 8. September 1870.
1 Pferd todt.

4. Gefecht bei Kuenheim am 13. September 1870.
Kriegsfreiwilliger Dr. Heinz aus Preußen,
Dragoner Johann Schörr von Marlen,
    =   Franz Boschert von Appenweier,　} in Gefangenschaft gerathen.
    =   Karl Barth von Brötzingen,
    =   Wilhelm Helm von Lindach,
Gefreiter Anselm Rastätter von Malsch,
Dragoner Gottlieb Bernhardt von Wellendingen, schw. verw. †.
    =   Johann Jakob Wagner von Grötzingen, l. verw.
Gefreiter Karl Bernhardt von Sinsheim, schw. verw.
    4 Pferde todt, 9 verwundet, 5 vermißt.

5. Gefecht bei Biesheim am 14. September 1870.
Dragoner Wilhelm Marx von Haltingen †.
= Albert Wißler von Todtnauberg, schw. verw. †.
= Karl Lohr von Buggensegel †.
4 Pferde todt, 3 verwundet.

6. Gefecht bei Augon am 22. Oktober 1870.
Gefreiter August Ackenheil von Dosscheuern, schw. verw.

7. Gefecht bei Oyrières am 26. Oktober 1870.
1 Pferd todt.

8. Gefecht bei Auvet am 27. Oktober 1870.
Dragoner August Huber von Petersthal, schw. verw.
1 Pferd vermißt.

9. Gefecht bei Dijon am 30. Oktober 1870.
Dragoner Josef Scheurer von Oberhausen, schw. verw.
= Jakob Friedrich Kropf von Raisch, l. verw.
3 Pferde l. verw.

10. Patrouille gegen Pontailler am 5. November 1870.
Dragoner Eduard Kaiser von Görwihl, schw. verw.
1 Pferd todt.

11. Patrouille gegen Pontailler am 12. November 1870.
1 Pferd todt.

12. Patrouille gegen Nuits am 15. November 1870.
Trompeter Severin Reinfried von Durbach †.

13. Patrouille gegen Quincey am 19. November 1870.
1 Pferd todt.

14. Patrouille gegen Nuits am 20. November 1870.
Dragoner Josef Steinle von Lichtenthal, schw. verw. †.
2 Pferde todt.

15. Relais von Noiron am 19. November 1870.
1 Pferd todt.

16. Gefecht bei Nuits am 30. November 1870.
Dragoner Johann Ernst Schmeißer von Staufenburg, l. verw.
1 Pferd todt.

17. Patrouille gegen Gevrey am 4. Dezember 1870.
   2 Pferde verwundet.

18. Patrouille gegen Epernay am 5. Dezember 1870.
Unteroffizier Matern Kempf aus Göppingen, schw. verw.
Dragoner Gottlieb Wetzel von Grenzach, in Gefangenschaft gerathen.
   1 Pferd todt.

19. Patrouille gegen Barges am 10. Dezember 1870.
Dragoner Jakob Wußler von Reichenbach, schw. verw. †.

20. Patrouille gegen Barges am 11. Dezember 1870.
Dragoner Berthold Schottmüller von Spessart, schw. verw. †.
Freiwilliger Julius Grießbach von Karlsruhe, | in Gefangen-
    " Heinrich Kirchner von Heidelberg, | schaft gerathen.
   3 Pferde vermißt.

21. Gefecht bei Nuits am 18. Dezember 1870.
Sekondlieutenant Ferdinand Freiherr v. Degenfeld von Karlsruhe †.
   1 Pferd todt.

22. Patrouille gegen Auxonne am 18. Dezember 1870.
Gefreiter Nikolaus Rothermel von Hohenberg, schw. verw. und
   in Gefangenschaft gerathen.

23. Patrouille gegen Pontailler am 18. Dezember 1870.
Dragoner Franz Josef Günther von Zähringen, schw. verw. †.
   2 Pferde vermißt.

24. Patrouille gegen Billersexel am 10. Januar 1871.
Dragoner Gustav Adolf Martin von Königsheim, in Gefangenschaft gerathen.

25. Schlacht von Belfort am 14. Januar 1871.
Dragoner August Ruf von Söllingen, l. verw.
   1 Pferd vermißt.

26. Verfolgungspatrouille bei Athésans am 19. Januar 1871.
Dragoner Josef Koffler aus Dummersheim, l. verw.
   2 Pferde vermißt.

27. Patrouille bei Chenebier am 19. Januar 1871.
   1 Pferd verwundet.

28. **Patrouille bei Choye am 26. Januar 1871.**
1 Pferd verwundet.

29. **Patrouille bei Boray am 5. Februar 1871.**
Dragoner Karl Enderlin von Wellendingen, l. verw.
1 Pferd verwundet.

Gestorben in Folge von Unglücksfällen oder Krankheit sind:
Am 29. August 1870. Dragoner Albert Kopf von Mahlberg.
Am 1. November 1870. Dragoner Joh. Jakob Wagner von Grötzingen, beide durch Unglücksfälle.
Am 5. Dezember 1870. Gefreiter Joh. Franz Holzschuh von Muckenthal.
Am 3. Januar 1871. Gefreiter August Hoch von Bleibach.
Am 8. Februar 1871. Freiwilliger August Muth von Heidelberg.
Am 3. März 1871. Dragoner Christian Herbold von Waldwimmersbach. Die vier Letzten am Typhus.

V. Abschnitt.

Von 1871 bis zur Gegenwart.

Am 4. April 1871 war das Regiment in seine neue Garnison Bruchsal eingerückt, von der Bevölkerung mit offenen Armen empfangen.

Es handelte sich jetzt darum, in ernster Friedensarbeit die Erfahrungen zu verwerthen, die der siegreich beendete Feldzug auf allen Gebieten des militärischen Wesens in so reichem Maße geliefert hatte.

Die bedeutendste Veränderung, welche im Gefolge des Krieges das Regiment betraf, entstand durch einen politischen Akt Seiner Königlichen Hoheit des Großherzogs. Wie immer, wo es das Einigungswerk Deutschlands galt, hatte Badens Fürst mit Verleugnung jedes Sonderinteresses als hochsinniger Patriot und beseelt von treuer Liebe zum Vaterlande am 25. November 1870 zu Versailles eine Militärkonvention (siehe Anlage VII.) mit Preußen abgeschlossen und alle seine Rechte als Kontingents- und Kriegsherr an Seine Majestät den Kaiser und die Krone Preußen abgetreten. Die Ausführung dieser Konvention wurde am 1. Juli 1871 derart vollzogen, daß das Großherzoglich badische Armeekorps unter Beibehaltung der heraldischen Landesabzeichen in die Königlich preußische Armee eintrat und mit Einfügung preußischer Truppentheile (Dragoner-Regiment Nr. 14, Infanterie-Regimenter 17 und 22) das wieder aufgestellte 14. Armeekorps unter dem General der Infanterie v. Werder bildete.

Dieses Korps wurde in zwei Divisionen und diese wieder in zwei Infanterie- und eine Kavallerie-Brigade eingetheilt.

Der Tagesbefehl selbst, mit welchem der Landesherr den Befehl über seine Truppen in die Hände Seiner Majestät des Kaisers legte, lautete:

Am heutigen Tage, an welchem Mein Armeekorps infolge der mit der Krone Preußen abgeschlossenen Militärkonvention als unmittelbarer Bestandtheil in die Königlich preußische Armee übergeht, ist es Meinem Herzen Bedürfniß, allen Offizieren, Beamten, Unteroffizieren und Mannschaften Meine besondere Anerkennung für ihre bisherige Haltung und namentlich für die während des nunmehr beendigten Krieges bewährte Ausdauer, Pflichttreue und Tapferkeit ausdrücklich auszusprechen. Auch in dem neuen deutschen Armeeverbande werden Meine bisherigen Regimenter und Truppentheile die Träger der militärischen Ehre Badens sein.

Ich hege die feste Zuversicht, daß sie dessen stets eingedenk bleiben und dem badischen Namen unter allen Verhältnissen Ehre machen werden, indem sie die Treue, den Gehorsam, die Disziplin und die Tapferkeit, welche sie bisher in Meinem Dienste bethätigt haben, auch im Dienste ihres nunmehrigen neuen Kriegsherrn, Seiner Majestät des Deutschen Kaisers und Königs von Preußen, treu bewahren. In der vertrauensvollen Erwartung, daß Meine Truppen mit den Kontingenten der anderen Stämme des großen deutschen Vaterlandes in edlem Wetteifer den altbewährten Ruf kriegerischer Tüchtigkeit als heiliges Gut zu erhalten sich bestreben werden, schließe Ich mit dem Rufe:

„Gott schütze unseren Kaiser und das deutsche Vaterland!"
Karlsruhe, den 1. Juli 1871.

(gez.) Friedrich.

Das Regiment wurde mit dem Kurmärkischen Dragoner-Regiment Nr. 14 der 29. Kavallerie-Brigade unter Oberst v. Reckow und der 29. Division unter Generallieutenant v. Glümer, beide mit dem Stabsquartier zu Freiburg, unterstellt.

Am 15. Juli wurde laut Allerhöchster Kabinets-Ordre Oberst Wirth unter Stellung à la suite des Regiments zum Kommandanten von Karlsruhe ernannt. Das Regiment verlor somit seinen im Krieg und Frieden bewährten Kommandeur, welcher bis zu seinem im Jahre 1881 erfolgten Tode lebendiges Interesse und rege Theilnahme an Allem, was das Regiment betraf, bewies. Zu seinem Nachfolger wurde durch A. K. O. vom gleichen Tage der bisherige etatsmäßige Stabsoffizier im 2. Hessischen Husaren-Regiment Nr. 14,

Major Graf v. Strachwitz, ernannt. Von preußischen Offizieren wurden ferner in das Regiment versetzt: Major Frhr. v. Buddenbrock-Hettersdorf vom Leib-Kürassier-Regiment Nr. 1, Rittmeister v. Jagow vom 1. Garde-Ulanen-Regiment, Premierlieutenant v. Gustedt vom Dragoner-Regiment Nr. 16, Premierlieutenant v. Hobe vom Ulanen-Regiment Nr. 6, Premierlieutenant Boeck vom Dragoner-Regiment Nr. 5 und Premierlieutenant Schmidt II. vom 2. Reserve-Husaren-Regiment.

Von den bisherigen Offizieren des Regiments wurden versetzt: Major v. Stöcklern in das Dragoner-Regiment Nr. 10, Rittmeister Frhr. v. Seldeneck in das Husaren-Regiment Nr. 11, Rittmeister v. Jagemann in das Ulanen-Regiment Nr. 6, Rittmeister Hübsch in das Dragoner-Regiment Nr. 15, Rittmeister Frhr. Reichlin v. Meldegg als Hauptmann in den Generalstab der Armee, Premierlieutenant Frhr. v. Schönau-Wehr als Rittmeister in das Husaren-Regiment Nr. 14, Premierlieutenant A. Winsloe in das Husaren-Regiment Nr. 1 und Sekondlieutenant v. Hagen in das Kürassier-Regiment Nr. 7.

Mit der Durchführung der neuen Organisation ging die Demobilmachung und die Ausbildung der Rekruten, Remonten und der vielen Augmentationspferde Hand in Hand und nahm, da Herbstübungen in diesem Jahre nicht stattfanden, die Friedensthätigkeit des Regiments im zweiten Halbjahre 1871 vollauf in Anspruch.

Am 27. September, dem Jahrestage der Kapitulation von Straßburg, hatten Seine Majestät der Kaiser und König die hohe Gnade, dem kommandirenden General v. Werder folgendes Telegramm zu senden:

Glückwunsch und von Neuem Anerkennung und Dank am heutigen Jahrestage der Kapitulation von Straßburg Ihnen und Ihren braven Truppen aller Waffen.

(gez.) Wilhelm.

Zum Gedächtniß der im letzten Feldzuge Gebliebenen fand am 26. November in allen Garnisonen eine kirchliche Feier statt. Sämmtliche Offiziere legten für diesen Tag den Trauerflor um den linken Oberarm an. Auch die Standarte wurde umflort und während des Gottesdienstes am Altar aufgestellt.

Lieutenant Graf Spouck erhielt am 1. November das Kommando zum Militär-Reitinstitut nach Hannover.

Anläßlich des Jahreswechsels erließ Seine Excellenz der kommandirende General folgenden Tagesbefehl:

Bei Beginn des neuen Jahres ist es mir ein Bedürfniß, allen mir unterstellten Offizieren, Beamten und Mannschaften, mögen sie vor Belfort, Paris oder sonst gefochten haben, nochmals meine volle Anerkennung für ihr ruhmvolles Verhalten während des letzten Feldzuges auszusprechen. Allen meinen Glückwunsch, daß sie mit Gottes Hülfe den heimathlichen Boden wieder betraten. Allen Verwundeten und Leidenden möge das neue Jahr Genesung und neue Kraft bringen. Rüsten wir uns in bewährter Weise mit stetem Fleiß zum Kriege. Wenn des Kaisers Ruf erfolgt, werden wir sodann eine feste Stütze und ein scharfes Schwert sein.

(gez.) v. Werder.

1872. Der 17. Januar wurde auf Befehl des Generalkommandos zur Erinnerung an die unvergeßlichen Tage von Belfort in allen Garnisonen des 14. Armeekorps durch Zapfenstreich, Gottesdienst und große Parade festlich begangen.

Seine Majestät der Deutsche Kaiser geruhte Allergnädigst an den kommandirenden General nachstehendes Telegramm zu richten:

„Die Erinnerung an die ewig denkwürdigen drei Siegestage begehen wir in diesen Tagen, und muß Ich Ihnen, unter dessen Führung so Wichtiges erfochten wurde, Meine ganze Anerkennung und den Truppen, die so heldenmüthig fochten und ausdauerten, Meinen innigen Dank wiederholt aussprechen."

Gleichzeitig richtete Seine Königliche Hoheit der Großherzog an den Generallieutenant v. Glümer folgendes Telegramm:

„Mit aufrichtiger Dankbarkeit gedenke Ich des heutigen Jahrestages, des ruhmreichsten Tages der früheren badischen Division und ihres damaligen Führers."

Sämmtliche angeführten Allerhöchsten Gnadenbezeugungen wurden beim Appell den Eskadrons des Regiments verlesen.

Der Winter 1871/72 verlief in gewohnter regelmäßiger Arbeit. Nach der Frühjahrsbesichtigung fand täglich bis Juni auf dem Platz Eskadronsexerziren statt, hieran reihten sich die Ausbildung der Eskadrons im Gelände, die Felddienstübungen nach der neuen Allerhöchsten Verordnung, sowie das Schießen mit dem Zündnadelkarabiner.

Im August geruhten Seine Majestät der Kaiser und König den Standarten und Fahnen der im Feldzuge 1870/71 im Feuer gewesenen badischen Truppentheile, nachdem Seine Königliche Hoheit der Großherzog schon am 1. April 1871 dieselben mit der silbernen Karl Friedrich=Militär=Verdienstmedaille gnädigst dekorirt hatte, das Eiserne Kreuz zu verleihen. Die bezügliche Allerhöchste Kabinets= Ordre lautet:

> Ich benachrichtige das Generalkommando, daß Ich mit Zustimmung und auf Wunsch des Großherzogs von Baden den Fahnen und Standarten der hierzu berechtigten Groß= herzoglich badischen Truppentheile das Eiserne Kreuz ver= liehen und das Kriegsministerium beauftragt habe, behufs Anbringung dieser Dekoration das Erforderliche zu ver= anlassen.
>
> Wildbad Gastein, den 22. August 1872.
>
> (gez.) Wilhelm.

Beide Dekorationen der Standarte wurden in feierlicher Weise dem in Parade aufgestellten Regiment mittelst einer Ansprache des Kommandeurs unter dreimaligem Hurrahrufe übergeben.

Die Eintheilung der Herbstübungen war folgende:

Regiments= und Brigadeexerziren bei Freiburg; 6. bis 11. Sep= tember Detachementsübungen zwischen Freiburg und Stauffen. Zu diesem Zwecke marschirte das Regiment am 8. August aus seiner Garnison ab und kehrte am 19. September dorthin wieder zurück.

Lieutenant Graf Sponeck kam am 1. Oktober vom Militär= Reitinstitut zurück, und wurde vom 1. November ab Lieutenant Maier=Ehehalt dorthin kommandirt.

1873. Die Erfahrungen der letzten Kampagne hatten zur Ge= nüge dargethan, daß die Bewegungs= und Verwendungsformen ge= schlossener Kavalleriekörper den Anforderungen erhöhter Schnelligkeit und Gewandtheit anzupassen seien. Die Regimenter erhielten dem= zufolge am 9. Januar eine Neubearbeitung des Exerzir=Reglements zur Probe. Die in derselben zum Ausdruck gebrachten hauptsäch= lichsten Abänderungen bestanden in Einführung der Richtung nach der Mitte, Wegfall der Inversion, weiterer Entwickelung der Eska= dronskolonne und Ausdehnung der Attacke von 800 auf 1500 Schritt. Demgemäß wurde bei dem diesjährigen Schwadronsexerziren auf geschlossenes Reiten im Zuge in allen Gangarten, rasches Ralliiren ohne Rücksicht auf Normalformation und langen ruhigen Galopp in

Zügen mit geschlossenen und geöffneten Gliedern ganz besonderes Gewicht gelegt.

Das Regimentsexerziren fand in diesem Jahre bei Bruchsal und das Brigadeexerziren bei Freiburg statt. Ebendaselbst wurden die Detachementsübungen abgehalten, während die Divisionsübungen in dem Gelände Hüningen—Tannenkirch—Schliengen stattfanden. Das Regiment marschirte zur Theilnahme an diesen Herbstübungen am 9. August aus seiner Garnison ab und kehrte am 21. September dorthin zurück.

Am 2. Oktober hatte das Regiment den Verlust zweier Kameraden zu betrauern; der Major und Eskadronchef Alexander Freiherr v. Schilling-Canstatt starb nach kurzem, aber schmerzlichem Krankenlager in seiner Garnison Bruchsal, und Sekondlieutenant Berthold Maier-Ehehalt stürzte auf dem Rennen zu Canstatt beim Tribünensprung derartig unglücklich mit dem Pferde, daß der Tod sofort eintrat. Die Dahingeschiedenen hatten sich durch ihre kameradschaftliche, vornehme Gesinnung und durch ihren liebenswürdigen Charakter die allgemeine Liebe und Achtung im Regiment erworben, welches das Andenken an die Verstorbenen lange und treu bewahren wird.

Premierlieutenant Graf v. Sponeck nahm Ende August an der Generalstabs-Uebungsreise im Bezirk des 14. Armeekorps Theil; Lieutenant Stephany wurde vom 1. Oktober ab zur Kriegsakademie nach Berlin kommandirt.

1874. Auf taktisch-reglementarischem Gebiete ist zu erwähnen, daß im Anschluß an den im vorigen Jahre versuchsweise eingeführten Neuabdruck des Exerzir-Reglements eine Allerhöchst unter dem 4. Juni genehmigte Neubearbeitung des Abschnitts V. erfolgte, welche allgemeine Bestimmungen über Führung von Kavallerie in zwei oder mehreren Treffen angab.

Das Regimentsexerziren fand bei Bruchsal statt. Das Brigadeexerziren, die Detachementsübungen und die Divisionsmanöver wurden bei Donaueschingen abgehalten. Das Regiment marschirte am 12. August zu den Herbstübungen über Offenburg, Freiburg ab und kehrte am 23. September von diesen zurück.

Lieutenant Witzenmann war vom 1. März bis 1. August zur Central-Turnanstalt und Lieutenant Richter vom 1. November ab zum Militär-Reitinstitut nach Hannover kommandirt worden.

1875. Zum ersten Male fand Mitte Juni eine Kavallerie=Uebungsreise unter Leitung des Generalmajors Freiherrn v. Willisen im Bezirk des 14. Armeekorps statt. Vom Regiment nahmen Theil: Rittmeister Schmidt, Premierlieutenant Wachs und Lieutenant Freiherr v. Beust. Fast zur gleichen Zeit wurde im Elsaß eine Generalstabs=Uebungsreise abgehalten, zu welcher Rittmeister v. Berge kommandirt worden war.

Am 9. Juli fand anläßlich der Ernennung Seiner Königlichen Hoheit des Erbgroßherzogs Friedrich zum Sekondlieutenant eine Parade vor Seiner Majestät dem Kaiser statt, zu welcher Feier eine Deputation des Regiments, bestehend aus dem Kommandeur Grafen v. Strachwitz, aus dem etatsmäßigen Stabsoffizier Major Freiherrn v. Buddenbrock=Hettersdorf und dem Regimentsadjutanten Lieutenant Ligniez befohlen wurde.

Die Zeiteintheilung für die Manöver war folgende: Regimentsexerziren bei Bruchsal, Brigadeexerziren bei Colmar, Detachementsübung bei Freiburg, Divisionsmanöver bei Mülhausen=Thann im Elsaß. Das Regiment war am 12. August ausgerückt, marschirte auf der Bergstraße zum Uebungsgelände und auf der Rheinstraße zurück, woselbst es am 28. September ankam.

Seit dem Jahre 1873 waren durch Allerhöchste Kabinetsordre wichtige Veränderungen insofern vor sich gegangen, als an Stelle des zum Gouverneur von Metz ernannten allverehrten Generallieutenants v. Glümer 1873 Generallieutenant v. Woyna und, nachdem dieser infolge körperlicher Leiden in den Ruhestand getreten, 1876 Generallieutenant v. Scheffler die 29. Division übernommen hatte.

Am 1. Oktober kehrte Lieutenant Richter von dem Kommando zum Militär=Reitinstitut zum Regiment zurück.

Bis zum Jahre 1874 hatte das Regiment seine Remonten aus den Depots Hunnesrück, Osnabrück und Ullrichstein bezogen, jetzt wurde ihm der Bedarf aus den Depots Bärenklau und Ullrichstein überwiesen.

1876. Der Winter 1875/76 verlief ohne ein besonderes Ereigniß für das Regiment. Nachdem im verflossenen Jahre der preußischen Kavallerie durch das Kriegsministerium der Entwurf zu einem neuen Exerzir=Reglement übergeben und diese Neubearbeitung in eingehendster Weise geprüft worden war, erfolgte in diesem Jahre die Herausgabe des neuen Exerzir=Reglements für die Kavallerie vom 5. Juli 1876. Im Gegensatz zu dem früheren Reglement strebte dieses dahin, die Manövrir- und Entwickelungsfähigkeit der einzelnen Truppenkörper bis zur Brigade und Division hinauf möglichst zu steigern.

Was die diesjährigen Herbstübungen betraf, so exerzirte zunächst das Regiment bei Bruchsal, während das Brigadeexerziren in Colmar stattfand. Vom 6. bis 10. September waren Detachementsübungen und vom 11. bis 18. Divisionsmanöver bei Engen. Das Regiment war am 11. August ausmarschirt und traf am 29. September wieder in Bruchsal ein.

Lieutenant Stephany kehrte am 27. Juli von dem Kommando zur Kriegsakademie zurück, und wurde vom 1. Oktober ab Lieutenant Stark dorthin kommandirt. Lieutenant Schmid erhielt am 1. November das Kommando zum Militär-Reitinstitut nach Hannover.

1877. Seine Königliche Hoheit der Großherzog von Baden feierte am 25. April das 25jährige Jubiläum seines Regierungsantrittes. Von allen Theilen Deutschlands kamen Abgesandte, um dem geliebten Landesfürsten, der die Einigung Deutschlands erstrebt, den Aufbau befördert und mit vollzogen hat, mit dankbarem Herzen ihre Huldigungen darzubringen. Seine Majestät der Kaiser erhöhte durch Allerhöchst Seine Anwesenheit die Feier. Bei der Parade der Garnison Karlsruhe waren die auswärtigen Regimenter des 14. Armeekorps durch Deputationen vertreten. Vom diesseitigen Regiment waren Oberst Graf Strachwitz, Major v. Klüber, Rittmeister Seubert und Premierlieutenant Richter anwesend.

Im Herbst des Jahres 1877 war endlich für das 14. Armeekorps zum ersten Mal Manöver vor Seiner Majestät dem Kaiser und König befohlen worden. Frühzeitig wurde in regem Eifer mit den Vorbereitungen hierzu begonnen. Das Regiment rückte zunächst am 14. August zum Exerziren im Regiment und in der Brigade bei Freiburg aus. Die darauf folgenden Detachementsübungen und Divisionsmanöver wurden während des Marsches von Freiburg nach Rastatt bei Riegel-Endingen am Kaiserstuhl abgehalten. Am 17. September fand die große Parade vor dem Allerhöchsten Kriegsherrn bei Neu-Malsch unweit Rastatt und am 18. September das Korpsmanöver gegen einen markirten Feind bei Oedigheim statt.

An beiden Tagen herrschte prachtvolles Hohenzollernwetter. Nicht so günstig zeigte sich der Himmel zu den vom 20. bis 22. festgesetzten Feldmanövern der beiden Divisionen gegeneinander. Seine Majestät hatte nach Schluß des Manövers die Gnade, dem ruhmreichen Führer

des 14. Armeekorps, Excellenz v. Werder, für die rastlose Friedens=
arbeit seiner Truppen folgende Worte auszusprechen:

„Es gereicht Mir zur lebhaften Freude, Ihnen heute bei Be=
endigung der diesjährigen großen Herbstübungen Meine vollste Zu=
friedenheit mit dem Zustande, in welchem Ich alle Truppentheile
des 14. Armeekorps gefunden habe, aussprechen zu können. Ich
habe überall eine vortreffliche, tüchtige Ausbildung, Anspannung,
Ordnung und Ausdauer gefunden, die ein rühmliches Zeugniß für
die ersprießliche Thätigkeit und Hingebung sämmtlicher Generale,
Regimentskommandeure und Offiziere ablegt, und die Mir die er=
freuliche Veranlassung giebt, denselben hierdurch Meinen Königlichen
Dank zu sagen und auch den Mannschaften Meine ganze Zufrieden=
heit zu erkennen zu geben. Ganz besonders aber danke Ich Ihnen
und wünsche Ihnen Glück zu der hohen Befriedigung, welche es
Ihnen gewähren muß, die Truppen, die Sie zum großen Theil be=
reits vor dem Feinde mit so großer Auszeichnung geführt haben,
jetzt auch im Frieden mit einer so vollendet guten, kriegstüchtigen
Ausbildung vorzustellen."

Gleichzeitig wurde Seine Königliche Hoheit der Großherzog von
Baden zum Inspekteur der neu errichteten 5. Armeeinspektion er=
nannt. Somit war die oberste militärische Würde in Baden und
Elsaß=Lothringen dem erlauchten Sprossen des Hauses Zähringen
übertragen worden, und wir dürfen es wohl wagen, unserem Gefühle
dahin Worte zu verleihen, daß des Deutschen Reiches Kaiser keinen
würdigeren, treueren Wächter des Rheins hätte finden können, als
unseren vom edelsten und hochherzigsten Patriotismus durchbrungenen
Großherzog Friedrich von Baden. — —

Kommandirt war im Laufe des Jahres vom 1. März bis
1. August Lieutenant Thiergärtner zur Central=Turnanstalt;
Lieutenant Schmid kehrte am 1. Oktober vom Reitinstitut zurück.
Endlich bleibt noch zu erwähnen, daß vom Jahre 1877 bis 1883
das Regiment die Quote Remonten aus dem Depot Bärenklau erhielt.

1878. Ohne nennenswerthe Ereignisse gingen der Winter wie
Sommer des Jahres 1878 vorüber. Die Zeiteintheilung für die
Herbstübungen war folgende: Regimentsexerziren bei Bruchsal,
Brigadeexerziren bei Colmar, Detachementsübungen zwischen Neu=
Breisach und Kolmar, Divisionsmanöver zwischen Altkirch und
Sennheim. Am 14. August war das Regiment ausmarschirt und
am 26. September kehrte es wieder in seine Garnison zurück. Im

Juni hatte unter Leitung des Obersten v. Gottberg, Kommandeur des Kurmärkischen Dragoner-Regiments Nr. 14, eine Kavallerie-Uebungsreise im Ober-Elsaß stattgefunden, an welcher Rittmeister Dallmer, Premierlieutenant Freiherr v. Rüdt und Lieutenant Ligniez theilnahmen. Nach den Herbstübungen wurde zur General-stabs-Uebungsreise im Bezirk des 14. Armeekorps Rittmeister v. Hobe kommandirt. Lieutenant Schmidt ging am 1. November zur Reit-schule nach Hannover.

1879. Laut Allerhöchster Kabinets-Ordre vom 15. April wurde der kommandirende General v. Werder unter Belassung in seinem Verhältniß als Chef des Infanterie-Regiments Nr. 30 und unter Erhebung in den Grafenstand mit der gesetzlichen Pension zur Dis-position gestellt. Doch nur noch wenige Lebensjahre sollten dem hoch-verdienten und geliebten Feldherrn beschieden sein; am 12. September 1887 starb er auf seinem Gute Grüssow. Zum kommandirenden General des 14. Armeekorps wurde General v. Obernitz ernannt.

Auch das Regiment verlor seinen bisherigen Kommandeur, indem durch Allerhöchste Kabinets-Ordre vom 29. April der Oberst Graf Strachwitz, unter Stellung à la suite des Regiments, zum Kom-mandeur der 8. Kavallerie-Brigade und zu seinem Nachfolger der bisherige Major und etatsmäßige Stabsoffizier im 2. Leib-Husaren-Regiment Nr. 2 v. Heister ernannt wurde, dessen Beförderung zum Oberstlieutenant am 11. Juni erfolgte.

Das Regimentsexerziren fand bei Bruchsal, das Brigade-exerziren bei Mülhausen im Elsaß statt. Die Divisionsmanöver der 29. Division fielen wegen Abkommandirung der 57. Infanterie-Brigade zur Besatzung der Festung Straßburg für die Dauer des Kaisermanövers des 15. Armeekorps aus. Die Detachements-übungen wurden zwischen Endingen am Kaiserstuhl und Straßburg abgehalten. — Lieutenant v. Westernhagen war vom 1. März bis 1. August zur Central-Turnanstalt kommandirt; Lieutenant Stark kehrte am 25. Juli von der Kriegsakademie und Lieutenant Schmidt am 1. Oktober von der Reitschule zurück.

1880. Am zehnten Jahrestage der glorreichen Schlacht von Sedan hatte Se. Majestät der Kaiser und König die folgenden herrlichen und wohl für alle Zeiten in der Armee lebenden Worte an seine Truppen gerichtet:

Soldaten des deutschen Heeres!

Es ist Mir heute ein tiefempfundenes Bedürfniß, Mich mit Euch in der Feier des Tages zu vereinigen, an welchem vor zehn Jahren des allmächtigen Gottes Gnade den deutschen Waffen einen der glorreichsten Siege der Weltgeschichte verliehen hat.

Ich rufe denen, welche in jener Zeit schon der Armee angehörten, die ernsten Empfindungen in die Erinnerung zurück, mit denen wir in diesen Krieg gegen eine uns in ihren ausgezeichneten Eigenschaften bekannte Armee gingen, ebenso aber auch die allgemeine Begeisterung und das erhebende Gefühl, daß alle deutschen Fürsten und Völker eng verbunden für die Ehre des deutschen Vaterlandes eintraten.

Ich erinnere an die ersten Tage banger Erwartung, an die bald folgenden ersten Siegesnachrichten, an Weißenburg, Wörth, Spicheren, an die Tage von Metz, an Beaumont, und wie endlich dann bei Sedan die Entscheidung in einer unsere kühnsten Hoffnungen und größten Erwartungen weit übertreffenden Weise fiel.

Ich erinnere auch mit wärmstem Dankgefühl an die hochverdienten Männer, welche Euch in jener Ruhmeszeit geführt haben, und Ich erinnere endlich an die schweren, schmerzlich betrauerten Opfer, mit denen wir unsere Siege erkämpften.

Es war eine große Zeit, die wir vor zehn Jahren durchlebt haben; die Erinnerung an sie läßt unser Aller Herzen bis zum letzten Athemzuge hoch schlagen, und sie wird noch unsere späteren Nachkommen mit Stolz auf die Thaten der Vorfahren erfüllen.

Wie in Mir die Gefühle des tiefsten Dankes für des gütigen Gottes Gnade und der höchsten Anerkennung, insbesondere für Alle, die in dieser Zeit mit Rath und That hervorgetreten sind, leben, das habe Ich oft ausgesprochen, und Ihr kennt das Herz Eures Kaisers genug, um zu wissen, daß diese Gefühle in Mir dieselben bleiben werden, solange Gott Mir das Leben läßt, und daß Mein letzter Gedanke noch ein Segenswunsch für die Armee sein wird.

Möge die Armee aber in dem Bewußtsein des Dankes und der warmen Liebe ihres Kaisers, wie in ihrem gerechten

Stolz auf ihre großen Erfolge vor zehn Jahren auch immer
dessen eingedenk sein, daß sie nur dann große Erfolge er=
ringen kann, wenn sie ein Musterbild für die Erfüllung
aller Anforderungen der Ehre und der Pflicht ist, wenn sie
unter allen Umständen sich die strengste Disziplin erhält,
wenn der Fleiß in der Vorbildung für den Krieg nie er=
müdet, und wenn auch das Geringste nicht mißachtet wird,
um der Ausbildung ein festes und sicheres Fundament zu
geben.

Mögen diese Meine Worte jederzeit volle Beherzigung
finden — auch wenn Ich nicht mehr sein werde — dann
wird das deutsche Heer in künftigen Zeiten schweren Ernstes,
die Gott noch lange von uns fernhalten möge, jederzeit so
wie vor zehn Jahren der feste Hort des Vaterlandes sein.

Schloß Babelsberg, den 1. September 1880.

(gez.) Wilhelm.

Das Regimentsexerziren fand wiederum bei Bruchsal statt.
Am 12. August marschirte das Regiment über Pforzheim, Kalw zu
dem Brigadeexerziren bei Villingen. Die Detachementsübungen wur=
den bei Pfullendorf und die Divisionsmanöver vom 9. bis 15. Sep=
tember bei Meßkirch abgehalten. Der Rückmarsch des Regiments
erfolgte über Sigmaringen—Hechingen—Tiefenborn.

Vom 21. Juni bis 3. Juli war Oberstlieutenant v. Heister
zur Führung einer Kavallerie=Uebungsreise in dem Gelände Ettlingen—
Wiesloch kommandirt worden, hieran nahmen Theil Major v. Berge,
Rittmeister Wachs und Premierlieutenant Herbst. Premierlieutenant
Graf Sponeck trat am 1. November das Kommando zur Reitschule an.

1881. Das Regimentsexerziren fand in diesem Jahre bei Frei=
burg und das Brigadeexerziren bei Mülhausen statt. Detachements=
übungen wurden vom 26. bis 29. August bei Müllheim und die
Divisionsmanöver vom 1. bis 6. September zwischen Schliengen und
Lörrach abgehalten. Ausmarsch des Regiments fand am 21. Juli
statt und die Rückkehr am 20. September.

An Stelle des in Genehmigung seines Abschiedsgesuches als
General der Infanterie mit Pension z. D. gestellten bisherigen
Divisionskommandeurs v. Scheffler wurde Generallieutenant
v. Berken zum Kommandeur der 29. Division ernannt.

Vom 1. März bis 1. August wurde Lieutenant Stark zur
Central=Turnanstalt und vom 1. Oktober ab Lieutenant v. Western=

hagen als Inspektionsoffizier und Reitlehrer zu der Kriegsschule nach Metz kommandirt. Premierlieutenant Ligniez nahm vom 12. bis 29. Juli an der Generalstabs-Uebungsreise im Bezirk des 14. Armeekorps Theil. Lieutenant Graf Sponeck kehrte am 1. November vom Militär-Reitinstitut zurück.

1882. Ein schwerer, schmerzlicher Verlust traf das Regiment durch das am 6. März 1882 erfolgte Ableben seines hohen Chefs, Seiner Großherzoglichen Hoheit des Markgrafen Maximilian von Baden. Mit ihm schied der letzte Sohn des Großherzogs Karl Friedrich aus dem Kreise der Lebenden. Die Großherzogliche Familie betrauerte in ihm den ehrwürdigen Vertreter einer vergangenen Generation, den theuren Oheim und Großoheim, den edlen Greis mit hohen Geistes- und Herzensvorzügen.

Markgraf Maximilian von Baden war am 8. Dezember 1796 zu Triesdorf bei Ansbach geboren; er erreichte daher ein Alter von 85 Jahren 2 Monaten und 26 Tagen.

Schon in früher Jugend wurde der Markgraf im Jahre 1806 als Rittmeister dem damaligen Husaren-Regiment aggregirt und 1811 zum Major ernannt, in welcher Eigenschaft er 1813 bei dem neu errichteten Dragoner-Regiment v. Gensau eintrat. Im Jahre 1813 durch den geliebten Bruder in das kriegsbewegte Leben eingeführt, erschloß sich ihm die Schule der Erfahrung gleich anfangs in vielen Gefahren, worin er kühnen Muth und Kaltblütigkeit zeigte. Nach der Schlacht bei Leipzig kam er in preußische Gefangenschaft, aus welcher er nach dem Beitritt des Großherzogs Karl zur Koalition gegen Frankreich in das Vaterland zurückkehrte und inmitten der badischen Truppen in den beiden Befreiungskriegen den Kampf gegen Frankreich miterlebte. Seine ausgezeichnete Tapferkeit im Feldzuge 1814 wurde durch Verleihung des russischen St. Annenordens anerkannt. Der Feldzug 1815 gab ihm Gelegenheit, seinen hervorleuchtenden persönlichen Muth und seine Entschlossenheit in schwierigen Lagen auf das Ruhmvollste zu bethätigen. Er war an der Spitze der wackeren Reiterschaaren, die unter Führung des Generals v. La Roche am 9. Juli im Gefechte bei Straßburg die weit überlegene feindliche Kavallerie zurückwarfen. Der Markgraf focht mit ungemeiner Tapferkeit im dichtesten Handgemenge, wurde durch mehrere Säbelhiebe auf den Kopf verwundet, erhielt einen Stich in den rechten Arm und schlug sich, nachdem sein Pferd gefallen, noch schwer verwundet zu Fuß mit dem Feinde, bis er Gelegenheit fand, sich wieder

Markgraf Maximilian von Baden, Großherzogliche
† Chef des Regiments von 1856—1882.

beritten zu machen. Im Armeeberichte des kommandirenden Generals, Prinzen von Hohenzollern, wurde seiner preiswürdigen Tapferkeit, die öffentlich belobt wurde, ehrenvoll gedacht. Nach dem Feldzuge erhielt er die Ernennung zum Oberstlieutenant, wurde 1819 zur Garde du Corps versetzt und im nämlichen Jahre Flügeladjutant. Er wurde 1821 Oberst, 1826 Kommandeur des Garde-Kavallerie-Regiments und in demselben Jahre Generalmajor, 1830 Chef des früheren 2. Dragoner-Regiments, im nämlichen Jahre Kommandeur der Kavallerie-Brigade und erhielt 1840 die Ernennung zum Generallieutenant. Vom 24. Dezember 1851 bis 2. Juni 1852 war er Kommandirender des Großherzoglichen Armeecorps. Am 20. September 1856, dem Vermählungstage Seiner Königlichen Hoheit des Großherzogs mit der Prinzessin Luise von Preußen, wurde Markgraf Maximilian von Baden zum Inhaber des Regiments ernannt.

Das warme Interesse und die lebhafte Theilnahme an dem Wohlergehen des Regiments werden dem edlen Fürsten und hohen Chef ein unvergängliches, ehrendes Andenken sichern.

Die Trauer des Regiments um den verewigten Markgrafen Maximilian wurde auf 16 Tage festgesetzt. Die Offiziere trugen den Trauerflor um den linken Oberarm.

Den Ehrendienst am Sarge des hohen Verewigten versahen Major v. Zawadzki und 16 Unteroffiziere des Regiments. Zu der feierlichen Beisetzung in Karlsruhe kombinirte das Regiment eine aus Rappen bestehende Eskadron, welche sich mit der Standarte und den Trompetern an die Spitze des Leichenkonduktes setzte; die drei anderen Eskadrons standen in der Trauerparade.

Laut Allerhöchster Kabinets-Ordre vom 29. Juni wurde bestimmt, daß das Regiment den Namen: „Markgraf Maximilian" nicht mehr weiter führen solle.

Die Herbstübungen fanden wie folgt statt: Kavallerieübungen im Brigade- und Divisions-Verbande unter General v. Gemmingen unter Beiwohnung Seiner Königlichen Hoheit des Prinzen Friedrich Karl von Preußen. Detachementsübungen und Divisionsmanöver bei Neustadt und Donaueschingen. Der Rückmarsch des Regiments fand durch Württemberg statt; ausmarschirt war es am 14. August und kehrte am 27. September zurück.

Vom 10. bis 22. Juli hatte unter Leitung des Majors Rothe vom Generalstabe des 14. Armeecorps eine Kavallerie-Uebungsreise im Bezirk des 14. Korps stattgefunden; hieran nahmen Theil: Rittmeister Richter, Premierlieutenant Graf Sponeck und Lieutenant v. Wright. Lieutenant Saenger wurde am 1. Oktober zur Central=Turnanstalt und Lieutenant Thiergärtner am 1. November zum Militär=Reitinstitut kommandirt.

1883. Zu Anfang des Jahres 1883 war unsere Kaiserliche Familie durch den Verlust eines Mitgliedes schmerzlich betroffen worden. Seine Königliche Hoheit der Generalfeldzeugmeister Prinz Karl von Preußen, der Bruder Sr. Majestät, hatte am 21. Januar für immer seine Augen geschlossen. In ihm verlor die Armee ihren ältesten General, der ihr über 70 Jahre in hohen Ehren und mit wärmstem Herzen angehört hatte. Se. Majestät verfügten daher, daß sämmtliche Offiziere der Armee und Marine 14 Tage hindurch den Trauerflor um den linken Unterarm anzulegen hatten.

Am 1. März kehrte Lieutenant Sänger von der Central=Turnanstalt und am 1. November Lieutenant Thiergärtner vom Militär = Reitinstitut zurück. Lieutenant v. Wright wurde vom 1. Juni ab als Inspektionsoffizier zur Kriegsschule Neiße kommandirt.

Das Regimentsexerziren fand bei Bruchsal, das Brigadeexerziren bei Mülhausen statt. Anfang August erfolgten Märsche nach den Hohenzollernschen Landen über Waldkirch—Hornberg, Ende August die Detachementsübungen bei Hechingen am Fuße des Hohenzoller, vom 6. bis 12. September Divisionsmanöver zwischen Heiligenberg und Ueberlingen am Bodensee.

Zur Theilnahme an diesen Herbstübungen war das Regiment am 27. Juli ausmarschirt und am 26. September nach der Garnison zurückgekehrt.

1884. Zunächst sind einige auf Ausrüstung und Ausbildung Bezug habende Veränderungen zu erwähnen, und zwar wurde 1. eine Revolver=Schießinstruktion für die Kavallerie durch Allerhöchste Ordre vom 4. Juli genehmigt und 2. veröffentlichte das Kriegsministerium unterm 9. Juli mehrere Aenderungen, bezw. Ergänzungen zum Exerzir=Reglement für die Kavallerie, welche sich besonders auf Handgemenge nach der Attacke, auf die Verfolgung nach derselben, auf das Sammeln und auf die Attacke der Artillerie bezogen.

Das Regimentsexerziren fand in diesem Jahre wiederum bei Bruchsal und das Brigadeexerziren bei Mülhausen statt; die Detachementsübungen waren bei Pfirt im Ober=Elsaß und die

Divisionsmanöver zwischen Altkirch und Dammerkirch. Der Ausmarsch des Regiments zu den Herbstübungen erfolgte am 15. August, die Rückkehr am 28. September.

Vom 16. Juni bis 3. Juli nahm Premierlieutenant Stark an der Generalstabs-Uebungsreise im Bezirk des 14. Armeekorps Theil, und vom 14. bis 26. Juli Rittmeister Hardt, Lieutenant Frhr. Roth v. Schreckenstein und v. Cloßmann gleichfalls an einer Kavallerie-Uebungsreise unter Leitung des Majors Engel vom 3. Badischen Dragoner-Regiment Nr. 22; Lieutenant Saenger ging am 1. Oktober zum Militär-Reitinstitut. Die Remonten des Regiments lieferte in diesem Jahre das Depot Ferdinandshof.

1885. Zwei herbe Schläge trafen in kurzer Aufeinanderfolge unser Kaiserliches Haus, die Armee und unser ganzes Vaterland.

Am 15. Juni starb Prinz Friedrich Karl von Preußen, Königliche Hoheit, Generalfeldmarschall, Generalinspekteur der 3. Armeeinspektion und Inspekteur der Kavallerie. Speziell unsere Waffe, der er von frühester Jugend all sein Denken und Streben zugewendet, deren Uebungen er geleitet, und welcher er ihre frühere Bedeutung wiedergegeben hatte, erlitt durch seinen Tod einen herben, geradezu unersetzlichen Verlust. Als echtes und rechtes Bild eines preußischen Reitergenerals wird er stets zur Nacheiferung vor der Seele eines jeden braven Reitersmannes stehen.

Zwei Tage später, am 17., verschied in Karlsbad der kommandirende General des 15. Armeekorps, Generalfeldmarschall und Kaiserlicher Statthalter in Elsaß-Lothringen, Frhr. v. Manteuffel.

Um dem tief empfundenen Bedürfniß der Armee Rechnung zu tragen, auch die äußeren Zeichen der Trauer für zwei hochverdiente und hochbewährte Generale anzulegen, welche so viel für sie gethan, geruhten Seine Majestät zu bestimmen, daß von sämmtlichen Offizieren der Armee zur Trauer um den Prinzen Feldmarschall drei Wochen hindurch und im Anschluß hieran zur Trauer um den Feldmarschall und Kaiserlichen Statthalter acht Tage lang der Trauerflor um den linken Unterarm getragen werden solle.

Das Regimentsexerziren fand bei Bruchsal, das Brigadeexerziren bei Colmar statt. Die Detachementsübungen waren bei Offenburg und die Divisionsmanöver bei Achern. Mitte September hatte das 14. Armeekorps und mit ihm das Regiment die große Freude, durch Se. Majestät bei den großen Herbstübungen zwischen Ettlingen und Durlach besichtigt zu werden. Am 9. desselben Monats war

Korpsmanöver gegen markirten Feind bei Karlsruhe, am 11. große Parade vor Seiner Majestät dem Kaiser und König bei Forchheim, am 12. Korpsmanöver gegen markirten Feind bei Durlach, und vom 14. bis 16. September fanden Feldmanöver der Divisionen gegeneinander zwischen Karlsruhe und Pforzheim statt.

Nach Gottes unerforschlichem Rathe sollte es zum letzten Male sein, daß Seine Majestät der Kaiser und König Wilhelm I. die Kriegstüchtigkeit des 14. Armeekorps prüfte. Deshalb kann das Korps mit noch gerechterem Stolze auf die Anerkennung des obersten Kriegsherrn blicken, welche dem kommandirenden General v. Obernitz und sämmtlichen Truppentheilen in nachstehender Kabinets-Ordre gezollt wurde:

„Ich habe — wie dies bereits in der ganz vorzüglichen großen Parade hervortrat — das 14. Armeekorps in allen seinen Truppentheilen in einem ganz besonders guten Ausbildungszustande gefunden, so daß Ich bei der heutigen Beendigung der diesjährigen großen Herbstübungen zu Meiner lebhaftesten Freude durchaus Veranlassung habe, Meine vollste und unbedingteste Zufriedenheit auszusprechen. Ich weiß, welcher Fleiß und welche unablässige Thätigkeit zur Erreichung solcher Resultate erforderlich ist, und es ist daher in der That eine lebhafte Anerkennung und ein warmer Dank, den Ich Sie ersuche, den sämmtlichen Generalen, Regimentskommandeuren und Offizieren des Armeekorps unter Bekanntmachung der anbei erfolgenden Gnadenbeweise und Beförderungen in Meinem Namen auszusprechen, wie Ich auch den Mannschaften gern Meine volle Zufriedenheit mit der bethätigten Ausdauer und der Mir überall sichtbar gewordenen Ordnung zu erkennen gebe."

Das Regiment war am 10. August zu den Herbstübungen ausgerückt und von denselben am 16. September zurückgekehrt.

Vom 1. März bis 1. August war Lieutenant v. Cloßmann zur Central-Turnanstalt kommandirt; Lieutenant v. Westernhagen kehrte am 18. August und Lieutenant v. Wrigth am 23. September von der Kriegsschule bezw. Neiße zurück; Lieutenant Saenger blieb auf ein ferneres Jahr beim Militär-Reitinstitut kommandirt.

An Stelle des zum Gouverneur von Metz ernannten Divisionskommandeurs, Generallieutenants v. Berken, trat Generallieutenant v. Petersdorff.

Vom Jahre 1885 ab bezog das Regiment seine Remonten abwechselnd aus den Depots Bärenklau, Arendsee, Wirsitz und Wehrse.

1886. Eine der wichtigsten Aenderungen brachte das 1886 erschienene Exerzir-Reglement für die Kavallerie. Wir verzichten, auf dasselbe näher einzugehen, da es die heute gültigen Bestimmungen enthält und in der Militär-Litteratur hinreichend besprochen worden ist.

Im Juni sah das Regiment seinen geliebten Kommandeur, Oberst v. Heister, scheiden, der unter Stellung à la suite mit der Führung der 16. Kavallerie-Brigade beauftragt wurde. Zu seinem Nachfolger wurde der etatsmäßige Stabsoffizier im Brandenburgischen Dragoner-Regiment Nr. 2, Major v. Bause, ernannt.

Leider konnte das Regiment wegen ausgebrochener Influenza, die den Sommerdienst in hohem Grade beeinträchtigte, nicht an den großen Kavallerieübungen bei Hagenau unter dem Generalmajor Grafen Haeseler und an dem Kaisermanöver des 15. Armeekorps theilnehmen. Hierfür wurde deshalb das 1. Großherzoglich Hessische Dragoner-Regiment Nr. 23 kommandirt. So fielen denn in diesem Jahre für das Regiment die Herbstübungen aus, und nur die Bruchsaler Eskadrons wurden auf zwei Tage zu dem Manöver der 28. Division bei Mentzingen herangezogen. Im Juli hatten eine Generalstabs-Uebungsreise im Bezirk des 14. Armeekorps und unter Leitung des Generalmajors v. d. Knesebeck eine Kavallerie-Uebungsreise im Ober-Elsaß stattgefunden, zu ersterer war Rittmeister Frhr. Rüdt v. Collenberg und zu letzterer Rittmeister Hardt, Lieutenant Legde und Frhr. Röder v. Diersburg kommandirt. Lieutenant Saenger kehrte am 1. September vom Reitinstitut zurück, und Lieutenant v. Cloßmann ging am 1. Oktober dorthin.

1887. Das Jahr 1887 verlief ohne besondere Ereignisse für das Regiment, nach des Dienstes ewig gleichgestellter Uhr.

Am 16. August marschirte das Regiment über Offenburg durch das Kinzig-Thal zum Brigadeexerziren bei Engen; die Detachements- und Divisionsübungen fanden zwischen Engen und Singen statt. Am 28. September waren die gelben Dragoner wieder in ihrer Garnison.

Im Juni hatte Lieutenant v. Westernhagen an der Generalstabs-Uebungsreise theilgenommen; Lieutenant v. Cloßmann kehrte am 1. September von der Reitschule zurück, und Lieutenant Legde wurde vom 1. Oktober ab zur Kriegsakademie nach Berlin kommandirt.

1888. Das Jahr 1888 brachte zunächst Veränderungen im deutschen Heerwesen, deren Wichtigkeit es gerechtfertigt erscheinen lassen, diese hier in ihrem ganzen Umfange zu erwähnen. Durch Gesetz vom

11. Februar, betreffend Aenderungen der Wehrpflicht, sind die Landwehr und der Landsturm in zwei Aufgebote getheilt, dagegen die Eintheilung der Ersatzreserve in zwei Klassen fortgefallen. Hiernach gestaltet sich die Dienstpflicht, wie folgt: 7 Jahre im stehenden Heer, in der Regel mit dem 20. Lebensjahr beginnend, davon drei Jahre bei den Fahnen (aktiv), 4 Jahre in der Reserve, darauf 5 Jahre in der Landwehr ersten Aufgebots und nächstdem bis zum 31. März desjenigen Kalenderjahres, in welchem das 39. Lebensjahr vollendet wird, in der Landwehr zweiten Aufgebots. Die Ersatzreservepflicht dauert 12 Jahre, vom 1. Oktober des ersten Militärpflichtjahres ab, dann treten die Ersatzreservisten zur Landwehr zweiten Aufgebots. Die Ersatzreservisten sind im Frieden zu drei Uebungen verpflichtet, von denen die erste 10, die zweite 6 und die dritte 4 Wochen dauert. Die Ersatzreserve dient zur Ergänzung des Heeres bei der Mobilmachung und zur Bildung von Ersatztruppentheilen. Zum Landsturm gehören alle Wehrpflichtigen vom vollendeten 17. bis vollendeten 45. Lebensjahr. Das erste Aufgebot des Landsturms dauert bis zum 40. Lebensjahr, dann folgt das zweite. Der Landsturm hat die Pflicht, an der Vertheidigung des Vaterlandes theilzunehmen, und kann bei außerordentlichem Bedarf zur Ergänzung des Heeres und der Marine herangezogen werden. Sein erstes Aufgebot wird bei Kriegsgefahr durch die kommandirenden Generale, das zweite durch den Kaiser aufgerufen, seiner militärischen Verwendung entsprechend bewaffnet, bekleidet und ausgerüstet. Im Frieden unterliegen die Landwehr 2. Aufgebots und der Landsturm keiner militärischen Kontrole. Während der Dauer einer Mobilmachung findet ein Uebertritt in das zweite Aufgebot nicht statt. Die Ersatzreservisten gehören zu den Mannschaften des Beurlaubtenstandes und unterliegen der militärischen Kontrole.

Am 23. Februar verschied in Freiburg nach kurzer Krankheit Seine Großherzogliche Hoheit der Prinz Ludwig von Baden, zweiter Sohn Seiner Königlichen Hoheit des Großherzogs. Tage tiefster Trauer waren es auch für das badische Volk, als unser Großherzogliches Paar demuthsvoll sich Gottes allmächtigem Willen beugte. Sowohl in Hütten und Palästen, wie in Stadt und Dorf ließ der Schmerz des Großherzogs Friedrich und seiner erlauchten Gemahlin eine verwandte Saite in den treuen badischen Herzen mitklingen.

Seine Majestät der Kaiser und König ordnete für den verewigten Prinzen eine Trauer von neun Tagen für die Offiziere der badischen Regimenter an.

Der Tod dieses jungen hoffnungsvollen Prinzen war auch ein schwerer Schicksalsschlag für den hochbetagten Kaiserlichen Großvater, dessen sorgenvoller Blick damals nach San Remo gerichtet war, wo sein Sohn, jene ritterliche Erscheinung und der Liebling der Nation, von einer schweren tödtlichen Krankheit ergriffen war, die schon im Jahre 1887 in allen Gauen Deutschlands aufrichtige, herzliche Theilnahme hervorgerufen hatte. Schmerzlich getroffen durch diese Krankheit seines Sohnes und durch den Tod seines geliebten Enkels, des Prinzen Ludwig von Baden, starb unser greiser Heldenkaiser Wilhelm nach kurzer Krankheit am 9. März 1888 in Berlin. Mit seinem Tode war eine der großartigsten und wohlthätigsten Laufbahnen, die jemals von einem Fürsten zurückgelegt worden ist, zu Ende.

Trotz winterlicher Kälte eilte auf die Trauerkunde, seines schweren Leidens nicht achtend, der Kronprinz des Deutschen Reiches und von Preußen, Friedrich Wilhelm, als nunmehriger Kaiser und König Friedrich III., über die Alpen in sein Land zurück, um das Erbe seiner Väter anzutreten.

Die Trauer der Armee um des verewigten Kaisers und Königs Wilhelm I. Majestät wurde auf sechs Wochen festgesetzt. In den ersten vier Wochen trugen alle Offiziere den Adler und die Kokarde am Helm, die Epauletten, Passanten und Achselstücke, die Schärpen und das Portepee mit Flor überzogen, sowie einen Flor um den linken Oberarm. In den zwei letzten Wochen wurde nur der Flor um den linken Oberarm getragen.

Am 12. März wurde das Regiment in Bruchsal und Rastatt auf Seine Majestät den Kaiser und König Friedrich III. vereidigt.

Doch die Krankheit des Kaisers, deren schreckliche Leiden er mit heldenmüthiger Geduld und stets gleichbleibender Herzensgüte ertrug, machte inzwischen rasche Fortschritte und hatte schon nach einer Regierung desselben von nur 99 Tagen ihr Werk vollbracht. Am Vormittag des 15. Juni 1888 verschied im Palais Friedrichskron zu Potsdam Se. Majestät der Kaiser und König Friedrich III. an Lungenlähmung.

So war nach Gottes unerforschlichem Rathschluß das Tieftraurige geschehen, daß in einem und demselben Jahre in einer Dynastie, die man bis vor Kurzem noch auf viele Generationen hindurch für gesichert hielt, ein doppelter Regierungswechsel eingetreten war.

Die Armeetrauer wurde in derselben Weise befohlen wie beim Ableben des Hochseligen Kaisers und Königs Wilhelm I. Majestät.

Die Neuvereidigung des Regiments auf Seine Majestät den Kaiser und König Wilhelm II. fand am 17. Juni in den Garnisonen Bruchsal und Rastatt statt.

Unmittelbar vor derselben wurde folgender Armeebefehl vorgelesen: Während die Armee soeben erst die äußeren Trauerzeichen für ihren auf alle Zeiten in den Herzen fortlebenden Kaiser und König Wilhelm I., Meinen hochverehrten Großvater, ablegte, erleidet sie durch den heute Vormittag 11 Uhr 5 Minuten erfolgten Tod Meines theuren, innig geliebten Vaters, des Kaisers und Königs Friedrich III. Majestät, einen neuen schweren Schlag.

Es sind wahrlich ernste Trauertage, in denen Mich Gottes Fügung an die Spitze der Armee stellt, und es ist in der That ein tiefbewegtes Herz, aus welchem Ich das erste Wort an Meine Armee richte.

Die Zuversicht aber, mit welcher Ich an die Stelle trete, in die Mich Gottes Wille beruft, ist unerschütterlich fest, denn Ich weiß, welchen Sinn für Ehre und Pflicht Meine glorreichen Vorfahren in die Armee gepflanzt haben, und Ich weiß, in wie hohem Maße sich dieser Sinn immer und zu allen Zeiten bewährt hat.

In der Armee ist die feste unverbrüchliche Zugehörigkeit zum Kriegsherrn das Erbe, welches vom Vater auf den Sohn, von Generation zu Generation geht, — und ebenso verweise Ich auf Meinen, euch allen vor Augen stehenden Großvater, das Bild des glorreichen und ehrwürdigen Kriegsherrn, wie es schöner und zu Herzen sprechender nicht gedacht werden kann — auf Meinen theuren Vater, der sich schon als Kronprinz eine Ehrenstelle in den Annalen der Armee erwarb, — und auf eine lange Reihe ruhmvoller Vorfahren, deren Namen hell in der Geschichte leuchten und deren Herzen warm für die Armee schlugen.

So gehören wir zusammen — Ich und die Armee —, so sind wir für einander geboren, und so wollen wir unauflöslich fest zusammenhalten, möge nach Gottes Wille Friede oder Sturm sein.

Ihr werdet Mir jetzt den Eid der Treue und des Gehorsams schwören — und Ich gelobe dessen stets eingedenk zu sein, daß die Augen Meiner Vorfahren aus jener Welt auf Mich herniedersehen, und daß Ich ihnen dermaleinst Rechenschaft über den Ruhm und die Ehre der Armee abzulegen haben werde.

Schloß Friedrichskron, den 15. Juni 1888.

(gez.) Wilhelm.

Bei den direkten Vorgesetzten des Regiments traten im Laufe des Jahres nachstehende Veränderungen ein: Der kommandirende General der Infanterie v. Obernitz wurde in Genehmigung seines Abschiedsgesuches zur Disposition gestellt, und der bisherige Kommandeur der 1. Garde-Infanterie-Division, Generallieutenant v. Schlichting, zum kommandirenden General des 14. Armeekorps ernannt. Der Kommandeur der 29. Division, Generallieutenant v. Petersdorff, wurde ebenfalls auf sein Ansuchen zur Disposition gestellt, und an seine Stelle trat Generallieutenant v. Mantey.

Im Frühjahr brach bei den Pferden der 3. Eskadron in Rastatt die Brustseuche aus, welche Krankheit indeß im Hochsommer wieder als erloschen erklärt werden konnte.

Für die diesjährigen Herbstübungen wurde das Regiment der 28. Division zugetheilt und zwar mit Rücksicht darauf, daß an den Manövern der 29. Division im Ober-Elsaß das Leib-Dragoner-Regiment Nr. 20 theilnahm. Demgemäß fand das Brigadeexerziren bei Dallau im Odenwald statt, die Detachements- und Divisionsübungen wurden bei Mosbach—Buchen—Adelsheim abgehalten. Das Regiment verließ am 16. August die Garnison und rückte am 23. September dort wieder ein.

Am 24. September starb Lieutenant v. Müller auf seiner Reise nach Mpuapua in Ostafrika am Fieber. Mit jugendlicher Begeisterung hatte er sich der kolonialen Sache gewidmet, der er bis zu seinem Tode treu blieb.

Im Juni hatte unter Leitung des Generalmajors Edler v. d. Planitz, Kommandeur der 28. Kavallerie-Brigade, im Elsaß eine Kavallerie-Uebungsreise stattgefunden, hieran nahmen vom Regiment Theil: Major v. Bachmayer, Major Kühls, Rittmeister Stephany und Lieutenant Graf v. Bredow. Am 1. Oktober wurde Sekondlieutenant Henking v. Lassolaye zum Militär-Reitinstitut nach Hannover kommandirt.

1889. Das Regiments- und Brigadeexerziren fand in diesem Jahre bei Offenburg, die Detachementsübungen bei Sinzheim—

Kuppenheim statt. Vom 10. bis 14. September wurden zwischen Ettlingen—Durlach und Pforzheim Divisionsmanöver abgehalten. Vom 16. bis 18. September übten die beiden Divisionen des Armeekorps gegeneinander in dem Gelände Zaisenhausen—Bretten—Gondelsheim. Das Regiment wurde der von der Kavallerie des Armeekorps gebildeten Kavallerie-Division unter Führung des Generalmajors Frhrn. v. Schleinitz zugetheilt.

Lieutenant Henking v. Lassolaye wurde auf ein ferneres Jahr zum Reitinstitut kommandirt.

1890. Durch das Gesetz vom 27. Januar wurde unter Innehaltung der gegenwärtigen Friedenspräsenzstärke die Errichtung von zwei neuen Armeekorps am 1. April 1890 angeordnet und die §§ 3 und 5 des Reichsmilitärgesetzes vom 2. Mai 1874 dahin umgeändert, daß die gesammte Heeresmacht des Deutschen Reiches im Frieden aus 20 Armeekorps besteht. Das Gebiet des Deutschen Reiches wurde fortan in militärischer Beziehung in 19 Armeekorpsbezirke und diese zum Zweck der Heeresergänzung und Organisation der Landwehr in Divisions- und Brigadebezirke, letztere in Landwehr- und Kontrolbezirke eingetheilt. Neu formirt wurden: das 16. Armeekorps für Lothringen, das 17. für Westpreußen. Die hierzu erforderlichen Truppen wurden aus den alten Armeekorps entnommen. Das neu errichtete 16. Armeekorps wurde der 5. Armeeinspektion unter Seiner Königlichen Hoheit dem Großherzog von Baden zugetheilt, welche nunmehr aus dem 14., 15. und 16. Armeekorps besteht.

Diese Veränderungen im deutschen Heerwesen waren für das Regiment insofern von Bedeutung, als es aus dem Verbande der 29. Division ausschied und nunmehr der 28. Division unter Generallieutenant Weinberger zugetheilt wurde. Das Regiment bildete fortan mit dem 1. Badischen Leib-Dragoner-Regiment Nr. 20 die 28. Kavallerie-Brigade unter Generalmajor Frhrn. v. Schleinitz.

Der Etat des Regiments, welcher seit 1870 ununterbrochen 689 Unteroffiziere und Gemeine sowie 667 Reitpferde betrug, wurde vom 1. Oktober ab auf 701 Unteroffiziere und Gemeine sowie auf 682 Dienstpferde festgesetzt.

Infolge des Ausscheidens aus dem Verbande der 29. Division richtete der bisherige Generallieutenant und Divisionskommandeur v. Mantey nachstehendes Schreiben an das Regiment: „Dem Regiment rufe ich bei seinem Ausscheiden aus dem Verbande der Division ein herzliches Lebewohl zu. Ich habe die feste Ueberzeugung, daß das Regiment wie bisher, so auch künftighin sich stets die vollste Anerkennung der Vorgesetzten erwerben wird."

Es wurde ferner am 1. April die 3. Eskadron von Rastatt nach Bruchsal und die 4. Eskadron von Bruchsal nach Schwetzingen verlegt.

Der 4. Mai brachte zunächst den Verlust eines Kameraden; der erst vor Kurzem einrangirte Premierlieutenant Schulz v. Dratzig hatte in der Nacht vom 3./4. Mai infolge eines entstandenen Zimmerbrandes einen plötzlichen, frühzeitigen Erstickungstod gefunden. Persönliche Liebenswürdigkeit, hervorragende Kameradschaft und Eifer für den Dienst zeichneten den Dahingeschiedenen aus.

Wenige Wochen vor dem Ausmarsch des Regiments zu den Herbstübungen, sah dasselbe zum allgemeinen Bedauern seinen hochverehrten Kommandeur scheiden. Unter Stellung à la suite des Regiments wurde Oberst v. Bause zum Kommandeur der 16. Kavallerie-Brigade befördert. Zu seinem Nachfolger wurde der etatsmäßige Stabsoffizier des Königs-Husaren-Regiments, Oberstlieutenant v. Uslar, ernannt.

Ende Mai fand bei Bruchsal das Regimentsexerziren statt. Am 25. August marschirte das Regiment durch die Vogesen über Lauterburg—Lützelstein in die Gegend von Saarburg in Lothringen zu den großen Kavallerieübungen unter dem Inspekteur der Kavallerie, Generallieutenant v. Kleist, ab. Die Truppeneintheilung der Kavallerie-Division Graf Zeppelin war Brigade v. Bause — Ulanen-Regimenter Nr. 7 und 11, Brigade v. Schleinitz — Dragoner-Regimenter Nr. 20 und 21, und Brigade Krell — Ulanen-Regimenter Nr. 19 und 20. Nach einem Rückmarsch über Bitsch—Weißenburg traf das Regiment am 30. September wieder in Bruchsal ein.

Vom 22. Juni bis 3. Juli hatte unter Leitung des Majors v. Liebermann vom 1. Badischen Dragoner-Regiment Nr. 20 im Elsaß eine Kavallerie-Uebungsreise stattgefunden, an welcher vom Regiment Rittmeister Stark, Lieutenant v. Baumbach, v. Wehren und Runge theilnahmen. Premierlieutenant Legde war am 21. Juli von der Kriegsakademie und Lieutenant Henking v. Laffolaye am 1. September von der Reitschule zurückgekehrt. Lieutenant v. Wehren wurde vom 1. Oktober ab zur Central-Turnanstalt, Lieutenant Saenger zur Kriegsakademie und Lieutenant v. Baumbach zum Militär-Reitinstitut kommandirt.

1891. Ende Mai war Regimentsexerziren bei Bruchsal. Am 4. August fand der Abmarsch zu den Herbstübungen statt. Das Brigadeexerziren wurde an der Kalten Herberge, die Detachementsübungen zwischen Wehr und Adelhausen und die Divisionsmanöver zwischen Schopfheim—Schliengen abgehalten. Während der dreitägigen Korpsübungen bei Aspach—Altkirch—Galfingen gehörte das Regiment zur Kavallerie-Division unter Führung des Obersten v. Diepenbroick-Grüter. Am 24. September kehrte das Regiment aus dem Manöver zurück.

Laut Ordre vom 23. August wurde Oberst v. Bause à la suite des Regiments, in Genehmigung seines Abschiedsgesuchs unter Verleihung des Charakters als Generalmajor zur Disposition gestellt.

Am 1. März kehrte Lieutenant v. Wehren von der Central-Turnanstalt zurück; Lieutenants v. Bohlen und Halbach I. wurden vom 1. Oktober ab auf ein Jahr zur Gesandtschaft im Haag kommandirt.

1892. Das Jahr 1892 brachte zunächst folgende Veränderungen bei den direkten Vorgesetzten des Regiments: Der bisherige Divisionskommandeur, Generallieutenant Weinberger, wurde zur Disposition gestellt, und an seine Stelle trat Generallieutenant Frhr. v. Rössing. Generalmajor Frhr. v. Schleinitz wurde unter Beförderung zum Generallieutenant zum Kommandeur der 29. Division ernannt; Oberst v. Nickisch-Rosenegg vom 3. Garde-Ulanen-Regiment erhielt das Kommando der 28. Kavallerie-Brigade.

Am 29. April feierte der Großherzog Friedrich von Baden, einer der edelsten Fürsten unter den großen nationalen Heldengestalten der neueren deutschen Geschichte, das seltene Jubiläum einer vierzigjährigen Regierung. Nicht allein das badische Volk vom Bodensee bis zum Taubergrund brachte an diesem Tage seinem vielgeliebten Landesherrn die aufrichtigsten und wärmsten Glückwünsche dar, sondern auch das große Deutsche Reich bezeugte in dankbarem Gemüth die herzliche Verehrung für den um das Vaterland hochverdienten deutschen Fürsten.

Zur Feier dieses Tages nahm das Regiment mit enthüllter Standarte eine Paradeaufstellung auf dem Schloßhofe in Bruchsal ein; Oberstlieutenant v. Uslar hielt eine kernige Ansprache, welche mit dem jubelnd aufgenommenen Hurrah auf Se. Königliche Hoheit schloß.

Am 22. August rückte das Regiment nach dem Neckar, wo in der Gegend von Schwarzach das Brigadeexerziren stattfand. Die

Detachements- und Divisionsübungen wurden zwischen Meckesheim und Wimpfen abgehalten; hieran sollten sich die Manöver des 14. Armeekorps gegen das 13. anschließen. Doch leider wurde unserem Korps nicht die große Ehre zu Theil, durch Se. Majestät den Kaiser besichtigt zu werden, da diese großen Manöver infolge der Gefahr der eventuellen weiteren Verbreitung der Cholera in Fortfall kamen. Demgemäß rückte schon am 16. September das Regiment wieder in Bruchsal ein.

So sind wir denn bis zur Gegenwart gelangt und stehen an dem Schluß einer fast 50jährigen Geschichte unseres Truppentheils.

Gott erhalte in dem 2. Badischen Dragoner-Regiment Nr. 21 den Geist der Treue, des Gehorsams und der Tapferkeit und segne seine Waffen immerdar!

Anhang.

Kurzer Rückblick auf die Organisation und Kriegsgeschichte der Markgräflich und Großherzoglich badischen Kavallerie.

Einleitung.

Unter all den kleineren Heeren unseres Vaterlandes blickt fast keines auf eine ältere und ruhmreichere Geschichte zurück als das badische. Sein rothgelbes Löwenbanner hat auf den Schlachtfeldern ganz Europas geweht. Während badisches Blut an der Donau, der Moskwa, der Beresina, an dem Niemen, der Weichsel und der Elbe floß, kämpften gleichzeitig badische Truppen am Ebro, dem Tajo und der Guadiana. Badische Reiterschaaren sahen wir in jenen Feldzügen allerorts, und manche Züge hohen Muthes und treuer Hingebung scheinen der Aufzeichnung wohl würdig. Wenngleich also infolge der politischen Vorgänge des Jahres 1849 die ursprüngliche Organisation der badischen Kavallerie mit geringen Ausnahmen aufgelöst wurde, so dürfen dennoch Badens Söhne stolzen Muthes der Thaten ihrer Vorfahren in jenen heißen Kämpfen gedenken. Es verlohnt sich deshalb vielleicht der Versuch, einen kurzen Rückblick auf die Organisation und Geschichte der Markgräflich und Großherzoglich badischen Kavallerie zu werfen, besonders da eine Geschichte der ehemaligen badischen Reiterei bisher fehlt. In dem Nachfolgenden hat der Verfasser diesen Versuch in den durch den Umfang des vorliegenden Bandes bedingten Grenzen unternommen.

Nachdem die Linie Baden-Baden, welche 265 Jahre regiert hatte, im Jahre 1771 erloschen war, fielen ihre Gebiete auf Grund einer 1765 geschlossenen Erbverbrüderung an die jetzt noch blühende Linie Baden-Durlach. Mit dieser Vereinigung der badischen Landestheile

Gardist   Dragoner   Kurassier   Husar
Garde du Corps.   Husaren-Corps.

Markgräflich badische Reiterei 1790.

begann für das badische Militärwesen unter dem Markgrafen Karl Friedrich von Baden-Durlach eine neue Epoche. Zwar blieb gemäß dem Kreiskonventsbeschluß vom Jahre 1732 die Eintheilung der schwäbischen Kreiskontingente unverändert. Letztere bestand an Reiterei aus zwei Kavallerie-Regimentern, ein jedes zu acht Kompagnien. Ebenso unverändert blieb die Scheidung der Kontingente nach Konfessionen, so daß ein Kavallerie-Regiment fast ausschließlich von den evangelischen und das andere von den katholischen Kreisständen gestellt wurde.

In Friedenszeiten garnisonirten die Kontingente in den Gebieten der betreffenden Reichsstände und wurden zu größeren Uebungen niemals, höchstens in Kompagnien, vereinigt. Die Regimentseintheilung bestand nur auf dem Papier. Doch waren jederzeit die Offiziere namentlich und die Mannschaften in den Truppenabtheilungen summarisch bezeichnet, welche im Fall eines Krieges zu den Kreisregimentern abzurücken hatten. Hierüber wurden halbjährig Standesausweise an den Kreiskonvent in Ulm und an die Regimentsinhaber eingereicht.

Der Friedensstand der Regimenter war zur Zeit der Vereinigung der badischen Markgrafschaften infolge des lange vorhergegangenen Friedens seit dem Kreiskonventsbeschluß vom Jahre 1732 ziemlich unverändert geblieben. Er betrug bei der Kavallerie 304 Mann. Es waren dies 1½ Simpla, d. h. der anderthalbfache Betrag der Matrikel vom Jahre 1681. Hiernach zählte die baden-durlachsche Kavallerie eine Kompagnie Dragoner zu 42 Mann, die badenbadische Kavallerie eine Kompagnie Kürassiere zu 38 Mann und ein Detachement Husaren von 20 Mann. Alle diese Abtheilungen waren mit Ausnahme der Husaren unberitten.

Aus diesem Stamm der markgräflich badischen Kavallerie wuchsen im Laufe der Zeiten die ehemaligen badischen Kavallerie-Regimenter, das Dragoner-Regiment Großherzog und das Dragoner-Regiment Markgraf Maximilian Nr. 1, heran, auf deren Organisation wir später bei der Betrachtung derselben, ebenso wie auf die Bildung des Dragoner-Regiments von Freystedt Nr. 2, zurückgreifen werden.

Was die Ergänzung oder Rekrutirung der stehenden Truppen damaliger Zeit betrifft, so geschah solche bekanntlich theils durch Werbung, theils durch Aushebung. Für die erste Zeitepoche des Bestehens der badischen Reiterei war die Aushebung die Regel, während die Werbung mehr oder weniger den Charakter der Annahme Freiwilliger hatte. Die Söhne des Adels und aller Staatsdiener, die Bürgersöhne aller größeren Städte, alle Studirenden, Künstler und die Angehörigen vieler Gewerbe genossen Milizfreiheit. Es galt als Grundsatz, daß nur entbehrliche junge Leute zum Eintritt in den Militärdienst gezwungen werden sollten. Dagegen war der einmal Ausgehobene auf ganz unbestimmte Zeit zum Militärdienst verpflichtet. Er konnte lebenslänglich bei der Fahne behalten werden, und eine etwaige Entlassung hing lediglich vom freien Willen des Landesherrn ab. Dieses Verfahren bei der Rekrutirung blieb bis Anfang dieses Jahrhunderts maßgebend, wo durch den Zuwachs von Landestheilen an Stelle der Werbung das sogenannte Kantonsreglement trat, welches die zwangsweise Aushebung ohne Loos, jedoch mit vielfachen Ausnahmen, gestattete. Erst 1825 kam das Konskriptionsgesetz zur vollen Geltung, welches im ersten Abschnitt dieses Buches näher betrachtet worden ist.

Das Dragoner-Regiment Großherzog.

Den Stamm des Dragoner-Regiments Großherzog bildeten die zu dem schwäbischen Kreiskontingente gehörige Kompagnie Dragoner der Markgrafschaft Baden-Durlach und die ebenfalls zu diesem Kontingente zählende Kürassier-Kompagnie der Markgrafschaft Baden-Baden. Diese beiden Kompagnien wurden in der Folge der Zeit miteinander vereinigt.

Nach einem Rapport vom 24. November 1748 war der Etat der baden-durlachschen Dragoner-Kompagnie: 1 Kapitän (W. v. Gemmingen), 1 Lieutenant, 1 Wachtmeister, 2 Korporale, 1 Trompeter, 26 Dragoner und 37 Pferde.

Als im Jahre 1771 durch den Tod des letzten Markgrafen von Baden-Baden, August Georg, diese Landschaft an Baden-Durlach fiel, wurden bei der Reorganisation des Militärwesens 1773 die von Baden-Baden übernommenen Kreiskürassiere mit den baden-durlachschen Dragonern zu einer Abtheilung:

„Gardes du Corps"

vereinigt. Die Kompagnien behielten jedoch ihre verschiedene Uniformirung und Bewaffnung bei und waren unberitten. Die 1. Kompagnie — die Dragoner-Kompagnie — gab das Kontingent zum Kreisdragoner-Regiment „Württemberg" und die 2. — die Kürassier-Kompagnie — das zum Kreiskürassier-Regiment „Hohenzollern".

Der Etat der Gardes du Corps war folgender: 4 Offiziere (Oberst v. Weiß, Major v. Beust, Rittmeister Graf v. Trautenberg und Lieutenant v. Geyer), 2 Wachtmeister, 2 Fouriere, 3 Trompeter, 1 Feldscherer, 5 Korporale, 60 Gemeine.

Im Jahre 1790 wurden in jeder der beiden Kompagnien eine Anzahl Leute als Gardisten bezeichnet und erhielten eine besondere Uniform, auf welche später bei der Beschreibung dieser noch hingewiesen werden wird.

Infolge der Ereignisse nach Ausbruch der französischen Revolution wurden die Gardes du Corps beritten gemacht; der Etat war folgender: Die Dragoner-Kompagnie (Rittmeister v. Milchling): 2 Lieutenants, 1 Wachtmeister, 1 Fourier, 1 Trompeter, 1 Feldscherer, 3 Korporale, 22 Gardisten 13 Dragoner, zusammen 23 Mann.

Die Kürassier-Kompagnie (Rittmeister v. Freystedt): 1 Lieutenant, 1 Fourier, 1 Trompeter, 1 Feldscherer, 2 Korporale, 21 Gardisten, 10 Kürassiere; zusammen 37 Mann.

Nach Rückkehr in die Garnison im Herbst 1796 wurden die beiden Kompagnien wieder wie früher unberitten als Gardes du Corps vereinigt.

Das Jahr 1797 brachte die Beförderung der beiden Rittmeister v. Freystedt und v. Milchling zu Majors. Demgemäß wurden die beiden Kompagnien der Gardes du Corps die „Major Freistedt-" und die „Major Milchling-Kompagnie" betitelt. Der erstgenannte Kommandeur war beurlaubt, so daß Major v. Milchling an seiner Stelle das Kommando der Gardes du Corps übernahm, da schon zur Zeit des Ausmarsches im Jahre 1792 dem bisherigen Kommandeur, Obersten v. Weiß, die Genehmigung seines Abschiedsgesuches ertheilt worden war.

Der Stand der Gardes du Corps verringerte sich fortan nach und nach, so daß gegen das Jahr 1800 von beiden Kompagnien nur noch an Gemeinen 24 Mann im Dienste waren, dagegen blieb der Etat der Offiziere und Mannschaften unverändert. Im nämlichen Zeitpunkte weist die Rangliste fünf Offiziere auf: Major v. Freystedt (beurlaubt), Major v. Milchling, Rittmeister Graf v. Sponeck, Lieutenants v. Ramschwag und v. Degenfeld.

Nach einem Kabinetsbeschluß vom September 1800 sollten die Gardes du Corps im Frieden beritten gemacht werden, so daß wir demgemäß im Jahre 1803 67 Pferde vorfinden. Im Jahre 1804 wurden die beiden bisherigen Kompagnien zu einer Eskadron Gardes du Corps

vereinigt. Die Effektivstärke derselben betrug: 6 Offiziere, 9 Unteroffiziere, 2 Trompeter, 10 Karabiniers, 50 Gemeine und 66 Pferde.

Im Januar 1805 nahm Oberstlieutenant v. Freystedt, im Mai desselben Jahres Major v. Milchling den Abschied; Rittmeister v. Baumbach erhielt am 19. Oktober 1806 das Kommando.

Im Jahre 1808 wurde den Gardes du Corps eine Standarte verliehen, welche sie bis zum Jahre 1830 behielten.

Am 20. Dezember 1813 wurde Oberst v. Baumbach als Kommandeur zum Dragoner-Regiment von Freystedt versetzt; das Kommando über die Gardes du Corps erhielt am 18. August 1814 der Generalmajor und Generaladjutant v. Geusau.

Im Monat Mai 1815 wurden die Gardes du Corps auf den Kriegsfuß gesetzt und zählten 4 Offiziere, 10 Unteroffiziere, 4 Trompeter, 93 Gardisten und 97 Pferde. Im November desselben Jahres wurden die Gardes du Corps um

eine Eskadron

vermehrt. Hierzu gaben jedes der beiden Dragoner-Regimenter 2 Unteroffiziere, 28 Mann und die bisherige Gardes du Corps-Eskadron 5 Unteroffiziere und 23 Gardisten ab.

Durch Höchste Ordre vom 7. August 1819 wurden die ersten Eskadrons der beiden Dragoner-Regimenter nach Gottesaue verlegt und mit den Gardes du Corps unter der Benennung:

„Gardekavallerie-Regiment"

vereinigt. Die Stärke dieses provisorisch gebildeten Regiments betrug: 22 Offiziere, 50 Unteroffiziere, 15 Trompeter, 222 Mann und 309 Pferde.

An Stelle des am 13. Februar 1826 verstorbenen Kommandeurs, Generalmajor v. Geusau, wurde am 24. desselben Monats der Generalmajor Markgraf Maximilian von Baden zum Kommandeur des Gardekavallerie-Regiments ernannt.

Durch Höchste Ordre vom 8. September 1830 vereinigte sodann Seine Königliche Hoheit der Großherzog Leopold die bisher zum Gardekavallerie-Regiment kommandirt gewesenen zwei Eskadrons Dragoner mit den beiden Eskadrons der Gardes du Corps zu dem nunmehr aus vier Eskadrons bestehenden

„Gardedragoner-Regiment".

Der Friedensetat jeder Eskadron betrug 98 Mann und 98 Pferde. Letztere wurden je nach ihrer Farbe derartig im Regiment vertheilt, daß die 1. Eskadron aus Rappen, die 2. aus Schwarzbraunen, die 3. aus Hellbraunen und die 4. aus Füchsen bestand. Die Trompeter behielten die Schimmel bei.

Durch Ordre vom 9. September 1830 wurden die drei Kavallerie-Regimenter in eine Brigade vereinigt, und der bisherige Regimentskommandeur, Generalmajor Markgraf Maximilian von Baden, Großherzogliche Hoheit, zum Brigadekommandeur ernannt. Das Kommando des Gardedragoner-Regiments wurde dem Obersten Graf v. Yffenburg übertragen.

Durch Höchste Ordre vom 15. November 1832 erhielt das bisherige Gardedragoner-Regiment die Benennung:

„Dragoner-Regiment Großherzog".

Hiermit verlor das Regiment zugleich die bisherigen noch von den Gardes du Corps auf das Gardedragoner-Regiment übertragenen Vorrechte; die Mannschaft erhielt fortan dieselbe Löhnung, wie diejenige der beiden anderen Dragoner-Regimenter. Auch durften von dieser Zeit an keine Leute von schlechter Führung mehr an die anderen Regimenter abgegeben werden, nur die Eskadrons behielten ihre gleichen Farben der Pferde bei.

Durch Pensionirung des Obersten Grafen v. Yffenburg im Dezember 1836 erhielt Major v. Rottberg das Kommando des Dragoner-Regiments Großherzog.

Die Friedensstärke des Regiments betrug 1836: 48 Unteroffiziere, 532 Dragoner und 17 Trompeter.

Das Regiment sowie die früheren Gardes du Corps garnisonirten dauernd in Karlsruhe. Die regierenden Großherzöge waren stets Chefs des Regiments und zwar Großherzog Karl Friedrich bis 1811, Großherzog Karl bis 1818, Großherzog Ludwig bis 1830 und Großherzog Leopold bis 1849.

Die Kommandeure des Regiments waren: Oberst v. Weiß von 1773 bis 1793; Oberstlieutenant v. Milchling von 1793 bis 1805; Oberst v. Baumbach 1805 bis 1814; Generalmajor v. Geusau 1814 bis 1826; Markgraf Maximilian 1826 bis 1830; Oberst Graf v. Yffenburg 1830 bis 1836; Oberst v. Rottberg 1836 bis 1849.

Was die Uniformirung und Ausrüstung des Regiments in den verschiedenen Epochen angeht, so behielten die 1773 unter dem Namen der Gardes du Corps vereinigten beiden Kompagnien ihre verschiedene Uniformirung bei. Zunächst trug die Dragoner-Kompagnie die für die Kontingente des schwäbischen Kreisdragoner-Regiments Württemberg vereinbarten Uniformen, nämlich: blaue Röcke mit schwarzen Kragen und Aufschlägen von Plüsch, blaue Mäntel; gelbe Knöpfe und Achselbänder, weißlederne Hosen und Steifstiefel; dreieckige Filzhüte mit gelber Hutschlinge und kurzem weißem Busch von Kapaunenfedern; schwarzlederne Kartusche. Die Kürassier-Kompagnie hatte die für das Kreiskürassier-Regiment Hohenzollern vereinbarte Uniform: Weiße Röcke mit rothen Kragen, Aufschlägen und weiße Mäntel; die Knöpfe von Weißmetall; kurze gelblederne Beinkleider und Steifstiefel. Gleiche Hüte und Federbüsche wie die Dragoner-Kompagnie, nur mit silberner Hutschlinge; weißlederne Kartusche. Die Offiziere trugen als Kompagnieuniform graue Leibröcke mit rothen Kragen und Aufschlägen, weiße Radmäntel ohne Aermel. Die Kürasse waren schwarz. Die Waffen der Gardes du Corps bestanden in einem geraden Pallasch mit messingenem Korb und messingbeschlagener Scheide; ferner in einem Karabiner und einem Paar Pistolen.

Im Jahre 1790 wurde, wie früher schon erwähnt, ein Theil der Gardes du Corps, welcher nicht zu den Kreisregimentern abzurücken bestimmt war, in eine besondere Uniform in den badischen Hausfarben gekleidet, nämlich: in gelbe Röcke mit scharlachrothen Kragen und Aufschlägen; letztere sowie die Rockschöße mit Bandtressen von weiß und rother Wolle besetzt; ferner trugen sie wollene Epauletten, eine Unterweste von rothem Tuch mit Haften, schwarze Roßhaarkravatte, Zopfband mit Zopfmasche und dunkelblaue Mäntel; eine zwei Ellen lange und eine viertel Elle breite rothe Schärpe als Gürtel um die Hüften. Weiße hirschlederne Beinkleider mit Steifstiefeln und weißlederne Stulphandschuhe, einen dreieckigen mit Eisendraht verstärkten Filzhut, besetzt mit versilberten Litzen, schwarz und weiße Roßhaarkokarde und kurzer Federbusch von gleichen Farben vervollständigten die Uniform.

Die Offiziere hatten außer dem Kollet noch rothe Galaröcke mit gelben Kragen und Aufschlägen; beide, sowie die Vorderseite des Rocks, reich mit Silber gestickt.

Die Pferdeausrüstung bestand in dem deutschen Sattel mit Vorder- und Hinterzeug, Packkissen und Mantelsack. Die blaue

Schabracke und die Hulsterkappen waren mit der Chiffre C. F., worüber der Fürstenhut sich befand, geziert.

Im Jahre 1796 nach Rückkehr aus dem Kriege gegen Frankreich wurden die beiden Kompagnien Gardes du Corps ganz nach Art des Kürassier-Regiments Hohenzollern uniformirt, erhielten weiße Kollets mit rothen Kragen und Aufschlägen, auf beiden letzteren weiße Kameelhaarlitzen, glatte weiße Knöpfe, gelbe Westen, gelblederne Beinkleider und Steifstiefel mit glatten eisernen Sporen.

Im Jahre 1801 erhielten die Gardes du Corps lange hellblaue, gelbgefütterte Röcke mit karmoisinrothen Kragen von Plüsch, besetzt mit silberdurchwirkten Borden, eine mit Silber durchstochene Achselschnur von weißem Kameelgarn mit versilberten Stiften, gelbe hirschlederne Beinkleider und leichtere Steifstiefel. Die gelben Westen wurden beibehalten.

Den 28. Januar 1804, als die beiden Kompagnien in eine Eskadron formirt wurden, geschah wiederum eine Aenderung in der Uniform; die Gardes du Corps erhielten weiße Kollets mit scharlachrothen Kragen und Aufschlägen, besetzt mit roth-, weiß- und silberdurchwirkten Borden, weißlederne Beinkleider, Steifstiefel, rothe Schärpen und Säbeltaschen von rothem Leder.

1811 vertauschten Offiziere und Mannschaften ihre Hüte mit Helmen von weißem Beschlag und weißen Roßhaarraupen.

Im April 1821 wurden anstatt der früheren Lederhosen und Steifstiefel lange graue mit Leder besetzte Ueberhosen eingeführt sowie kurze Stiefel mit Anschlagsporen. Die Hosen waren an der äußeren Seite mit einem rothen Vorstoß und zwei rothen Streifen besetzt. Im September desselben Jahres erhielten die Gardes du Corps Schabracken von weißem Schafpelz, die Trompeter von schwarzem; die Offiziere dagegen trugen Schabracken von schwarzem Bärenfell, geschmückt in den beiden hinteren Ecken mit Fidelitassternen. Außerdem hatten die Offiziere einen dunkelblauen rothpaspoilirten Interimsfrack und eine rothe Galauniform mit Kragen und Aufschlägen von dunkelblauem Sammet, auf welchem sich zwei in Silber gestickte Litzen befanden. Dazu trugen sie einen dreieckigen Hut mit weiß, roth und gelbem Federbusch sowie den Degen.

Vom Jahre 1835 an war die Uniform des Dragoner-Regiments Großherzog ähnlich derjenigen der anderen beiden bestehenden Dragoner-Regimenter, es wird deshalb auf die dortige Beschreibung verwiesen.

Die Kriegsgeschichte des Dragoner-Regiments Großherzog.

1. Die Feldzüge von 1793 bis 1796.

In Frankreich war im Jahre 1789 jene große Revolution ausgebrochen, welcher König Ludwig XVI. und seine Gemahlin Maria Antoinette zum Opfer fielen. Die Folge der französischen Revolution war die Bedrohung Frankreichs durch die Heere fast aller europäischen Großstaaten im Sommer 1793. Doch die Zerrissenheit des deutschen Reiches, die Eifersucht seiner Glieder und eine gewisse Verrottung in veralteten Formen ließen diese Kämpfe lange nicht zu der Verbündeten Gunsten entscheiden, um so natürlicher, als bald an die Spitze der Franzosen ein selten begabter Mann, Napoleon Bonaparte, trat.

Nach der Kriegserklärung des Deutschen Reiches an die Republik wurde die Feldaufstellung des schwäbischen Kreiskorps befohlen. Dieses bestand aus dem Kürassier-Regiment Hohenzollern, dem Dragoner-Regiment Württemberg, 2 Grenadier-, 10 Füsilier-Bataillonen und einem Reservepark von 20 Geschützen.

Das Korps und mit demselben die Markgräflich badische Kavallerie erhielt die Bestimmung, als ein Bestandtheil der Kaiserlichen Armee an den Operationen am Oberrhein und zunächst an der Vertheidigung des Rhein-Stromes Antheil zu nehmen. Infolge dieser Aufgabe wurde längs des Rheins von den Truppen ein Kordon gebildet. Die beiden badischen, zu dem Kreiskürassier-Regiment Hohenzollern und dem Dragoner-Regiment Württemberg gehörigen, Kompagnien rückten, nachdem sie beritten gemacht, demgemäß zum schwäbischen Kreiskorps ab. Die Kürassier-Kompagnie unter dem Kommando des Rittmeisters v. Freystedt, 57 Mann stark, war schon im September 1792 von Karlsruhe nach Bühl marschirt, ihr folgte am 5. Januar 1793 die Dragoner-Kompagnie unter Rittmeister v. Milchling, 65 Mann stark, von Neureuth bei Karlsruhe nach Odelshofen, um sich daselbst mit ihren Regimentern zu vereinigen.

Den 4. April 1794 marschirte das Dragoner-Regiment Württemberg und mit ihm die Kompagnie des Rittmeisters v. Milchling in die Gegend von Mannheim, traf dort am 13. ein und bezog in Heddesheim Kantonnement. Die Kompagnie des Rittmeisters v. Freystedt verblieb dagegen während der ganzen Zeit bei Willstedt in der Gegend von Kehl.

Den 29. März 1794 wurde das Lager bei Schwetzingen bezogen und den 13. September die Milchlingsche Kompagnie nach Kirchheim bei Heidelberg verlegt. Im Januar 1795 kam dieselbe wieder in die Nähe von Kehl nach Rhein-Bischofsheim, blieb daselbst bis zum Oktober und bezog dann in Schütterwald Kantonnements.

Nach Moreaus Rhein-Uebergang am 24./25. Juni 1796 wurde das schwäbische Freikorps, welches den Rhein-Kordon von Ichenheim bis Freystedt besetzt und sich in dem Lager von Willstedt verschanzt hatte, am 24. in einem Gefechte durch die französische Avantgarde unter Desaix zurückgeworfen und mußte sich in das Kinzig-Thal zurückziehen.

Am 1. Juli trennte sich das württembergische und badische Kontingent von dem schwäbischen Korps, marschirte nach Tübingen und begab sich unter französischen Schutz, da Württemberg an demselben Tage zu Baden-Baden einen Waffenstillstand mit Moreau abgeschlossen und Baden einen ähnlichen Vertrag am 25. desselben Monats zu Stuttgart unterzeichnet hatte.

Die beiden Kompagnien der badischen Gardes du Corps kehrten im September 1796 wieder in ihre Heimath zurück.

An den Feldzügen zu Anfang des 19. Jahrhunderts war es den Gardes du Corps nicht vergönnt theilzunehmen.

2. Der Feldzug gegen Frankreich 1815.

Die Rückkehr Napoleons von der Insel Elba, sein reißend schneller Zug von der Küste des Mittelländischen Meeres bis zur Hauptstadt, der Abfall der Königlichen Truppen, die Flucht Ludwigs XVIII. nach Gent und die faktische Anerkennung der Herrschaft Napoleons in Frankreich forderten die verbündeten Mächte von Neuem zum Kampfe gegen ihn auf. Alsbald rückten 7 gewaltige Kriegsheere gegen Frankreich an.

Das badische Korps, 1 Kavallerie-, 3 Infanterie-Brigaden und 7 Batterien, war nach der Ordre de Bataille dem 2. Kaiserlich österreichischen Armeekorps unter dem General der Kavallerie Fürsten v. Hohenzollern-Hechingen zugetheilt. Letzteres erhielt den Auftrag, Straßburg zu belagern, in welche Festung sich der französische General Rapp zurückgezogen hatte.

Die Eskadron Gardes du Corps, im Mai 1815 mobil gemacht, rückte am 10. Juni in der Stärke von 1 Offizier (Lieutenant v. Schilling), 1 Wachtmeister, 1 Quartiermeister, 7 Korporalen,

4 Trompetern und 96 Gardisten, zusammen 110 Mann, aus der Garnison Karlsruhe ab. 2 Unteroffiziere und 20 Gardisten blieben als Depot für die 6. Depot-Eskadron des Dragoner-Regiments von Geusau zurück. Rittmeister v. Preen übernahm das Kommando der Feld-Eskadron, welche dem Dragoner-Regiment v. Geusau zugetheilt wurde. Letzteres bildete mit dem Dragoner-Regiment v. Freystedt eine Brigade unter dem Kommando des Generalmajors v. Laroche. Diese Kavalleriebrigade zeichnete sich am 9. Juli bei einem Ausfall der französischen Besatzung durch eine glänzende Attacke aus. Fürst v. Hohenzollern ritt nach Beendigung dieses blutigen Reiterkampfes vor die Front der Gardes du Corps und dankte der Eskadron für die bewiesene Bravour. 4 Gardisten und 12 Pferde wurden getödtet, Rittmeister v. Preen, 6 Gardisten und 18 Pferde waren verwundet. Die Eskadron der Gardes du Corps erhielt für die hier bewiesene glänzende Tapferkeit: 1 Ritterkreuz, 1 goldene, 8 silberne Medaillen des Karl Friedrich-Militär-Verdienstordens und 1 Ritterkreuz des Zähringer Löwenordens.

Bevor das Großherzogliche Armeekorps die Gegend von Straßburg verließ und sich von den österreichischen Truppen trennte, hatte dasselbe am 10. September auf den Wiesen zwischen Oberhausbergen und Oberschäfelsheim Revue vor dem Fürsten Hohenzollern, welcher hierbei die am Tage des Gefechts ertheilten Lobsprüche wiederholte und seine besondere Zufriedenheit mit der Kavallerie-Brigade und dem ehrenvollen Antheil der Eskadron Gardes du Corps ausdrückte.

Am 18. Oktober wurde der Rückmarsch angetreten und am 20. rückten die Gardes du Corps wieder in ihre Garnison Karlsruhe ein.

Das Dragoner-Regiment Markgraf Maximilian Nr. 1.

Wie bereits in der Einleitung erwähnt, reorganisirte der Markgraf Karl Friedrich nach Vereinigung der unteren und oberen Markgrafschaft das badische Militärwesen und behielt das übernommene Husaren-Korps bei. Aus diesem Husaren-Korps ist im Laufe der Zeiten das Dragoner-Regiment „Markgraf Maximilian" entstanden.

Schon 1754 finden wir unter den Haustruppen des Markgrafen von Baden-Baden ein berittenes Husaren-Korps unter dem Lieutenant Mackay; nach Allerhöchst ertheilter Instruktion waren die Husaren eine Art Landgendarmerie.

1771 nach dem Tode des letzten Markgrafen von Baden-Baden zählte das Husaren-Korps 2 Offiziere (Rittmeister Frhr. v. Wallbrunn und Lieutenant v. Tettenborn), 1 Wachtmeister, 2 Unteroffiziere und 20 Gemeine. Die Instruktion und Verwendung der übernommenen Husaren blieben im Wesentlichen dieselbe, ihr Dienst bestand ausschließlich in der Beförderung der allgemeinen Sicherheit des Landes und in der Abhaltung fremden und herrenlosen Gesindels. Von 1771 bis 1776 war Obristwachtmeister v. Weiß Kommandeur, im Jahre 1776 aber wurde das Kommando dem aus Kaiserlich russischen Diensten kommenden Rittmeister v. Freystedt übertragen.

Im Jahre 1780 finden wir das Husaren-Korps als eine Art Leibwache des Markgrafen in Stärke von 2 Unteroffizieren, 1 Trompeter und 21 Husaren, jedoch unberitten; der Inspekteur der Husaren war Oberst v. Freystedt, zugleich Kommandeur des Leib-Infanterie-Regiments.

Beim Ausbruch des Krieges 1792 wurde Rittmeister Medicus Kommandeur des Husaren-Korps, es zählte: 1 Offizier, 1 Wachtmeister, 4 Unteroffiziere, 1 Trompeter, 1 Schmied, 33 Husaren und 40 Dienstpferde.

Zur Zeit des Kurfürstenthums 1803 bis 1806 wuchs der Etat bis auf 100 Husaren, und endlich wurde nach Errichtung des Großherzogthums im Laufe des Jahres 1806 das Husaren-Korps unter Einverleibung des Fürstlich Leiningischen Husaren-Korps zu

einem Regiment

à 4 Eskadrons formirt. Oberstlieutenant v. Laroche wurde zum Kommandeur und Markgraf Ludwig zum Chef desselben ernannt.

Der Friedensetat war pro Eskadron auf 75 Pferde bestimmt. Als im Jahre 1806 das Dragoner-Regiment von Freystedt gegen Oesterreich mobil gemacht wurde, gab das Husaren-Regiment infolge Ordre vom 18. Februar an dieses Regiment etwa 200 Pferde ab. Eine Ordre vom 29. Januar 1812 befahl die Mobilmachung des Husaren-Regiments gegen Rußland. Zur Kompletirung der Kriegsstärke wurden vom Dragoner-Regiment von Freystedt Nr. 1, 195 Pferde und 43 Dragoner an das Husaren-Regiment abgegeben. Dasselbe marschirte am 4. Februar unter dem Obersten v. Laroche mit seinen 4 Eskadrons, zu je 5 Offizieren, 16 Unteroffizieren, 4 Trompetern und 110 Husaren formirt, in einer Gesammtstärke von 540 Köpfen ab und fand in dem Feldzuge gegen Rußland, wie wir später bei der

Kriegsgeschichte des Regiments sehen werden, einen ruhmvollen Untergang.

Der Feldzug 1812 hatte die Blüthe der kriegsgeübten Mannschaft Badens verschlungen, so daß zur völligen Niederwerfung eines Feindes, dessen Druck Deutschland über ein Jahrzehnt schwer empfunden hatte, im Februar 1813 eine Neuorganisation der badischen Truppen durch die Ordre Seiner Königlichen Hoheit des Großherzogs Karl bestimmt wurde.

An Stelle des untergegangenen Husaren-Regiments wurde aus der in der Garnison zurückgebliebenen Depot-Eskadron, aus der nachgeschickten Ergänzungsmannschaft und aus den wenigen aus dem russischen Feldzuge in das Vaterland zurückgekehrten Husaren am 28. Februar 1813 ein Dragoner-Regiment zu 4 Eskadrons errichtet. Die Stärke einer jeden Eskadron wurde auf 75 Pferde festgesetzt. Generaladjutant Karl v. Geusau wurde zum Inhaber dieses Regiments ernannt, welches dementsprechend fortan den Namen:

„Dragoner-Regiment von Geusau Nr. 2"
führte.

Am 14. Mai 1813 gab das Regiment zur Errichtung einer fünften Eskadron des Dragoner-Regiments von Freystedt Nr. 1, 60 Dragoner und 60 Pferde ab, und als im August nämlichen Jahres bei demselben Regiment eine 6. Eskadron errichtet wurde, trat zu diesem Zweck die ganze 4. Eskadron des Dragoner-Regiments von Geusau mit dem Major Graf v. Isenburg, Stabsrittmeister Strauß v. Dürkheim, den Lieutenants Müller und v. Degenfeld ebenfalls zu diesem Regimente über. Außerdem gab das Regiment an jenes noch 142 Dragoner und ebenso viele Pferde ab, aus welchen zunächst eine provisorische Eskadron formirt wurde, die später in die übrigen Eskadrons als Ersatz vertheilt ward.

Sodann wurde durch Höchste Ordre vom 20. Dezember 1813 verfügt, daß die beiden Dragoner-Regimenter in gleicher Stärke zu je 5 Eskadrons formirt werden sollten. Es gab daher nunmehr das Dragoner-Regiment von Freystedt Nr. 1 an das Dragoner-Regiment von Geusau die 5. Eskadron mit 14 Unteroffizieren, 3 Trompetern, 123 Dragonern und 93 Pferden ab. Die Stärke jeder der 5 Eskadrons betrug von jetzt ab: 4 Offiziere, 11 Unteroffiziere, 3 Trompeter, 16 Karabiniers, 100 Dragoner und 130 Dienstpferde.

Für die Kriegsdauer des Jahres 1815 wurden ferner bei den Dragoner-Regimentern noch 6. Eskadrons formirt, welche erst 1819 wieder aufgelöst und in die anderen Eskadrons derartig vertheilt wurden, daß der Etat jeder Eskadron 6 Offiziere, 14 Unteroffiziere, 4 Trompeter, 20 Karabiniers und 112 Dragoner betrug.

Im November 1815 gab das Regiment zur Formation einer 2. Eskadron der Gardes du Corps 2 Unteroffiziere und 28 Mann an dieselbe ab.

Am 23. August 1819 wurde die 1. Eskadron des Regiments nach Gottesaue zu dem provisorisch gebildeten Gardekavallerie-Regiment kommandirt; diese Eskadron wurde 1821 durch die 2. wieder abgelöst, welche letztere dann 1830 beim neu errichteten Gardedragoner-Regiment einverleibt wurde. Am 13. Februar 1826 starb der Chef des Regiments, Karl v. Geusau, infolge dessen wurde bestimmt, daß das Regiment den Namen „von Geusau" nicht weiter zu führen hatte und nunmehr

„2. Dragoner-Regiment"

hieß. Aber schon unter der Regierung des Großherzogs Leopold wurde durch Allerhöchste Ordre vom 12. April 1830 der Generalmajor Markgraf Maximilian von Baden, Herzog zu Zähringen, zum Chef des vakanten 2. Dragoner-Regiments ernannt. Gemäß dieser hohen Ehre und Auszeichnung führte das diesseitige Regiment nunmehr die Nr. 1 und die Benennung:

„Dragoner-Regiment Markgraf Maximilian Nr. 1".

Das Regiment bildete mit den beiden anderen Dragoner-Regimentern eine Kavallerie-Brigade unter dem Kommando seines hohen Chefs, des Generalmajors Markgrafen Maximilian von Baden, Großherzogliche Hoheit.

Eine Allerhöchste Ordre vom 22. April setzte den Etat eines Kavallerie-Regiments, nach den bundesgesetzlichen Bestimmungen, wie folgt fest: 1 Kommandeur, 1 Stabsoffizier, 4 Rittmeister, 5 Oberlieutenants, 6 Lieutenants, 48 Unteroffiziere, 532 Dragoner und 17 Trompeter.

Die Garnisonen des Dragoner-Regiments Markgraf Maximilian Nr. 1 waren: Karlsruhe bis 1814; Karlsruhe, Durlach, Rastatt und Ettlingen 1815; Bruchsal von 1815 bis 1849.

Als Regimentschefs sind zu verzeichnen: Markgraf Ludwig bis 1808; Generaladjutant v. Geusau bis 1826; vom Februar 1826 bis April 1830 vakant, von da bis 1849 Markgraf Maximilian.

Die Kommandeure waren: Die Obersten v. Laroche von 1806 bis 1815, v. Degenfeld, welcher während der Gefangenschaft des Vorgenannten bereits das Interimskommando führte, von 1816 bis 1830, v. Gayling 1830 bis 1843 und v. Hinkelbey von 1843 bis 1849.

Was die Bekleidung, Bewaffnung und Ausrüstung des Dragoner-Regiments Markgraf Maximilian Nr. 1 betrifft, so hatten zunächst die Husaren grüne Dolmans mit gelben (bei den Offizieren goldenen) Schnüren und Knöpfen, rothe Kragen und Aufschläge. Der Pelzrock zum Umhängen war gleichfalls grün, mit gelben Schnüren und 5 Reihen gelber Knöpfe, weißem Futter und mit Pelzbesatz, welcher bei den Gemeinen schwarz, bei den Unteroffizieren braun (Fuchspelz), bei den Offizieren grau war. Die Beinkleider waren von gelbem Leder, die Stiefel schwarz mit gelber Einfassung und gelber Quaste. Die Kopfbedeckung bestand aus schwarzen Husarenmützen von Filz mit sogenanntem Flügel, ohne Schirm und mit gelben Fangschnüren und weißem Federbusch. Der Mantel war grün. Die Waffen bestanden in einem krummen Säbel, einem Karabiner mit Messinggarnitur und einem Paar Pistolen. Der Säbel hatte gelben Messinggriff mit einfachem Bügel und schwarzlederner, gelb garnirter Scheide. Die Säbeltasche war grün, auf derselben ein verschlungenes C. F. aus gelben Schnüren, darüber ein Fürstenhut. Die Säbelkuppel und Säbeltaschen-Riemen waren von rothem Juchtenleder, bei den Offizieren von rothem Saffian.

Die Pferdeausrüstung bestand in dem deutschen Sattel mit grüner Schabracke, deren Ecken wie die Säbeltasche verziert waren. Ueber der Schabracke lag ein weißes Schaffell mit grünem Vorstoß, bei den Offizieren ein Tigerfell. Das Riemenzeug war bei der Mannschaft schwarz, das der Offiziere von rothem Saffian.

Die Uniform des Dragoner-Regiments von Geusau bezw. Markgraf Maximilian war ähnlich der Uniform der anderen Großherzoglich badischen Dragoner-Regimenter; es wird der bedingten Grenzen des Anhangs wegen deshalb auf die Beschreibung unmittelbar vor dem Zeitabschnitt 1848/49 verwiesen.

Die Kriegsgeschichte des Dragoner-Regiments Markgraf Maximilian Nr. 1.

1. Der Feldzug in Oesterreich 1805.

Im Jahre 1805 riefen die vielen Uebergriffe Frankreichs mitten im Frieden eine dritte Koalition gegen den korsischen Eroberer hervor, zu der England, Rußland, Oesterreich und Schweden gehörten. Ende September überschritt die französische Armee unter dem Kaiser Napoleon den Rhein, und sämmtliche sechs Korps marschirten ohne Aufenthalt durch Baden und Württemberg gegen die bei Ulm sich vereinigende österreichische Armee unter dem Feldmarschall-Lieutenant Mak.

Die deutschen Reichsfürsten und unter ihnen Karl Friedrich, Kurfürst von Baden, wurden zum Anschluß und zur aktiven Theilnahme am Kriege gegen Oesterreich und dessen Verbündete aufgefordert.

Der Kurfürst, welcher vergeblich dieser Forderung gegenüber an dem machtlosen Reiche eine Stütze suchte und ohne Erfolg die Vermittelung Kaiser Alexanders von Rußland zur Erlangung einer Neutralität angerufen hatte, mußte im Juni 1805 schweren Herzens einen Allianzvertrag mit Frankreich abschließen und sich die Gestellung militärischer Hülfe auferlegen lassen. Blieb dem Fürsten doch nur die Wahl zwischen dem völligen Untergang seiner Dynastie oder dem Fügen in den Willen des mächtigen Siegers. So nahmen denn Badenser an den Feldzügen 1805 gegen Oesterreich, 1806/7 gegen Preußen und Schweden, 1809 abermals gegen Oesterreich und 1812 gegen Rußland Theil.

Entsprechend diesem Bunde versammelte sich am 1. Oktober 1805 eine badische Brigade unter dem Generalmajor v. Harrant zu Pforzheim, welcher der ursprüngliche Stamm des Regiments — das Husaren-Korps — beigefügt war. Jedoch verdankte das badische Hülfskorps dem rapiden Verlauf des Feldzuges, daß es in kein Gefecht — den Erbfeind Deutschlands unterstützend — thätig verwickelt wurde. Nach der Kapitulation der österreichischen Armee bei Ulm und nach der Niederlage der Russen und Oesterreicher in der Dreikaiserschlacht bei Austerlitz am 2. Dezember 1805 war der Feldzug entschieden.

Die badische Brigade verließ erst am 25. Oktober die Kantonnirungen bei Pforzheim, marschirte über Heilbronn und Nördlingen nach Donauwörth, rastete dort vom 2. bis 8. November, um am 18. über Augsburg nach Braunau am Inn zu gelangen.

12*

Das Husaren-Korps wurde während dieses Feldzuges zum Etappendienst und zur Eskorte der in der Schlacht bei Austerlitz gefangenen Russen verwendet. Der Friede von Preßburg am 26. Dezember 1805 beendigte den Krieg; die badischen Truppen traten den Rückmarsch nach der Heimath an und hatten am 22. Januar 1806 große Parade in Karlsruhe in Gegenwart des Kaisers Napoleon.

2. Der Krieg gegen Preußen und Schweden 1806/7.

Napoleons feindliche Absichten gegen Preußen traten nach Besiegung Oesterreichs 1805 immer deutlicher hervor, heimlich hetzte er Hessen und Sachsen gegen die Preußen zugestandene Gründung eines norddeutschen Bundes auf, bot England Hannover, Rußland Preußisch-Polen als Preis eines Friedens an und überschüttete Preußen mit Hohn und Spott. So mußte dieses endlich trotz der zur Zeit ungünstigen politischen Lage zum Schwert greifen.

Baden war am 12. Juli 1806 dem Rheinbund und hierdurch dem Schutz- und Trutzbündniß mit Frankreich beigetreten, vermöge dessen es bei dem Ausbruch des für Preußen und Deutschland so verhängnißvollen Krieges zur Stellung eines Kontingents verpflichtet war. Bereits am 11. Oktober 1806 marschirte ein Hülfskorps, darunter ein Detachement Husaren, unter dem Kommando des Generalmajors v. Cloßmann über Würzburg, Bayreuth, Torgau nach Stettin ab. Diese badischen Truppen wurden vorerst unberitten zur Besetzung der Oder-Festungen Küstrin, Stettin und des Forts Damm im Rücken der großen französischen Armee verwendet, welche nach der entscheidenden Doppelschlacht von Jena und Auerstädt am 14. Oktober sich zur Bekämpfung der russischen Armee gegen die Weichsel in Bewegung gesetzt hatte.

Eine zweite Abtheilung badischer Truppen, zu der zwei Husaren-Eskadrons in der Stärke von 222 Köpfen unter dem Major v. Cancrin gehörten, marschirte ebenfalls unberitten am 1. Dezember von Karlsruhe ab und traf am 4. Januar 1807 in Stettin ein. Hier war schon ein Theil der Husaren beritten gemacht worden, und General v. Cloßmann befahl, daß das Dragoner-Regiment von Freystedt 175 Pferde zur vollständigen Kompletirung der Husaren an diese abgeben sollte.

Endlich wurde Anfang Juni 1807 in Karlsruhe ein Reservekorps, darunter wiederum eine Husaren-Eskadron zu 116 Mann, gebildet und zur Verstärkung der Truppen in Preußen über Berlin nach Greifswalde abgesendet. Dieses Reservekorps wurde dem Observationskorps gegen Schweden unter Marschall Brune zugewiesen und stieß dann im Juli zum Blockadekorps vor Stralsund.

Ein spezielles Eingehen auf die Verwendung des Regiments während des Feldzuges in Preußen und in Schwedisch-Pommern muß, als zu weit führend, hier unterbleiben; es wird die Andeutung genügen, daß die braven Husaren in den Gefechten und kleinen Scharmützeln dieses Krieges, so bei Stargard, Dirschau, Massow, Rosenberg, Bangschin, Ried, Kolberg und Rügenwalde, sowie bei der Belagerung von Danzig und Stralsund den alten Waffenruhm der badischen Truppen durch Tapferkeit und Ausdauer bewährten. Vor Allem aber zeichnete sich das Regiment in vielen Vorpostengefechten, sowie bei mehreren Expeditionen gegen das Schill'sche Freikorps durch Bravour und Entschlossenheit aus.

Ende November 1807 traten die Husaren über Leipzig, Bayreuth, Nürnberg, Anspach, Heilbronn den Marsch in die Heimath an und rückten am 26. Dezember in ihre Garnison Karlsruhe wieder ein. Am 19. Januar 1808 erschien die Ordre zur Demobilisirung und wurden die Eskadrons auf den Etat von je 75 Pferden gebracht. Indeß sollte diese Friedensperiode des Husaren-Regiments nicht von allzu langer Dauer sein.

3. Der Feldzug in Vorarlberg 1809.

Das Tiroler Gebirgsland, dessen biedere einfache Bewohner mit großer Treue und alter Pietät an Oesterreich hingen, war nach den Festsetzungen des Preßburger Friedens an Bayern gefallen. Die neue Regierung erzeugte aber im Lande eine den Bayern sehr feindliche Stimmung und bereitete den heimlichen Aufforderungen des Erzherzogs Johann in Wien einen günstigen Boden. So entzündete sich im April 1809 jener Volkskrieg unter volksthümlichen Führern, wie Andreas Hofer, Speckbacher u. A.

Zur Bekämpfung des Aufstandes in Tirol wurde anfangs Mai 1809 ein kleines badisches Detachement abgesendet, um in Verbindung mit württembergischen Truppen gegen Vorarlberg zu operiren. Diesem Detachement folgten unter dem Obersten v. Stockhorn die in Karlsruhe zurückgebliebene Leibgrenadier-Garde, ein aus Depottruppen formirtes provisorisches Jäger-Bataillon, 2 Eskadrons Husaren, die Depot-Eskadron des Dragoner-Regiments und 2 Geschütze. Sie kämpften vom 15. bis 17. Juli im südlichen Württem-

berg und im September, Oktober als Bestandtheil des Expeditions=
korps gegen Vorarlberg unter General Lagrange mit den Tiroler
Insurgenten.

Vom Husaren=Regiment hatten 2 Eskadrons in der Stärke von
220 Mann unter dem Major v. Cancrin an diesem Feldzuge in
Vorarlberg theilgenommen, während die beiden anderen Eskadrons
im Depot Bruchsal zurückgeblieben waren. Auch hier bewiesen die
Husaren die alte Tapferkeit, die sie namentlich während einer mehr=
tägigen heldenmüthigen Vertheidigung des Postens bei Neu=Ravens=
burg gegen die weit überlegenen Insurgenten bethätigten.

Am 25. November rückten die badischen Truppen wieder in
Karlsruhe ein.

4. Der Feldzug in Rußland 1812.

Für die Kriegsgeschichte des Husaren=Regiments ist der Feld=
zug 1812 gegen Rußland eine besonders glänzende Epoche, welche
neben den schönsten Kriegsthaten alter und neuerer Zeiten einen
ehrenvollen Platz in der Geschichte verdient. Wir können deshalb
nur mit den erhebendsten Gefühlen auf diese ferne Vergangenheit
zurückblicken.

Das Regiment war am 4. Februar zu 4 Eskadrons à 5 Offi=
ziere, 16 Unteroffiziere, 4 Trompeter und 110 Husaren in der
Stärke von 540 Köpfen unter dem Obersten v. Laroche aus=
marschirt. Als Anfang August das Armeekorps des Marschalls
Victor, zu welchem die badischen Truppen unter dem Generalmajor
Graf Wilhelm v. Hochberg gehörten, sich bei Tilsit am Niemen
konzentrirte, bildete das Husaren=Regiment mit dem sächsischen
Dragoner=Regiment Prinz Johann die leichte Kavallerie=Division
Fournier unter dem Kommando des Obersten v. Laroche. An
seine Stelle trat als Regimentskommandeur der uns aus den Feld=
zügen 1807 und 1809 rühmlichst bekannte Oberst v. Cancrin,
welcher im Gefechte bei Truchanowitz den Tod auf dem Felde der
Ehre sterben sollte.

Das Regiment überschritt am 30. August den Niemen, rückte
der großen Armee nach, kam am 28. September nach Smolensk
und verblieb dort bis zum 11. Oktober. Während dessen war die
große welthistorische Katastrophe hereingebrochen. Die große Armee
räumte am 19. Oktober Moskau und trat jenen schrecklichen Rück=
zug an, auf welchem das Armeekorps des Marschalls Victor und

die französische Kaisergarde bald nur die einzigen Truppen waren, welche den übrigen Trümmern der großen Armee noch einigen Halt und einige Widerstandskraft gaben. Und als nach Vereinigung mit der einst so stolzen und herrlichen Armee die Beresina überschritten werden sollte, da waren es wiederum die badischen Truppen und mit ihnen das Husaren-Regiment, welche unter dem voranleuchtenden Beispiel ihres heldenmüthigen Führers durch Tapferkeit, Ausdauer und unerschütterlicher Disziplin unsterblichen Ruhm erwarben. Hier am 28. November in der mörderischen Schlacht an der Beresina war es, wo das Husaren-Regiment als letzten kriegerischen Akt in jenem ewig denkwürdigen Feldzuge eine glänzende Waffenthat verrichtete, hier war es, wo dasselbe mit echtem deutschen Soldatenmuth die Rettung vieler badischen Waffenbrüder erkämpfte, und hier endlich war es, wo das Regiment beim Niederreiten eines anstürmenden russischen Bataillons einen ruhmvollen Untergang fand. Nur 40 Pferde blieben nach jener glänzenden Kriegsthat von dem ganzen Regimente übrig. Und mit diesem stolzen Regiment endeten zu gleicher Zeit die Geschicke der großen Armee, welche einst Europa hatte erzittern machen.

5. Der Feldzug gegen Frankreich 1814/15.

Der Untergang der großen Armee gab den Anstoß zu einer allgemeinen Erhebung Europas gegen das übermächtige Frankreich und zu dem Beginn des großen Befreiungskrieges.

Treu den eingegangenen Verpflichtungen stand zunächst Großherzog Karl mit einem neuen, unter großen Opfern formirten Heere Napoleon in dem Riesenkampf zur Seite und folgte nach der Völkerschlacht bei Leipzig der sich zurückziehenden französischen Armee bis an die Ufer des Rheins.

Am 20. November 1813 schlug endlich auch für Baden die Stunde der Befreiung. Großherzog Karl trat der Allianz mit Oesterreich, Preußen und Rußland bei und rüstete nunmehr von Neuem zum letzten Kampf mit dem Korsen auf französischem Boden.

Der größte Theil der verbündeten Hauptarmee unter Fürst Schwarzenberg hatte Ende Dezember den Rhein bei Basel überschritten, um durch die Schweiz in das Innere Frankreichs vorzudringen. Diese Operation sollte die 6. Armeeabtheilung, unter dem russischen General der Kavallerie Fürsten v. Wittgenstein, durch Beobachtung des Rheins zwischen Mannheim und Freiburg bis zur Ankunft des noch in der Mobilmachung begriffenen badischen

Armeekorps decken und dann der Hauptarmee folgen. Die Groß=
herzoglich badischen Linientruppen und Landwehren formirten mit
den hohenzollernschen und lichtensteinschen Kontingenten das 8. deutsche
Bundeskorps, unter Generallieutenant Graf Wilhelm v. Hochberg.

Nach der Ordre de Bataille dieses Korps war eine Kavallerie=
Brigade unter dem Obersten v. Baumbach zu 14 Eskadrons
formirt, bestehend aus den Dragoner=Regimentern von Freystedt
Nr. 1 und von Geusau Nr. 2, jedes zu 5 Eskadrons, und den frei=
willigen reitenden Jägern zu 4 Eskadrons.

Das Dragoner=Regiment von Geusau Nr. 2 hatte unter dem
Interimskommando des Obersten v. Degenfeld am 4. Januar den
Rhein bei Fort Louis überschritten und stieß hier zum russischen
Kavalleriekorps des Generallieutenants Grafen Pahlen. Es wurde
dann zur Blockade von Straßburg kommandirt, wo es den früheren
Kriegsruhm bethätigte.

Der Friede von Paris am 30. Mai 1814 sollte dem Kriege
ein Ende machen; Napoleon wurde nach der Insel Elba verbannt.

Aber nur kurze Zeit ruhten die Waffen. Während die Monarchen
und Fürsten noch beim Kongresse zu Wien versammelt waren, kehrte
Napoleon plötzlich von der Insel Elba nach Frankreich zurück, schuf
neue Heere und führte dieselben abermals auf die Wahlstatt.

Diese Nachricht veranlaßte die europäischen Mächte, über eine
halbe Million Krieger wider den geächteten Usurpator in Bewegung
zu setzen.

Die badischen Truppen wurden sofort wieder mobil gemacht.
Das Regiment formirte fünf Eskadrons und rückte am 16. März
unter dem Obersten v. Laroche zu dem bei Kehl und Offenburg
gebildeten Observationskorps unter dem Kommando des General=
lieutenants v. Stockhorn. Vom 18. bis 23. Juni brach das ganze
badische Korps nach dem Oberlande auf, wo es bei Lörrach dem
2. Kaiserlich österreichischen Armeekorps unter dem General der
Kavallerie Fürsten von Hohenzollern zugetheilt wurde. Nach der
Ordre de Bataille standen die badischen Truppen unter dem Befehl
des Generallieutenants v. Schäffer. Die Kavallerie=Brigade, von
dem Generalmajor v. Laroche kommandirt, bestand aus den beiden
Dragoner=Regimentern und einer Eskadron Gardes du Corps. Aus
diesen mobilen Regimentern war die 6. Depot=Eskadron des
Dragoner=Regiments von Geusau formirt worden, indem jede der
zehn Dragoner=Eskadrons 2 Unteroffiziere, 12 Mann, und die

Eskadron Garbes du Corps 2 Unteroffiziere und 20 Garbisten hierzu
kommandirten. Für den zum Generalmajor und Brigadekommandeur
beförderten Obersten v. Laroche wurde Oberst v. Degenfeld zum
Kommandeur des diesseitigen Regiments ernannt.

Das Armeekorps hatte die Aufgabe, Straßburg zu belagern;
demgemäß erfolgte vom 26. bis 28. Juni bei Basel der Rhein-
Uebergang, und dann wurde nach einem Marsche über Mülhausen
und Colmar zur Blockade von Straßburg geschritten. Am 9. Juli
unternahm bei Tagesanbruch die französische Besatzung einen Ausfall,
gegen welchen sich der größte Theil der badischen Truppen zum
Angriff entwickelte. In erster Linie zeichnete sich vom Regiment die
Eskadron v. Rüdt, als Partikularbedeckung zur Artillerie kommandirt,
durch eine Attacke gegen feindliche Infanterie aus, bei welcher der
Eskadronsführer selbst tödtlich verwundet wurde. Später im Laufe
des Gefechts setzte die französische Kavallerie (19. Dragoner- und
2. berittenes Jäger-Regiment), begünstigt durch dichten Nebel, zur
Attacke gegen die badische Artillerie an. General v. Laroche kam
diesem Angriff mit seiner Brigade en echelon zuvor, und stehenden
Fußes nahm die französische Kavallerie diese Attacke an. Ganz besonders in diesem blutigen Handgemenge zeichnete sich der Major
Graf Maximilian v. Hochberg vom Dragoner-Regiment von Geusau
aus. Der militärischen Laufbahn des bisherigen tapferen Kommandeurs v. Laroche, der mit der vordersten Eskadron attackirte, setzte
hier der Verlust eines Fußes ein Ziel.

Rittmeister v. Rüdt, 7 Dragoner und 12 Pferde waren gefallen; Graf Hochberg, Lieutenant v. Gemmingen, 24 Dragoner
und 28 Pferde verwundet, 5 Dragoner wurden vermißt.

Am Tage nach dem Gefechte traf die erfreuliche Nachricht von dem
Einzuge der Alliirten in Paris ein; Ende Juli wurden die Waffen-
stillstands-Verhandlungen abgeschlossen, denen der definitive Frieden
mit Frankreich nach Wiedereinsetzung des Königs Ludwig XVIII.
folgte.

Nach den tiefgehenden Erschütterungen, die durch die lange Reihe
der napoleonischen Kriege verursacht waren, sollte das Regiment von
nun ab einer längeren Friedensperiode entgegensehen.

An Auszeichnungen für die mitgemachten Feldzüge waren dem
Regiment verliehen worden:

2 Kommandeur-, 13 Ritterkreuze, 8 goldene, 48 silberne
Medaillen des Karl Friedrich-Militär-Verdienstordens, 1 Großkreuz

des Zähringer Löwen-Ordens; 1 Ritterkreuz, 4 silberne Medaillen des württembergischen Militärordens; 6 Ritterkreuze der französischen Ehrenlegion; 2 russische St. Annen-Orden 2. Klasse, 2 St. Wladimir-Orden IV. Klasse und 1 Kommandeurkreuz des österreichischen Leopoldordens.

Das Dragoner-Regiment von Freystedt Nr. 2.

Durch den Reichsdeputations-Hauptbeschluß vom 25. Februar 1803 erhielt Baden als Entschädigung für seine Abtretungen, mit der kurfürstlichen Würde alle diesseits des Bodensees und Rheins gelegenen Besitzungen der Pfalz, des Fürstbischofs von Konstanz und Rechte der Bisthümer Basel, Straßburg und Speier, sowie viele reichsstädtische und geistliche Gebiete. Mit diesen Erwerbungen war die Uebernahme der von den dortigen Landesherren bisher gehaltenen Truppen verbunden. So kam am 23. März 1803 eine vollständig ausgerüstete bayerische Chevauxlegers-Eskadron in badische Dienste, welche den Stamm zum Dragoner-Regiment von Freystedt Nr. 2 bildete. Diese Eskadron unter Major v. Schmidt wurde nach Heidelberg in Garnison verlegt und erhielt den Namen:

„Leichte Dragoner-Eskadron."

Die bisherige bayerische Uniform und Armatur sollte bis auf Weiteres beibehalten werden. Am 28. Januar 1804 wurde aus dieser leichten Dragoner-Eskadron ein Dragoner-Regiment in der Stärke von 4 Eskadrons, mit 50 Dienstpferden Friedensetat pro Eskadron, formirt. Dieser Bestand an Pferden wurde im Jahre 1808 auf 75 erhöht. Am 22. November 1809 wurde der bisherige Kommandeur des Regiments, Oberst v. Freystedt, zum Generaladjutanten von der Kavallerie und zum Chef des Regiments ernannt, welches von nun an den Namen:

„Dragoner-Regiment von Freystedt Nr. 1"

führte. Im Jahre 1812 gab das Regiment für die Mobilmachung des an dem russischen Feldzuge theilnehmenden Husaren-Regiments 195 Pferde und 43 Dragoner ab, welchen Abgang es durch Remontirung deckte, so daß die Eskadrons nunmehr auf den Stand von 75 Pferden gesetzt wurden. Als dann das Dragoner-Regiment von Freystedt 1813 ins Feld rückte, wurde im Mai dieses Jahres eine 5. und im August endlich eine 6. Eskadron errichtet.

Am 20. Dezember 1813 wurden beide Dragoner-Regimenter zu 5 Eskadrons in gleicher Stärke formirt; der Etat einer Eskadron betrug 4 Offiziere, 11 Unteroffiziere, 3 Trompeter, 16 Karabiniers, 100 Dragoner und 130 Dienstpferde. Für die Kriegsdauer des Jahres 1815 wurden bei den Dragoner-Regimentern wiederum 6 Eskadrons errichtet. Im November des nämlichen Jahres gab das Regiment zur Formation einer zweiten Eskadron der Gardes du Corps 2 Unteroffiziere und 28 Mann dahin ab, und im August wurde die seiner Zeit errichtete 6. Eskadron aufgelöst, die Mannschaften und Pferde im Regiment gleichmäßig vertheilt, so daß der Etat einer Eskadron auf folgende Stärke kam: 6 Offiziere, 14 Unteroffiziere, 4 Trompeter, 20 Karabiniers und 112 Dragoner. Am 23. August 1819 wurde die 1. Eskadron nach Gottesaue zu dem provisorisch gebildeten Kavallerie-Regiment kommandirt; diese Eskadron wurde 1821 durch die 2. wieder abgelöst, welch letztere dann 1830 dem neuerrichteten Gardedragoner-Regiment einverleibt wurde. Als am 12. April 1830 der Margraf Maximilian von Baden Chef des vakanten 2. Dragoner-Regiments wurde, führte infolge dessen das Regiment nunmehr die Benennung:

„Dragoner-Regiment von Freystedt Nr. 2."

Die Garnisonen waren: Heidelberg und Schwetzingen von 1803 bis 1807; Bruchsal bis 1813; Bruchsal, Schwetzingen, Mannheim bis 1815; Mannheim und Schwetzingen bis 1824 und Mannheim bis 1849.

Als Regimentskommandeure sind zu verzeichnen:
Die Obersten v. Schmidt von 1803 bis 1808, v. Freystedt von 1808 bis 1810, v. Heimrodt von 1810 bis 1813, v. Baumbach von 1813 bis 1828, v. Holzing von 1829 bis 1831, Heinrich v. Roggenbach von 1831 bis 1843 und Konstantin v. Roggenbach von 1843 bis 1848.

Die Kriegsgeschichte des Dragoner-Regiments von Freystedt Nr. 2.

1. Der Krieg gegen Preußen und Schweden 1806/7.

Behufs vollständiger Komplettirung an Mannschaften und Pferden rückte das Regiment zunächst aus seinen Garnisonen Anfang Oktober 1806 nach Durlach und Umgegend. Zur Beschleunigung dieser Mobilmachung stellte Kaiser Napoleon zunächst 600 Beutepferde bei dem Depot in Potsdam zur Verfügung, so daß am 16. November das Regiment unter dem Kommando des Obersten v. Schmidt in einer Stärke von 4 Eskadrons, 15 Offizieren,

412 Mann und 32 Pferden für Unteroffiziere Durlach zu Fuß verließ. Der Etappenstraße über Heidelberg, Frankfurt, Gelnhausen, Fulda, Eisenach, Erfurt, Leipzig, Wittenberg, Treuenbrietzen und Beelitz folgend, kam es am 12. Dezember in Potsdam an, empfing aber hier statt 600 nur 336 Stück der erbärmlichsten Pferde. Diese Thiere waren alle durch übermäßige Strapazen, Hunger und Vernachlässigung jeder Art in einem so grenzenlos elenden Zustande, daß ein großer Theil derselben schon während der ersten Marschtage zu Grunde ging. Da Sättel und Reitzeug gänzlich fehlten, so mußten die erschöpften Pferde an Stricken mehr gezogen als geführt werden. Am 28. Dezember gelangte das Regiment so mit 271 theilweise ganz unbrauchbaren Pferden in Stettin an und mußte hier zur Kompletirung der Husaren an diese 175 Pferde abgeben.

So kam es, daß das Regiment an den Kriegsereignissen gegen Preußen und Schweden größtentheils unberitten Antheil nahm und zunächst zum Garnisondienst von Stettin herangezogen wurde. Erst später konnte eine Schwadron Dragoner unter dem Rittmeister v. Schimmelpfennig beritten gemacht werden, die bei Stargard und bei mehreren anderen Gelegenheiten sich auszeichnete.

Das Regiment machte die Belagerung von Danzig und Stralsund mit, und ist dort die unberittene Mannschaft zu Schanzarbeiten in den Laufgräben verwendet worden.

Ende November trat das Regiment auf der ihm angewiesenen Etappenstraße über Leipzig, Bayreuth, Nürnberg, Anspach, Heilbronn den Marsch in die Heimath an und rückte den 26. Dezember 1807 mit fast 400 Mann und 166 Pferden in seine ihm nunmehr bestimmte Garnison Bruchsal ein.

Der Verlust während des Feldzuges betrug: 2 Offiziere todt, 1 verwundet; an Unteroffizieren und Mannschaften 9 verwundet.

2. Der Feldzug in Oesterreich 1809.

Der spanische Volkskrieg, in welchem der französische Kaiser bedeutende Streitkräfte verwenden mußte, gab dem Wiener Kabinet den Muth, durch eine neue Schilderhebung die verhaßte Fremdherrschaft abzuschütteln. So erneuerte Oesterreich im April 1809 den Kampf gegen den korsischen Eroberer.

Baden mußte als Mitglied des Rhein-Bundes wiederum sein Kontingent zur französischen Armee stellen, und so sehen wir im Jahre 1809 einen geringen Theil des badischen Heeres im fernen

Spanien für Frankreich kämpfen, während der Rest unter den Augen des Kaisers Napoleon Verwendung im Kriege gegen Oesterreich und bei Niederwerfung des Tiroler Aufstandes fand.

Die vom 12. bis 16. März aus ihren Garnisonen nach Pforzheim gegen Oesterreich ausgerückten badischen Truppen, unter dem Generallieutenant v. Harrant, wurden dem 4. Armeekorps unter Marschall Massena, Herzog von Rivoli, zugetheilt.

Das Dragoner-Regiment von Freystedt verließ am 13. März 1809 unter dem Kommando des Obersten v. Freystedt in der Stärke von 4 Eskadrons, 15 Offizieren und 421 Pferden seine Garnison Bruchsal und marschirte über Cannstadt, Göppingen, Geislingen, Ulm zum Sammelplatz des Korps Massena nach Augsburg. Am 20. April vereinigte sich das Regiment mit der leichten Kavallerie-Division Marulaz, welche aus dem französischen 3., 14., 19. und 23. Chasseur- und dem hessischen Chevauxlegers-Regiment bestand. Mit letzterem zu einer Brigade verbunden, verblieb das Regiment während der ganzen Dauer dieses Feldzuges der genannten Division zugetheilt.

Es würde nun zu weit führen, die Kriegsthaten des Dragoner-Regiments in diesem Feldzuge ausführlich und im Einzelnen zu schildern, deshalb verweist der Verfasser nur auf die Gefechte bei Riedau, Efferding, Ebersberg und andere, sowie auf die Schlachten bei Eckmühl, Aspern und Wagram. An allen diesen Ereignissen nahm das Regiment Theil. Bei Riedau gelang es dem Oberstlieutenant v. Heimrodt durch eine kühne Attacke das Karree eines feindlichen Infanterie-Bataillons von 690 Mann zu sprengen und gefangen zu nehmen; bei Aspern zeichnete sich das Dragoner-Regiment so hervorragend aus, daß es nach der Schlacht in besonderer Anerkennung seiner glänzenden Tapferkeit zum Ehrenbiwak beim Kaiser Napoleon befohlen wurde und bei der Musterung am 5. Juni 12 Ritterkreuze der Ehrenlegion erhielt. Bei Wagram ritt Oberst v. Freystedt mit seinen heldenmüthigen Dragonern ein feindliches Karree nieder, wurde aber bei dieser Attacke selbst durch einen Säbelhieb schwer verwundet, so daß Oberst v. Heimrodt die Führung des Regiments fortan übernehmen mußte. Der Kaiser Napoleon erkannte die Bravour des Dragoner-Regiments v. Freystedt wiederholentlich an und verlieh später dem Obersten v. Heimrodt als Ausdruck seiner besonderen Zufriedenheit mit der Haltung des Regiments eine Dotation.

Nach dem Friedensschlusse zu Wien trat das Regiment am 25. Dezember den Rückmarsch zur Heimath an und erreichte über Passau, Regensburg, Donauwörth, Cannstatt und Pforzheim am 17. Januar 1810 die Garnison Bruchsal. Das Regiment war mit 15 Offizieren, 421 Mann ausmarschirt und hatte durch zwei Detachements einen Ersatz von 4 Offizieren, 100 Mann und 50 Pferden erhalten. Der Totalverlust im Laufe des Feldzuges war: 4 Offiziere, 1 Unteroffizier und 23 Mann todt; 5 Offiziere, 13 Unteroffiziere und 80 Mann verwundet; 1 Offizier, 1 Trompeter und 8 Mann gefangen. Der Verlust an Pferden betrug gegen 300.

3. Der Feldzug in Sachsen und Schlesien 1813.

Der russische Krieg hatte das badische Truppenkorps bis auf wenige Mann vernichtet. Und doch entbrannte jetzt erst der große Entscheidungskampf an der Oder und Elbe, welcher über die Zukunft Europas bestimmen sollte. Napoleons hoher kriegerischer Geist und rastlose Thätigkeit hatten nach dem Untergang der großen Armee aufs Neue Heere geschaffen, welche die Welt in Erstaunen setzten.

In Preußen wurde trotz des glühenden Hasses jede Erhebung von den in den Marken befindlichen französischen Truppen im Keime erstickt, bis General Yorks kühne That das Band löste, welches das preußische Hülfskorps an Frankreich fesselte. Dieses Wagniß führte gemäß eines zu Kalisch geschlossenen Bundes zwischen Preußen und Rußland am 28. Februar 1813 zur Befreiung Europas und zum gemeinschaftlichen Kampf gegen Frankreich.

Napoleon hatte bereits Ende Februar die Fürsten des Rhein-Bundes dringend aufgefordert, ihre Kontingente abermals zu seinem Heere stoßen zu lassen. Infolge dessen wurde auch das Dragoner-Regiment von Freystedt auf den Kriegsfuß gesetzt. Am 23. März verließ es, 4 Eskadrons zu 130 Pferden stark, unter dem Kommando des Obersten v. Heimrodt seine Garnison Bruchsal und traf nach den Marschquartieren Heidelberg, Fürth, Aschaffenburg, Esselbach und Remlingen am 3. April in Würzburg ein. Hier wurde es mit dem 10. französischen Husaren-Regiment zu einer Brigade unter General Labossière für die ganze Dauer des Feldzuges vereinigt und war je nach der Gunst oder Ungunst der Waffenentscheidung die Avant- oder Arrieregarde des 3. Armeekorps unter Marschall Ney, Fürsten von der Moskwa.

Die wegen des Mangels an Kavallerie ununterbrochene Verwendung des Dragoner-Regiments von Freystedt gab demselben während des Feldzuges 1813 oft Gelegenheit, rühmlichst Zeugniß von seiner Dienstbrauchbarkeit abzulegen. In dem kurzen Zeitraum wohnte das Regiment 16 Gefechten und 4 großen Schlachten bei; es nahm Antheil an den Gefechten bei Weimar, Naumburg, Weißenfels, Borau, Poserna, Königswartha, Reichenbach, Steudnitz, Thomaswalden, Luadenberg, Bunzlau, Görlitz, abermals bei Reichenbach, Wurzen, Dessau und Gotha, sowie an den Schlachten bei Lützen, Bautzen, an der Katzbach und bei Leipzig. — Der erste kriegerische Akt, womit das Regiment seine glänzenden Waffenthaten begann, geschah bei Lützen, in welcher Schlacht es unter der Führung des Marschalls Ney das Karree eines feindlichen Infanterie-Bataillons gänzlich auseinander sprengte. Der Angriff gelang so glänzend, daß Kaiser Napoleon statt der von dem Obersten v. Heimrodt erbetenen 12 Legionskreuze dem Regiment 1 Offizierkreuz für den Obersten und 24 Ritterkreuze übersandte. In der Schlacht bei Bautzen kam das Regiment mehrmals zur Aktion und hatte durch heftiges feindliches Artilleriefeuer bedeutende Verluste an Mannschaften und Pferden. In der Schlacht an der Katzbach war dasselbe zur Unterstützung der geworfenen französischen Reiterei vorgezogen worden, wurde aber bei der schon einbrechenden Nacht von dem hart drängenden Feinde in die Katzbach gesprengt, ganz zerstreut und durch bedeutende Verluste in dem stark angeschwollenen Flusse mitgenommen.

Während des Feldzuges erhielt Oberst v. Heimrodt unter Beförderung zum Generalmajor vom Kaiser Napoleon das Kommando einer französischen Kavallerie-Brigade bei dem 1. Armeekorps und schied am 14. August aus dem Regiment. Doch sollte diesem tapferen Kriegsmanne eine weitere Thätigkeit nicht vergönnt sein, da er, in der Schlacht bei Kulm tödtlich verwundet, am 7. September in Teplitz starb. Das Regiment, dessen Kommando zunächst Rittmeister Speck wegen Verwundung des Majors v. Degenfeld übernahm, wurde dann von letzterem nach seiner Wiederherstellung in der Schlacht bei Leipzig befehligt. Nach der Schlacht bei Leipzig erhielt das Regiment vom Kaiser Napoleon, unter der schmeichelhaften Versicherung, daß ihm die Achtung der ganzen französischen Armee folge, die Erlaubniß, nach Baden zurückzukehren. Auf diesem Rückzuge trennte es sich von dem 10. französischen Husaren-Regiment.

Der Marschstraße über Eisenach, Gelnhausen, Aschaffenburg und Heidelberg folgend, traf es, noch 200 Mann und Pferde stark, am 3. November in seiner Garnison Bruchsal ein.

Der Verlust des Regiments an Todten und Verwundeten war im Ganzen:

14 Offiziere, 256 Mann und 330 Pferde.

4. Der Feldzug gegen Frankreich 1814/15.

Nach der großen Völkerschlacht bei Leipzig folgten die Heere der Verbündeten der geschlagenen französischen Armee bis an die Ufer des Rheins. Es war keine Frage mehr, daß der Kampf auch über den Rhein hinaus bis zum Sturz Napoleons fortgeführt werden mußte. Diese Anschauung hegten alle Fürsten Deutschlands, sie sagten sich vom Rhein-Bund los und traten zur großen Allianz über. Deshalb rüstete auch Baden von Neuem zum Kampf, aber nunmehr gegen Frankreich auf dessen eigenem Boden.

Das Dragoner-Regiment von Freystedt war nach Rückkehr aus dem blutigen Feldzuge 1813 durch die im Lande gebliebene Depot-Eskadron sowie durch Versetzungen von dem 2. Dragoner-Regiment schnell kompletirt worden und am 20. Dezember in der Stärke von 5 Eskadrons zu 130 Pferden formirt.

Am 4. Januar 1814 überschritt es, nach Zurücksendung seiner 1. Eskadron zum Depot nach Karlsruhe, unter dem Kommando des Obersten v. Baumbach bei Fort Louis den Rhein, um zu dem Korps des russischen Generals Fürsten v. Wittgenstein zu stoßen, dessen Befehl die badischen Truppen unterstellt waren. Den 16. Januar wurde das Regiment gegen Pfalzburg beordert, um an der Blockade dieser Festung theilzunehmen. Hier zeichnete es sich bei den Ausfällen am 23. Januar und 1. Februar aus. Zur Beobachtung der kleinen Bergfestungen Lützelstein und Bitsch wurden Detachements des Regiments entsendet, deren Tapferkeit glänzende Streiflichter auf die Geschichte desselben werfen. Lieutenant Hilpert, der erste Kommandeur des jetzigen 2. Badischen Dragoner-Regiments Nr. 21, wurde behufs Niederwerfung von größeren Zusammenrottungen in den Vogesen mit 40 Dragonern gegen den Insurgentenführer Wolff entsendet; er durchzog mit seinem kleinen Detachement 21 Tage lang die bedrohten Gegenden, dehnte seinen Streifzug bis Nancy aus und befreite dabei das Detachement eines eingeschlossenen russischen Obersten.

Nach der Uebergabe von Pfalzburg erhielt das Regiment unter Zurücklassung je einer Schwadron in Saverne und Bitsch Befehl, zum Blockadekorps nach Straßburg zu stoßen.

In dem Feldzuge 1815 bethätigte das Regiment die frühere Tapferkeit am 9. Juli in dem Gefechte bei Straßburg, indem es sich bei der Attacke der badischen Reiterei unter Anführung des Generalmajors v. Laroche gegen französische Kavallerie hervorthat. Lieutenant Massenet, 3 Dragoner und 11 Pferde fielen, Lieutenant v. Seldeneck, 9 Dragoner und 21 Pferde wurden hier verwundet.

Nach dem definitiven Friedensschluß mit Frankreich sollte das Regiment von nun ab einer längeren Friedensperiode entgegensehen, indem von dem Jahre 1815 bis 1848 in Europa keine kriegerische Aktion stattfand, an welcher die badischen Truppen Antheil zu nehmen hatten.

An Auszeichnungen für die mitgemachten Feldzüge erhielt das Dragoner-Regiment von Freystedt:

2 Kommandeur-, 22 Ritterkreuze, 12 goldene, 82 silberne Medaillen des Karl Friedrich-Militär-Verdienstordens, 3 Ritterkreuze des Zähringer Löwen-Ordens; 1 Offizierkreuz, 38 Ritterkreuze der französischen Ehrenlegion; 1 russischen St. Annen-Orden II. Kl. und 1 III. Kl., 1 St. Wladimir-Orden IV. Kl.

Für die nun folgenden Friedensjahre beschränkt sich der Verfasser zur Vervollkommnung des Gesammtbildes der Geschichte der Großherzoglich badischen Kavallerie nur darauf, eine kurze Beschreibung ihrer Uniform anzuführen.

Die Uniform in diesen Friedensjahren war: Helm von schwarz lackirtem Leder mit gelber Verzierung und schwarzer Roßhaarraupe; mittelblaue Kollets mit gelben Knöpfen, weißem Kragen, Ulanenaufschlägen, Schoßbesatz, Vorstoß und Schulterklapppen; Unterscheidung der Regimenter durch rothe Nummern (beim Regiment Großherzog durch Kronen), nebstdem durch Tuchpatten von unterscheidender Farbe am Kragen, beim Regiment Großherzog durch eine gelbe Litze; mittelblaue Pantalons mit weißen Streifen und Vorstoß, lederbesetzte Reithosen; hellgraue Mäntel, blaue Dienstmützen mit weißem Besatz, die Mannschaft mittelblaue Aermelwesten mit weißem Vorstoß; weißes Lederwerk; Reitzeug von schwarzem Leder mit gelbem Beschlag, mittelblaue Schabracken mit weißem Besatz.

Die Uniform der Offiziere ist der Bekleidung der Mannschaft analog, Stabsoffiziere haben nebstdem Hüte mit weißem Busch.

1848/49.

Die politischen Ereignisse 1848/49 dürfen als bekannt vorausgesetzt werden. Nur ein Theil der badischen Kavallerie wurde in dieselben verwickelt, und alle drei Regimenter deshalb bei der allgemeinen Auflösung der badischen Truppen mit aufgelöst. Hiervon ausgenommen war von der Reiterei nur allein die 4. Schwadron des 2. Dragoner-Regiments, die zur Zeit des Aufruhrs einen Theil der Besatzung der Festung Landau gebildet hatte. Aus dieser Eskadron formirte sich später bei der Reorganisation der badischen Truppen das 1. Badische Leib-Dragoner-Regiment Nr. 20.

Am 17. Juli erfolgte aber schon für alle Waffen zu dem Zwecke der Vorbereitung einer späteren Neubildung des Armeekorps der Befehl: „Die als Stämme verbleibende Mannschaft vorläufig und bis zu einer definitiven Reorganisation in hierarchisch geordnete Truppenkörper zu formiren."

Infolge dessen bildete die Reiterei eine Schwadron (die 4. Schwadron des ehemaligen 2. Dragoner-Regiments) unter der Benennung „Dragoner-Schwadron" und drei Depots, welche mit Nr. 1, 2 und 3 bezeichnet und je nach ihrer Stärke in Schwadronen eingetheilt wurden. Die Garnison für das Kommando der Reiterei sowie für das 1. Reiterdepot war Mannheim, für das 2. Reiterdepot Bruchsal und für das 3. Gottesaue.

Außerdem wurde verfügt, daß die Dragoner-Schwadron statt der Nr. 2 auf der Achselklappe eine rothe Krone erhielte, und daß die übrige Mannschaft der Reiterei die Litzen, die Kragenpatten und die Regimentsabzeichen auf den Achselklappen verlöre.

In Anbetracht, daß die Reorganisation des aufgelösten Armeekorps nur nach und nach stattfinden könnte, und daß somit der größte Theil der Offiziere und Kriegsbeamten längere Zeit ohne Verwendung bleiben würde; in Anbetracht ferner, daß die Ausgaben des Staates überall insoweit beschränkt werden müßten, als der Dienst und wohlerworbene Rechte es nur immer zuließen, wurden sämmtliche Offiziere und Kriegsbeamten mit Offiziersrang des aufgelösten Armeekorps mit Ausnahme derjenigen, welche derzeit schon für den Dienst unentbehrlich waren, einstweilen und bis auf Weiteres in den Ruhestand versetzt.

Bezüglich der Formation, Bewaffnung, Ausrüstung und Bekleidung der Reiterdepots waren laut Kriegsministerial-Verfügung vom 31. Juli folgende Bestimmungen getroffen worden:

1. Das Kommando der Reiterei hat zu bestehen aus 1 Kommandanten, 1 Adjutanten, 1 Fourier.

2. Das 1. Reiterdepot ist durchaus bewaffnet, das 2. und 3. Reiterdepot ist, mit Ausnahme der ganz vorwurfsfreien Unteroffiziere und der zum Wachtdienst bestimmten Mannschaft unbewaffnet.

3. Das 1. Depot besteht aus den Offizieren und der Mannschaft des früheren 2. Dragoner-Regiments, mit Ausnahme der nunmehrigen Dragoner-Schwadron, früheren 4. Schwadron dieses Regiments, und formirt drei Schwadronen.

In dieses Depot dürfen aber nur solche Leute aufgenommen werden, welche sich am 23. Juni bei dem damaligen Regiment in Mannheim selbst befunden, oder welche das Regiment schon früher verlassen und sich der gesetzlichen Gewalt zur Verfügung gestellt hatten, oder sich in Urlaub befunden hatten und an der revolutionären Bewegung keinen Antheil genommen haben. Der Stand der Karabiniers und Dragoner dieses Depots hat sich in der Weise nach dem Pferdebestand zu richten, daß auf den Gesammtbestand der Pferde des Depots auf je zwei Pferde ein Karabinier oder Dragoner gerechnet wird.

4. Die Depots Nr. 2 und 3 bestehen aus dem Stab und so viel Schwadronen, als die vorhandene Anzahl von Pferden erfordert, auf je zwei Pferde des Gesammtbestandes ist gleichfalls ein Karabinier oder Dragoner im Dienst zu halten.

5. Der Stab eines Depots hat zu bestehen aus 1 Kommandanten, 1 Adjutanten, 1 Fourier, 1 Rechnungsbeamten, 1 Arzt, 1 Chirurgen, 1 Ober-Thierarzt, 1 Thierarzt, 1 Profoß. Der Stand einer Depot-Schwadron soll sein: 1 Rittmeister, 1 Oberlieutenant oder 1 Lieutenant auf je 25 bis 30 Mann der Schwadron, 1 funktionirender Oberwachtmeister, 1 funktionirender Wachtmeister und 2 funktionirende Korporale auf je 25 bis 30 Mann.

Zu funktionirenden Unteroffizieren sind zuerst die Bewaffneten zu verwenden, in deren Ermangelung sodann Unbewaffnete.

Alle nicht funktionirenden Unteroffiziere jeder Charge zählen zur Mannschaft, jedoch über den zur Pferdewartung bestimmten Dienststand.

Statt der funktionirenden Wachtmeister und Korporale können auch Oberwachtmeister und Wachtmeister verwendet werden. Die zum nöthigen Wachtdienst bewaffnete Mannschaft ist gleichheitlich in die Schwadronen zu vertheilen.

Das 2. Depot besteht aus der Mannschaft der geraden, das 3. aus der Mannschaft der ungeraden Schwadronen des früheren Dragoner-Regiments Großherzog und des früheren 1. Dragoner-Regiments, sowie denjenigen Leuten des früheren 2. Dragoner-Regiments, welche nicht in das Depot Nr. 1 aufgenommen worden; die Mannschaft der beiden Regimenter und der betreffenden früheren Schwadronen ist in die Depot-Schwadronen zu mischen; bezüglich verheiratheter Unteroffiziere und Trompeter wird gestattet, sie dem Depot zuzutheilen, welches in ihrer früheren Garnison liegt.

6. Das Depot Nr. 1 und die Bewaffneten der Depots Nr. 2 und 3 erhalten Mannes- und Pferdeausrüstung, Bewaffnung und Bekleidung nach den bestehenden Vorschriften. Das Depot Nr. 1 und die Bewaffneten der Depots Nr. 2 und 3 erhalten rothe Kragenpatten und Aermelaufschlag nach bisheriger Form und rothe Achselklappen.

7. Bei den unbewaffneten Abtheilungen erhält der Mann ein Kollet, einen Spenser, eine Reithose, ein Paar Pantalons und einen alten Mantel, Stallanzug und eine Dienstmütze.

An Pferdeausrüstung wird für die der unbewaffneten Mannschaft zugetheilten Pferde nur abgegeben, was zum Ausreiten der Pferde und zum Reitunterricht nöthig ist.

Von den Offizieren der ehemaligen Großherzoglich badischen Dragoner-Regimenter blieben in Aktivität:

Oberst Konstantin v. Roggenbach, als Kommandant der Reiterei ad interim; Adjutant: Rittmeister v. Wechmar; Oberstlieutenant Hilpert, kommandirt zu Sr. Königlichen Hoheit dem Prinzen von Preußen.

Beim Reiterdepot Nr. 1: Kommandant ad interim: Rittmeister Hecht.

Zugetheilte Offiziere: Rittmeister v. Kleudgen, v. Stengel. Oberlieutenants Hartmann, v. Roggenbach, v. Lingg, L. v. Seldeneck, E. v. Gillmann. Lieutenants Knittel, Schauffler, v. Rüdt, Warth, v. Gemmingen, Kuenzer.

Beim Reiterdepot Nr. 2: Kommandant ad interim: Rittmeister v. Glaubitz.

Zugetheilte Offiziere: Rittmeister v. Baumbach, v. Schilling. Oberlieutenants v. Stetten, Friedrich Cassinone, v. Geusau, v. Holzing. Lieutenants v. Menzingen, v. Fabert, Gramm, Maier, v. Hornstein.

Beim Reiterdepot Nr. 3: Kommandant ad interim: Rittmeister Schuler.

Zugetheilte Offiziere: Rittmeister v. Freystedt, v. Freydorf. Oberlieutenants v. Bunst, v. Menzingen, v. Degenfeld, Wirth. Lieutenants v. Schäffer, v. Gillmann, v. Rotberg, v. Stöcklern.

Ansicht des alten Bauhofthores in Bruchsal.

Ansicht der neuen Stallung in Bruchsal.

Anlagen.

Anlage I.

Personal-Veränderungen und Ranglisten.

Rangliste am 20. Februar 1850.

Kommandant: Oberst **Hilpert**.
Stabsoffizier: Major **Baer**.

Rittm. Frhr. v. Freystedt 8	Oberlt. v. Holzing	
„ „ v. Stengel 1	Lt. v. Fabert	2
„ „ v. Weiler 4	„ Schauffler	3
„ „ v. Stetten 2	„ Warth	1
Oberlt. Kieffer 3	„ v. Stoedlern	4
„ Caffinone 1	„ Frhr. v. Hornstein	2
„ Frhr. v. Menzingen Adj.		

Regimentsarzt: **Maier**.
Oberarzt: **Nebenius**.
Oberthierarzt: **Herrmann**.
Berrechner: v. **Bed**.

1850—1851.

9. April 1850: Wachtmeister Frhr. Schilling von Canstatt zum Portepee-fähnrich befördert.
4. Mai 1850: Oberlieutenant Kieffer unter Beförderung zum Rittmeister in das 3. Reiter-Regiment versetzt.
28. Juni 1850: Portepeefähnrich Frhr. Schilling v. Canstatt } zu Lieutenants Wachtmeister v. Amerongen und Kapferer } befördert.
9. April 1851: Regimentsarzt Maier in das 3. Reiter-Regiment versetzt.
9. „ 1851: „ Weber vom 3. Reiter-Regiment in das Regiment versetzt.
6. Mai 1851: Oberlieutenant Caffinone der Abschied bewilligt.
12. Juli 1851: Major Baer in das 1. Reiter-Regiment versetzt.
12. „ 1851: Rittmeister Frhr. v. Freystedt zum Major befördert.
12. „ 1851: „ v. Degenfeld vom 3. Reiter-Regiment in das Regiment versetzt.
12. „ 1851: Oberlieutenant v. Türkheim vom 3. Reiter-Regiment in das Regiment versetzt.
12. „ 1851: Lieutenant v. Fabert zum Oberlieutenant befördert.

Rangliste am 31. Dezember 1851.

Kommandant: Oberst Hilpert.
Stabsoffizier: Major v. Freystedt.

Rittm. Frhr. v. Stengel	1	Lt. Schauffler		3
„ „ v. Weiler	4	„ Warth		1
„ „ v. Degenfeld	3	„ v. Stoecklern		4
Oberlt. v. Menzingen	Adj.	„ Frhr. v. Hornstein		2
„ v. Holzing	1	„ „ Schilling v. Canstatt		1
„ Henking	4	„ v. Amerongen		2
„ Frhr. v. Türkheim	2	„ Kapferer		4
„ v. Fabert	3			

Regimentsarzt: Weber.
Oberarzt: Panther.
Oberthierarzt: Herrmann.
Rechnungsführer: Clauß.

1852.

18. Juni: Oberlieutenant v. Menzingen zum Rittmeister und Eskadron-Chef befördert.
18. „ Lieutenant Frhr. v. Rotberg unter Beförderung zum Oberlieutenant in das Regiment versetzt.
18. „ Rittmeister Frhr. v. Degenfeld in das 1. Reiter-Regiment versetzt.
23. Oktober: Lieutenant Gramm im Regiment wieder eingestellt.
23. „ „ Schauffler unter Beförderung zum Oberlieutenant in das 1. Reiter-Regiment versetzt.

Rangliste vom 31. Dezember 1852.

Kommandant: Oberst Hilpert.
Stabsoffizier: Major Frhr. v. Freystedt.

Rittm. Frhr. v. Stengel	1	Lt. Gramm	1
„ „ v. Weiler	4	„ Warth	1
„ „ v. Stetten	2	„ v. Stoecklern	2
„ v. Menzingen	3	„ Frhr. v. Hornstein	3
Oberlt. v. Holzing	1	„ „ Schilling v. Canstatt	4
„ Henking	4	„ v. Amerongen	2
„ Frhr. v. Türkheim	2	„ Kapferer	4
„ v. Fabert	Adj.		
„ Frhr. v. Rotberg	3		

Regimentsarzt: Weber.
Oberarzt: Panther.
Oberthierarzt: Herrmann.
Stabsquartiermeister: Clauß.

1853.

24. Februar: Oberlieutenant v. Holzing in das 3. Reiter-Regiment versetzt.
24. „ Oberlieutenant v. Degenfeld vom 3. Reiter-Regiment in das Regiment versetzt.
23. März: Lieutenant Gramm der Abschied bewilligt.

Rangliste vom 31. Dezember 1853.

Kommandant: Oberst Hilpert.
Stabsoffizier: Major Frhr. v. Freystedt.

Rittm. Frhr. v. Stengel 1	Oberlt. Frhr. v. Rotberg 3
„ „ v. Weiler 4	Lt. Warth 1
„ „ v. Stetten 2	„ v. Stoedtern 2
„ v. Menzingen 2	„ Frhr. v. Hornstein 2
Oberlt. v. Degenfeld 1	„ „ Schilling v. Canstatt 4
„ Hexling 4	„ v. Amerongen 1
„ Frhr. v. Türkheim 2	„ Kapferer 4
„ v. Fabert Adj.	

Regimentsarzt: Weber.
Oberarzt: Panther.
Oberthierarzt: Herrmann.
Stabsquartiermeister: Clauß.

1854.

8. Januar: Karabinier v. Müllern zum Portepeefähnrich befördert.
18. Februar: Oberst Hilpert unter Beförderung zum Generalmajor zum Kommandanten der Bundesfestung Rastatt ernannt.
18. „ Oberstlieutenant Hecht vom 3. Reiter-Regiment zum Kommandanten des Regiments ernannt.
18. „ Major v. Freystedt unter Beförderung zum Oberstlieutenant in das 3. Reiter-Regiment versetzt.
18. „ Rittmeister v. Baumbach vom 3. Reiter-Regiment unter Beförderung zum Major in das Regiment versetzt.
16. „ Oberlieutenant v. Degenfeld zum Rittmeister und Eskadronchef befördert.
18. „ Lieutenant Warth zum Oberlieutenant befördert.
18. „ Rittmeister v. Menzingen in das 3. Reiter-Regiment versetzt.
8. Septbr.: Oberstlieutenant Hecht erschoß sich aus Unvorsichtigkeit auf der Jagd.
12. „ Kadett Dehlwang zum Portepeefähnrich befördert.
12. „ Portepeefähnrich v. Müllern in das 1. Reiter-Regiment versetzt.
30. „ Oberstlieutenant v. Freystedt vom 3. Reiter-Regiment wird zum Kommandanten ernannt.
30. „ Major v. Baumbach in das 1. Reiter-Regiment versetzt.

30. Septbr.:	Rittmeister v. Freydorf vom 3. Reiter-Regiment unter Beförderung zum Major in das Regiment versetzt.	
30. ,	Lieutenant v. Stoecklern zum Oberlieutenant befördert.	
4. Novbr.:	Oberlieutenant Henking unter Beförderung zum Rittmeister in das 1. Reiter-Regiment versetzt.	
28. ,	Oberlieutenant Frhr. v. Rotberg starb zu Bruchsal.	
28. Dezbr.:	Karabinier v. Graimberg vom 1. Reiter-Regiment unter Beförderung zum Portepeefähnrich in das Regiment versetzt.	
28.	Portepeefähnrich Dehlwang zum Lieutenant befördert.	
28.	Lieutenant Frhr. v. Hornstein zum Oberlieutenant befördert.	

Rangliste vom 31. Dezember 1854.

Kommandant: Oberstlieutenant Frhr. v. Freystedt.
Stabsoffizier: Major v. Freydorf.

Rittm. Frhr. v. Stengel	1	Oberlt. v. Stoecklern 3
, , v. Weiler	4	, Frhr. v. Hornstein 4
, , v. Stetten	2	Lt. Frhr. Schilling v. Canstatt 4
, v. Degenfeld	3	, v. Amerongen 2
Oberlt. Frhr. v. Türkheim	1	, Kapferer 1
, v. Fabert	Adj.	, Dehlwang 3
, Warth	2	Portepeefähnrich v. Graimberg 2

Regimentsarzt: Weber.
Oberarzt: Panther.
Oberthierarzt: Herrmann.
Stabsquartiermeister: Clauß.

1855.

8. März:	Portepeefähnrich v. Graimberg zum Lieutenant befördert.
4. April:	Wachtmeister Frhr. Goeler v. Ravensburg und v. Frieberich zu Portepeefähnrichs befördert.
28. Juli:	Lieutenant v. Graimberg der Abschied bewilligt.
14. Novbr.:	Portepeefähnrich Frhr. Goeler v. Ravensburg, v. Frieberich und v. Gilm — Letzterer unter Versetzung vom 1. Dragoner-Regiment — zu Lieutenants befördert.
17. Dezbr.:	Oberlieutenant v. Gillmann vom 3. Dragoner-Regiment in das Regiment versetzt.
17. ,	Lieutenant Frhr. v. Seldeneck vom 3. Dragoner-Regiment in das Regiment versetzt.
17. ,	Lieutenant Frhr. Schilling v. Canstatt zum Oberlieutenant befördert.
18. ,	Oberlieutenant v. Türkheim zum Adjutanten beim Kommando der Reiterei ernannt.
18. ,	Oberlieutenant v. Stoecklern in das 3. Dragoner-Regiment versetzt.

Rangliste vom 31. Dezember 1855.

Kommandant: Oberstlieutenant Frhr. v. Freystedt.
Stabsoffizier: Major v. Freydorf.

Rittm. Frhr. v. Stengel 1	Oberlt. Frhr. Schilling v. Can-
„ „ v. Weiler 4	statt 3
„ „ v. Stetten 2	Lt. v. Amerongen 4
„ v. Degenfeld 3	„ Kapferer 1
Oberlt. Frhr. v. Türkheim, Adj.	„ Frhr. v. Selbeneck 2
b. Kom. d. Reiterei	„ Oehlwang 3
„ v. Fabert Adj.	„ Frhr. Goeler v. Ravensburg 1
„ v. Gillmann 1	„ Gilm v. Rosenegg 2
„ Warth 4	„ v. Frieberich 4
„ Frhr. v. Hornstein 2	

Regimentsarzt: Weber.
Oberarzt: Panther.
Oberthierarzt: Herrmann.
Stabsquartiermeister: Clauß.

1856.

12. Januar: Rittmeister v. Degenfeld der Abschied bewilligt unter Ertheilung der Uniform der Suite der Reiterei.
20. Oberlieutenant v. Selbeneck vom 1. Dragoner-Regiment unter Beförderung zum Rittmeister und Eskadronchef in das Regiment versetzt.
5. März: Oberstlieutenant v. Freystedt zum Oberst II. Klasse befördert.
5. „ Lieutenant v. Amerongen zum Oberlieutenant befördert.
5. Juli: Rittmeister v. Stetten unter Beförderung zum Major in das 3. Dragoner-Regiment versetzt.
5. Oberlieutenant v. Schaeffer vom 3. Dragoner-Regiment unter Beförderung zum Rittmeister in das Regiment versetzt.
5. „ Oberlieutenant Frhr. v. Türkheim unter Beförderung zum Ritt- meister in das 1. Dragoner-Regiment versetzt.
5. „ Lieutenant Kapferer zum Oberlieutenant befördert.
11. „ Rittmeister Frhr. v. Selbeneck der Abschied bewilligt mit der Erlaubniß, in fremde Dienste zu treten.
19. Oberlieutenant v. Fabert zum Rittmeister und Eskadronchef befördert.
20. Septbr.: Seine Großherzogliche Hoheit, der General der Kavallerie, Mark- graf Maximilian, zum Inhaber des Regiments ernannt.
20. „ Kadett Kißling zum Portepeefähnrich im Regiment befördert.
20. Dezbr.: Rittmeister Frhr. v. Weiler unter Beförderung zum Major und Ernennung zum Kommandanten von Kehl beim Regiment aggregirt.

Rangliste vom 31. Dezember 1856.

Chef: Markgraf Maximilian von Baden, Großherzogl. Hoheit.
Kommandant: Oberst Frhr. v. Freystedt.
Stabsoffizier: Major v. Freydorf.

Rittm. Frhr. v. Stengel	1	Oberlt. Kapferer	Adj.
" v. Schaeffer	2	Lt. Frhr. v. Selbeneck	1
" v. Fabert	3	" Dehlwang	2
Oberlt. v. Gillmann	1	" Frhr. Goeler v. Ravensburg	1
" Warth	2	" Gilm v. Rosenegg	4
" Frhr. v. Hornstein	3	" v. Frieberich	2
" " Schilling v. Canstatt	4	Portepeefähnrich Kißling.	

Aggregirt:
Major Frhr. v. Weiler.

Regimentsarzt Weber.
Oberarzt Panther.
Stabsquartiermeister Clauß.
Oberthierarzt Herrmann.

1857.

3. Januar: Oberlieutenant v. Gillmann zum Rittmeister und Eskadronchef befördert.
23. Juli: Portepeefähnrich Kißling zum Lieutenant befördert.
20. Septbr.: Kadett Frhr. Reichlin-Meldegg } zu Portepeefähnrichen
           Karabinier Camerer   befördert.
14. Novbr.: Rittmeister Frhr. v. Stengel der Abschied mit der Regiments-Uniform bewilligt und unter Verleihung des Charakters als Major zum Garnison-Verwaltungsoffizier in Rastatt ernannt.
24. " Oberlieutenant Schauffler vom 1. Dragoner-Regiment unter Beförderung zum Rittmeister und Eskadronchef in das Regt. versetzt.

Rangliste am 31. Dezember 1857.

Chef: Markgraf Maximilian von Baden, Großherzogl. Hoheit.
Kommandant: Oberst Frhr. v. Freystedt.
Stabsoffizier: Major v. Freydorf.

Rittm. Frhr. v. Schaeffer	2	Lt. Dehlwang	2
" v. Fabert	3	" Frhr. Goeler v. Ravensburg	3
" v. Gillmann	4	" Gilm v. Rosenegg	4
" Schauffler	1	" v. Frieberich	1
Oberlt. Warth	2	" Kißling	1
" Frhr. v. Hornstein	3	Portepeefähnr. Frhr. Reichlin-	
" " Schilling v. Canstatt	4	Meldegg	2
" Kapferer	Adj.	" Camerer	3
Lt. Frhr. v. Selbeneck	1		

Aggregirt:
Major Frhr. v. Weiler.

Regimentsarzt Weber.
Stabsquartiermeister Clauß.
Oberarzt Panther.
Oberthierarzt Herrmann.

1858.

- 11. März: Lieutenant v. Gilm in das 3. Dragoner-Regiment versetzt.
- 11. " Graf v. Sparre-Cronenberg vom 3. Dragoner-Regiment in das Regiment versetzt.
- 28. Juli: Die Portepeefähnriche Camerer und Frhr. Reichlin-Melbegg zu Lieutenants befördert.
- 9. Septbr.: Kadett v. Freystedt zum Portepeefähnrich befördert.
- 17. Novbr.: Lieutenant Frhr. v. Selbeneck zum Oberlieutenant befördert.
- 17. " Kadett Frhr. v. Schönau-Wehr zum Portepeefähnrich befördert.

Rangliste am 31. Dezember 1858.

Chef: Markgraf Maximilian von Baden, Großherzogl. Hoheit.
Kommandant: Oberst Frhr. v. Freystedt.
Stabsoffizier: Major v. Freydorf.

Rittm. Frhr. v. Schaeffer 2	Lt. Frhr. Göler v. Ravensburg	3
" v. Fabert 3	" v. Friederich	1
" v. Gillmann 4	" Kißling	1
" Schauffler 1	" Graf v. Sparre-Cronenberg	4
Oberlt. Warth 2	" Camerer	3
" Frhr. v. Hornstein 3	" Frhr. v. Reichlin-Melbegg	4
" " Schilling v. Canstatt 4	Portepeefähnr. Frhr. v. Freystedt	3
" Kapferer Adj.	" " v. Schönau-Wehr	4
" Frhr. v. Selbeneck 1		
Lt. Dehlwang 2		

Aggregirt:
Major Frhr. v. Weiler.

Regimentsarzt Weber.
Oberarzt Panther.
Stabsquartiermeister Clauß.
Oberthierarzt Herrmann.

1859.

- 19. Febr.: Oberlieutenant Warth unter Beförderung zum Rittmeister in das 3. Dragoner-Regiment versetzt.
- 19. " Lieutenant Dehlwang zum Oberlieutenant befördert.

20. April:	Portepeefähnrich v. Freystedt unter Beförderung zum Lieutenant in das 1. Leib-Dragoner-Regiment versetzt.	
20. "	Portepeefähnrich Frhr. v. Schönau-Wehr zum Lieutenant befördert.	
20. "	Lieutenant Hübsch vom 3. Dragoner-Regiment in das Regiment versetzt.	
25. "	Dragoner Ziegler vom 1. Leib-Dragoner-Regiment unter Beförderung zum Portepeefähnrich in das Regiment versetzt.	
17. Mai:	Major v. Freydorf zum Oberstlieutenant befördert.	
17. "	Oberlieutenant Frhr. v. Hornstein als Eskadron-Kommandant und Lieutenant Frhr. Goeler v. Ravensburg zur Dragoner-Division der Besatzungs-Brigade versetzt.	
21. "	Regimentsarzt Weber zum 4. Füsilier-Bataillon versetzt.	
21. "	Oberlieutenant Kapferer zum Adjutanten beim Kommando der Reiterei ernannt.	
19. Juni:	Portepeefähnrich Winsloe vom 1. Leib-Dragoner-Regiment als Lieutenant in das Regiment versetzt.	
19. "	Portepeefähnrich Ziegler unter Beförderung zum Lieutenant in das 1. Leib-Dragoner-Regiment versetzt.	
19. "	Die Freiwilligen Schmidt, Power, v. Vincenti, Brummel und Metzger werden zu Lieutenants befördert.	
30. August:	Regimentsarzt Dr. Brummer vom 1. Leib-Dragoner-Regiment in das Regiment versetzt.	
31. "	Kadett v. Reischach zum Portepeefähnrich befördert.	
22. Septbr.:	Oberlieutenant v. Seebach vom 3. Dragoner-Regiment in das Regiment versetzt.	
8. "	Oberlieutenant Frhr. v. Hornstein und Lieutenant Frhr. Göler v. Ravensburg treten nach Auflösung der Dragoner-Division und der Dragoner-Eskadron in das Regiment ein.	
13. Oktober:	Den auf Kriegsdauer angestellten Lieutenants Brummel und Metzger der Abschied bewilligt.	
10. Dezbr.:	Rittmeister v. Jabert der Abschied bewilligt.	
12. "	" v. Stoedtern vom 1. Leib-Dragoner-Regiment in das Regiment versetzt.	

Rangliste am 31. Dezember 1859.

Chef: Markgraf Maximilian von Baden, Großherzogl. Hoheit.
Kommandant: Oberst Frhr. v. Freystedt.
Stabsoffizier: Oberstlieutenant v. Freydorf.

Rittm. Frhr. v. Schaeffer	2	Oberlt. Dehlwang		Adj.
" v. Stoedlern	3	" Frhr. v. Seebach		1
" v. Gillmann	4	Lt. Frhr. Goeler v. Ravensburg		4
" Schauffler	1	" v. Frieberich		
Oberlt. Frhr. v. Hornstein	2	" Ritzling		2
" " Schilling v. Canstatt	4	" Graf v. Sparre-Cronenberg		3
" " v. Selbeneck	3	" Camerer		3

Lt. Frhr. Reichlin-Melbegg	4	Lt. Power	2
" Hübsch	1	" Schmidt	1
" Frhr. v. Schönau-Wehr	4	" v. Vincenti	3
" Winsloe	2	Portepeefähnrich v. Reischach	4

Aggregirt:

Major Frhr. v. Weiler.
Oberlieutenant Kapferer, Brigadeabjutant.

Regimentsarzt: Dr. Brummer.
Oberarzt: Dr. Stehberger.
Regiments-Quartiermeister Clauß.
Oberthierarzt Herrmann.

1860.

28. April:	Rittmeister v. Gillmann der Abschied bewilligt.
9. Juni:	Oberlieutenant Frhr. v. Hornstein zum Rittmeister und Eskadronchef befördert.
9. "	Major Frhr. v. Weiler erhält den Charakter als Oberstlieutenant.
25. Septbr.:	Oberst v. Freystedt unter Beförderung zum Generalmajor als Kommandant der Reiterei ernannt.
25. "	Oberstlieutenant v. Freydorf zum Kommandanten des Regiments ernannt.
25. "	Rittmeister Wirth vom 3. Dragoner-Regiment unter Beförderung zum Major in das Regiment versetzt.
25. "	Lieutenant Frhr. Goeler v. Ravensburg zum Oberlieutenant befördert.
25. "	Portepeefähnrich v. Reischach unter Beförderung zum Lieutenant in das 1. Leib-Dragoner-Regiment versetzt.

Rangliste am 31. Dezember 1860.

Chef: Markgraf Maximilian von Baden, Großherzogliche Hoheit.
Kommandant: Oberstlieutenant v. Freydorf.
Stabsoffizier: Major Wirth.

Rittm. Frhr. v. Schaeffer	2	Lt. Graf v. Sparre-Cronenberg	3
" Schauffler	1	" Camerer	4
" v. Stoecklern	3	" Frhr. Reichlin-Melbegg	2
" Frhr. v. Hornstein	4	" Hübsch	1
Oberlt. Frhr. Schilling v. Canstatt	2	" Frhr. v. Schönau-Wehr	3
" " v. Seldeneck	1	" Winsloe	4
" " v. Seebach	3	" Power	2
" Dehlwang	Adj.	" Schmidt	1
Lt. v. Friederich	1	" v. Vincenti	3
" Kißling	2		

Aggregirt:
Charakter. Oberstlieutenant Frhr. v. Weiler.
Oberlieutenant Kapferer.

Regimentsarzt: Dr. Brummer.
Oberarzt: Woelfel.
Regiments-Quartiermeister: Clauß.
Oberthierarzt: Herrmann.

1861.

22. Septbr.: Lieutenant Power der Abschied bewilligt.
29. ″ Lieutenant Camerer auf 2 Jahre in die höhere Offizierschule nach Karlsruhe kommandirt.
4. Oktober: Kadet Frhr. v. Wechmar und Korporal Frhr. v. Glaubitz zu Portepeefähnrichen ernannt.
6. ″ Oberlieutenant v. Seebach zur Garnisonverwaltung Rastatt kommandirt.

Rangliste am 31. Dezember 1861.

Chef: Markgraf Maximilian von Baden, Großherzogl. Hoheit.
Kommandant: Oberstlieutenant v. Freydorf.
Stabsoffizier: Major Wirth.

Rittm. Frhr. v. Schaeffer	2	Lt. Camerer, (z. z. Offizierschule in Karlsruhe)	4
″ Schauffler	1	″ Frhr. Reichlin v. Meldegg	4
″ v. Stoedtlern	3	″ Hübsch	2
″ Frhr. v. Hornstein	4	″ Frhr. v. Schönau-Wehr	3
Oberlt. Frhr. Schilling v. Canstatt	2	″ Winsloe	4
″ ″ v. Seldeneck	1	″ Schmidt	1
″ ″ v. Seebach	3	″ v. Vincenti	3
″ Dehlwang	Adj.	Portepeefähnr. Frhr. v. Wechmar	4
Lt. v. Friederich	1	″ ″ v. Glaubitz	2
″ Kißling	1		
″ Graf v. Sparre-Cronenberg	8		

Aggregirt:
Charakter. Oberstlieutenant Frhr. v. Weiler.
Oberlieutenant Kapferer.

Regimentsarzt: Dr. Brunner.
Oberarzt: Woelfel.
Regiments-Quartiermeister: Clauß.
Oberthierarzt: Herrmann.

1862.

23. Mai:	Oberlieutenant Frhr. Schilling v. Canstatt unter Beförderung zum Rittmeister in das 3. Dragoner-Regiment versetzt.	
23.	⸗	Lieutenant v. Jagemann vom 3. Dragoner-Regiment unter Beförderung zum Oberlieutenant in das Regiment versetzt.
6. August:	Oberstlieutenant v. Freydorf zum Oberst befördert.	
5. Septbr.:	Lieutenant v. Bicenti unter Ernennung zum 2. Adjutanten beim Gouvernement Rastatt dem Regiment aggregirt.	
9.	⸗	Kadet v. Billiez zum Portepeefähnrich befördert.
24.	⸗	Regimentsarzt Dr. Brummer zum 1. Leib-Dragoner-Regiment versetzt.
24.	⸗	Regimentsarzt Krumm vom 1. Leib-Dragoner-Regiment in das Regiment versetzt.
9. Oktober:	Oberlieutenant v. Seebach mit Pension und dem Charakter als Rittmeister der Abschied bewilligt.	
9.	⸗	Lieutenant v. Gilm vom 3. Dragoner-Regiment unter Beförderung zum Oberlieutenant in das Regiment versetzt.

Rangliste am 31. Dezember 1862.

Chef: Markgraf Maximilian von Baden, Großherzogl. Hoheit.
Kommandant: Oberst v. Freydorf.
Stabsoffizier: Major Wirth.

Rittm.	Frhr. v. Schaeffer	2	Lt. Graf v. Sparre-Cronenberg	3
⸗	Schauffler	1	⸗ Camerer, (kom. z. Offizierschule Karlsruhe)	4
⸗	v. Stoecklern	3		
⸗	Frhr. v. Hornstein	4	⸗ Frhr. Reichlin-Meldegg	4
Oberlt.	⸗ v. Selbened	1	⸗ Hübsch	1
⸗	Dehlwang Adj.		⸗ Frhr. v. Schönau-Wehr	3
⸗	Frhr. Göler v. Ravensburg	2	⸗ Winsloe	2
⸗	v. Jagemann	3	⸗ Schmidt	4
⸗	Gilm v. Rosenegg	4	Portepeefähnr. Frhr. v. Wechmar	3
Lt.	v. Friederich	1	⸗ ⸗ v. Glaubitz	2
⸗	Kißling	2	⸗ v. Billiez	1

Aggregirt:

Charakt. Oberstlieutenant Frhr. v. Weiler.
v. Bincenti, Adjutant beim Gouvernement der Bundesfestung Rastatt.
Kapferer, Brigadeadjutant.

Regimentsarzt Krumm.
Oberarzt Heuberger.
Regiments-Quartiermeister Claus.
Oberpferdearzt Weber.

1863.

12. März: Graf von Sparre-Cronenberg zur Dienstleistung als Ordonnanzoffizier zu Sr. Königl. Hoheit dem Großherzog auf die Dauer eines Jahres kommandirt.
24. Oktober: Kadet v. Stockhorner zum Portepeefähnrich befördert.
9. Dezbr.: Lieutenant v. Friederich unter Beförderung zum Oberlieutenant in das (1.) Leib-Dragoner-Regiment versetzt.
9. " Portepeefähnriche Frhr. v. Wechmar und Frhr. v. Glaubitz unter Beförderung zum Lieutenant bem Regiment aggregirt.
16. " Rittmeister v. Schaeffer unter Beförderung zum Major in das 3. Dragoner-Regiment versetzt.
16. " Rittmeister Schmich vom Stabe des Kommandos der Reiterei in das Regiment versetzt.
16. " Lieutenant Kißling unter Beförderung zum Oberlieutenant in das (1.) Leib-Dragoner-Regiment versetzt.

Rangliste am 31. Dezember 1863.

Chef: Markgraf Maximilian von Baden, Großherzogl. Hoheit.
Kommandant: Oberst v. Freydorf.
Stabsoffizier: Major Wirth.

Rittm. Schauffler	1	Lt. Camerer	3
" Schmich	2	" Frhr. v. Reichlin-Meldegg	4
" v. Stoedtern	3	" Hübsch	1
" Frhr. v. Hornstein	4	" Frhr. v. Schönau-Wehr	2
Oberlt. " v. Seldeneck	1	" Winsloe	2
" Dehlwang Adj.		" Schmidt	1
" Frhr. Göler v. Ravensburg	2	Portepeefähnr. v. Billiez	3
" v. Jagemann	3	Frhr. Stockhorner	
" Gilm v. Rosenegg	4	v. Starein	
Lt. Graf v. Sparre-Cronenberg	3		
(komm. als Ordj. Offiz. zu Sr. Kgl. Hoh. dem Großherzog)			

Aggregirt:

Charakt. Oberstlieutenant Frhr. v. Weiler.
Lieutenant v. Bincenti.
Frhr. v. Wechmar.
" v. Glaubitz.

Regimentsarzt Krumm.
Oberarzt Heuberger.
Regiments-Quartiermeister Clauß.
Oberpferdearzt Weber.

1864.

28. März: Lieutenant Graf v. Sparre-Cronenberg von der Dienstleistung als Ordonnanzoffizier bei Sr. Königl. Hoheit dem Großherzog entbunden.
19. Mai: Lieutenant Frhr. v. Wechmar in den Etat des Regiments einrangirt.
5. Juli: Lieutenant Frhr. v. Glaubitz in den Etat des Regiments einrangirt.
5. August: Oberlieutenant Kapferer unter Beförderung zum Rittmeister und unter Belassung als Adjutant beim Kommando der Reiterei dem Regiment aggregirt.
5. " Portepeefähnrich v. Billiez unter Beförderung zum Lieutenant in das 3. Dragoner-Regiment versetzt.
6. " Lieutenant Frhr. v. Glaubitz der Abschied behufs Uebertritt in fremde Dienste bewilligt.
15. Septbr.: Kadet Kuenzer und Korporal v. Bangerow zu Portepeefähnrichen befördert.
24. Oktober: Portepeefähnrich v. Stockhorner zum Lieutenant befördert.

Rangliste am 31. Dezember 1864.

Chef: Markgraf Maximilian von Baden, Großherzogl. Hoheit.
Kommandant: Oberst v. Freydorf.
Stabsoffizier: Major Wirth.

Rittm. Schauffler	1	Lt. Camerer		1
" Schmich	3	" Frhr. Reichlin-Meldegg		4
" v. Stoedtern	3	" Hübsch		2
" Frhr. v. Hornstein	4	" Frhr. v. Schönau-Wehr		3
Oberlt. Frhr. v. Selbened	1	" Winsloe		1
" Dehlwang	Adj.	" Schmidt		4
" Frhr. Göler v. Ravensburg	2	" Frhr. v. Wechmar		3
" v. Jagemann	3	" " Stockhorner v. Starein		2
" Gilm v. Rosenegg	4	Portepeefähnr. Kuenzer		
Lt. v. Sparre-Cronenberg	3	" v. Bangerow		

Aggregirt:

Charakt. Oberstlieutenant Frhr. v. Weiler.
Rittmeister Kapferer, Adjutant beim Kommando der Reiterei.
Lieutenant v. Vincenti, Adjutant beim Gouvernement Rastatt.

Regimentsarzt Krumm.
Oberarzt Heuberger.
Regiments-Quartiermeister Clauß.
Oberpferdearzt Weber.

1865.

22. April: Portepeefähnrich v. Bangerow behufs Uebertritt in fremde Dienste der Abschied bewilligt.
18. Mai: Charakt. Oberstlieutenant Frhr. v. Weiler der Charakter als Oberst verliehen.
27. " Portepeefähnrich Kuenzer der Abschied bewilligt.
14. Juli: " Anhaeußer vom (1.) Leib-Dragoner-Regiment in das Regiment versetzt.
19. Septbr.: Kadet Graf v. Sponeck zum Portepeefähnrich befördert.

Rangliste am 31. Dezember 1865.

Chef: Markgraf Maximilian von Baden, Großherzogl. Hoheit.
Kommandant: Oberst v. Freydorf.
Stabsoffizier: Major Wirth.

Rittm. Schauffler	1	Lt. Camerer	1
" Schmich	2	" Frhr. v. Reichlin-Meldegg	1
" v. Stoedlern	3	" Hübsch	2
" Frhr. v. Hornstein	4	" Frhr. v. Schönau-Wehr	3
Oberlt. " v. Seldeneck	1	" Winsloe	1
" Dehlwang	Adj.	" Schmidt	4
" Frhr. Göler v.Ravensburg	4	" Frhr. v. Wechmar	3
" v. Jagemann	3	" Stockhorner v. Starein	2
" Gilm v. Rosenegg	2	Portepeefähnr. Anhaeußer	
Lt. Graf v. Sparre-Cronenberg	4	" Graf v. Sponeck	4

Aggregirt:
Charakt. Oberst Frhr. v. Weiler.
Rittmeister Kapferer.
Lieutenant v. Vincenti.

Regimentsarzt Krumm.
Oberarzt Heuberger.
Oberpferdearzt Weber.
Regiments-Quartiermeister Clauß.

1866.

17. Febr.: Portepeefähnrich Anhaeußer zum 4. Infanterie-Regiment versetzt.
28. Mai: Lieutenant Camerer als Ordonnanzoffizier zu Sr. Königl. Hoheit dem Großherzog auf die Dauer eines Jahres kommandirt.
18. Juni: Regimentsarzt Krumm zum dirigirenden Arzt des Haupthospitals ernannt.
18. " Oberarzt Heuberger erhält den Charakter als Regimentsarzt.
18. " Praktischer Arzt Lahief als Feldarzt in das Regiment versetzt.
20. " Oberst v. Freydorf der Abschied mit der Regimentsuniform bewilligt.

20. Juni:	Major **Wirth** unter Beförderung zum Oberstlieutenant zum Kommandanten ernannt.	
20. =	Rittmeister **Schauffler** zum Major befördert.	
20. =	Oberlieutenant Frhr. v. **Seldeneck** zum Rittmeister und Eskadronchef befördert.	
20.	Oberlieutenant **Dehlwang** unter Beförderung zum Rittmeister in das (1.) Leib-Dragoner-Regiment versetzt.	
20. =	Lieutenants Graf **Sparre-Cronenberg**, **Camerer**, Frhr. v. **Schönau-Wehr** und Frhr. **Reichlin-Melbegg** zu Oberlieutenants befördert.	
20. =	Lieutenant **Hübsch** unter Beförderung zum Oberlieutenant in das 3. Dragoner-Regiment versetzt.	
20.	Lieutenant **Wachs** vom 3. Dragoner-Regiment in das Regiment versetzt.	
20. =	Portepeefähnrich Graf v. **Sponed** zum Lieutenant befördert.	
20. =	Lieutenant **Schmidt** als Adjutant beim Kommando der Ersatzabtheilung versetzt.	
20. =	Kadet **Maier-Ehehalt** zum Portepeefähnrich ernannt.	
4. Juli:	Oberlieutenant **Camerer** tritt in das Regiment zurück und wird am 14. August wieder als Ordonnanzoffizier kommandirt.	
11. =	Oberlieutenant v. **Reichlin-Melbegg** von der Ersatzabtheilung in das Regiment versetzt.	
12. =	Portepeefähnrich **Maier-Ehehalt** und Oberwachtmeister **Müller** zu Lieutenants befördert.	
28. August:	Regimentsarzt **Krumm** in das Regiment zurückversetzt und Feldarzt **Lahief** entlassen.	
4. Septbr.:	Oberlieutenant v. **Gilm** von der Ersatzabtheilung in das Regiment versetzt.	
4. =	Lieutenant **Schmidt** von der Ersatzabtheilung in das Regiment.	
8. Novbr.:	Oberlieutenant Graf v. **Sparre-Cronenberg** der Abschied bewilligt.	

Rangliste am 31. Dezember 1866.

Chef: Markgraf **Maximilian von Baden**, Großherzogl. Hoheit.
Kommandant: Oberstlieutenant **Wirth**.
Stabsoffizier: Major **Schauffler**.

Rittm.	**Schmich**	2	Oberlt. Frhr. v. **Schönau-Wehr**	3
=	v. **Stoecklern**	2	Lt. **Winsloe**	4
=	Frhr. v. **Hornstein**	4	= **Schmidt**	1
=	= v. **Seldeneck**	1	= Frhr. v. **Wechmar**	3
Oberlt.	= **Göler v. Ravensburg** Adj.		= = **Stockhorner v. Starein**	2
=	v. **Jagemann**	2	= **Wachs**	1
=	Frhr. **Gilm v. Rosenegg**	1	= Graf v. **Sponed**	4
=	**Camerer**, Ordz. Offiz. b. S. K. H. d. Großherzog		= **Maier-Ehehalt**	4
=	Frhr. v. **Reichlin-Melbegg**	2	= **Müller**	3

Aggregirt:
Rittmeister **Kapferer.**
Lieutenant v. **Vincenti.**
Regimentsarzt **Krumm.**
Oberarzt **Heuberger.**
Regiments-Quartiermeister **Spohn.**
Oberpferdearzt **Weber.**

1867.

28. April:	Rittmeister Frhr. v. Selbeneck zur Dienstleistung in Königl. preuß. Truppenabtheilungen befehligt.	
20. Mai:	Rittmeister Schmich in den Stab des Regiments versetzt.	
20. "	" Kapferer, Adjutant beim Kommando der Reiterei als Eskadronchef in das Regiment.	
4. Juni:	Oberlieutenant Camerer von der Dienstleistung als Ordonnanzoffizier bei Sr. Königl. Hoheit dem Großherzog entbunden.	
11. "	Lieutenant Georg Winsloe zur Dienstleistung als Ordonnanzoffizier bei Sr. Königl. Hoheit dem Großherzog auf die Dauer eines Jahres kommandirt.	
13. Juli:	Oberlieutenant Frhr. Göler v. Ravensburg der Abschied bewilligt.	
25. "	Rittmeister Frhr. v. Hornstein mit der Uniform der Offiziere des Armeekorps der Abschied bewilligt.	
6. Septbr.:	Rittmeister Frhr. v. Schilling, Adjutant Sr. Großherzogl. Hoheit des Prinzen Wilhelm, von der Funktion entbunden und in das Regiment versetzt.	
26. Oktober:	Oberlieutenant v. Jagemann zum Rittmeister befördert.	
26. "	Lieutenant Winsloe unter Beförderung zum Oberlieutenant unter Belassung als Ordonnanzoffizier in das 3. Dragoner-Regt. versetzt.	

Rangliste am 31. Dezember 1867.

Chef: Markgraf Maximilian von Baden, Großherzogl. Hoheit.
Kommandeur: Oberstlieutenant **Wirth.**
Stabsoffizier: Major **Schauffler.**
Rittmeister **Schmich.**

Rittm. v. Stoecklern	3	Lt. Schmidt	4
" Kapferer	2	" v. Vincenti	2
" Frhr. Schilling v. Canstatt	4	" Frhr. v. Wechmar	3
" " v. Selbeneck	1	" " Stockhorner v. Starein	2
" v. Jagemann	5	" Wachs	1
Oberlt. Gilm v. Rosenegg	1	" Graf Sponeck	4
" Camerer	Adj.	" Maier-Ehehalt	3
" Frhr. Reichlin v. Meldegg	2	" Müller	3
" " v. Schönau-Wehr	3		

Aggregirt:
Charakt. Oberst Frhr. v. Weiler.
Rittmeister und Adjutant beim Kommando der Reiterei Kapferer.

Regimentsarzt Krumm.
Oberarzt Heuberger.
Verrechner Philipp.
Oberpferdearzt Weber.

1868.

10. März:	Rittmeister Schmich den Charakter als Major verliehen.
" "	Premierlieutenant Gilm v. Rosenegg als charakt. Rittmeister in das 1. Leib-Dragoner-Regiment versetzt.
" "	Sekondlieutenant Alfred Winsloe vom 3. Dragoner-Regiment unter Beförderung zum Premierlieutenant in das Regiment versetzt.
" "	Oberstlieutenant Wirth zum Obersten befördert.
17. "	Oberst Freiherr v. Weiler, Kommandant von Kehl, erhält den Charakter als Generalmajor.
28. "	Verrechner Philipp zum Zahlmeister ernannt.
23. April:	Oberpferdearzt Weber in Karlsruhe gestorben.
19. Mai:	Oberpferdearzt van Poul vom Feldartillerie-Regiment in das Regiment versetzt.
5. Juni:	Premierlieutenant Camerer dem Regiment aggregirt und zur Dienstleistung des Kriegsministeriums kommandirt.
17. "	Premierlieutenant Winsloe tritt in das Regiment zurück.
25. "	Sekondlieutenants Schmidt und v. Vincenti der Charakter als Premierlieutenants verliehen.
25. August:	Gefreiter Freiherr v. Degenfeld zum Portepeefähnrich ernannt.
1. Oktober:	Rittmeister v. Stoedtern der Charakter als Major verliehen.
21. Novbr.:	Major Schmich als etatsmäßiger Stabsoffizier in das 3. Dragoner-Regiment versetzt.
	Major v. Stoedtern in den Stab des Regiments versetzt.
"	Premierlieutenant Seubert vom 3. Dragoner-Regiment unter Entbindung von der Dienstleistung als Brigadeadjutant als charakt. Rittmeister in das Regiment versetzt.
" "	Freiherr v. Reichlin-Meldegg unter Ernennung zum Brigade-Adjutanten dem Regiment aggregirt.

Rangliste am 31. Dezember 1868.

Chef: Markgraf Maximilian von Baden, Großherzogl. Hoheit.
Kommandeur: Oberst Wirth.
Stabsoffizier: Major Schauffler.
Charakt. Major v. Stoedtern.

Rittm. Kapferer	2	P. L. v. Vincenti	
» Frhr. Schilling v. Canstatt	4	S. L. Frhr. v. Wechmar	
» » v. Selbeneck	1	» » Stockhorner	
» v. Jagemann	5	» v. Starein	
» Seubert	3	» Wachs, kom. z. Mil.Reitinstitut	
P. L. Frhr. v. Schönau-Wehr		» Graf v. Sponeck	
» G. Winsloe		» Maier-Ehehalt	
» A. Winsloe		» Müller	
» Schmidt	Adj.	Portepeefähnr. Frhr. v. Degenfeld	

Aggregirt:

Premierlieutenant Camerer, kommandirt zum Kriegsministerium.
» Freiherr v. Reichlin-Meldegg, Brigabeadjutant.

Regimentsarzt: Krumm.
Oberarzt: Heuberger.
Zahlmeister: Philipp.
Oberpferdearzt: van Poul.

1869.

- 12. Januar: Unteroffizier Huth zum Portepeefähnrich ernannt.
- 5. Febr.: Portepeefähnrich Freiherr Rüdt v. Collenberg zum Sekondlieutenant ernannt.
- 5. » Stabsarzt Hildebrandt vom Leib-Grenadier-Regiment in das Regiment versetzt.
- 11. März: Portepeefähnrich Freiherr v. Degenfeld zum Sekondlieutenant befördert.
- 12. Mai: Gefreiter Paris zum Portepeefähnrich ernannt.
- 19. Juli: Charakt. Rittmeister Seubert ein Patent seiner Charge verliehen.
- 19. » Sekondlieutenant Freiherr v. Stockhorner in das 1. Leib-Dragoner-Regiment versetzt.
- 1. Septbr.: Stabsarzt Hildebrandt zum Feldartillerie-Regiment versetzt.
- 9. Novbr.: Unteroffiziere v. Hagen und Freiherr v. Beust zu Portepeefähnrichen ernannt.

Rangliste am 31. Dezember 1869.

Chef: Markgraf Maximilian von Baden, Großherzogl. Hoheit.
Kommandeur: Oberst Wirth.
Stabsoffizier: Major Schauffler.
Major: v. Stoecklern.

Rittm. Kapferer	2	P. L. Frhr. v. Schönau-Wehr	
» Frhr. Schilling v. Canstatt	4	» G. Winsloe	
» » v. Selbeneck	1	» A. Winsloe	
» v. Jagemann	5	» Schmidt	Adj.
» Seubert	3	» v. Vincenti	

S. L. Frhr. v. Wechmar   S. L. Frhr. v. Degenfeld
» Wachs   » Portepeefähnr. Huth
» Graf v. Sponeck   » Paris
» Maier-Ehehalt   » v. Hagen
» Müller   » Frhr. v. Beust
» Frhr. Rüdt v. Collenberg

Aggregirt:
Premierlieutenant Camerer, kommandirt zum Kriegsministerium.
    »   Freiherr Reichlin v. Melbegg, Brigabeadjutant.

Regimentsarzt: Krumm.
Oberarzt: Heuberger.
Zahlmeister: Philipp.
Oberpferdearzt: van Poul.

1870.

Juli. Major Schauffler zum Inspekteur der Ersatz-Eskadrons ernannt.
  »   » v. Stoedlern zum etatsmäßigen Stabsoffizier ernannt.
  »   Rittmeister v. Jagemann zum Chef der 3 Ersatz-Eskadron ernannt.
  »   »   Seubert zum Adjutanten bei der Inspektion der Ersatz-
           Eskadrons ernannt.
  »   Rittmeister Kapferer zum Kommandeur des Sanitätsdetachements
         ernannt.
       Premierlieutenant Hübsch zum Eskadronsführer der 2. Eskadron er-
         nannt und am 11. Dezember 1870 charakt. Rittmeister.
  »   Rittmeister Camerer zum Eskadronchef befördert.
  »   Premierlieutenant Freiherr v. Schönau-Wehr zum Eskadronsführer
         der 5. Eskadron ernannt.

Kriegs-Rangliste 1870/71.

Chef: Markgraf Maximilian von Baden, Großherzogl. Hoheit.
Kommandeur: Oberst Wirth.
Etatsm. Stabsoffizier: Major v. Stoedlern.
Regimentsadjutant: Premierlieutenant Schmidt.

Rittm. Hübsch	2	Rittm. Frhr. Schilling v. Canstatt	4
S. L. Maier-Ehehalt	2	P. L. A. Winsloe	4
» v. Borke	2	S. L. Graf v. Sponeck	4
» v. Horabam	2	» v. Hagen	4
» Witzenmann	2	S. L. d. Res. Ziegler	4
S. L. d. Res. v. Leutrum	2	P. L. Frhr. v. Schönau-Wehr	
Rittm. Camerer	3	Eskadronsführer	5
P. Lt. G. Winsloe	3	S. L. Wachs	5
S. L. Frhr. Rüdt v. Collenberg	3	» Frhr. v. Degenfeld †	5
» Branbeis	3	» » v. Beust	5
S. L. d. Res. Brombacher	3	S. L. d. Res. Frhr. v. Buol	5
» Asal	3		

Stabsarzt: Dr. Wölfel, Chefarzt.
» » Vogel, Feldarzt.
» » Münch, »
Oberpferdearzt: van Poul.
Pferdearzt: Jäger.
» Schreck.
Zahlmeister: Schmidtbauer, Feldzahlm.

1871.

19. Febr.: Charakt. Rittmeister Camerer zum Rittmeister und Eskadronchef ernannt.
6. Juni: Stabsarzt Dr. Wölfel in das 3. Badische Infanterie-Regiment versetzt.
» » Oberstabsarzt Dr. Brummer vom 3. Badischen Infanterie-Regiment Nr. 111 als Regimentsarzt in das Regiment versetzt.
30. Assistenzarzt Guintau vom Kaiser Alexander-Garde-Grenadier-Regiment Nr. 1 in das Regiment versetzt.
15. Juli: Oberst Wirth, à la suite des Regiments gestellt und zum Kommandanten von Karlsruhe ernannt.
» Major Graf Strachwitz vom Husaren-Regiment Nr. 11 als Kommandeur in das Regiment versetzt.
» » Oberstlieutenant Schauffler als Oberst verabschiedet.
» » Major Freiherr v. Buddenbrock-Hettersdorf vom Leib-Kürassier-Regiment Nr. 1 als etatsmäßiger Stabsoffizier in das Regiment versetzt.
» Major Stoecklern v. Grünholzegg als etatsmäßiger Stabsoffizier in das Dragoner-Regiment Nr. 10 versetzt.
» Rittmeister Freiherr v. Seldeneck in das Husaren-Regiment Nr. 11 versetzt.
» » Rittmeister v. Jagemann in das Ulanen-Regiment Nr. 6 versetzt.
» » Rittmeister Hübsch in das Dragoner-Regiment Nr. 15 versetzt.
» » Premierlieutenant v. Jagow vom 1. Garde-Ulanen-Regiment als Rittmeister in das Regiment versetzt.
» Rittmeister Freiherr Reichlin v. Meldegg als Hauptmann in den Generalstab der Armee versetzt.
» » Premierlieutenant Freiherr v. Schönau-Wehr als Rittmeister in das Husaren-Regiment Nr. 14 versetzt.
» » Premierlieutenant A. Winsloe in das Husaren-Regiment Nr. 1 versetzt.
Premierlieutenant v. Gustedt vom Dragoner-Regiment Nr. 16 in das Regiment versetzt.
» » Premierlieutenant Boed vom Dragoner-Regiment Nr. 5 in das Regiment versetzt.
» Sekondlieutenant v. Hagen in das Kürassier-Regiment Nr. 7 versetzt.
» » Premierlieutenant v. Hobe vom Ulanen-Regiment Nr. 6 in das Regiment versetzt.

23. Juli: Fähnrich Witzenmann zum Sekondlieutenant befördert.
" " " Schmidt II. vom 2. Reserve-Husaren-Regiment in das Regiment versetzt.
18. August: Major Graf Strachwitz, zum Oberstlieutenant befördert.
14. Oktober: Sekondlieutenant Liegnitz von der Reserve des Ulanen-Regiments Nr. 7 in das Regiment versetzt.
23. " Sekondlieutenant Stephany von der 9. Artillerie-Brigade in das Regiment versetzt.
16. Novbr.: Freiherr v. Reizenstein zum Portepeefähnrich befördert.

Rangliste am 31. Dezember 1871.

Chef: Markgraf Maximilian von Baden, Großherzogl. Hoheit.
Kommandeur: Oberstlieutenant Graf v. Strachwitz.
Etatsm. Stabsoffizier: Major Frhr. v. Buddenbrock-Hettersdorf.
" " " Kapferer.

Rittm. Frhr. Schilling			S. L. Müller,	
v. Canstatt	4		komm. z. Bad. Train-Bat. Nr. 14,	
" Seubert	1		" Frhr. Rüdt v. Collenberg	4
" Camerer	3		" Paris	1
" v. Jagow	8		" Brandeis	3
P. L. G. Winsloe	4		" Frhr. v. Beust	5
" Schmidt	1		" v. Borke	1
" v. Hobe	3		" Schmid	4
" v. Gustedt	2		" Huth	3
" Boeck	6		" v. Horadam	2
S. L. Wachs	5		" Witzenmann	4
" Graf v. Sponeck, komm. z. Milit. Reitinstit.	2		" Schmidt II.	5
			" Liegnitz	1
" Maier-Ehehalt, Adj.	1		Portepeefähnr. Stark	3
" Stephany	2		" v. Heugel	6
			" Frhr. v. Reizenstein	1

à la suite:
Oberst Wirth, Kommandant von Karlsruhe.

Regimentsarzt: Oberstabsarzt Dr. Brummer mit dem Range als Major.
Assistenzarzt: Dr. Gumtau.
Zahlmeister: Philipp.
Oberpferdearzt: van Poul.

1872.

1. Januar: Premierlieutenant Winsloe als Rittmeister zum 2. Pommerschen Ulanen-Regiment Nr. 9 versetzt.
" " Sekondlieutenant Wachs zum Premierlieutenant befördert.
" " " Müller zum Badischen Train-Bataillon Nr. 14 versetzt.

1. Januar: Sekondlieutenant Paris ausgeschieden und zu den Reserve-
Offizieren des Regiments übergetreten.
13. April: Unteroffizier Thiergärtner-Drummond zum Portepeefähnrich
befördert.
  "   "   Portepeefähnrich Stark zum Sekondlieutenant befördert.
21. Septbr.: Assistenzarzt Dr. Gumtau ausgeschieden und zum 2. Bataillon
4. Brandenburgischen Landwehr-Regiments Nr. 24 übergetreten.
12. Oktbr.: Rittmeister Camerer, unter Stellung à la suite des Regiments,
in den Nebenetat des großen Generalstabes versetzt.
  "   "   Charakt. Portepeefähnrich v. Heugel zum Portepeefähnrich befördert.
24.   "   Assistenzarzt Dr. Zimmern vom 6. Badischen Infanterie-Regiment
Nr. 114 in das Regiment versetzt.
12. Novbr.: Premierlieutenant Schmidt zum Rittmeister befördert.
  "   "   Sekondlieutenant Graf v. Sponeck zum Premierlieutenant
befördert.
12. Dezbr.: Portepeefähnrich v. Reizenstein zum Sekondlieutenant befördert.
  "   "   v. Heugel als Ganzinvalide der Abschied bewilligt.

Rangliste am 31. Dezember 1872.

Chef: Markgraf Maximilian von Baden, Großherzogl. Hoheit.
Kommandeur: Oberstlieutenant Graf v. Strachwitz.
Etatm. Stabsoffizier: Major Freiherr v. Bubbenbrod-Hettersdorf.

Major Kapferer	3	S. L. Frhr. Rüdt v. Collenberg	4
Rittm. Frhr. Schilling		" Brandeis	3
v. Canstatt	4	" Frhr. v. Beust	5
" Seubert	1	" v. Borke	1
" v. Jagow	5	" Schmid	4
" Schmidt	2	" Huth	3
P. L. v. Hobe	3	" v. Horabam	1
" v. Gustedt	2	" Witzenmann	4
" Boed	4	" Schmidt	5
" Wachs	5	" Lignies	1
" Graf v. Sponeck	Adj.	" Stark	2
S. L. Maier-Ehehalt	2	" Frhr. v. Reizenstein	2
komm. z. Milit. Reitinst.		Portepeefähnr. Thiergärtner-	
" Stephany	2	Drummond	2

à la suite:
Oberst Wirth, Kommandant von Karlsruhe.
Rittmeister Camerer, Nebenetat des großen Generalstabes.

Regimentsarzt: Oberstabsarzt Dr. Brummer, mit dem Range als Major.
Assistenzarzt: Dr. Zimmermann, mit dem Range als Premierlieutenant.
Zahlmeister: Philipp.
Oberpferdearzt: van Poul.

1873.

11. Januar:	Sekondlieutenant v. Borke unter gesetzlichem Vorbehalt ausgeschieden.	
13. März:	Rittmeister v. Jagow, unter Ernennung zum persönlichen Adjutanten Seiner Königlichen Hoheit des Prinzen Albrecht von Preußen, à la suite des 1. Brandenburgischen Dragoner-Regiments Nr. 2 gestellt.	
1. April:	Oberpferdearzt van Poul zum Oberroßarzt befördert.	
12. "	Portepeefähnrich Thiergärtner-Drummond zum Sekondlieutenant befördert.	
15. "	Major Kapferer als etatsmäßiger Stabsoffizier zum Pommerschen Dragoner-Regiment Nr. 11 versetzt.	
" "	Rittmeister v. Bose vom Dragoner-Regiment Nr. 18 in das Regiment versetzt.	
" "	Premierlieutenant v. Hobe zum Rittmeister befördert.	
" "	Rittmeister Freiherr Schilling v. Canstatt zum Major befördert.	
19. "	Charakt. Portepeefähnrich Gülcher in das Regiment versetzt.	
13. Mai:	Sekondlieutenant Richter vom Füsilier-Regiment Nr. 86 in das Regiment versetzt.	
" "	Sekondlieutenant Maier-Ehehalt zum Premierlieutenant befördert.	
10. Juni:	Sekondlieutenant Brandeis behufs Auswanderung der Abschied bewilligt.	
12. "	Oberstabsarzt Dr. Deimling vom Badischen Leib-Grenadier-Regiment in das Regiment versetzt.	
2. Septbr.:	Oberstlieutenant Graf v. Strachwitz zum Obersten befördert.	
18. "	Oberstabsarzt II. Klasse Dr. Deimling zum 4. Westfälischen Infanterie-Regiment Nr. 17 versetzt.	
" "	Oberstabsarzt I. Klasse Dr. Brummer vom Infanterie-Regiment Nr. 113 in das Regiment versetzt.	
2. Oktober:	Major Freiherr Schilling v. Canstatt } gestorben.	
" "	Premierlieutenant Maier-Ehehalt	
14. "	Premierlieutenant Dallmer vom Ulanen-Regiment Nr. 10 unter Beförderung zum Rittmeister in das Regiment versetzt.	
15. Novbr.:	Sekondlieutenant Richter zum Premierlieutenant befördert.	

Rangliste am 31. Dezember 1873.

Chef: Markgraf Maximilian von Baden, Großherzogl. Hoheit.
Kommandeur: Oberst Graf v. Strachwitz.
Etatsm. Stabsoffizier: Major von Bubbenbrock-Hettersdorf.

Rittm.	Seubert	1	P. L. v. Gustedt		2
"	v. Bose	5	" Boed		4
"	Schmidt	2	" Wachs		5
"	v. Hobe	3	" Graf v. Sponeck		
"	Dallmer	4	" Richter, kom. b. d. 16. Kav. Brig.		3

S. L. Stephany 3
 kom. z. Kriegs-Akademie
 » Frhr. Rübt v. Collenberg 1
 » v. Beust 5
 » Schmid 4
 » Huth 3
 » v. Horabam 1

S. L. Witzenmann 4
 » Schmidt 3
 » Liegniez Adj.
 » Starl 2
 » Frhr. v. Reizenstein 4
 » Thiergärtner-Drummond 5
 Portepeefähnr. Gülcher

à la suite:
Oberst Wirth, Kommandant von Karlsruhe.
Rittmeister Camerer, Nebenetat des großen Generalstabes.

Regimentsarzt: Oberstabsarzt I. Klasse Dr. Brummer.
Assistenzarzt I. Klasse: Dr. Zimmern.
Zahlmeister: Philipp.
Oberroßarzt: van Poul.

1874.

12. Febr.: Charakt. Portepeefähnrich Gülcher zum Portepeefähnrich ernannt.
23. April: Kadet v. Wright zum Sekondlieutenant befördert.
2. Mai: Oberst à la suite Wirth zum Generalmajor befördert.
24. » Unteroffizier v. Westernhagen zum Portepeefähnrich ernannt.
30. Juni: Assistenzarzt 1. Klasse Dr. Zimmern zum 1. Badischen Leib-Dragoner-Regiment Nr. 20 versetzt.
15. August: Sekondlieutenant v. Horabam unter dem gesetzlichen Vorbehalt ausgeschieden.
22. Septbr.: Rittmeister v. Berge vom Dragoner-Regiment Nr. 12 als aggregirt in das Regiment versetzt.
22. » Sekondlieutenant Richter zum Premierlieutenant befördert.
3. Novbr.: Rittmeister v. Bose dem Regiment aggregirt.
3. » » v. Berge zum Eskadronchef ernannt.

Rangliste am 31. Dezember 1874.

Chef: Markgraf Maximilian von Baden, Großherzogl. Hoheit.
Kommandeur: Oberst Graf v. Strachwitz.
Etatsm. Stabsoffizier: Major Frhr. v. Bubbenbrod-Hettersdorf.

Rittm. Seubert 1
 » v. Berge 5
 » Schmidt 2
 » v. Hobe 3
 » Dallmer 4
P. L. v. Gustedt 5
 » Boeck 4
 » Wachs 2

P. L. Graf v. Sponeck 2
 Adj. d. 16. Kav. Brig.
 » Richter (k. z. Mil. Reitinstitut in Hannover)
S. L. Stephany (k. z. Kriegsakad.) 3
 » Frhr. Rübt v. Collenberg 1
 » » v. Beust 5
 » Schmid 4

S. L. Huth	3	S. L. Frhr. v. Reizenstein	1
„ Wißenmann	1	„ Thiergärtner-Drummond	5
„ Schmidt	3	„ v. Wright	4
„ Liegnieß	Adj.	Port. Fähnr. Gülcher	
„ Stark	2	„ v. Westernhagen	

à la suite:
Rittmeister Camerer, Nebenetat des Großen Generalstabes.

Aggregirt:
Rittmeister v. Bose.

Regimentsarzt: Oberstabsarzt 1. Klasse Dr. Brummer.
Zahlmeister: Philipp.
Oberroßarzt: van Poul.

1875.

- **18. Januar:** Major Frhr. v. Bubbenbrock-Hettersdorf zum Oberstlieutenant befördert.
- **11. März:** Fähnrich v. Westernhagen zum Sekondlieutenant befördert.
- **15. April:** Kadet Abriani als charakt. Portepeefähnrich dem Regiment überwiesen.
- **15. Mai:** Premierlieutenant Boeck als Rittmeister mit Pension der Abschied bewilligt.
- **15. „** Unterarzt Dr. Blume zum Assistenzarzt 2. Klasse befördert.
- **15. Juni:** Oberstlieutenant Frhr. v. Bubbenbrock-Hettersdorf zum Kommandeur des 15. Dragoner-Regiments ernannt.
- **15. „** Major v. Klüber vom Husaren-Regiment Nr. 16 als etatsmäßiger Stabsoffizier in das Regiment versetzt.
- **15. „** Sekondlieutenant Stephany zum Premierlieutenant befördert.
- **15. Juli:** Aggreg. Rittmeister v. Bose mit Pension und der Uniform des 7. Kürassier-Regiments der Abschied bewilligt.
- **14. August:** Sekondlieutenant Graf v. Sponeck II. vom Badischen Grenadier-Regiment Nr. 109 in das Regiment versetzt.
- **14. „** Lieutenant Thiergärtner-Drummond à la suite des Regiments gestellt.
- **12. Oktober:** Fähnrich v. Ruville, zuletzt im Kürassier-Regiment Nr. 7, als Sekondlieutenant in dem Regiment angestellt.
- **11. Novbr.:** Fähnrich Gülcher zum Sekondlieutenant befördert.

Rangliste am 31. Dezember 1875.

Chef: Markgraf Maximilian von Baden, Großherzogl. Hoheit.
Kommandeur: Oberst Graf v. Strachwitz.
Etatsm. Stabsoffizier: Major v. Klüber.

Rittm. Seubert	1	S. L. Frhr. v. Beust	5
" v. Berge	5	" Schmid	4
" Schmidt	2	" Huth	3
" v. Hobe	3	" Graf v. Sponeck II.	2
" Dallmer	4	" Witzenmann	1
P. L. v. Gustedt	3	" Schmidt	3
" Wachs	2	" Liegniez	Adj.
" Graf Sponeck	4	" Stark	2
(Adj. 16. Kav. Brig.)		" Frhr. v. Reizenstein	1
" Richter	1	" v. Wright	4
" Stephany (k. z. Kriegsakad.)		" v. Westernhagen	3
S. L. Frhr. Rüdt v. Collenberg	4	" v. Ruville	5

à la suite:
Rittmeister Camerer, Nebenetat des großen Generalstabes.
Sekondlieutenant Thiergärtner-Drummond.

Portepeefähnrich Abriani.
Regimentsarzt: Oberstabsarzt 1. Klasse Dr. Brummer.
Assistenzarzt 2. Klasse: Dr. Blume.
Zahlmeister: Philipp.
Oberroßarzt: van Poul.

1876.

22. Januar:	Rittmeister à la suite Camerer als Hauptmann zum Generalstab der Armee, à la suite desselben versetzt, und demnächst als Major mit Pension und seiner bisherigen Uniform der Abschied bewilligt.
13. April:	Charakt. Portepeefähnrich Abriani in die Kategorie der Einjährig-Freiwilligen übergetreten und zur Reserve entlassen.
27. "	Regimentsarzt Oberstabsarzt 1. Klasse Dr. Brummer als Generalarzt 2. Klasse mit Pension und der Uniform des Sanitätskorps der Abschied bewilligt.
23. Mai:	Oberstabsarzt 2. Klasse Dr. Deimling vom Infanterie-Regiment Nr. 17 als Regimentsarzt in das Regiment versetzt.
21. Juli:	Premierlieutenant v. Gustedt als Rittmeister mit Pension und der Regimentsuniform der Abschied bewilligt.
21. "	Sekondlieut. à la suite Thiergärtner-Drummond einrangirt.
25. "	Assistenzarzt 2. Klasse Dr. Blume ausgeschieden und zu den Aerzten der Reserve des 1. Bataillons 111. Infanterie-Regiments übergetreten.
16. August:	Sekondlieutenant Frhr. Rüdt v. Collenberg zum Premierlieutenant befördert.
28. Novbr.:	Assistenzarzt 2. Klasse Dr. v. Robylecki vom Grenadier-Regiment Nr. 110 in das Regiment versetzt.
26. Dezbr.:	Lieutenant Frhr. v. Beust behufs Auswanderung der Absch. bewilligt.

Rangliste am 31. Dezember 1876.

Chef: Markgraf Maximilian von Baden, Großherzogl. Hoheit.
Kommandeur: Oberst Graf v. Strachwitz.
Etatsm. Stabsoffizier: Major v. Klüber.

Rittm.	Seubert	1	S. L. Schmid (k. z. Mil. Reitinstitut)	4
⸺	v. Berge	3	⸺ Huth	3
⸺	Schmidt	2	⸺ Graf v. Sponeck II.	2
⸺	v. Hobe	3	⸺ Wizenmann	1
⸺	Dallmer	4	⸺ Schmidt	3
P. L.	Wachs	5	⸺ Ligniez Adj.	
⸺	Graf v. Sponeck	5	⸺ Stark (k. d. Kriegsakad.)	2
	(Adj. b. d. 16. Kav. Brig.)		⸺ Frhr. v. Reizenstein	1
⸺	Richter	1	⸺ Thiergärtner-Drummond	2
⸺	Stephany	2	⸺ v. Wright	3
⸺	Frhr. Rüdt v. Collenberg	4	⸺ v. Westernhagen	5
			⸺ v. Ruville	4

Regimentsarzt: Oberstabsarzt 2. Klasse Dr. Deimling.
Assistenzarzt 2. Klasse: Dr. v. Kobylecki.
Zahlmeister: Philipp.
Oberroßarzt: van Poul.

1877.

12. April:		Sekondlieutenant Herbst vom Leib-Dragoner-Regiment unter Beförderung zum Premierlieutenant in das Regiment versetzt.
12.	⸺	Rittmeister v. Berge à la suite des Regiments gestellt.
12.	⸺	Premierlieutenant Wachs zum Rittmeister und Eskadronchef ernannt.

Rangliste am 31. Dezember 1877.

Chef: Markgraf Maximilian von Baden, Großherzogl. Hoheit.
Kommandeur: Oberst Graf v. Strachwitz.
Etatsm. Stabsoffizier: Major v. Klüber.

Rittm.	Seubert	1	S. L. Schmid	3
⸺	Schmidt	2	⸺ Huth	5
⸺	v. Hobe	3	⸺ Graf v. Sponeck II.	2
⸺	Dallmer	4	⸺ Wizenmann	1
⸺	Wachs	5	⸺ Schmidt	3
P. L.	Graf v. Sponeck	5	⸺ Ligniez Adj.	
	(Adj. b. d. 16. Kav. Brig.)		⸺ Stark (k. z. Kriegsakad.)	2
⸺	Richter	1	⸺ Frhr. v. Reizenstein	3
⸺	Stephany	5	⸺ Thiergärtner-Drummond	1
⸺	Frhr. Rüdt v. Collenberg	4	⸺ v. Wright	4
⸺	Herbst	2	⸺ v. Westernhagen	5
			⸺ v. Ruville	2

à la suite:
Rittmeister v. Berge.

Regimentsarzt: Oberstabsarzt 2. Klasse Dr. Deimling.
Assistenzarzt 2. Klasse: Dr. v. Robylecki.
Zahlmeister: Philipp.
Oberroßarzt: van Poul.

1878.

12. März: Sekondlieutenant Huth ausgeschieden und zu den Reserve-offizieren des Regiments übergetreten.
29. "   Rittmeister Seubert unter Beförderung zum Major in das Train-Bataillon Nr. 3; demnächst mit Pension und der Regiments-uniform des Dragoner-Regiments Nr. 21 der Abschied bewilligt.
29. "   Rittmeister v. Berge, à la suite des Regiments, einrangirt.
29. "   Premierlieutenant Graf v. Sponeck I. zum überzähligen Rittmeister ernannt.
14. Dezbr.: Unteroffizier Saenger zum Portepeefähnrich ernannt.

Rangliste am 31. Dezember 1878.

Chef: Markgraf Maximilian von Baden, Großherzogl. Hoheit.
Kommandeur: Oberst Graf v. Strachwitz.
Etatsm. Stabsoffizier: Major v. Klüber.

Rittm. v. Berge	1	S. L. Schmid		3
" Schmidt	2	" Graf v. Sponeck		2
" v. Hobe	3	" Witzenmann		1
" Dallmer	4	" Schmidt (k. z. Mil. Reitinstitut)		3
" Wachs	5	" Ligniez	Adj.	
" Graf v. Sponeck I.	3	" Stark (k. z. Kriegsakad.)		2
(Adj. d. 16. Kav. Brig.)		" Frhr. v. Reizenstein		3
P. L. Richter	1	" Thiergärtner-Drummond		1
" Stephany	5	" v. Wright		4
" Frhr. Rüdt v. Collenberg	4	" v. Westernhagen		5
" Herbst	2	" v. Ruville		2
		Portepeefähnr. Saenger.		

Regimentsarzt: Dr. Deimling.
Assistenzarzt: Dr. v. Robylecki.
Zahlmeister: Philipp.
Oberroßarzt: van Poul.

1879.

20. Febr.: Sekondlieutenant Schmid als Premierlieutenant in das Dragoner-Regiment Nr. 6 versetzt.
12. April: Kadet Rochlitz als charakt. Portepeefähnrich in das Regiment versetzt.

29. April:		Oberst Graf v. Strachwitz à la suite des Regiments gestellt und zum Kommandeur der 8. Kavallerie-Brigade ernannt.
29.		Major v. Heister vom 2. Leib-Husaren-Regiment als Oberstlieutenant und Kommandeur in das Regiment versetzt.
17. Mai:		Rittmeister Graf v. Sponeck in das Dragoner-Regiment Nr. 10 versetzt.
17.	=	Sekondlieutenant Graf v. Sponeck zum Premierlieutenant befördert.
11. Juni:		Major Frhr. v. Winzingerobe vom Husaren-Regiment Nr. 16 als aggregirt in das Regiment versetzt.
11.	=	Major v. Heister zum Oberstlieutenant befördert.
11.	=	= v. Klüber zum Oberstlieutenant befördert.
17.	=	Sekondlieutenant Schlink vom Grenadier-Regiment Nr. 110 auf 1 Jahr zur Dienstleistung kommandirt.
16. Oktober:		Portepeefähnrich Saenger zum Sekondlieutenant befördert.
11.	=	Unteroffizier v. Cloßmann zum Portepeefähnrich befördert.
13. Novbr.:		Oberstlieutenant v. Klüber zum Kommandeur des Dragoner-Regiments Nr. 7 ernannt.
13.	=	Portepeefähnrich Rochlitz zum Sekondlieutenant befördert.
13.	=	Major Frhr. v. Winzingerobe als etatsmäßiger Stabsoffizier einrangirt.
20.	=	Assistenzarzt 1. Klasse Dr. v. Kobylecki zum Infanterie-Regiment Nr. 50 versetzt.

Rangliste am 31. Dezember 1879.

Chef: Markgraf Maximilian von Baden, Großherzogl. Hoheit.
Kommandeur: Oberstlieutenant v. Heister.
Etatsm. Stabsoffizier: Major Frhr. v. Winzingerobe.

Rittm. v. Berge	1	S. L. Ligniez		Adj.
= Schmidt	2	= Stark		2
= v. Hobe	3	= Frhr. v. Reizenstein		4
= Dallmer	4	= Thiergärtner-Drummond		1
= Wachs	5	= v. Wright		5
P. L. Richter	1	= v. Westernhagen		4
= Stephany	2	= v. Ruville		1
= Frhr. Rüdt v. Collenberg	4	= Saenger		1
= Herbst	5	= Rochlitz		
= Graf v. Sponeck		= Schlink (v. Gren. Regt. Nr. 110 z. Z. Dienstleistung)		
S. L. Witzenmann	5			
= Schmidt	3			

à la suite:
Oberst Graf v. Strachwitz, 8. Kavallerie-Brigade.

Portepeefähnrich v. Cloßmann.
Regimentsarzt: Dr. Deimling.
Zahlmeister: Philipp.
Oberroßarzt: van Poul.

1880.

3. Febr.: Oberst à la suite Graf v. Strachwitz zum Generalmajor befördert.
13. April: Unteroffizier Frhr. Roth v. Schreckenstein zum Portepeefähnrich befördert.
17. " Kadet Frhr. Roeder v. Diersburg als Portepeefähnrich in das Regiment versetzt.
3. Juni: Lieutenant Schlink vom Grenadier-Regiment Nr. 110 vom Kommando zur Dienstleistung entbunden.
10. Juli: Sekondlieutenant Witzenmann als Premierlieutenant in das Ulanen-Regiment Nr. 7 versetzt.
14. August: Sekondlieutenant v. Ruville ausgeschieden und zu den Reserveoffizieren des Regiments übergetreten.
16. Novbr.: Fähnriche v. Cloßmann und Frhr. Roeber v. Diersburg zu Sekondlieutenants ernannt.
21. Dezbr.: Sekondlieutenant Schmidt als Premierlieutenant in das Dragoner-Regiment Nr. 20 versetzt.

Rangliste am 31. Dezember 1880.

Chef: Markgraf Maximilian von Baden, Großherzogl. Hoheit.
Kommandeur: Oberstlieutenant v. Heister.
Etatsm. Stabsoffizier: Major Frhr. v. Winzingerode.

Rittm. v. Berge	1	S. L. Lignies		Adj.
" Schmidt	2	" Stark		3
" v. Hobe	3	" Frhr. v. Reitzenstein		2
" Dallmer	4	" Thiergärtner-Drummond		1
" Wachs	5	" v. Wright		5
P. L. Richter	3	" v. Westernhagen		4
" Stephany	2	" Saenger		3
" Frhr. Rüdt v. Collenberg	4	" Rochlitz		2
" Herbst	1	" v. Cloßmann		4
" Graf v. Sponeck (k. z. Mil. Reit-Institut).		" Frhr. Roeber v. Diersburg		1
		Port. Fähnr. Frhr. Roth v. Schreckenstein		5

Regimentsarzt: Oberstabsarzt 1. Klasse Dr. Deimling.
Assistenzarzt 2. Klasse: Schuenemann.
Zahlmeister: Philipp.
Oberroßarzt: van Poul.

1881.

25. Januar: Rittmeister v. Hobe in das Dragoner-Regiment Nr. 4 versetzt und als Adjutant zur 3. Division kommandirt.
25. " Premierlieutenant Richter zum Rittmeister und Eskadronchef befördert.

25. Januar: Sekondlieutenant Ligniez zum Premierlieutenant befördert.
12. Febr.: Fähnrich Frhr. Roth v. Schreckenstein zum Sekondlieutenant ernannt.
12. März: Rittmeister Dallmer in das Dragoner-Regiment Nr. 14 versetzt.
12. " Premierlieutenant Kerstiens vom Ulanen-Regiment Nr. 14 als Rittmeister in das Regiment versetzt.
14. Mai: Major Frhr. v. Winzingerode mit Pension und der Regimentsuniform der Abschied bewilligt.
14. " Major v. Zawadzky vom Dragoner-Regiment Nr. 1 als etatsmäßiger Stabsoffizier in das Regiment versetzt.
11. Juli: Rittmeister v. Lieres u. Wilkau vom Dragoner-Regiment Nr. 22 unter Verleihung des Charakters als Major in das Regiment versetzt.
 1. Septbr.: Rittmeister v. Abelebsen vom Dragoner-Regiment Nr. 9 in das Regiment als Eskadronchef versetzt.
 1. " Rittmeister Kerstiens mit Pension der Abschied bewilligt.
 1. Oktober: Lieutenant v. Westernhagen zur Kriegsschule in Metz kommandirt.

Rangliste am 31. Dezember 1881.

Chef: Markgraf Maximilian von Baden, Großherzogl. Hoheit.
Kommandeur: Oberstlieutenant v. Heister.
Etatsm. Stabsoffizier: Major v. Zawadzky.
Major v. Lieres u. Wilkau, Adj. bei der 29. Division.

Rittm. v. Berge	1		S. L. Stark	3
" Schmidt	2		" Frhr. v. Reizenstein	1
" Wachs	5		" Thiergärtner-Drummond	2
" Richter	3		" v. Wright	4
" v. Abelebsen	4		" v. Westernhagen	4
P. L. Stephany	2		(k. b. d. Kriegsschule in Metz)
" Frhr. Rüdt v. Collenberg	4		" Saenger	3
" Herbst	1		" Rochlitz	1
" Graf v. Sponeck	5		" v. Cloßmann	4
" Ligniez	Adj.		" Frhr. Roeber v. Diersburg	2
			" Roth v. Schreckenstein.	

Regimentsarzt: Oberstabsarzt 1. Klasse Dr. Deimling.
Assistenzarzt: Schuenemann.
Zahlmeister: Philipp.
Oberroßarzt: van Poul.

1882.

6. März: General der Kavallerie Maximilian Friedrich Johann Ernst Markgraf von Baden, Großherzogliche Hoheit — Chef des Regiments — gestorben in Karlsruhe.

25. Mai: Assistenzarzt 2. Klasse Dr. Schuenemann aus dem aktiven Sanitätskorps ausgeschieden und zu den Sanitätsoffizieren der Reserve des 2. Bataillons 113. Linien-Regiments übergetreten, dann dem 2. Bataillon 111. Linien-Regiments überwiesen.
3. Juni: Rittmeister Schmidt in das Dragoner-Regiment Nr. 16 versetzt.
22. „ Assistenzarzt 2. Klasse Föhlisch vom Infanterie-Regiment Nr. 112 in das Regiment versetzt.
3. „ Premierlieutenant Hardt vom Dragoner-Regiment Nr. 10 in das Regiment versetzt.
16. Novbr.: Rittmeister Richter in das Train-Bataillon Nr. 11 versetzt.
16. „ Premierlieutenant Stephany zum Rittmeister ohne Patent befördert.
16. „ Sekondlieutenant Stark zum Premierlieutenant befördert.
12. Dezbr.: Unteroffizier Henking v. Lasollaye zum Portepeefähnrich befördert.

Rangliste am 31. Dezember 1882.

Kommandeur: Oberstlieutenant v. Heister.
Etatsm. Stabsoffizier: Major v. Zawadzky.
Major v. Lieres und Willau, Adj. bei der 29. Division.

Rittm. v. Berge	1	S. L. Thiergärtner-Drummond	2
„ Wachs	3	(Kom. z. MU. Reitinst.)	
„ v. Abelebsen	4	„ v. Wright	2
„ Hardt	2	„ v. Westernhagen	4
„ Stephany	5	(Kom. b. d. Kriegsschule in Metz)	
P. L. Frhr. Rüdt v. Collenberg		„ Saenger	3
	Adj.	„ Rochlitz	1
„ Herbst	2	„ v. Closmann	4
„ Graf v. Sponeck	5	„ Frhr. Roeder v. Diersburg	3
„ Ligniez	4	„ Roth v. Schreckenstein	5
„ Stark	1	Portepeefähnr. Henking v. Lasollaye	
S. L. Frhr. v. Reizenstein	3		

Regimentsarzt: Oberstabsarzt 1. Klasse Dr. Deimling.
Assistenzarzt 2. Klasse Föhlisch.
Zahlmeister Philipp.
Oberroßarzt van Poul.

1883.

3. März: Sekondlieutenant Rochlitz mit schlichtem Abschied entlassen.
14. April: Major v. Zawadzky zum Kommandeur des Train-Bataillons Nr. 15 ernannt.
14. „ Major v. Lieres und Willau zum etatsmäßigen Stabsoffizier ernannt.
24. „ Sekondlieutenant v. Müller vom Dragoner-Regiment Nr. 3 in das Regiment versetzt.

5. Mai:	Major v. Berge ein Patent seiner Charge verliehen.	
15. "	Sekondlieutenant Wilhelm Karl Bernhard Herrmann Prinz zu Sachsen-Weimar, Herzog zu Sachsen, Hoheit, wieder angestellt und in das Regiment versetzt.	
1. Juni:	Lieutenant v. Wright zur Kriegsschule in Neiße kommandirt.	
3. August:	Sekondlieutenant Frhr. v. Reizenstein als Premierlieutenant in das Husaren-Regiment Nr. 9 versetzt.	
16. "	Major Stephany ein Patent seiner Charge verliehen.	
19. Septbr.:	Oberstabsarzt 1. Klasse Dr. Deimling zum Infanterie-Regiment Nr. 113 mit Wahrnehmung der divisionsärztlichen Funktionen.	
19. "	Oberstabsarzt Dr. Busch vom Feld-Artillerie-Regiment Nr. 30 in das Regiment versetzt.	
17. Oktober:	Fähnrich Henking v. Lasollaye zum Sekondlieutenant befördert.	
18. "	Oberstlieutenant v. Heister zum Oberst befördert.	
13. Dezbr.:	Premierlt. Frhr. Rüdt v. Collenberg zum Rittmeister befördert.	

Rangliste am 31. Dezember 1883.

Kommandeur: Oberst v. Heister.
Etatsm. Stabsoffizier: Major v. Lieres und Wilkau.

Major v. Berge		1	S. L. Saenger		2
Rittm. Wachs		3	" v. Cloßmann		4
" v. Abelebsen		4	" Frhr. Roeder v. Diersburg		3
" Hardt		2	" " Roth v. Schreckenstein		5
" Frhr. Rüdt v. Collenberg		5			
P. L. Herbst		1	" v. Müller		2
" Graf v. Sponeck		5	" Graf v. Bredow		1
" Ligniez		4	" Wilhelm Karl Bernhard Herrmann Prinz zu Sachsen-Weimar, Herzog zu Sachsen, Hoheit		4
" Stark Adj.					
" Thiergärtner-Drummond					
S. L. v. Wright		2			
(kom. b. d. Kriegsschule in Neiße)			" Henking v. Lasollaye		5
" v. Westernhagen,		4			
(kom. b. d. Kriegsschule in Metz.)					

À la suite:
Rittmeister Stephany.

Regimentsarzt: Oberstabsarzt Dr. Busch.
Assistenzarzt: Föhlisch.
Zahlmeister: Philipp.
Oberroßarzt: van Poul.

1884.

15. April:	Premierlieutenant Herbst zum Rittmeister befördert.	
15. "	Rittmeister v. Abelebsen als Adjutant zur 7. Division.	
15. "	Sekondlieutenaut Legbe vom Ulanen-Regiment Nr. 12 in das Regiment versetzt.	

15. April: Sekondlieutenant v. Wright zum Premierlieutenant befördert.
15.   "   Kadet Eschborn als Sekondlieutenant in das Regiment versetzt.
4. Dezbr.: Major v. Berge dem Regiment aggregirt.
4.   "   Major Frhr. v. Neukirchen, gen. v. Nyvenheim, persönlicher Adjutant des Kronprinzen des Deutschen Reiches und Kronprinzen von Preußen, Kaiserliche und Königliche Hoheit, unter Entbindung von dieser Stelle in das Regiment als Eskadronchef versetzt.

Rangliste am 31. Dezember 1884.

Kommandeur: Oberst v. Heister.
Etatsm. Stabsoffizier: Major v. Lieres und Willau.

Major Frhr. v. Neukirchen gen. v. Nyvenheim 1	S. L. Legde 2
Rittm. Wachs 3	" Saenger 2 (kom. z. Milit. Reitinst.)
" v. Abelebsen (Adj. b. d. 7. Div.)	" v. Cloßmann 4
" Harbt 2	" Frhr. Roeder v. Diersburg 3
" Frhr. Rüdt v. Collenberg 5	" " Roth v. Schredensteins 5
" Herbst 4	" v. Müller 2
P. L. Graf v. Sponeck 5	" Graf v. Bredow 1
" Lignies 1	" Wilhelm, Prinz zu Sachsen-Weimar, Herzog zu Sachsen, Hoheit 4
" Stark Adj.	
" Thiergärtner-Drummonds	
" v. Wright 2 (kom. b. d. Kriegssch. in Neiße)	" Henking v. Lasollaye 5
S. L. v. Westernhagen 4 (k. b. d. Kriegssch. in Metz)	" Eschborn 2

à la suite:
Rittmeister Stephany.

Aggregirt:
Major v. Berge.

Regimentsarzt: Oberstabsarzt Dr. Busch.
Assistenzarzt: Föhlisch.
Zahlmeister: Philipp.
Oberroßarzt: van Poul.

1885.

14. Februar: Aggregirter Major v. Berge als etatsmäßiger Stabsoffizier in das Kürassier-Regiment Nr. 8 versetzt.
5. März: Sekondlieutenant Wilhelm Karl Bernhard Hermann, Prinz zu Sachsen-Weimar, Herzog zu Sachsen, Hoheit, in das Husaren-Regiment Nr. 11 versetzt.
14. April: Kadet Wallau als Sekondlieutenant in das Regiment versetzt.
14.   "   Unteroffizier Madensen zum Portepeefähnrich befördert.

14. Juli: Rittmeister Wachs mit Pension und der Regimentsuniform der Abschied bewilligt.
14. " Rittmeister à la suite Stephany einrangirt.
16. Septbr.: Sekondlieutenant v. Westernhagen zum Premierlieutenant befördert.
10. Noobr.: Portepeefähnrich Frhr. v. Habeln vom Husaren-Regiment Nr. 13 in das Regiment versetzt.
12. " Premierlieutenant Graf v. Sponeck als Rittmeister in das Ulanen-Regiment Nr. 5 versetzt.

Rangliste vom 31. Dezember 1885.

Kommandeur: Oberst v. Heister.
Etatsm. Stabsoffizier: Major v. Lieres und Wilkau.

Major Frhr. v. Neukirchen gen.		S. L. Legde	2
v. Nyvenheim	1	" Saenger	2
Rittm. v. Adelebsen		(kom. z. Mil. Reitinst.)	
(Adj. b. d. 7. Div.)		v. Cloßmann	3
" Hardt	3	" Frhr. Roeder v. Diersburg	
" Stephany	2	" " Roth v. Schredenstein	
" Frhr. Rüdt v. Collenberg	5		Adj.
" Herbst	4	" v. Müller	4
P. L. Ligniez	1	" Graf v. Bredow	1
" Stark	5	" Henking v. Lasollaye	5
" Thiergärtner-Drummonds		" Eschborn	2
" v. Wright	4	" Wallau	1
(kom. b. d. Kriegssch. in Neiße)		Portepeefähnr. Frhr. v. Habeln	4
v. Westernhagen	2	" Mackensen	2

Regimentsarzt: Oberstabsarzt Dr. Busch.
Assistenzarzt: Föhlisch.
Zahlmeister: Philipp.
Oberroßarzt: van Poul.

1886.

12. Januar: Portepeefähnrich Frhr. v. Habeln zum Sekondlieutenant befördert.
12. " " Mackensen " " "
18. März: Kadet v. Wehren als charakt. Portepeefähnrich in das Regiment versetzt.
15. April: Unteroffizier v. Baumbach I. zum Portepeefähnrich befördert.
13. Mai: " v. Bohlen u. Halbach " " "
13. " " v. Riebel " " "
12. Juni: Oberst v. Heister à la suite des Regiments gestellt und zum Kommandeur der 16. Kavallerie-Brigade ernannt.
12. " Major v. Bause vom Dragoner-Regiment Nr. 2 als Kommandeur in das Regiment versetzt.
16. Oktober: Charakt. Portepeefähnrich v. Wehren zum Portepeefähnrich befördert.

Rangliste am 31. Dezember 1886.

Kommandeur: Major v. Bause.
Etatsm. Stabsoffizier: Major v. Lieres und Willau.

Major Frhr. v. Neukirchen, gen.	S. L. v. Cloßmann 3
v. Nyvenheim 1	(kom. z. Mil. Reitinst.)
Rittm. v. Abelebsen	» Frhr. Roeder v. Diersburg 4
(Adj. b. d. 7. Div.)	» » Roth v. Schreckenstein
» Harbt 3	Adj.
» Stephany 2	» v. Müller 4
» Frhr. Rüdt v. Collenberg 5	» Graf v. Bredow 1
» Herbst 4	» Henking v. Lasollaye 3
P. L. Ligniez 1	» Eschborn 3
» Stark	» Wallau 1
» Thiergärtner-Drummonds	» Frhr. v. Hadeln 5
» v. Wright 4	» Mackensen 2
» v. Westernhagen 2	Portepeefähnr. v. Baumbach.
S. L. Legde 2	» v. Bohlen u. Halbach
» Saenger 5	» v. Miedel
	» v. Wehren

à la suite:
Oberst v. Heister, Kommandeur der 16. Kavallerie-Brigade.

Regimentsarzt: Oberstabsarzt Dr. Busch.
Assistenzarzt: Föhlisch.
Zahlmeister: Philipp.
Oberroßarzt: van Poul.

1887.

15. Januar: Fähnrich v. Baumbach zum Sekondlieutenant befördert.
15. » » v. Bohlen u. Halbach zum Sekondlieutenant befördert.
5. Februar: Major Frhr. v. Neukirchen gen. v. Nyvenheim in das Dragoner-Regiment Nr. 7 als etatsmäßiger Stabsoffizier versetzt.
5. » Rittmeister Kühls vom Ulanen-Regiment Nr. 4 als Major und Eskadronchef in das Regiment versetzt.
15. März: Unteroffizier Dallmer zum Portepeefähnrich ernannt.
15. » » Vierordt » »
22. » Major Kühls ein Patent seiner Charge verliehen.
22. » » v. Bause zum Oberstlieutenant befördert.
14. April: Rittmeister v. Abelebsen in das Kürassier-Regiment Nr. 7 versetzt.
14. Mai: Unteroffizier Soehlle zum Portepeefähnrich ernannt.
16. Juli: Sekondlieutenant Frhr. v. Hadeln à la suite des Regiments gestellt.
26. » Oberstabsarzt 1. Klasse Dr. Busch zum Infanterie-Regiment Nr. 113 versetzt.

17. Septbr.: Lieutenant v. Müller à la suite des Regiments gestellt.
17.   »   Fähnrich v. Wehren zum Sekondlieutenant befördert.
24.   »   Dr. Salzmann vom 1. Garde-Regiment zu Fuß als Oberstabs- und Regimentsarzt in das Regiment versetzt.
13. Oktober: Sekondlieutenant Wallau ausgeschieden und zu den Reserve-offizieren des Regiments übergetreten.
13.   »   Portepeefähnrich Dallmer zur Reserve entlassen.
15. Novbr.: Major v. Lieres und Wilkau mit der Führung des Husaren-Regiments Nr. 14. beauftragt.
15.   »   Major v. Bachmayr vom 2. Husaren-Regiment Nr. 2 als etats-mäßiger Stabsoffizier in das Regiment versetzt.

Rangliste am 31. Dezember 1887.

Kommandeur: Oberstlieutenant v. Bause.
Etatsm. Stabsoffizier: Major v. Bachmayr.

Major Kühls	1	S. L. Frhr. Roeber v. Diersburg	5
Rittm. Harbt	3	» Frhr. Noth v. Schreckenstein	Adj.
» Stephany	2		
» Frhr. Rüdt v. Collenberg	5	» Graf v. Bredow	1
» Herbst	4	» Henking v. Lasollaye	3
P. L. Ligniez	1	» Eschborn	3
» Starl	5	» Mackensen	2
» Thiergärtner	3	» v. Baumbach	5
» v. Wright	2	» v. Bohlen u. Halbach	4
» v. Westernhagen	4	» v. Wehren	1
S. L. Legde (kom. z. Kr. Akad.)	2	Portepeefähnr. v. Miebel	
» Saenger	4	» Bierordt	
» v. Cloßmann	2	» Soehlke	

à la suite:
Oberst v. Heister, Kommandeur der 16. Kavallerie-Brigade.
Sekondlieutenant v. Müller.
        »   Frhr. v. Habeln.

Regimentsarzt: Oberstabsarzt Dr. Salzmann.
Assistenzarzt: Föhlisch.
Zahlmeister: Philipp.
Oberroßarzt: van Poul.

1888.

17. Januar: Rittmeister Harbt als Adjutant der 16. Division ernannt.
17.   »   Premierlieutenant Ligniez zum Rittmeister befördert.
17.   »   Sekondlieutenant Legde zum Premierlieutenant befördert.
17.   »   Fähnrich v. Miebel,
17.   »   »   Bierordt, } zu Sekondlieutenants befördert.
17.   »   »   Soehlke,

16. Mai: Unteroffizier Heller zum Portepeefähnrich ernannt.
16. „ „ Runge „ „ „ „
22. Juli: Sekondlieutenant à la suite Frhr. v. Habeln ausgeschieden und zu den Reserveoffizieren des Regiments übergetreten.
2. August: Oberst à la suite v. Heister zum Generalmajor befördert.
4. „ Assistenzarzt 1. Klasse Dr. Föhlisch als Stabs- und Bataillonsarzt zum Infanterie-Regiment Nr. 118 versetzt.
24. Septbr.: Sekondlieutenant à la suite v. Müller auf der Reise nach Mpwapwa (Ostafrika) am Fieber gestorben.
13. Novbr.: Unteroffizier v. Bohlen und Halbach zum Portepeefähnrich ernannt.

Rangliste am 31. Dezember 1888.

Kommandeur: Oberstlieutenant v. Bause.
Etatsm. Stabsoffizier: Major v. Bachmayr.

Maj. Kühls	1	S. L. Graf v. Bredow		4
Rittm. Harbt (Adj. b. d. 16. Div.)		„ Henking v. Lasollaye		3
„ Stephany	2	(k. z. Mil. Reitinstitut)		
„ Frhr. Rüdt v. Collenberg	5	„ Eschborn		5
„ Herbst	4	„ Mackensen		3
„ Ligniez	3	„ v. Daumbach		1
P. L. Stark	1	„ v. Bohlen u. Halbach		5
„ Thiergärtner-Drummond	3	„ v. Wehren		3
„ v. Wright	2	„ v. Riebel		4
„ v. Westernhagen	4	„ Bierordt		1
„ Legbe (k. z. Kriegsakad.)	2	„ Soehlke		2
S. L. Saenger	3	Portepeefähnr. Heller.		
„ v. Clossmann	1	„ „ Runge.		
„ Frhr. Roeder v. Diersburg	2	„ „ v. Bohlen u. Halbach.		
„ „ Roth v. Schreckenstein Adj.				

Regimentsarzt: Oberstabsarzt 2 Klasse Dr. Salzmann.
Zahlmeister: Philipp.
Oberroßarzt: van Poul.

1889.

15. Januar: Portepeefähnrich Heller zum Sekondlieutenant befördert.
16. Febr.: „ „ Runge „ „ „
1. März: Oberroßarzt van Poul mit dem Charakter als Korpsroßarzt in den Ruhestand versetzt.
12. „ Oberroßarzt Lüthens in das Regiment versetzt.
16. „ Premierlieutenant Stark zum Rittmeister und Eskadronchef befördert.
16. „ Sekondlieutenant Saenger zum Premierlieutenant befördert.
16. „ Major Kühls dem Regiment aggregirt.

22. Mai: Unteroffizier Wolff zum Portepeefähnrich ernannt.
17. Juni: Aggreg. Major Kühls als etatsmäßiger Stabsoffizier in das Dragoner-Regiment Nr. 22 versetzt.
17. " Oberstlieutenant v. Bause zum Oberst befördert.
18. " Zahlmeister Philipp auf seinen Antrag mit Pension in den Ruhestand versetzt, demnächst den Charakter als Rechnungsrath verliehen.
30. " Oberstabsarzt 2. Klasse Dr. Salzmann in gleicher Eigenschaft zur Reserve der Gardes du Corps versetzt.
30. " Oberstabsarzt Dr. Wenzel in das Regiment versetzt.
21. Juli: Sekondlieutenant v. Cloßmann als Premierlieutenant in das Ulanen-Regiment Nr. 3 versetzt.
20. August: Premierlieutenant Thiergärtner-Drummond zum überzähligen Rittmeister ernannt.
21. Septbr.: Fähnrich v. Bohlen u. Halbach zum Sekondlieutenant befördert.
15. Oktober: Rittmeister Harbt zum Adjutanten des Generalkommandos des 8. Armeekorps ernannt.
14. Dezbr.: Rittmeister Harbt zum charakt. Major befördert.
16. " Zahlmeister Tietze in das Regiment versetzt.

Rangliste am 31. Dezember 1889.

Kommandeur: Oberst v. Bause.
Etatsm. Stabsoffizier: Major v. Bachmayr.
Major Harbt, Adj. beim Generalkommando des 8. Armeekorps.

Rittm. Stephany	2	S.L. Henling v. Lasollaye (k. j. Mil. Reitinstitut)	3
" Frhr. Rüdt v. Collenberg	5		
" Herbst	4	" Eschborn	4
" Ligniez	3	" Madensen	3
" Starl	1	" v. Baumbach	1
" Thiergärtner-Drummond	3	" v. Bohlen u. Halbach I	5
P.L. v. Wright	2	" v. Wehren	3
" v. Westernhagen	4	" v. Miedel	4
" Legbe (k. j. Kriegsakad.)	2	" Vierordt	5
" Saenger	5	" Soehlte	2
S.L. Frhr. Roeder v. Diersburg	2	" Heller	4
" " Roth v. Schreckenstein		" Runge	3
Adj.		" v. Bohlen u. Halbach II	1
" Graf v. Bredow	2	Portepeefähnrich Wolff.	

Oberstabsarzt 2. Klasse Dr. Wenzel, Regimentsarzt.
Zahlmeister: Tietze.
Oberroßarzt: Lüthens.

1890.

16. Januar: Fähnrich Wolff zum Sekondlieutenant befördert.
16. " Rittmeister Stephany als Major mit Pension und der Regiments-uniform der Abschied bewilligt.

16. Januar: Rittmeister Thiergärtner-Drummond zum Eskadronchef ernannt.
16. " Sekondlieutenant Frhr. Roeber v. Diersburg zum Premierlieutenant befördert.
27. " Major Hardt ein Patent seiner Charge verliehen.
18. März: Assistenzarzt Dr. Brugger vom Dragoner-Regiment Nr. 22 in das Regiment versetzt.
24. Sekondlieutenant Frhr. Roth v. Schreckenstein als Premierlieutenant in das 3. Garde-Ulanen-Regiment versetzt.
24. Premierlieutenant Schultz v. Dratzig à la suite des 1. Leib-Husaren-Regiments in das Regiment einrangirt.
24. " Premierlieutenant v. Westernhagen mit Patent vom 16. September 1884 in das Husaren-Regiment Nr. 13 versetzt.

Rangliste am 1. April 1890.

Kommandeur: Oberst v. Bause.
Etatsm. Stabsoffizier: Major v. Bachmayr.
Major Hardt, Adj. beim Generalkommando des 8. Armeekorps.

Rittm. Frhr. Rüdt v. Collenberg	5	S. L. Eschborn	4
" Herbst	4	" Mackensen	3
" Ligniez	3	" v. Baumbach	5
" Starl	1	" v. Bohlen u. Halbach I	5
" Thiergärtner-Drummond	2	" v. Wehren	2
P. L. v. Wright	5	" v. Miebel	3
" Schultz v. Dratzig	1	" Bierordt	1
" Legde (k. z. Kriegsakad.)		" Soehlke	2
" Saenger Adj.		" Heller	4
" Frhr. Roeber v. Diersburg	4	" Runge	3
S. L. Graf v. Bredow	2	" v. Bohlen u. Halbach II	1
" Henking v. Lasollaye (k. z. Mil. Reitinstitut)	3	" Wolff	5

Regimentsarzt: Oberstabsarzt Dr. Wenzel.
Assistenzarzt: Dr. Brugger.
Zahlmeister: Tietze.
Oberroßarzt: Lüthens.

1890/1891.

17. April 1890: Rittmeister Ernst vom Husaren-Regiment Nr. 15 unter Entbindung vom Kommando als Adjutant der 15. Division als charakt. Major und Eskadronchef in das Regiment versetzt.
17. " Rittmeister Frhr. Rüdt v. Collenberg in das Dragoner-Regiment Nr. 4 versetzt.
17. " Lieutenant du Pasquier vom Ulanen-Regiment Nr. 15 unter Beförderung zum Premierlieutenant in das Regiment versetzt.

17. April 1890: Premierlieutenant v. Wright unter Beförderung zum Rittmeister dem Regiment aggregirt.
4. Mai : Premierlieutenant Schultz v. Dratzig in Bruchsal gestorben.
14. : : Lieutenant Graf v. Keyserlingk-Neustadt vom Kürassier-Regiment Nr. 5 unter Beförderung zum Premierlieutenant in das Regiment versetzt.
23. : : Major v. Bachmayr zum Oberstlieutenant befördert.
24. : : Rittmeister v. Wright als Eskadronchef in das Dragoner-Regiment Nr. 6 einrangirt.
15. Juli : Oberst v. Bause à la suite des Regiments gestellt und zum Kommandeur der 16. Kavallerie-Brigade ernannt.
15. : Oberstlieutenant v. Uslar vom Husaren-Regiment Nr. 7 zum Kommandeur des Regiments ernannt.
12. August : Major Ernst ein Patent seiner Charge verliehen.
12. : : Oberstlieutenant v. Bachmayr zum Kommandeur des Dragoner-Regiments Nr. 14 ernannt.
12. Major v. Kleist vom Dragoner-Regiment Nr. 6 als etatsmäßiger Stabsoffizier in das Regiment versetzt.
26. Oktober : Assistenzarzt Dr. Brugger in das Jäger-Bataillon Nr. 10 versetzt.
26. : Assistenzarzt Dr. Schaubach vom Infanterie-Regiment Nr. 32 in das Regiment versetzt.
24. Jan. 1891: Major Ernst in den Adelstand erhoben.
23. Aug. : Oberst v. Bause unter Verleihung des Charakters als Generalmajor z. D. gestellt.
6. Sept. Lieutenant v. Bohlen u. Halbach I auf 1 Jahr zur Gesandtschaft im Haag kommandirt.

Rangliste am 31. Dezember 1891.

Kommandeur: Oberstlieutenant v. Uslar.
Etatsm. Stabsoffizier: Major v. Kleist.
Major Hardt, Adj. beim Generalkommando des 8. Armeekorps.

Major v. Ernst	5	S. L. Mackensen		Adj.
Rittm. Herbst	4	: v. Baumbach		
: Liegniez	3	(k. z. Mil. Reitinstitut)		
: Stark	1	: v. Bohlen u. Halbach I		
: Thiergärtner-Drummond	2	(k. z. Gesandtschaft im Haag)		
P. L. Legde	3	: v. Wehren		2
: Saenger (k. z. Kriegsakad.)	5	: v. Miebel		4
: Frhr. Roeder v. Diersburg	4	: Vierordt		1
: du Pasquier	2	: Soehlke		5
: Graf v. Keyserlingk-Neustadt	1	: Heller		4
S. L. Graf v. Bredow	5	: Runge		2
: Henking v. Lasollaye	1	: v. Bohlen u. Halbach II		3
: Eschborn	3	: Wolff		5

Regimentsarzt: Oberstabsarzt Dr. **Wenzel**.
Assistenzarzt: Dr. **Schaubach**.
Zahlmeister: **Tietze**.
Oberroßarzt: **Lüthens**.

1892.

16. Febr.:	Premierlieutenant du Pasquier der Abschied bewilligt und zu den Reserveoffizieren des Regiments übergetreten.	
16. "	Sekondlieutenant Graf v. Bredow zum Premierlieutenant befördert.	
16.	Unteroffizier Loebbecke zum Portepeefähnrich befördert.	
25.	Assistenzarzt 1. Klasse Schaubach als Stabs- und Bataillonsarzt zum Jäger-Bataillon Nr. 8 versetzt.	
25.	Assistenzarzt Dr. Eble vom Infanterie-Regiment Nr. 25 in das Regiment versetzt.	
1. März:	Sekondlieutenant v. Kummer vom Infanterie-Regiment Nr. 25 auf ein Jahr zur Dienstleistung kommandirt.	
16. April:	Premierlieutenant Graf v. Keyserlingk-Neustadt ausgeschieden und zu den Offizieren der Landwehr-Kavallerie 2. Aufgebots übergetreten.	
16.	Sekondlieutenant Henking v. Lasollaye zum Premierlieutenant befördert.	
17. Mai:	Unteroffizier Gerhardt zum Portepeefähnrich befördert.	
28. Juli:	Major v. Ernst als etatsmäßiger Stabsoffizier in das Westfälische Ulanen-Regiment Nr. 5 versetzt.	
28. "	Premierlieutenant Legde zum Rittmeister und Eskadronchef befördert.	
28. "	Frhr. v. Gemmingen, Sekondlieutenant vom 3. Badischen Dragoner-Regiment Prinz Karl Nr. 22, unter Beförderung zum Premierlieutenant in das Regiment versetzt.	
26.	Sekondlieutenant v. Bohlen u. Halbach I dessen Kommando zur Gesandtschaft im Haag um ein Jahr verlängert.	
17. Septbr.:	Rittm. Herbst den Charakter als Major verliehen.	
17. "	Portepeefähnrich Loebbecke zum Sekondlieutenant befördert.	

Rangliste am 31. Dezember 1892.

Kommandeur: Oberstlieutenant v. **Uslar**.
Etatsm. Stabsoffizier: Major v. **Kleist**.
Major **Hardt**, Adj. beim Generalkommando des 8. Armeekorps.

Major Herbst	4	P. L. Saenger (k. z. Kriegsakad.)	2
Rittm. Ligniez	3	" Frhr. Roeber v. Diersburg	4
" Stark	1	" Graf v. Bredow	5
" Thiergärtner-Drummond	2	" Frhr. v. Gemmingen	3
" Legde	5	" Henking v. Lasollaye	2

S. L. Eschborn		1	S. L. Soehlle		3
» Mackensen	Adj.		(k. z. Mil. Reitinstitut)		
» v. Baumbach		2	» Heller		5
» v. Bohlen u. Halbach I		5	» Runge		4
(k. b. d. Gesandtschaft im Haag)			» v. Bohlen u. Halbach II		3
» v. Wehren		5	» Wolff		1
» v. Miebel		1	» Loebbecke		2
» Vierordt		4			

Regimentsarzt: Oberstabsarzt Dr. Wenzel.
Assistenzarzt: Dr. Eble.
Zahlmeister: Tietze.
Oberroßarzt: Lüthens.

Kommandirt zur Dienstleistung:
Premierlieutenant v. Kummer vom Infanterie-Regiment von Lützow Nr. 25 3

Anlage II.

Zu- und Abgangsliste der Offiziere
von der
Formation des Regiments im Jahre 1850 bis 31. Dezember 1892
in alphabetischer Reihenfolge der Namen.

Chef des Regiments: General der Kavallerie **Maximilian Friedrich Johann Ernst, Prinz und Markgraf von Baden,** Großherzogliche Hoheit, geb. 8. Dez. 1796 zu Triesdorf bei Ansbach. 20. Sept. 1856 zum Inhaber des Regiments ernannt. 6. März 1882 zu Karlsruhe †.

1. Major **Curt v. Abelebsen** aus Celle, Prov. Hannover; geb. 13. Okt. 1847. Eintritt: 1. Sept. 1881 vom Drag. Regt. Nr. 9 als Rittmeister und Eskadronchef. Austritt: 14. Juli 1887 unter Entbindung von dem Kommando als Adjut. der 7. Div. als Eskadr. Chef in das Kür. Regt. v. Seydlitz (Magdeburg.) Nr. 7 versetzt; 1880 dem Regt. aggregirt; 1890 Major. Lebt als Major in der Gendarmerie-Brigade in Straßburg.

2. Oberst **Max Frhr. v. Amerongen** aus Schwetzingen, Baden; geb. 6. Sept. 1832. Eintritt: 1850; 28. Juni 1850 S. Lt. Austritt: 5. März 1856 unter Beförderung zum Ob. Lt. in das 1. Drag. Regt. versetzt. † als Kommandeur des Leib-Kür. Regts. in Breslau am 5. April 1882.

3. Oberst **Curt v. Bachmayr** aus Dresden, Sachsen; geb. 14. Sept. 1843. Eintritt: 1887 vom Leib-Huf. Regt. Nr. 2 als Major und etatsmäßiger Stabsoffizier. Austritt: 23. Mai 1890 unter Beförderung zum Oberstlt. und Kommandeur des Kurmärk. Drag. Regts. Nr. 14. 18. Juni 1892 als Oberst mit Pens. der Abschied bewilligt. Lebt in Darmstadt.

4. Generalmajor **Karl Baer** aus Karlsruhe; geb. 11. Sept. 1799. Eintritt: 10. Jan. 1850. Austritt: 12. Juli 1851 als Major in das 1. Reiter-Regt. versetzt; 19. Sept. 1859 als Gen. Maj. pensionirt. 5. Jan. 1861 zu Karlsruhe †.

5. Lieutenant **Norbert v. Baumbach** aus Horsowitz, Böhmen; geb. 2. Febr. 1865. Eintritt: 26. Sept. 1885 als Avantageur; 15. April 1886 Fähnrich; 15. Jan. 1887 S. Lt.

6. Major **Theodor v. Baumbach** aus Karlsruhe, Baden; geb. 1. Juli 1809. Eintritt: 18. Febr. 1854 vom 3. Reiter-Regt. als Major in das Regiment. Austritt: 30. Sept. 1854 in gleicher Eigenschaft zum 1. Reiter-Regt.; 22. Nov. 1854 wegen Anstellung im Großherzogl. Hofdienste der Abschied bewilligt; später Hofmarschall. † als Ober-Schloßhauptmann am 20. Mai 1875 in Karlsruhe.

7. Generalmajor **Paul v. Bause** aus Braunschweig; geb. 21. April 1840. Eintritt: 12. Juni 1886 vom 2. Brandenburg. Drag. Regt. Nr. 2 als Major und Kommandeur; 22. März 1887 Oberstlt.; 17. Juni 1889 Oberst; 15. Juli 1890 unter Stellung à la suite des Regiments mit

der Führung der 16. Kav. Brig. beauftragt; 23. August 1891 als Gen. Maj. und mit der gesetzlichen Pension der Abschied bewilligt. Lebt in Berlin.

8. Oberstlieutenant **Günther v. Berge** aus Groß-Kölzig, Brandenburg; geb. 18. April 1841. Eintritt: 22. Sept. 1874 vom Drag. Regt. Nr. 12 als aggreg. Rittm.; 1875 einrangirt; 5. Mai 1883 Major. Austritt: 14. Febr. 1885 als Major und etatsmäßiger Stabsoffizier in das Kür. Regt. Nr. 8 versetzt; 1888 als Oberstlt. mit Pension und der Regimentsuniform verabschiedet. Lebt in Nikolausdorf bei Görlitz.

9. Lieutenant **Adam Frhr. v. Beust** aus Karlsruhe; geb. 12. Juni 1848. Eintritt: 1. April 1869 als Avantageur; 9. Nov. 1869 Fähnrich; 23. Juli 1870 S. Lt. Austritt: 26. Dez. 1876 behufs Auswanderung verabschiedet. In der russischen Armee, und zwar im Eriwanskischen Gren. Regt. Nr. 12, angestellt. Bei einer Gefechtsübung durch eine scharfe Patrone getödtet. (Sept. 1880.)

10. Rittmeister **Ernst Boeck** aus Harmelsdorf, Westpreußen; geb. 18. August 1843. Eintritt: 15. Juli 1871 als P. Lt. vom Drag. Regt. Nr. 5 in das Regiment. Austritt: 15. Mai 1875 als Rittm. mit Pension verabschiedet. Lebt in Holländisch-Indien.

11. Lieutenant **Alwyn v. Bohlen und Halbach I.** aus Haag, Holland; geb. 16. Mai 1865. Eintritt: 5. Okt. 1885; 13. Mai 1886 Fähnrich; 15. Jan. 1887 S. Lt.

12. Lieutenant **Fritz v. Bohlen und Halbach II.** aus Haag, Holland: geb. 3. August 1868. Eintritt: 10. April 1888 als Avantageur; 13. Nov. 1888 Fähnrich; 21. Sept. 1889 S. Lt.

13. Rittmeister **Werner v. Bose** aus Merseburg, Sachsen; geb. 14. Juni 1839. Eintritt: 15. April 1873 vom Drag. Regt. Nr. 13 in das Regiment; 3. Nov. 1874 dem Regiment aggregirt. Austritt: 15. Juni 1875 mit Pension und der Regimentsuniform des 7. Kür. Regts. verabschiedet. † in Wernigerode.

14. Lieutenant **Otto v. Borke** aus Soldin, Brandenburg; geb. 4. Sept. 1845. Eintritt: 23. Juli 1870 von der Landw. Kav. als S. Lt. in das Regiment. Austritt: 11. Jan. 1873 ausgeschieden. In Hamburg verschollen.

15. Lieutenant **Herrmann Brandels** aus Baden-Baden; geb. 17. Juli 1851. Eintritt: 10. April 1870 S. Lt. vom Kadettenhaus. Austritt: 10. Juni 1873 behufs Auswanderung der Abschied bewilligt. 1873 in der spanischen Armee angestellt und jetzt Major im Hus. Regt. Pavia in Madrid.

16. Premierlieutenant **Edgar Graf v. Bredow** aus Klessen, Brandenburg; geb. 19. April 1863. Eintritt: 14. April 1883 als S. Lt. vom Kadettenkorps; 16. Febr. 1892 P. Lt.

17. Lieutenant **Emil Brummel** aus Donaueschingen; geb. 3. Mai 1832. Eintritt: 19. Juni 1859 als S. Lt. Austritt: 13. Okt. 1859 der Abschied bewilligt. In Illenau † am 3. Nov. 1877.

18. Oberst **Oskar Frhr. v. Buddenbrock-Bettersdorf** aus Pawlau, Preußen; geb. 23. Okt. 1829. Eintritt: 1871 vom Leib-Kür. Regt. Nr. 1 als etatsmäßiger Stabsoffizier in das Regiment. Austritt: 15. Juni 1875 als Oberstlt. und Kommdr. des Drag. Regts. Nr. 15. 1878 in Genehmigung seines Abschiedsgesuches mit Pension und der Regimentsuniform z. D. gestellt. Lebt in Breslau.

19. Major **Otto Camerer** aus Rastatt, Baden; geb. 9. August 1836. Eintritt: 16. Jan. 1857 als Freiwilliger; 20. Sept. 1857 Fähnrich; 28. Juli 1858 S. Lt.; 28. Mai 1866 Ordonnanzoffizier bei Sr. Kgl. Hoheit dem Großherzog; 4. Juli 1866 in das Regiment zurück; 20. Juni 1866 Oberlt.; 9. Mai 1870 charakt. Rittm.; 19. Febr. 1871 Patent; 12. Okt. 1872 à la suite des Regiments in den Nebenetat des gr. Generalstabes versetzt. Austritt: 22. Jan. 1876 Rittm. à la suite als Hauptm. zum Generalstab und demnächst als Major mit seiner bisher. Uniform der Abschied bewilligt. Lebt in Freiburg i. B.

20. Premierlieutenant **Friedrich Cassinone** aus Offenburg, Baden; geb. 3. Juli 1819. Eintritt: 10. Jan. 1850 dem Regiment zugetheilt. Austritt: 6. Mai 1851 der Abschied bewilligt. † in Amerika.

21. Premierlieutenant **Robert v. Cloßmann** aus Karlsruhe, Baden; geb. 7. Sept. 1859. Eintritt: 1. Mai 1879 als Avantageur; 11. Dez. 1879 Fähnrich; 16. Nov. 1880 S. Lt. Austritt: 19. Nov. 1889 als P. Lt. in das Ul. Regt. Kaiser Alexander II. von Rußland (1. Brandenburg.) Nr. 3 versetzt; 18. Juni 1892 in das Kurmärk. Drag. Regt. Nr. 14 versetzt. Befindet sich noch in diesem Regiment.

22. Oberstlieutenant **Ludwig Dallmer** aus Lyck, Ostpreußen; geb. 20. Okt. 1841. Eintritt: 14. Okt. 1873 vom Ul. Regt. Nr. 10 unter Beförderung zum Rittm. in das Regiment. Austritt: 12. März 1881 in das Drag. Regt. Nr. 14; 19. Dez. 1885 Major; 1888 zum Kombr. des Train-Bat. Nr. 6 ernannt; 14. Febr. 1891 charakt. Oberstlt. Befindet sich noch in dieser Stellung.

23. Generalmajor **Edmund Frhr. v. Degenfeld** aus Mannheim, Baden; geb. 13. Jan. 1817. Eintritt: 12. Juli 1851 als Rittm. vom 3. Reiter-Regt. Austritt: 18. Juni 1852 als Rittm. in das 1. Reiter-Regt. versetzt; 17. Nov. 1858 als Major zum 3. Drag. Regt.; 16. Dez. 1863 als Oberstlt. und Kombr. des Regts.; 18. Mai 1865 Oberst; 17. August 1866 Kombt. der Reiterei. 13. Dez. 1870 als Gen. Maj. z. D. zu Karlsruhe †.

24. Rittmeister **Friedrich Frhr. v. Degenfeld** aus Ehrstädt, Baden; geb. 21. Jan. 1818. Eintritt: 24. Febr. 1853 unter Beförderung zum Rittm. vom 3. Reiter-Regt. Austritt: 12. Jan. 1856 unter Ertheilung der Uniform der Suite der Reiterei der Abschied bewilligt. † in Ehrstädt im April 1865.

25. Lieutenant **Ferdinand Frhr. v. Degenfeld** aus Karlsruhe, Baden; geb. 10. Okt. 1850. Eintritt: 11. Febr. 1868 als Freiwilliger; 25. August 1868 Fähnrich; 11. März 1869 S. Lt. Austritt: bei Nuits geblieben am 18. Dez. 1870.

26. Major **Friedrich v. Ernst** aus Braunschweig; geb. 8. Nov. 1850. Eintritt: 17. April 1890 vom Hus. Regt. Nr. 15 als Major und Eskadr. Chef. Austritt: 28. Juli 1892 als etatsmäßiger Stabsoffizier in das Ul. Regt. Nr. 5. Befindet sich noch in diesem Regiment.

27. Lieutenant **Eginhard Eschborn** aus Philippsburg, Baden; geb. 27. Juni 1864. Eintritt: 15. April 1884 als S. Lt. vom Kadettenkorps.

28. Rittmeister **Ludwig v. Sabert** aus Karlsruhe, Baden; geb. 9. Mai 1827. Eintritt: 10. Jan. 1850 als S. Lt.; 12. Juli 1851 Ob. Lt.; 19. Juli 1856 Rittm. und Eskabr. Chef. Austritt: 10. Dez. 1859 der Abschied bewilligt; später Großh. badischer Ober-Betriebsinspektor in Basel; † in Jlenau am 8. Dez. 1885.

29. Generalmajor **Karl v. Freydorf** aus Menzingen, Amt Bretten, Baden; geb. 5. August 1809. Eintritt: 30. Sept. 1854 als Major und etats-

mäßiger Stabsoffizier vom 3. Reiter-Regt.; 17. Mai 1859 Oberstlt.; 20. Sept. 1860 Kommdr. des Regiments; 6. August 1862 Oberst. Austritt: 20. Juni 1866 mit der Regimentsuniform der Abschied bewilligt und zum Kommandanten von Karlsruhe ernannt; 12. Dez. 1867 Generalmajor. † in Karlsruhe.

30. Generalmajor **Ludwig Frhr. v. Freystedt** aus Bruchsal, Baden; geb. 1. Sept. 1809. Eintritt: 10. Jan. 1850 als Rittm.; 12. Juli 1851 Major und etatsmäßiger Stabsoffizier; 18. Febr. 1854 als Oberstlt. in das 3. Reiter-Regt. versetzt; 30. Sept. 1854 als Kombt. zum 2. Reiter-Regt.; 5. März 1856 Oberst. Austritt: 20. Sept. 1860 unter Beförderung zum Gen. Maj. als Kommandant der Reiterei. † in Karlsruhe am 8. Mai 1885.

31. Major **Albert v. Friederich** aus Mannheim, Baden; geb. 26. Mai 1837. Eintritt: 1. Nov. 1852 Kadet; 4. April 1855 Fähnrich; 14. Nov. 1855 S. Lt. Austritt: 9. Dez. 1863 als Oberlt. in das 1. Leib-Drag. Regt.; 20. Juni 1866 Kombt. der Feld-(Gend.; 4. Sept. 1866 in das 1. Leib-Drag. Regt. Nr. 20 zurück; 19. Juli 1869 als Rittm. zum 3. Drag. Regt. Lebt als Major a. D. in Freiburg.

32. Premierlieutenant **Friedrich Frhr. v. Gemmingen** aus Karlsruhe; geb. 7. April 1863. Eintritt: 28. Juli 1892 unter Beförderung zum P. Lt. vom 3. Bad. Drag. Regt. Prinz Karl Nr. 22.

33. Portepeefähnrich **Wolfgang Gerhardt** aus Jena; geb. 13. Juli 1871. Eintritt: 27. Sept. 1891 als Avantageur; 17. Mai 1892 Port. Fähnr.

34. Rittmeister **Max Gilm v. Rosenegg** aus Rastatt, Baden; geb. 6. März 1836. Eintritt: 14. Nov. 1855 unter Beförderung zum Lt. vom 1. Drag. Regt.; 11. März 1858 in das 3. Drag. Regt.; 9. Okt. 1862 als Oberlt. zum Regiment zurück; 20. Juni 1866 zur Ersatz-Abtheil. versetzt und 4. Sept. 1866 in das Regiment zurückversetzt. Austritt: 10. März 1868 als Rittm. in das 1. Leib-Drag. Regt.; 8. Jan. 1870 verabschiedet. Lebt in Paris.

35. Rittmeister **Emil v. Gillmann** aus Freiburg, Baden; geb. 21. Nov. 1825. Eintritt: 17. Dez. 1855 als Oberlt. vom 3. Drag. Regt.; 3. Jan. 1857 Rittm. Austritt: 28. April 1860 der Abschied bewilligt. Lebt in Basel.

36. Lieutenant **Alphons Frhr. v. Glaubitz** aus Bruchsal, Baden; geb. 2. Jan. 1842. Eintritt: 4. Okt. 1861 als Fähnr. vom 1. Leib-Drag. Regt.; 9. Dezbr. 1863 Lt. und dem Regiment aggregirt; 5. Juli 1864 einrangirt. Austritt: 6. August 1864 verabschiedet behufs Eintritt in österreichische Dienste und dort beim Ul. Regt. Nr. 8 angestellt. 21. April 1877 zu Kaschau in Ungarn †.

37. Rittmeister **Victor Felix Frhr. Göler v. Ravensburg** aus Karlsruhe, Baden; geb. 3. Mai 1835. Eintritt: 1. Nov. 1852 Kadet; 4. April 1855 Fähnr.; 14. Nov. 1855 S. Lt.; 17. Mai 1859 zur Drag. Div. der Besatzungs-Brigade; 30. August 1859 ins Regiment zurück; 25. Sept. 1860 Oberlt. Austritt: 13. Juli 1867 verabschiedet; 6. August 1870 wieder eingetreten als char. Rittm.; 1. Juli 1871 verabschiedet mit der Uniform des Regiments. Lebt in Freiburg.

38. Lieutenant **Theodor Gramm** aus Freiburg i. Br.; geb. 26. März 1826. Eintritt: 10. Jan. 1850 S. Lt.; 1. Febr. 1850 in das 1. Reiter-Regt.; 23. Okt. 1852 im Regiment wieder angestellt. Austritt: 23. März 1853 der Abschied bewilligt. 25. Febr. 1874 in Graz †.

39. Lieutenant **Theodor v. Graimberg** aus Heidelberg; geb. 20. August 1833. Eintritt: 28. Dez. 1854 Karabinier vom 1. Reiter-Regt. unter Be-

förderung zum Port. Fähnr. in das Regiment; 8. März 1855 S. Lt.; 28. Juli 1855 der Abschied bewilligt. † im Jan. 1873 zu Linz in Oesterreich.

40. Rittmeister **Ignaz Gülcher** aus Kirchbusch, Rheinprov.; geb. 20. Jan. 1856. Eintritt: 19. April 1873 als Port. Fähnr. vom Kadettenkorps; 11. Nov. 1875 S. Lt. Austritt: 30. Nov. 1875 zum Drag. Regt. Nr. 15 versetzt; 15. April 1886 P. Lt.; 27. Jan. 1892 Rittm. beim Drag. Regt. Nr. 11. Befindet sich noch in diesem Regiment.

41. Rittmeister **Rudolph v. Gustedt** aus Deersheim, Sachsen; geb. 27. Jan. 1843. Eintritt: 15. Juli 1871 als P. Lt. vom Drag. Regt. Nr. 16. Austritt: 21. Juli 1876 als Rittm. verabschiedet. Lebt auf Schadenhof i. Pr.

42. Lieutenant **Heinrich Frhr. v. Dadeln** aus Koblenz, Rheinprov.; geb. 13. April 1865. Eintritt: 10. Nov. 1885 vom Hus. Regt. Nr. 13 als Port. Fähnr.; 12. Jan. 1886 S. Lt.; 16. Juli 1887 à la suite des Regiments. Austritt: 22. Juli 1888 ausgeschieden und zu den Res. Offiz. des Regts. übergetreten. Lebt in Wiesbaden.

43. Major **Karl v. Hagen** aus Stargard, Preußen; geb. 10. Sept. 1838. Eintritt: 9. Nov. 1869 Port. Fähnr.; 8. März 1870 S. Lt. Austritt: 15. Juli 1871 in das Kür. Regt. Nr. 7; 1874 P. Lt.; 1875 in das Drag. Regt. Nr. 10; 1887 als Major mit Pension und der Regimentsuniform der Abschied bewilligt. Lebt in Weimar.

44. Major **Alfred Hardt** aus Prohnen, Ostpreußen; geb. 15. Febr. 1846. Eintritt: 3. Juni 1882 unter Beförd. zum Rittm. vom Ostpr. Drag. Regt. Nr. 10; 17. Jan. 1888 als Adjut. zur 16. Div.; 15. Okt. 1889 als Adjut. zum Gen. Kommdo. des 8. Armeekorps; 14. Dez. 1889 charakt. Major; 27. Jan. 1890 ein Patent seiner Charge; befindet sich noch in dieser Stellung.

45. Oberstlieutenant **August Hecht** aus Karlsruhe, Baden; geb. 1. Juli 1807; Eintritt: 18. Febr. 1854 vom 3. Reiter-Regt. als Kommandant des Regiments. Austritt: 8. Sept. 1854 auf der Jagd bei Bruchsal verunglückt.

46. Lieutenant **Arthur Heller** aus Rabstein, Schlesien; geb. 20. Jan. 1869. Eintritt: 1. Okt. 1887 als Avantageur; 16. Mai 1888 Fähnr.; 15. Jan. 1889 S. Lt.

47. Generallieutenant **Karl v. Heister** aus Berlin; geb. 8. Febr. 1838. Eintritt: 29. April 1879 vom 2. Leib-Hus. Regt. Nr. 2 als Major u. Kommandeur; 11. Juni 1879 Oberstlt.; 18. Okt. 1883 Oberst. Austritt: 12. Juni 1886 à la suite des Regts. u. Kommandeur der 16. Kav. Brig.; 2. Aug. 1888 zum Gen. Maj. befördert; 18. Nov. 1890 Gen. Lt. u. Kommandeur der 36. Div.; befindet sich noch in dieser Stellung.

48. Rittmeister **Heinrich Henking** aus Heidelberg; geb. 20. Jan. 1825. Eintritt: 4. Mai 1850 als Oberlt. vom 3. Inf. Bat. Austritt: 1. Nov. 1854 unter Beförd. zum Rittm. in das 1. Reiter-Regt.; 30. Dez. 1858 zum 3. Drag. Regt. † 5. Mai 1862 zu Mannheim.

49. Major und Eskadronchef **Alfred Herbst** aus Müllheim, Baden; geb. 29. Juni 1847. Eintritt: 12. April 1877 unter Beförd. zum P. Lt. vom 1. Bad. Leib-Drag. Regt. Nr. 20; 15. April 1884 Rittm.; 17. Sept. 1892 charakt. Major.

50. Portepeefähnrich **Arthur v. Heugel** aus Glatz, Schlesien; geb. 22. Dez. 1853. Eintritt: 18. Okt. 1871 als charakt. Port. Fähnr. vom Ka-

bettenhaus Berlin. Austritt: 12. Dez. 1872 als Halbinvalide der Abschied bewilligt.

51. Generalmajor **Theodor Bilpert** aus Landstuhl, Bayern; geb. 19. Febr. 1794. Eintritt: 10. Jan. 1850 als Oberst u. Kommandeur dem Regiment zugetheilt. Austritt: 18. Febr. 1854 unter Beförd. zum Gen. Maj. und Ernennung zum Kommandanten der Landesfestung Rastatt; 10. Dez. 1855 Kommandant der Reiterei † 25. Mai 1856 als Gen. Maj. zu Karlsruhe.

52. Major **Hans v. Bobe** aus Merseburg, Sachsen; geb. 10. April 1843. Eintritt: 15. Juli 1871 als P. Lt. vom Ulanen-Regt. Nr. 6 in das Regiment; 15. April 1873 Rittm. Austritt: 25. Jan. 1881 als Rittm. in das Drag. Regt. Nr. 4; 1883 als Major mit Pension z. D. gestellt. In türkische Dienste getreten als Instruktor der Kavallerie und Oberstallmeister des Sultans.

53. Rittmeister **Leopold v. Bolzing** aus Schwetzingen, Baden; geb. 23. Mai 1818. Eintritt: 10. Jan. 1850 dem Regiment zugetheilt. Austritt: 24. Febr. 1853 in das 3. Reiter-Regt. †.

54. Lieutenant **Franz v. Boradam** aus Mannheim, Baden; geb. 26. Febr. 1852. Eintritt: 5. April 1870 als Port. Fähnr.; 23. Juli 1870 S. Lt. Austritt: 15. Aug. 1874 ausgesch. Lebt in Berlin.

55. Rittmeister **Ferdinand Frhr. v. Bornstein** aus Biethingen, Baden; geb. 8. Jan. 1823. Eintritt: 10. Jan. 1850 S. Lt.; 28. Dez. 1854 Oberlt.; 17. Mai 1859 zur Drag. Div. der Besatzungs-Brig. versetzt; 30. Juni 1859 in das Regiment zurückvers.; 9. Juni 1860 Rittm. Austritt: 25. Juli 1867 verabschiedet. Lebt in Lindau a. Bodensee.

56. Major **Heinrich Hübsch** aus Weinheim, Baden; geb. 3. April 1840. Eintritt: 20. April 1859 als S. Lt. vom 3. Drag. Regt.; 20. Juni 1866 als Oberlt. in das 3. Drag. Regt.; 18. Juli 1870 wieder ins Regiment; 11. Dez. 1870 charakt. Rittm. Austritt: 15. Juli 1871 in das Drag. Regt. Nr. 15; 1881 Major; 1882 mit Pension und der Regimentsuniform der Abschied bewilligt. Lebt als Major a. D. in Karlsruhe.

57. Lieutenant **Emil Huth** aus Neufreistett, Baden; geb. 31. Okt 1847. Eintritt: 11. Okt. 1867 als Einjährig-Freiw.; 11. Okt. 1868 mit der Qualifikation zum Res. Offiz. entlassen; 24. Nov. 1868 als Avantageur wieder eingetr.; 12. Jan. 1869 Fähnrich; 23. Juli 1870 S. Lt. Austritt: 12. März 1878 ausgeschieden u. zu den Res. Offiz. des Regts. übergetr. Lebt in Bahia, Brasilien.

58. Oberstlieutenant **Otto v. Jagow** aus Kalberwisch, Prov. Sachsen; geb. 15. Okt. 1841. Eintritt: 15. Juli 1871 vom 1. Garde-Ulanen-Regt. als Rittm. in das Regt. Austritt: 13. März 1873 unter Ernennung zum persönl. Adjut. Sr. Königl. Hoheit des Prinzen Albrecht von Preußen à la suite des 1. Br. Drag. Regts. Nr. 2; 1877 persönl. Adjut.; 18. Okt. 1879 Major; 1883 als etatsm. Stabsoffiz. in das Kür. Regt. Nr. 1; 1886 Kommandeur des Ulanen-Regts. Nr. 16; 23. März 1887 Oberstlt.; 15. Nov. 1887 als Oberstlt. mit Pension und der Regimentsuniform der Abschied bewilligt. Lebt in Eltville am Rhein.

59. Oberstlieutenant **Hugo v. Jagemann** aus Heidelberg, Baden; geb. 3. Juli 1836. Eintritt: 23. Mai 1862 als Oberlt. vom 3. Drag. Regt.; 26. Okt. 1867 Rittm. Austritt: 15. Juli 1871 in das Ulanen-Regt. Nr. 6; 1877 als Lehrer zum Milit. Reitinstitut; 1880 Major und etatsm. Stabsoffiz. im Drag. Regt. Nr. 4; 1883 als Oberstlt. mit Pension und der Regimentsuniform der Abschied bewilligt. † in Heidelberg am 28. Okt. 1884.

60. Oberstlieutenant **Franz Kapferer** aus Donaueschingen, Baden; geb. 15. Jan. 1829. Eintritt: 28. Juni 1850 S. Lt.; 5. Juli 1856 Oberlt.; 21. Mai 1859 Adjut. b. Kombo. der Reiterei; 5. Aug. 1864 Rittm. und dem Regiment aggreg.; 20. Mai 1867 Eskadronchef; 11. Dez. 1870 charakt. Major. Austritt: 15. April 1873 z. Pomm. Drag. Regt. Nr. 11; 1874 mit Pens. und der Regts. Uniform als Oberstlt. der Abschied bewilligt. Lebt in Karlsruhe.

61. Premierlieutenant **Alfred Graf v. Keyserlingk-Neustadt** aus Schloß Neustadt, Westpr.; geb. 17. Sept. 1857. Eintritt: 14. Mai 1890 vom Kür. Regt. Herzog Friedrich Eugen von Württemberg (Westpr.) Nr. 5. Austritt: 16. April 1892 ausgeschieden und zu den Offizieren der Landw. Kav. 2. Aufgeb. übergetr. Lebt in Berlin.

62. Rittmeister **Karl Kieffer** aus Rastatt, Baden; geb. 1. April 1814. Eintritt: 1. Febr. 1850 dem Regiment zugetheilt. Austritt: 4. Mai 1850 als Rittm. in das 3. Reiter-Regt.; Oft. 1852 der Abschied bewilligt. † 4. Jan. 1891 in Konstanz.

63. Major **Maximilian Rißling** aus Baden-Baden; geb. 12. Okt. 1837. Eintritt: 1. Nov. 1853 Kadet; 20. Juli 1856 Fähnrich; 23. Juli 1857 S. Lt. Austritt: 16. Dez. 1863 als Oberst. in das 1. Leib-Drag. Regt.; 1. Febr. 1870 Rittm.; 12. Febr. 1876 als Major pens. Lebt in Baden-Baden.

64. Rittmeister **Ferdinand Kersliens** aus Matalen, Westfalen; geb. 15. April 1843. Eintritt: 12. März 1881 vom Ulanen-Regt. Nr. 14 unter Beförd. zum Rittm. u. Eskadronchef in das Regiment. Austritt: 1. Sept. 1881 mit Pens. den Abschied bewilligt. †.

65. Major und etatsmäßiger Stabsoffizier **Leopold v. Kleiß** aus Stettin, Pommern; geb. 22. Juli 1842. Eintritt: 12. Aug. 1890 vom Magdeb. Drag. Regt. Nr. 6 als Major und etatsm. Stabsoffiz. in das Regiment.

66. Rittmeister **Franz Frhr. v. Kleudgen** aus Heidelberg; geb. 24. Jan. 1809. Eintritt: 10. Jan. 1850 als Rittm. Austritt: 1. Febr. 1850 in das 1. Reiter-Regt.; 2. März 1853 pens. † 27. März 1865 zu Mannheim.

67. Generalmajor **Friedrich v. Klüber** aus Karlsruhe; geb. 9. April 1833. Eintritt: 15. Juni 1875 vom Huf. Regt. Nr. 16 als Major u. etatsm. Stabsoffiz. Austritt: 13. Nov. 1879 als Kommandeur des Westf. Drag. Regts. Nr. 7; 1880 in gleicher Eigenschaft zum Drag. Regt. Nr. 23; 1883 Oberst; 1886 mit Pens. und der Regts. Uniform der Abschied bewilligt; 1890 Charakter als Gen. Maj. Lebt in Baden-Baden.

68. Oberstlieutenant **Gustav Kühls** aus Berlin; geb. 24. März 1845. Eintritt: 5. Febr. 1887 vom Ulanen-Regt. Nr. 4 als Major u. Eskadronchef; 16. April 1889 dem Regiment aggreg. Austritt: 17. Juni 1889 in das Drag. Regt. Nr. 22 als etatsm. Stabsoffiz.; 18. Juni 1892 charakt. Oberstlt.; 28. Juli 1892 Kommandeur des Drag. Regts. Nr. 1.

69. Premierlieutenant **Friedrich Denting v. Lasollaye** aus Mannheim, Baden; geb. 15. April 1862. Eintritt: 1. Mai 1882 als Avantageur; 12. Dez. 1882 Fähnrich; 17. Okt. 1883 S. Lt.; 16. April 1892 P. Lt.

70. Rittmeister und Eskadronchef **Adolf Legde** aus Protzen, Brandenburg; geb. 26. Nov. 1857. Eintritt: 15. April 1884 als S. Lt. vom Lith. Ulanen-Regt. Nr. 12; 17. Jan. 1888 P. Lt.; 28. Juli 1892 Rittm. u. Eskadronchef.

71. Oberst **Herrmann v. Lieres und Wilkau** aus Plohmühle, Schlesien; geb. 19. Nov. 1838. Eintritt: 11. Juni 1881 als Major u. Adjut. vom Bad. Drag. Regt. Prinz Karl Nr. 22; 14. April 1883 etatsm. Stabsoffiz. Austritt: 15. Nov. 1887 als Kommandeur des Hus. Regts. Landgraf Friedrich II. von Hessen-Homburg; 2. Aug. 1888 Oberstlt.; 23. Mai 1890 Oberst; 1892 Kommandeur der 29. Kav. Brig. in Colmar.

72. Rittmeister und Escadronchef **Georg Ligniez** aus Saarlouis, Rheinprov.; geb. 18. Dez. 1849. Eintritt: 14. Okt. 1871 von der Reserve des Ulanen-Regts. Nr. 7 in das Regiment; 25. Jan. 1881 P. Lt.; 17. Jan. 1888 Rittm.

73. Lieutenant **Harald Löbbecke** aus D.-Wirwitz, Schlesien; geb. 22. Juni 1872. Eintritt: 8. Mai 1891 als Avantageur; 16. Febr. 1892 Port. Fähnr.; 17. Sept. 1892 S. Lt.

74. Lieutenant **Erich Mackensen** aus Mariastuhl, Sachsen; geb. 7. Dez. 1862. Eintritt: 27. Sept. 1884 als Avantageur; 14. April 1885 Fähnr.; 12. Jan. 1886 S. Lt.

75. Lieutenant **Berthold Maier-Ehehalt** aus Freiburg, Baden; geb. 21. Dez. 1847. Eintritt: 29. Sept. 1864 Kadet; 20. Juni 1866 Fähnr.; 12. Juli 1866 S. Lt.; 2. Oktob. 1873 infolge Sturzes mit dem Pferde auf dem Rennplatz zu Canstatt †.

76. Rittmeister **Hermann Frhr. v. Menzingen** aus Menzingen, Baden; geb. 24. Okt. 1817. Eintritt: 10. Jan. 1850 als Oberlt.; 18. Juni 1852 Rittm.; Austritt: 18. Febr. 1854 in das 3. Reiter-Regt.; 17. April 1854 der Abschied bewilligt. † in Menzingen am 24. März 1890.

77. Lieutenant **Karl Metzger** aus Lahr, Baden; geb. 20. Nov. 1839. Eintritt: 19. Juni 1859 als S. Lt. Austritt: 13. Okt. 1859 der Abschied bewilligt. † als prakt. Arzt in Heidelberg am 29. Juni 1880.

78. Lieutenant **Arthur v. Miedel** aus Göppingen, Württemberg; geb. 21. Dez. 1865. Eintritt: 5. Okt. 1885 als Avantageur; 13. Mai 1886 Fähnr.; 17. Jan. 1888 S. Lt.

79. Lieutenant **Werner v. Müller** aus Sternberg, Mecklenburg-Schwerin; geb. 6. Febr. 1860. Eintritt: 28. April 1883 vom Drag. Regt. Nr. 3; 17. Sept. 1887 à la suite des Regts.; Austritt: 24. Sept. 1886 auf der Reise nach Mpapua, Ostafrika, am Fieber †.

80. Lieutenant **Ferdinand Müller** aus Rappenau, Baden; geb. 10. Juni 1823. Eintritt: 12. Juli 1866 S. Lt.; früher Oberwachtm. der 4. Esk. Austritt: 21. Sept. 1872 i. b. Train-Bat. Nr. 14; 1873 mit Pension und der Uniform des Drag. Regts. Nr. 21 der Abschied bewilligt. Lebt in Karlsruhe.

81. Oberstlieutenant **August Frhr. Neukirchen gen. v. Nievenheim** aus Haag; geb. 8. Juli 1847. Eintritt: 4. Dez. 1884 vom 2. Leib. Hus. Regt. Nr. 2, à la suite desselben und persönl. Adjutant des Kronprinzen des Deutschen Reiches und Kronprinzen von Preußen K. u. K. H. Austritt: 5. Febr. 1887 als etatsm. Stabsoffizier in das Westf. Drag. Regt. Nr. 7; 23. Mai 1890 Oberstlt. und Kommandeur des Schleswig-Holstein. Ul. Regt. Nr. 15. Befindet sich noch in dieser Stellung.

82. Oberstlieutenant **Leopold Oehlwang** aus Karlsruhe, Baden; geb. 22. März 1832. Eintritt: 1. Nov. 1851 Kadet; 12. Sept. 1854

Fähnr.; 28. Dez. 1854 S. Lt.; 19. Febr. 1859 Oberlt. Austritt: 20. Juni 1866 als Rittm. in das 1. Leib-Drag. Regt.; 22. Juli 1873 Major; 15. Juni 1875 zum Drag. Regt. Nr. 14; 1878 Direktor der Kav. Unteroffizierschule in Hannover; 1880 Kommandeur des Westf. Drag. Regts. Nr. 7; † 1882 als Oberstlt. in Saarbrücken.

83. Lieutenant **Alfred Paris** aus Darmstadt, Hessen; geb. 14. Febr. 1849. Eintritt: 12. Mai 1869 Port. Fähnr.; 8. Febr. 1870 S. Lt. Austritt: 1. Jan. 1872 ausgeschieden und zu den Res. Offiz. des Regiments übergetreten; 20. Okt. 1875 zur Landwehr übergetreten.

84. Premierlieutenant **Edgar du Pasquier** aus Neuchâtel, Schweiz; geb. 24. April 1857. Eintritt: 17. April 1890 P. Lt. vom Schleswig-Holstein. Ul.-Regt. Nr. 15. Austritt: 16. Febr. 1892 mit Pension der Abschied bewilligt und zu den Res. Offiz. des Regiments übergetreten. Lebt in Oesterreich.

85. Lieutenant **Brockholst Livingstone Power** aus Corst, Irland; geb. 15. Juni 1837. Eintritt: 19. Juni 1859 S. Lt. Austritt: 22. Sept. 1861 verabschiedet.

86. Generalmajor **Albert Frhr. v. Reichlin-Meldegg** aus Müllheim, Baden; geb. 26. Okt. 1838. Eintritt: 1. Nov. 1854 Kadet; 20. Sept. 1857 Fähnr.; 28. Juli 1858 S. Lt.; 20. Juni 1866 P. Lt.; 1869 Brigadeadjutant, 1870 als solcher charakt. Rittm. Austritt: 1871 als Hauptmann i. b. Generalstab der Armee; 1875 als Rittmeister in das Drag. Regt. Nr. 14; 12. März 1878 Major; 1880 etatsm. Stabsoffiz.; 12. Nov. 1885 Oberstlt. und Kommand. des Ul. Regts. Nr. 14; 1886 in gleicher Eigenschaft zum Kür.-Regt. Nr. 7; 4. Aug. 1888 Oberst; 1890 à la suite des Regts. und Kommand. der 15. Kav.-Brig.; als Generalmajor verabschiedet. † in Weil bei Lörrach.

87. Premierlieutenant **Max Frhr. v. Reizenstein** aus Karlsruhe, Baden; geb. 10. Mai 1853. Eintritt: 16. Januar 1871 als Avantageur, 16. Nov. 1871 Fähnr.; 12. Dez. 1872 S. Lt. Austritt: 3. Aug. 1883 als P. Lt. in das Huf. Regt. Nr. 9; 1884 mit Pension der Abschied bewilligt. Lebt in München.

88. Rittmeister **Leopold Richter** aus Augustfelde, Brandenburg; geb. 17. Jan. 1845. Eintritt: 13. Mai 1873 vom Füs. Regt. Nr. 86 in das Regt.; 15. Nov. 1873 P. Lt.; 25. Jan. 1881 Rittm. Austritt: 16. Nov. 1882 in das Train-Bat. Nr. 11; 1888 mit Pension und der Uniform des Drag. Regts. Nr. 21 der Abschied bewilligt. Lebt in Berlin.

89. Lieutenant **Otto Rochlitz** aus Berlin; geb. 25. Sept. 1861. Eintritt: 12. April 1879 als Fähnr. vom Kad. Korps; 13. Nov. 1879 S. Lt. Austritt: 3. März 1883 verabschiedet.

90. Premierlieutenant **Philipp Frhr. Roeder v. Diersburg** aus Karlsruhe; geb. 8. März 1861. Eintritt: 17. April 1880 als Port. Fähnr. vom Kad. Korps; 16. Nov. 1880 S. Lt.; 16. Jan. 1890 P. Lt.

91. Premierlieutenant **Karl Frhr. v. Rolberg** aus Heitersheim, Baden; geb. 7. Sept. 1828. Eintritt: 18. Juni 1852 als Oberlt. vom 1. Reiter-Regt.; † 28. Okt. 1854 in Bruchsal.

92. Major **Ernst Frhr. Rüdt v. Collenberg** aus Würzburg, Bayern; geb. 5. Jan. 1849. Eintritt: 1. Okt. 1867 als Einj. Freiw.; 21. April 1868 Fähnr.; 5. Febr. 1869 S. Lt.; 16. Aug. 1879 P. Lt.; 13. Dez. 1883 Rittm. Austritt: 17. April 1890 als Rittm. in das Drag. Regt.

von Brebow (1. Schles.) Nr. 4; 1892 Major. Befindet sich noch in diesem Regt.

93. Lieutenant **George Runge** aus Berlin; geb. 1. Sept. 1869. Eintritt: 1. Okt. 1887 als Avantageur; 16. Mai 1888 Fähnr.; 16. Febr. 1889 S. Lt.

94. Lieutenant **Otto v. Ruville** aus Freienwalde, Brandenburg; geb. 31. Juli 1851. Eintritt: 12. Okt. 1875 als S. Lt. aus der Reserve des Kür. Regts. Nr. 7. Austritt: 14. Aug. 1880 ausgeschieden und zu den Res. Offiz. des Regts. übergetreten; † 7. Febr. 1882 in Frankfurt a. M.

95. Rittmeister **Wilhelm Karl Bernhardt Hermann Prinz zu Sachsen-Weimar, Herzog zu Sachsen**, Hoheit, aus Stuttgart; geb. 31. Dez. 1853. Eintritt: 15. Mai 1883 als S. Lt. wieder angestellt und in das Regt. versetzt. Austritt: 5. März 1883 als P. Lt. in das Huf. Regt. Nr. 11; als Rittmeister mit der Unif. des 2. Westf. Huf. Regts. Nr. 11 verabschiedet und à la suite der Armee gestellt. Lebt in Heidelberg.

96. Premierlieutenant **Georg Saenger** aus Nabborowo, Posen; geb. 18. Okt. 1858. Eintritt: 27. März 1878 als Avantageur; 14. Dez. 1878 Fähnr.; 16. Okt. 1879 S. Lt.; 16. April 1889 P. Lt.

97. Oberst **August Frhr. v. Schaeffer** aus Karlsruhe; geb. 1. Jan. 1825. Eintritt: 5. Juli 1856 vom 3. Drag. Regt. als Rittm. Austritt: 16. Dez. 1863 als Major in das 3. Drag. Regt.; 23. Aug. 1866 Kommandant des 1. Drag. Regts.; 26. Okt. 1867 Oberstlt.; 18. Jan. 1871 mit Pension der Abschied bewilligt. † als Oberst a. D. in Lichtenthal bei Baden-Baden am 26. März 1891.

98. Oberst **Ludwig Schaufler** aus Freiburg, Baden; geb. 28. Dez. 1823. Eintritt: 10. Jan. 1850 als S. Lt.; 23. Okt. 1852 als Oberlt. in das 1. Reiter-Regt.; 24. Nov. 1857 als Rittm. wieder ins Regt.; 20. Juni 1866 Major; 12. April 1870 Oberstlt.; 18. Juli 1870 zum Inspekteur der Ersatz-Eskd. ernannt. Austritt: 15. Juli 1871 als Oberst verabschiedet. Lebt als Oberst z. D. in Karlsruhe.

99. Major **Karl Frhr. Schilling v. Canstatt** aus Hohenwettersbach, Baden, geb. 16. Jan. 1829. Eintritt: 9. April 1850 Fähnr.; 28. Juni 1850 S. Lt.; 17. Dez. 1855 Oberlt. Austritt: 23. Mai 1862 als Rittm. in das 3. Drag. Regt. Prinz Karl; 1870 als Major verabschiedet. † 9. Sept. 1877.

100. Major **Alexander Frhr. Schilling v. Canstatt** aus Hohenwettersbach, Baden; geb. 20. Jan. 1830. Eintritt: 6. Sept. 1867 als Rittm. vom 1. Drag. Regt.; 15. April 1873 Major. Austritt: † 2. Okt. 1873 in Bruchsal.

101. Major **Christoph Schmich** aus Dossenheim, Baden; geb. 2. April 1822. Eintritt: 16. Dez. 1863 als Rittm. vom Stabe des Kommandos der Reiterei; 10. März 1866 charakt. Major; 4. Nov. 1868 als etatsm. Stabsoffiz. in das 3. Drag. Regt. † 1873 in Dossenheim.

102. Rittmeister **Karl Schmid** aus Karlsruhe; geb. 12. Juni 1847. Eintritt: 17. April 1869 als Avantageur; 8. März 1870 Fähnr.; 23. Juli 1870 S. Lt. Austritt: 20. Febr. 1879 als P. Lt. in das Drag. Regt. Nr. 6; 12. Dez. 1885 Rittm. Befindet sich noch in diesem Regt.

103. Oberstlieutenant **Heinrich Schmidt** aus Mannheim, Baden; geb. 6. Dez. 1838. Eintritt: 19. April 1859 als Freiwilliger; 19. Juni 1859

S. Lt.; 25. Juni 1868 P. Lt.; 12. Nov. 1872 Rittm. Austritt: 3. Juni 1882 in das Drag. Regt. Nr. 16; 17. Okt. 1883 Major; 1886 als etatsm. Stabsoffiz. in das Drag. Regt. Nr. 1; 22. März 1891 als Oberstlt. m. d. Range eines Regts.-Kommand. à l. s. b. Armee. Lebt als Oberstlt. a. D. in Freiburg i. B.

104. Rittmeister **Hugo Schmidt** aus Delitzsch, Sachsen; geb. 30. Sept. 1846. Eintritt: 23. Juli 1871 als S. Lt. aus der Res. des 2. Res. Hus. Regts. Austritt: 21. Dez. 1880 als P. Lt. in das Drag. Regt. Nr. 20; 22. Juli 1888 Rittm.; 1890 mit Pension der Abschied bewilligt. Lebt in Krautheim.

105. Oberst **Roderich Frhr. v. Schönau-Wehr** a. Wehr, Baden; geb. 4. April 1839. Eintritt: 1. Nov. 1855 Kadet; 17. Nov. 1858 Fähnr.; 20. April 1859 S. Lt.; 20. Juni 1866 Oberlt.; 25. Aug. 1870 bis 15. Juli 1871 Führer der 5. Esk. Austritt: 15. Juli 1871 in das Hus. Regt. Nr. 14 als Rittm.; 1876 als Lehrer zum Milit. Reitinst.; 1876 in das Hus. Regt. Nr. 4; 1878 zum Flügeladj. des Großherzogs von Baden k. H. ern.; 22. März 1881 Major; 1887 Rang eines Regts. Kommand.; 22. März 1888 Oberst und Kommand. des Ul. Regts. Nr. 7; 1889 als Oberst mit Pension und der Regts. Unif. der Abschied bewilligt. Lebt in Freiburg i. B.

106. Premierlieutenant **Rudolph Frhr. Roth v. Schreckenstein** aus Ulm, Württemberg; geb. 2. Aug. 1859. Eintritt: 23. Sept. 1879 als Avantageur; 13. April 1880 Fähnr.; 12. Febr. 1881 S. L. Austritt: 24. März 1890 als P. Lt. in das 3. Garde-Ul. Regt. Befindet sich noch in diesem Regt.

107. Premierlieutenant **Victor Schultz v. Dratzig** aus Rothwendig, Posen; geb. 25. Nov. 1854. Eintritt: 24. März 1890 vom 1. Leib-Hus. Regt. Austritt: † 3. Mai 1890 in Bruchsal.

108. Premierlieutenant **Julius Frhr. v. Seebach** aus Großgottern, Preußen; geb. 14. Jan. 1823. Eintritt: 22. Sept. 1859 vom 3. Drag. Regt. Austritt: 9. Okt. 1862 verabschiedet. † 13. Mai 1883 in Straßburg i. E.

109. Oberstlieutenant **Eduard Frhr. v. Seldeneck** aus Schwetzingen, Baden; geb. 13. Nov. 1831. Eintritt: 17. Dez. 1855 vom 3. Drag. Regt.; 17. Nov. 1858 Oberlt.; 20. Juni 1866 Rittm. Austritt: 15. Juli 1871 in das Hus. Regt. Nr. 11; 1873 Major; 1877 als etatsmäßiger Stabsoffizier in das Hus. Regt. Nr. 1; 1880 als Oberstlt. mit Pension und der Regimentsuniform der Abschied bewilligt. † in Baden.

110. Rittmeister **Wilhelm Frhr. v. Seldeneck** aus Karlsruhe; geb. 15. Sept. 1823. Eintritt: 10. Januar 1850 als Oberlt.; 1. Febr. 1850 mit dem Charakter als Rittm. von der Suite der Reiterei verabschiedet. † 10. Dez. 1863 in Karlsruhe.

111. Rittmeister **Leopold Frhr. v. Seldeneck** aus Mühlburg, Baden; geb. 29. Juli 1825. Eintritt: 20. Jan. 1856 vom 1. Drag. Regt. als Rittm. in das Regiment. Austritt: 11. Juli 1856 der Abschied bewilligt mit der Erlaubniß, in fremde Dienste zu treten.

112. Major **Maximilian Seubert** aus Karlsruhe, Baden; geb. 28. Aug. 1837. Eintritt: 21. Nov. 1868 vom 3. Drag. Regt. unter Entb. vom Brigade-Adjut. als char. Rittm. in das Regt.; 19. Juli 1869 ein Patent seiner Charge. Austritt: 29. März 1878 unter Beförderung zum Major in das Train-Bat. Nr. 3 versetzt; 8. Juni 1878 mit Pension

und der Uniform des Drag. Regts. Nr. 21 der Abschied bewilligt. Lebt in Mannheim.

113. Lieutenant **Reinhold Soehlke** aus Berlin; geb. 25. Okt. 1866. Eintritt: 15. Sept. 1886 als Avantageur; 14. Mai 1887 Fähnr.; 17. Jan. 1888 S. Lt.

114. Rittmeister **Erich Graf v. Sparre-Cronenberg** aus Mannheim, Baden; geb. 4. Juni 1836. Eintritt: 11. März 1858 vom 3. Drag. Regt. als S. Lt.; 20. Juni 1866 Oberlt. Austritt 8. Nov. 1866 verabschiedet. 26. Nov. 1870 Char. als Rittm. und der 2. Ersatz-Eskadron auf Kriegsdauer zugetheilt. † 12. Febr. 1883 in Karlsruhe (Baden).

115. Rittmeister und Eskadronchef **Karl Stark** aus Jena, Großherz. Weimar; geb. 25. Mai 1851. Eintritt: 17. Juli 1870 als Einj. Freiw.; 11. April 1871 Fähnr.; 13. April 1872 S. Lt.; 16. Nov. 1882 P. Lt.; 16. April 1889 Rittm.

116. Oberstlieutenant **Wilhelm Frhr. v. Stengel** aus Mannheim, Baden; geb. 6 März 1811. Eintritt: 10. Jan. 1850 als Rittm. dem Regt. zugetheilt. Austritt: 14. Nov. 1857 mit dem Char. als Maj. verabschiedet und zum Garnisonverwaltungs-Offizier in Rastatt ernannt; ..... Kommand. des bad. Invalidenkorps in Schwetzingen; † 30. Jan. 1878 in Schwetzingen.

117. Major **Wilhelm Frhr. v. Stetten** aus Kandern, Baden; geb. 27. Juni 1814. Eintritt: 10. Jan. 1850 als Rittm. Austritt: 5. Juli 1856 als Maj. in das 3. Drag. Regt. † in Karlsruhe.

118. Major **Alfred Stephany** aus Nordhausen; geb. 10. Juli 1848. Eintritt: 23. Nov. 1871 als S. Lt. von der 9. Art. Brig.; 15. Juni 1875 P. Lt.; 16. Nov. 1882 Rittm. Austritt: 16. Jan. 1890 mit Pension und der Regts. Uniform verabschiedet. Lebt in Wiesbaden.

119. Major **Karl Frhr. Stockhorner v. Starein** aus Rastatt, Baden; geb. 12. März 1845. Eintritt: 1. Nov. 1860 Kadet; 21. Okt. 1863 Fähnr.; 24. Sept. 1864 S. Lt. Austritt: 19. Juli 1869 in das Leib-Drag. Regt.; 15. Juli 1871 zum Drag. Regt. Nr. 3 nach Treptow; 1877 als Rittm. in das Hus. Regt. Nr. 14; 1888 Maj. und mit Pension und der Regts. Uniform der Abschied bewilligt. Lebt in Karlsruhe.

120. Oberstlieutenant **Friedrich August Stöcklern v. Grünholzegg** aus Bruchsal, Baden; geb. 29. Dez. 1829. Eintritt: 10. Jan. 1850 als S. Lt.; 30. Okt. 1854 Oberlt.; 18. Dez. 1855 in das 3. Drag. Regt.; 17. Mai 1859 als Rittm. zur Drag. Div. der Besatz. Brig.; 30. Juni 1859 Kommand. der Drag. Eskl.; 30. Aug. 1859 in das 3. Drag. Regt.; 22. Sept. 1859 in das Leib-Drag. Regt.; 12. Dez. 1859 ins Regt. zurück; 1869 Maj.; 18. Juli 1870 elatsm. Stabsoffiz.; 12. Febr. 1871 Patent seiner Charge. Austritt: 15. Juli 1871 als Maj. dem Drag. Regt. 10 aggregirt; 1872 als etatsmäßig einrangirt; 1874 unter Stellung zur Disp. mit Pension zum Bez. Kommand. in Saarburg; 1875 Oberstlt.; 1885 unter Ertheilung der Erlaubniß zum Tragen der Uniform des Drag. Regts. Nr. 10 von der Stellung als Bez. Kommand. entbunden. † in Illenau.

121. Maj. **Karl Graf v. Sponeck** aus Karlsruhe, Baden; geb. 30. Juli 1845. Eintritt: 1. Nov. 1861 Kadet; 19. Sept. 1865 Fähnr.; 20. Juni 1866 S. Lt.; 12. Nov. 1872 P. Lt.; 7. Aug. 1873 Abj. bei der 16. Kav. Brig.; 29. März 1878 überz. Rittm. und Brig. Abj.; Austritt:

1879 als Rittm. und Eskadronchef in das Drag. Regt. Nr. 10; 13. Nov. 1888 Maj.; 1888 Adj. beim Gen. Komm. 5 Armeekorps, jetzt etatsm. Stabsoffiz. im Hus. Regt. Nr. 2.

122. Rittmeister **Emil Graf v. Sponeck** aus Gernsbach, Baden; geb. 15. Sept. 1850. Eintritt: 14. Aug. 1875 als S. Lt. vom Bab. Gren. Regt. Nr. 109 in das Regt.; 17. Mai 1879 P. Lt. Austritt: 12. Nov. 1885 als Rittm. in das Ul. Regt. Nr. 5. † 1888 in München.

123. Generallieutenant **Oskar Graf v. Strachwitz** aus Pawlau, Schlesien; geb. 11. Aug. 1822. Eintritt: 15. Juli 1871 vom Hus. Regt. Nr. 14 als Maj. und Kommand. in das Regt.; 18. Aug. 1871 Oberstlt.; 2. Sept. 1873 Oberst; 1879 à la suite des Regts. zum Kommand. der 8. Kav. Brig. Austritt: 29. April 1879 mit der Führung der 8. Kav. Brig.; 3. Februar 1880 zum Gen. Maj. befördert; 1883 als Gen. Lt. mit Pension zur Dispos. gestellt. † in Breslau.

124. Rittmeister und Eskadronchef **Franz Thiergärtner-Drummond** aus Baden-Baden; geb. 7. Nov. 1851. Eintritt: 1. Okt. 1870 als Avantageur; 13. April 1872 Fähnr.; 12. April 1873 S. Lt.; 13. Dez. 1883 P. Lt.; 20. Aug. 1889 Rittm.

125. Major **Otto Frhr. v. Türckheim** aus Freiburg, Baden; geb. 26. Juni 1826. Eintritt: 12. Juli 1851 als Oberlt. vom 1. Reiter-Regt.; 18. Dez. 1855 Adj. beim Kommando der Reiterei. Austritt: 5. Juli 1856 als Rittm. in das 1. Reiter-Regt.; 15. Aug. 1864 Maj.; 20. Juni 1866 zum Stab der Feld-Div.; 17. Okt. 1866 Flügel-Adj. Lebt als Maj. z. D. in Karlsruhe.

126. Oberstlieutenant und Kommandeur **Karl v. Uslar** aus Oder, Hannover; geb. 6. Nov. 1843. Eintritt: 15. Juli 1890 vom Hus. Regt. Nr. 7 als Oberstlt. und Kommand.

127. Portepeefähnrich **Adolf v. Dangerow** aus Marburg, Kurhessen; geb. 15. Juni 1840. Eintritt: 10. Juni 1864 als Freiw.; 15. Sept. 1864 Port. Fähnr. Austritt: 22. April 1865 behufs Uebertritt in österreichische Dienste der Abschied bewilligt. Lebt jetzt in Hannover.

128. Lieutenant **Konstantin Vierordt** aus Konstanz, Baden; geb. 21. Mai 1867. Eintritt: 14. Sept. 1886 als Avantageur; 15. März 1887 Fähnr.; 17. Jan. 1888 S. Lt.

129. Rittmeister **Aloys v. Vincenti** aus Eichstädt, Bayern; geb. 20. Dez. 1836. Eintritt: 19. Juni 1859 S. Lt.; 5. Okt. 1862 zum 2. Adj. beim Gouvern. Rastatt; 20. Juni 1866 ins Regt. zurück; Rittm. im 2. Ul. Regt. † in München.

130. Lieutenant **Gustav Wallau** aus Mainz, Hessen; geb. 4. Juli 1866. Eintritt: 14. April 1885 vom Kad. Korps. Austritt: 13. Okt. 1887 ausgeschieden und zu den Res. Offiz. des Regts. übergetreten. Lebt in Paris.

131. Rittmeister **Karl Wachs** aus Mannheim, Baden; geb. 30. August 1844. Eintritt: 20. Juni 1866 als Lt. vom 3. Drag. Regt.; 1. Jan. 1872 P. Lt.; 12. April 1877 Rittm. und Esk. Chef. Austritt 14. Juli 1885 mit Pension und der Regts. Uniform der Abschied bewilligt. Lebt in Karlsruhe.

132. Rittmeister **Konstantin Warth** aus Buggenheim, Baden; geb. 21. Juni 1813. Eintritt: 10. Jan. 1850 als S. Lt.; 18. Febr. 1854 Oberlt. Austritt: 19. Febr. 1859 als Rittm. in das 3. Drag. Regt. † in Bruchsal.

133. Lieutenant **Heinrich v. Wehren** aus Wesel, Rheinprov.; geb. 24. Okt. 1865. Eintritt: 18. März 1886 als char. Port. Fähnr. vom Kab. Korps; 16. Okt. 1886 Fähnr.; 17. Sept. 1887 S. Lt.

134. Rittmeister **Karl Frhr. v. Wechmar** aus Bruchsal, Baden; geb. 18. Febr. 1843. Eintritt: 1. Nov. 1858 Kadet; 4. Okt. 1861 Fähnr.; 9. Dez. 1863 S. Lt. Austritt: 1. Febr. 1870 als Pr. Lt. in das 1. Drag. Regt; 11. Jan. 1876 als Rittm. in das Huf. Regt. 14; 1877 in das Huf. Regt. Nr. 2; demnächst mit Pension und der Regts. Uniform des Drag. Regts. Nr. 20 verabschiedet. Lebt in Baden-Baden.

135. Generalmajor **Adolf Frhr. v. Weiler** aus Mannheim, Baden; geb. 29. Mai 1812. Eintritt: 1. Febr. 1850 als Rittm.; 20. Dez. 1856 Maj. und Komm. von Kehl, dem Regt. aggreg.; 9. Juni 1860 char. Oberstlt.; 18. Mai 1865 char. Oberst; 17. März 1868 den Char. als Gen. Maj.; 13. Juli 1870 als Gen. Maj. mit Pension zu den Offiz. vom Armeekorps versetzt. Lebt in der Schweiz.

136. Rittmeister **Walther v. Westernhagen** aus Stettin, Pommern; geb. 13. April 1855. Eintritt: 1. Okt. 1873 als Avantageur; 21. Mai 1874 Fähnr.; 11. März 1875 S. Lt.; 16. Sept. 1885 P. Lt. Austritt: 24. März 1890 in das Huf. Regt. Nr. 13; 27. Jan. 1891 Rittm. Befindet sich noch in diesem Regiment.

137. Major **Alfred Winsloe** aus Inverneß, Schottland; geb. 14. März 1839. Eintritt: 20. Februar 1858 als Avantageur; 4. Mai 1859 Fähnr.; 19. Juni 1859 S. Lt.; 10. März 1868 P. Lt. Austritt: 15. Juli 1871 als Rittm. in das Huf. Regt. Nr. 1; 1875 mit Pension und der Regts. Uniform verabschiedet; ..... Major und Flügeladj. S. K. H. des Großherzogs v. Mecklenburg-Strelitz.

138. Oberst **Georg Winsloe** aus Inverneß, Schottland; geb. 20. Okt. 1840. Eintritt: 19. Juni 1859 als S. Lt. vom 1. Leib-Drag. Regt.; 26. Okt. 1867 P. Lt.; 11. Juni 1867 bis 17. Juni 1868 Ord. Offiz. S. K. H. des Großherzogs. Austritt: 1. Jan. 1872 als Rittm. in das Ul. Regt. Nr. 9; 1876 à la suite des Regts.; 1877 Flügeladj. des Großherzogs von Mecklenburg-Strelitz, K. H.; 22. März 1881 Maj.; 1885 aus dieser Stellung ausgetreten und in das Huf. Regt. Nr. 6 als etatsm. Stabsoffiz.; 1887 Kommand. des Ul. Regts. Nr. 16.; 22. März 1888 Oberstlt.; 1889 als Oberst mit Pension und der Regts. Uniform der Abschied bewilligt. Lebt in Berlin.

139. Major **Friedrich Frhr. v. Wintzingerode** aus Mainz; geb. 14. Dez. 1837. Eintritt: 13. Nov. 1879 vom Huf. Regt. Nr. 16 als Maj. und etatsm. Stabsoffiz. Austritt: 14. Mai 1881 mit Pension und der Regts. Uniform der Abschied bewilligt. Lebt in Bonn.

140. Generalmajor **Hippolyt Wirth** aus München, Bayern; geb. 6. Nov. 1821. Eintritt: 10. Jan. 1850 als Oberst.; 12. Febr. 1850 in das 1. Reiter-Regt.; 18. April 1854 als Rittm. in das 3. Reiter-Regt.; 30. Dez. 1858 als Rittm. in das 1. Leib-Drag. Regt.; 26. Sept. 1860 als Maj. wieder ins Regt.; 20. Juni 1866 Oberstlt. und Kommand. des Regts.; 10. März 1868 Oberst; 15. 7. 1871 à la suite des Regts. und Kommand. von Karlsruhe. Austritt: 1874 Gen. Maj. † 1878 in Karlsruhe.

141. Rittmeister **Albert Witzenmann** aus Pforzheim, Baden; geb. 11. Jan. 1801. Eintritt: 1. Juli 1869 als Unteroffiz. vom Fest. Art. Bat.; 12. Sept. 1870 Fähnr.; 6. März 1871 S. Lt. Austritt: 10. Juli 1880 unter Beförderung zum P. Lt. in das Ul. Regt. Nr. 7; 1885

mit Pension und der Regts. Uniform der Abschied bewilligt. Lebt
in Karlsruhe. 15. Dez. 1890 Rittm. der Landw.

142. Lieutenant **Franz Wolff** aus Baden-Baden; geb. 21. Nov. 1868. Eintritt: 1. Okt. 1888 als Avantageur; 22. Mai 1889 Fähnr.; 16. Jan. 1890 S. Lt.

143. Rittmeister **Charles v. Wright** aus Saarbrücken; geb. 14. Juni 1855. Eintritt: 23. April 1874 als S. Lt. vom Kad. Korps; 15. April 1884 P. Lt. Austritt: 17. April 1890 als Rittm. in das Drag. Regt. Nr. 6. Befindet sich noch in diesem Regiment.

144. Oberstlieutenant **Rudolf v. Zawadzky** aus Gierattwitz, Schlesien; geb. 7. Januar 1836. Eintritt: 14. Mai 1881 vom Drag. Regt. Nr. 1 als Maj. und etatsm. Stabsoffiz. Austritt: 14. April 1883 zum Kommand. des Train Bat. Nr. 15; 1883 char. Oberstlt.; 1887 als Oberstlt. mit Pension und der Regts. Uniform (Drag. Regt. Nr. 8) der Abschied bewilligt. Lebt in Dresden.

Anlage III.

Liste
der Kommandeure, etatsmäßigen Stabsoffiziere, Rittmeister, Adjutanten, Regimentsärzte, Zahlmeister und Wachtmeister.

Kommandeure.

10. Jan. 1850 bis 18. Febr. 1854.	Theodor Hilpert, wurde unter Beförderung zum Generalmajor zum Kommandanten der Bundesfestung Rastatt ernannt.
18. Febr. 1854 = 8. Sept. 1854.	August Hecht, erschoß sich aus Unvorsichtigkeit auf der Jagd.
30. Sept. 1854 = 20. Sept. 1860.	Ludwig Frhr. v. Freystedt, unter Beförderung zum Generalmajor zum Kommandanten der Reiterei ernannt.
20. Sept. 1860 = 20. Juni 1866.	Karl v. Freydorf, zum Garnisonskommandanten der Residenz Karlsruhe ernannt.
20. Juni 1866 = 15. Juli 1871.	Hippolyt Wirth, unter Beförderung zum Generalmajor zum Kommandanten von Karlsruhe ernannt.
15. Juli 1871 = 29. April 1879.	Oskar Graf v. Strachwitz, zum Kommandeur der 8. Kav. Brig. ernannt.
29. April 1879 = 12. Juni 1886.	Karl v. Heister, zum Kommandeur der 16. Kav. Brig. ernannt.
12. Juni 1886 = 15. Juli 1890.	Paul v. Bause, zum Kommandeur der 16. Kav. Brig. ernannt.
15. Juli 1890 = zur Gegenwart.	Karl v. Uslar.

Die etatsmäßigen Stabsoffiziere.

10. Jan. 1850 bis 12. Juni 1851.	Karl Baer, in das 1. Reiter-Regt. versetzt.
12. Juni 1851 = 18. Febr. 1854.	Ludwig Frhr. v. Freystedt, in das 3. Reiter-Regt. versetzt.
18. Febr. 1854 = 30. Sept. 1854.	Theodor v. Baumbach, in das 1. Reiter-Regt. versetzt.
30. Sept. 1854 = 20. Sept. 1860.	Karl v. Freydorf, zum Kommandanten des Regts. ernannt.

20. Sept. 1860 bis 20. Juni 1866. Hippolyt Wirth, zum Kommandanten des Regts. ernannt.

20. Juni 1866 = 18. Juli 1870. Ludwig Schauffler, zum Inspekteur der Ersatz-Eskadrons ernannt.

18. Juli 1870 = 15. Juli 1871. August v. Stoecklern, zum Drag. Regt. Nr. 10 versetzt.

15. Juli 1871 = 15. Juni 1875. Oskar Freiherr v. Buddenbrock-Hettersdorf, zum Kommandeur des Drag. Regts. Nr. 15 ernannt.

15. Juni 1875 = 13. Nov. 1879. Friedrich v. Klüber, zum Kommandeur des Drag. Regts. Nr. 7 ernannt.

13. Nov. 1879 = 14. Mai 1881. Friedrich Frhr. v. Winzingerode, der Abschied bewilligt.

14. Mai 1881 = 14. April 1883. Rudolf v. Zawadzky, zum Kommandeur des Train-Bats. Nr. 15 ernannt.

14. April 1883 = 15. Nov. 1887. Hermann v. Lieres und Wilkau, zum Kommandeur des Hus. Regts. Nr. 14 ernannt.

15. Nov. 1887 = 23. Mai 1890. Kurt v. Bachmayr, zum Kommandeur des Drag. Regts. Nr. 14 ernannt.

23. Mai 1890 = zur Gegenwart. Leopold v. Kleist.

Die Eskadronchefs der I. Eskadron.

20. Febr. 1850 bis 14. Nov. 1857. Wilhelm Frhr. v. Stengel, der Abschied m. d. Regts. Uniform bewilligt u. unter Verleihung des Charakters a. Maj. z. Garnisonsverwaltungs-Offizier in Rastatt ernannt.

24. Nov. 1857 bis 20. Juni 1866. Ludwig Schauffler, zum etatsm. Stabsoffiz. d. Regts. ernannt.

20. Juni 1866 = 15. Juli 1871. Eduard Frhr. v. Seldeneck, in das Hus. Regt. Nr. 11 versetzt.

15. Juli 1871 = 29. März 1878. Maximilian Seubert, unter Bef. z. Maj. i. d. Train Batl. Nr. 3, demn. m. P. u. d. A. U. b. Absch. bew.

29. März 1878 = 4. Dez. 1884. Günther v. Berge, b. Regt. aggr., demn. a. etatsm. Stabsoffiz. i. d. Kür. Regt. Nr. 8 versetzt.

4. Dez. 1884 = 5. Febr. 1887. August Frhr. v. Neukirchen gen. v. Nyvenheim, a. etatsm. Stabsoffiz. i. d. Drag. Regt. Nr. 7 versetzt.

5. Febr. 1887 = 16. April 1889. Gustav Kühls, b. Regt. aggr. u. demn. a. etatsm. Stabsoffiz. i. d. Drag. Regt. Nr. 22 versetzt.

16. April 1889 = zur Gegenwart. Karl Stark.

Die Eskadronchefs der II. Eskadron.

20. Febr. 1850	bis	5. Juni 1856.	Wilhelm Frhr. v. Stetten, unt. Beförderung z. Maj. i. b. 3. Drag. Regt. versetzt.
5. Juni 1856	=	16. Dez. 1863.	August Frhr. v. Schäffer, unt. Beförderung z. Maj. i. b. 3. Drag. Regt. versetzt.
16. Dez. 1863	=	20. Mai 1867.	Christoph Schmich, i. b. Stab b. Regts. u. bemn. a. etatsm. Stabsoffiz. i. b. 3. Drag. Regt. versetzt.
20. Mai 1867	=	18. Juli 1870.	Franz Kapferer, z. Kommandeur b. Sanitätsdetachements ernannt.
18. Juli 1870	=	15. Juli 1871.	Heinrich Hübsch, Führer während des Feldzuges 1870/71, bemn. i. b. Drag. Regt. Nr. 15 versetzt.
15. Juli 1871	=	21. Nov. 1872.	Franz Kapferer, z. 3. Eskadron versetzt.
21. Nov. 1872	=	3. Juni 1882.	Heinrich Schmidt, z. Drag. Regt. Nr. 16 versetzt.
3. Juni 1882	=	14. Juli 1885.	Alfred Hardt, in gl. Eigensch. z. 3. Esk. versetzt.
14. Juli 1885	=	16. Jan. 1890.	Alfred Stephany, a. Maj. m. P. u. b. R. U. b. Abfch. bew.
16. Jan. 1890	=	zur Gegenwart.	Franz Thiergärtner-Drummond.

Die Eskadronchefs der III. Eskadron.

20. Febr. 1850	bis	12. Juni 1851.	Ludwig Frhr. v. Freystedt, z. etatsm. Stabsoffizier b. Regts. ernannt.
12. Juni 1851	=	18. Juni 1852.	Edmund Frhr. v. Degenfeld, i. b. 1. Reiter-Regt. versetzt.
18. Juni 1852	=	18. Febr. 1854.	Hermann Frhr. v. Menzingen, i. b. 3. Reiter-Regt. versetzt.
18. Febr. 1854	=	12. Jan. 1856.	Friedrich Frhr. v. Degenfeld, b. Abschied unter Ertheilung der Uniform der Suite der Reiterei bewilligt.
20. Jan. 1856	=	11. Juni 1856.	Leopold Frhr. v. Seldeneck, b. Abschied bewilligt mit der Erlaubniß, in fremde Dienste zu treten.
19. Juni 1856	=	10. Dez. 1859.	Ludwig v. Fabert, der Abschied bewilligt.
12. Dez. 1859	=	21. Nov. 1868.	August v. Stoecklern in den Stab des Regts. versetzt.
21. Nov. 1868	=	15. Dez. 1870.	Maximilian Seubert, als Adjutant der Inspektion b. Ersatz-Esk. beigegeben.
15. Juli 1870	=	12. Okt. 1872.	Otto Camerer, i. b. Nebenetat b. gr. Generalstabes versetzt.

21. Nov. 1872 bis 15. April 1873.   Franz Kapferer, z. Drag. Regt. Nr. 11 versetzt.
15. April 1873 : 25. Jan. 1881.   Hans v. Hobe, a. Abj. z. 3. Div. unt. Versetzung z. Drag. Regt. Nr. 4.
25. Jan. 1881 : 1. Nov. 1882.   Leopold Richter, i. gl. Eigensch. zur 5. Esk. versetzt.
1. Nov. 1882 : 14. Juli 1885.   Emil Wachs, m. P. u. b. R. U. b. Abschied bew.
14. Juli 1885 : 17. Jan. 1888.   Alfred Harbt, als Abj. z. 16. Div. komm.
17. Jan. 1888 : zur Gegenwart.   Georg Ligniez.

Die Eskadronchefs der IV. Eskadron.

20. Febr. 1850 bis 20. Dez. 1856.   Adolf Frhr. v. Weiler, unt. Beförderung z. Maj. u. Ernennung z. Kommandanten von Kehl bem Regt aggr.
3. Jan. 1857 : 28. April 1860.   Emil v. Gillmann, b. Absch. bew.
9. Juni 1860 : 25. Juli 1867.   Ferdinand Frhr. v. Hornstein, der Abschied bewilligt.
25. Juli 1867 : 2. Okt. 1873.   Alexander Frhr. Schilling v. Canstatt; in Bruchsal gestorben.
14. Okt. 1873 : 12. März 1881.   Ludwig Dallmer, i. gl. Eigensch. z. Drag. Regt. Nr. 14 versetzt.
12. März 1881 : 1. Sept. 1881.   Ferdinand Kerstiens, m. P. b. Absch. bew.
1. Sept. 1881 : 15. April 1884.   Kurt v. Abelebsen, als Abj. z. 7. Div. komm.
15. April 1884 : zur Gegenwart.   Alfred Herbst.

Die Eskadronchefs der V. Eskadron.

26. Okt. 1867 bis 25. Aug. 1870.   Hugo v. Jagemann, in die Kav. Ersatzabth. versetzt.
25. Aug. 1870 : 15. Juli 1871.   Roderich Frhr. v. Schönau-Wehr, Führer während des Feldzuges 1870/71, demn. als Rittm. in das Hus. Regt. Nr. 14 versetzt.
15. Juli 1871 : 13. März 1873.   Otto v. Jagow, unter Ernennung zum persönl. Abj. Sr. K.H. b. Prinzen Albrecht von Preußen à la suite des 1. Brandenburg. Drag. Rgts. Nr. 2 gestellt.
15. April 1873 : 3. Nov. 1874.   Werner v. Bose, bem Regt. aggr. u. demn. m. P. u. b. Unif. des Kür. Regts. Nr. 7 der Absch. bew.
3. Nov. 1874 : 12. April 1877.   Günther v. Berge, à la suite des Regts. gestellt.
12. April 1877 : 1. Nov. 1882.   Emil Wachs, i. gl. Eigensch. z. 3. Esk. versetzt.

1. Nov. 1882 bis	16. Nov. 1882.	Leopold Richter, i. d. Heff. Train-Bat. Nr. 11 versetzt.
16. Nov. 1882 ⁚	13. Nov. 1883.	Alfred Stephany, à la suite des Regts. gestellt.
13. Dez. 1883 ⁚	17. April 1891.	Ernst Frhr. Rüdt v. Collenberg, i. gl. Eigensch. z. Drag. Regt. Nr. 4 versetzt.
17. April 1891 ⁚	28. Juli 1892.	Friedrich v. Ernst, als etatsm. Stabsoffizier in das Westfäl. Ul. Regt. Nr. 5 versetzt.
28. Juli 1892 ⁚	zur Gegenwart.	Adolf Legbe.

Die Regimentsadjutanten.

20. Febr. 1850 bis	18. Juni 1852.	Hermann v. Menzingen, als Rittm. u. Esk. Chef in die Front zurückgetreten.
18. Juni 1852 ⁚	19. Juli 1856.	Ludwig v. Fabert, als Rittm. u. Esk. Chef in die Front zurückgetreten.
21. Juli 1856 ⁚	21. Mai 1859.	Franz Kapferer, als Adj. beim Kommando der Reiterei ernannt.
27. Mai 1859 ⁚	20. Juni 1866.	Leopold Oehlwang, unter Beförderung zum Rittm. in das (1.) Leib-Drag. Regt. versetzt.
21. Juni 1866 ⁚	5. Sept. 1866.	Viktor Frhr. Goeler v. Ravensburg, in die Front zurückgetreten.
5. Sept. 1866 ⁚	5. Juni 1868.	Otto Camerer, dem Regt. aggr. und zur Dienstleistung in d. Großh. Kriegsministerium komm.
8. Juni 1868 ⁚	1. Okt. 1871.	Heinrich Schmidt, in die Front zurückgetreten.
1. Okt. 1871 ⁚	23. Okt. 1872.	Berthold Maier-Ehehalt, z. Militär-Reitinstitut nach Hannover komm.
23. Okt. 1872 ⁚	7. Aug. 1873.	Karl Graf v. Sponed, als Brig. Adj. zur 16. Kav. Brig. komm.
25. Sept. 1873 ⁚	5. April 1882.	Georg Ligniez, in die Front zurückgetreten.
5. April 1882 ⁚	7. April 1883.	Ernst Frhr. Rüdt v. Collenberg, in die Front zurückgetreten.
7. April 1883 ⁚	1. Jan. 1886.	Karl Stark, in die Front zurückgetreten.
1. Jan. 1886 ⁚	24. März 1890.	Rudolf Frhr. Roth v. Schredenstein, als P.Lt. in d. 3. Garde-Ul. Regt. versetzt.
26. März 1890 ⁚	12. Aug. 1890.	Georg Saenger, zur Kriegsakademie komm.
12. Aug. 1890 ⁚	zur Gegenwart.	Erich Mackensen.

Die Regimentsärzte.

4. März 1850 bis	9. April 1851.	Karl Maier, zum 3. Reiter-Regt. versetzt
9. April 1851 ⁚	21. Mai 1859.	Georg Weber, zum 4. Füs. Bat. versetzt.

30. Sept. 1859 bis 24. Sept. 1862. Otto Brummer, in das 1. Leib-Drag. Regt. versetzt.
24. Sept. 1862 = 18. Juli 1870. Leopold Krumm, zum Chefarzt des Feldlazareths Nr. 3 ernannt.
18. Juli 1870 = 6. Juni 1871. Friedrich Woelfel, in das Inf. Regt. Nr. 111 versetzt.
6. Juni 1871 = 27. April 1876. Otto Brummer, als Generalarzt 2. Kl. m. P. u. d. Unif. des Sanit. Korps der Absch. bew.
23. Mai 1876 = 19. Sept. 1883. Wilhelm Teimling, zum Inf. Regt. Nr. 113 mit Wahrnehmung der divisionsärztlichen Funktionen versetzt.
5. Mai 1883 = 26. Juli 1887. Hermann Busch, zum Inf. Regt. Nr. 113 mit Wahrnehmung der divisionsärztlichen Funktionen versetzt.
24. Sept. 1887 = 30. Juni 1889. Richard Salzmann, i. gl. Eigensch. z. Regt. b. Garbes du Corps versetzt.
30. Juni 1889 = zur Gegenwart. Max Wenzel.

Die Zahlmeister.

4. März 1850 bis 15. Juni 1850. Friedrich v. Beck, i. gl. Eigensch. z. 4. Inf. Bat. versetzt.
15. Juni 1850 = 5. Mai 1866. August Klauß, i. gl. Eigensch. i. b. Feld-Art. Regt. versetzt.
8. Mai 1866 = 24. Juni 1867. Joseph Spohn, i. gl. Eigensch. z. Jäger-Bat. versetzt.
28. März 1868 = 1. Okt. 1889. Karl Philipp, auf seinen Antrag i. d. Ruhest. versetzt; bemn. b. Char. a. Rechn. Rath verliehen.
16. Dez. 1889 = zur Gegenwart. Adolf Tietze.

Die Oberroßärzte.

4. März 1850 bis 24. Sept. 1862. Karl Herrmann, i. gl. Eigensch. zum 1. Leib-Drag. Regt. versetzt.
24. Sept. 1862 = 23. April 1868. Joseph Weber, starb in Karlsruhe.
9. Mai 1868 = 1. März 1889. Heinrich van Poul, m. d. Char. a. Korpsroßarzt i. b. Ruhestand versetzt.
12. März 1889 = zur Gegenwart. Emil Lüthens.

Die Wachtmeister des Regiments.

1. Eskadron.

Wachtm. Centmaier.   Wachtm. Bouginé.
= Pippig.   = Schaaf.
= Link.   = Schiffmacher.

2. Eskabron.

Wachtm. Sonner. | Wachtm. Henschler.
 „ Stein. | „ Straußmann.
 „ Weber. | „ Schäfer.
 „ Rennig. |

3. Eskabron.

Wachtm. Fees. | Wachtm. Lindner.
 „ Kretzler. | „ Tiebermann.
 „ Seigel. | „ Schramm.
 „ Rauschus. |

4. Eskabron.

Wachtm. Müller. | Wachtm. Triebskorn.
 „ Ihlin. | „ Metzger.
 „ Fischer. |

5. Eskabron.

Wachtm. Uehlin. | Wachtm. Bleier.
 „ Barthelt. |

Stabstrompeter.

Stabstromp. Stadtmüller. | Stabstromp. Reth.
 „ Reuther. | „ Johannes.

Anlage IV.

Zu- und Abgangsliste
der
Reserveoffiziere, Aerzte und Beamten.

Reserveoffiziere.

1. S.Lt. **Eduard v. Pfeusser**, geb. 21. Juni 1850 in Karlsruhe, 17. Sept. 1872 S. Lt., † 13. März 1875.
2. " **Albert Frhr. Bodman-Bodman I.**, geb. 12. Dez. 1849 in Bodman (Baden), 17. Sept. 1872 S. Lt., 10. Juni 1884 als P. Lt. b. Abſch. bew.
3. " **Gerhard Frhr. v. Leutrum-Ertringen**, geb. 23. Aug. 1851 in Karlsruhe, 6. März 1871 S. Lt., 14. Dez. 1871 b. Abſch. bew. behufs Uebertritt in Königl. württembergiſche Dienſte.
4. " **Max Schmelzer**, geb. 29. März 1848 in Trier, 12. Sept. 1870 S. Lt., 12. Nov. 1872 b. Abſch. behufs Auswanderung bew.
5. " **Alfred Paris**, geb. 14. Febr. 1849 in Darmſtadt, 1. Jan. 1872 S. Lt., 20. Okt. 1875 z. Landw. übergetr.
6. " **Wilhelm Ziegler I.**, geb. 4. Mai 1847 in Karlsruhe, 7. Okt. 1869 S. Lt., 20. Okt. 1874 z. Landw. übergetr., 15. Juli 1875 i. b. R. zurück, 13. Mai 1882 u. Verleihung b. Char. als P. Lt. b. Abſch. bew.
7. " **Emil Müller**, geb. 4. Mai 1847 in Karlsruhe, 18. Juli 1870 S. Lt., 20. Okt. 1875 z. Landw. übergetr.
8. " **Guſtav Ziegler II.**, geb. 17. Dez. 1847 in Karlsruhe, 12. Sept. 1870 S. Lt., 21. Okt. 1875 z. Landw. übergetr.
9. " **Wilhelm Frhr. v. Seldeneck**, geb. 18. März 1849 in Karlsruhe, 12. Sept. 1870 S.Lt., 25. Dez. 1876 z. Landw. übergetr.
10. " **Adolf Mayer**, geb. 23. Nov. 1849 in Pforzheim, 12. Sept. 1870 S. Lt., 25. Dez. 1876 z. Landw. übergetr.
11. " **Karl Brombacher**, geb. 22. Mai 1851 in Karlsruhe, 12. Sept. 1870 S. Lt., 1. Okt. 1879 z. Landw. übergetr.
12. " **Friedrich Aſal**, geb. 7. Okt. 1849 in Lahr, 6. März 1871 S. Lt., 20. Okt. 1874 z. Landw. übergetr.
13. " **Julius Sauer**, geb. 14. März 1850 in Lenzkirch (Baden), 15. Aug. 1872 S. Lt., 1. Okt. 1877 z. Landw. übergetr.
14. " **Wilhelm Caroli**, geb. 29. Mai 1848 in Dürrheim (Baden), 15. Aug. 1872 S. Lt., 17. Okt. 1883 als P. Lt. b. Abſch. bew.
15. " **Franz Frhr. v. Buol-Berenberg**, geb. 9. April 1849 in Zizenhauſen (Baden), 23. Juli 1870 Port. Fähnr., 12. Sept. 1870 S. Lt. b. R., 13. Mai 1882 als P. Lt. b. Abſch. bew.
16. P.Lt. **Anton Klebe**, geb. 3. Aug. 1850 in Gaggenau, 12. Dez. 1872 S.Lt., 12. Febr. 1884 P. Lt., 15. Jan. 1887 m. d. L. U. b. Abſch. bew.
17. S.Lt. **Viktor Graf v. Helmſtatt**, geb. 22. Sept. 1851 in Neckarbiſchofsheim, 12. Dez. 1872 S. Lt., 1. Okt. 1877 z. Landw. übergetr.

18. S. Lt. **Wilhelm Altenloh**, geb. 26. Okt. 1850 in Börde (Preußen), 16. August 1873 S. Lt., 1. Okt. 1879 z. Landw. übergetr.
19. " **Adolf Bissinger**, geb. 25. April 1851 in Pforzheim, 15. Nov. 1873 S. Lt., 1. Okt. 1877 z. Landw. übergetr.
20. " **Richard Frhr. v. Bodman-Bodman II.**, geb. 3. Febr. 1848 in Bodman, 15. Dez. 1873 S. Lt, 12. Okt. 1875 m. P. b. Abſch. bew.
21. " **Karl Dr. Eller**, geb. 2. Okt. 1851 in Mannheim, 16. August 1876 S. Lt., 7. Nov. 1882 z. Landw. übergetr.
22. " **Clemens Veltmann**, geb. 15. Juni 1853 in Pforzheim, 17. Okt. 1876 S. Lt., 4. April 1881 z. Landw. übergetr.
23. " **Adolf Tritſcheller**, geb. 3. Dez. 1854 in Lenzkirch (Baden), 12. Dez. 1876 S. Lt., 1. April 1881 z. Landw. übergetr.
24. P. Lt. **Emil Huth**, geb. 31. Okt. 1847 in Neufreiſtett (Baden), 23. Juli 1870 S. Lt., 12. Aug. 1879 P. Lt., 1. Okt. 1879 z. Landw. übergetr.
25. S. Lt. **Karl Dykerhoff**, geb. 4. Sept. 1854 in Mannheim, 11. Febr. 1879 S. Lt., 16. Mai 1885 b. Abſch. bew.
26. " **Otto Goetz**, geb. 15. März 1858 in Freiburg (Baden), 12. Aug. 1879 S. Lt., 2. April 1884 z. Landw. übergetr.
27. P. Lt. **Reinhardt Chormann**, geb. 28. März 1855 in Kirchheimbolanden (Bayern), 13. Jan. 1880 S. Lt., 24. März 1890 Pr. Lt., 4. Nov. 1890 z. Landw. 1. Aufg. übergetr.
28. " **Wilhelm Lamey**, geb. 2. März 1854 in Freiburg (Baden), 13. April 1880 S. Lt., 24. März 1890 P. Lt.
29. S. Lt. **Eugen Klauſener**, geb. 30. Okt. 1855 in Burtſcheid (Preußen), 14. Aug. 1880 S. Lt., 5. Nov. 1886 z. Landw. übergetr.
30. " **Max Scheid**, geb. 29. Juni 1856 in Saarlouis (Preußen), 11. April 1889 z. Landw. 1. Aufg. übergetr.
31. " **Otto v. Ruville**, geb. 31. Juli 1851 in Freienwalde a. O., 14. Aug. 1880 S. Lt., † 7. Febr. 1882.
32. " **Friedrich Walloth**, geb. 14. Mai 1857 in Darmſtadt, 13. Jan. 1881 S. Lt., 1884 z. Landw. übergetr.
33. " **Albert Eckardt**, geb. 8. März 1858 in Hörde (Preußen), 13. Febr. 1883 S. Lt., 16. Jan. 1892 b. Abſch. bew.
34. " **Wilhelm Schaaf**, geb. 9. Sept. 1857 in Kürnbach, 16. Aug. 1883 S. Lt., † 13. April 1886.
35. P. Lt. **Alexander Hoppe**, geb. 23. März 1860 in Düſſeldorf, 11. Sept. 1883 S. Lt., Sept. 1892 P. Lt.
36. " **Hans Stempel**, geb. 13. Dez. 1859 in Berlin, 11. Sept. 1883 S. Lt., 18. Juni 1892 P. Lt.
37. S. Lt. **Max Scheven**, geb. 9. Mai 1857 in Zittau (Sachſen), 13. Jan. 1885 S. Lt.
38. " **Heinrich Roechling**, geb. 2. Juli 1862 in Ludwigshafen, 15. Okt. 1885 S. Lt.
39. " **Julius Blankenhorn**, geb. 21. Juni 1864 in Müllheim, 14. Aug. 1886 S. Lt., 3. April 1891 z. Landw. Kav. 1. Aufg. übergetr.
40. " **Max Jagenberg**, geb. 2. März 1863 in Hoffnungsthal (Preußen), 14. Aug. 1886 S. Lt.
41. " **Karl Bohrmann**, geb. 12. März 1864 in Eberbach, 15. Febr. 1887 S. Lt.
42. " **Guſtav Wallau**, geb. 4. Juli 1866 in Mainz, 13. Okt. 1887 S. Lt. b. R.
43. " **Hermann Schlotter**, geb. 23. Dez. 1862 in Gera, 17. Jan. 1888 S. Lt.

44. S. Lt. Paul Soeding, geb. 25. Okt. 1863 in Hörde (Preußen), 13. Dez. 1887 S. Lt., † 12. Sept. 1888.
45. " Heinrich Frhr. v. Dadeln, geb. 13. April 1865 in Koblenz, 22. Juli 1888 S. Lt. b. R.
46. " Ferdinand Knecht, geb. 7. Aug. 1863 in Neustadt a. H. (Bayern), 16. Mai 1888 S. Lt.
47. " Ernst Frings, geb. 6. Dez. 1862 in Düsseldorf, 22. Juli 1888 S. Lt.
48. " Georg Jantwitz, geb. 29. Mai 1864 in Lobedau (Preußen), 15. Okt. 1888 S. Lt.
49. P. Lt. Edgar du Pasquier, geb. 24. April 1857 in Neuchatel (Schweiz), 16. Febr. 1892 P. Lt. b. R.
50. S. Lt. Karl Busch, geb. 6. Dez. 1863 in Ems, 18. Okt. 1891 S. Lt.
51. " Fritz Clemm, geb. 7. Dez. 1864 in Mannheim, 17. Dez. 1891 S. Lt.
52. " Nikolaus Reinhart I., geb. 3. Febr. 1868 in Worms, 18. Okt. 1892 S. Lt.
53. " Friedrich Reinhart II., geb. 14. Sept. 1869 in Worms, 18. Okt. 1892 S. Lt.

Aerzte und Beamte des Regiments.

1. Regimentsarzt Karl Maier aus St. Blasien; geb. 14. Novbr. 1806. 4. März 1805 Regts. Arzt; 9. April 1851 z. 3. Reiter-Regt. versetzt.
2. Oberarzt Karl Nebenius aus Karlsruhe; geb. 27. Jan. 1817. 4. März 1850 Oberarzt; 8. Febr. 1851 als Regts. Arzt z. Jäger-Batl.
3. Oberchirurg Friedrich Maier aus Waldkirch (Baden); geb. 8. Novbr. 1816. 4. März 1850 Chirurg; 9. Mai 1859 Oberchirurg; 21. Mai 1859 z. Sanitäts-Komp. versetzt.
4. Oberthierarzt Karl Herrmann aus Karlsruhe; geb. 22. Oktbr. 1815. 4. März 1850 Oberthierarzt; 24. Septbr. 1862 i. b. (1.) Leib-Drag.Regt. versetzt.
5. Rechnungsführer Friedrich v. Beck aus Mannheim; geb. 6. Juli 1816. 4. März 1850 Rechnungsführer; 15. Juni 1860 z. 4. Inf. Batl. versetzt.
6. Regimentsarzt Georg Weber aus Ilvesheim (Baden); geb. 8. April 1799. 9. April 1851 Regts. Arzt vom 3. Reiter-Regt.; 21. Mai 1850 z. 4. Füs. Batl. versetzt.
7. Oberarzt Albert Panther aus Gengenbach (Baden); geb. 24. April 1817. 8. Februar 1851 vom 3. Inf. Batl.; 30. Septbr. 1859 als Regts. Arzt i. b. 1. Füs. Batl. versetzt.
8. Oberarzt Adolf Wirth aus Oberöwisheim; geb. 17. Febr. 1829. 21. Mai 1859 auf Kriegsdauer z. Regt.; 25. Oktbr. 1859 entlassen.
9. Regimentsarzt Otto Dr. Brummer aus Heidelberg; geb. 22. Jan. 1825. 30. August 1859 v. Leib-Drag. Regt.; 24. Septbr. 1862 i. b. Leib-Drag. Regt.; 6. Juli 1871 vom 3. Inf. Regt. wieder in das Regt.; 27. April 1876 als Generalarzt 2. Kl. m. P. b. Abschd. bew.
10. Oberarzt Dr. Georg Stehberger aus Bruchsal; geb. 2. Septbr. 1831. 30. Septbr. 1859 v. 3. Füs. Batl.; 22. Febr. 1860 verabsch.
11. Oberarzt Friedrich Woelfel aus Bruchsal; geb. 9. Novbr. 1821. 29. März 1860 vom 2. Inf. Regt.; 24. Septbr. 1862 i. b. Leib-Drag. Regt.; während des Feldzuges 1870 71 Regts. Arzt; 6. Juli 1871 i. b. Inf. Regt. Nr. 111 versetzt.

12. Rechnungsführer **August Clauß** aus Karlsruhe; geb. 16. Juli 1830. 15. Juni 1850 i. b. Regt.; 5. Mai 1866 i. b. Fuß=Art. Regt. versetzt.
13. Regimentsarzt **Leopold Krumm** aus Emendingen (Baden); geb. 15. Novbr. 1821. 24. Septbr. 1862 vom Leib=Drag.Regt.; 18. Juli 1870 z. Chef= Arzt b. Feldlaz. Nr. 3 ernannt.
14. Oberstabsarzt **Joseph Leuberger** aus Schuttern; geb. 17. Jan. 1811. 24. Septbr. 1862 v. Leib=Drag. Regt. als Oberarzt; 18. Juni 1866 Charakter als Regts. Arzt; 22. Oktbr. 1868 z. 4. Inf. Btl. versetzt.
15. Oberpferdearzt **Joseph Weber** aus Konstanz; geb. 13. Aug. 1825. 24. Septbr. 1862 vom Leib=Drag. Regt.; 23. April 1868 †.
16. Rechnungsführer **Joseph Spohn** aus Mosbach (Baden); geb. 1. Novbr. 1852. 8. Mai 1866 als Verrechner vom Generalstabe; 24. April 1867 z. Jäger=Batl.
17. Zahlmeister **Karl Philipp** aus Durlach; geb. 10. April 1828. 25. April 1867 als Verrechner v. Fuß=Art. Regt.; 26. März 1868 Zahlmeister; 1. Oktbr. 1889 a. sein. Antr. m. P. i. b. Ruhest. vers., denn. b. Char. als Rechn. Rath verliehen.
18. Oberroßarzt **Heinrich van Poul** aus Mannheim; geb. 31. März 1838. 9. Mai 1868 als Oberpferdearzt v. Art. Regt.; 1. April 1873 Ober= roßarzt; 1. März 1889 m. b. Char. als Korpsroßarzt i. b. Ruhest. versetzt.
19. Stabsarzt **Eduard Hildebrandt**. 5. Febr. 1869 v. Leib=Gren. Regt.; 1. Septbr. 1869 z. Fuß=Art. Regt. versetzt.
20. Assistenzarzt **Hermann Gumlau** aus Freienstein (Preußen); geb. 24. Febr. 1844. 30. Juni 1871 v. Kaiser Alex. G. (Gren. Regt.; 1872 ausgesch. u. z. 2. Batl. 4. Brand. Landw. Regts. Nr. 24 übergetr.
21. Assistenzarzt **Sigmund** Dr. **Zimmern**. 30. Juni 1872 m. b. Range als Pr. Lt. i. b. Regt.; 30. Juni 1874 z. Leib=Drag. Regt. 20 versetzt.
22. Assistenzarzt Dr. **Julius Blume** aus Berlin; geb. 18. Mai 1846. 15. Mai 1875 z. Assist. Arzt bef.; 25. Juli 1876 aus b. akt. Sanit. Korps ausgeschieden.
23. Regimentsarzt Dr. **Wilhelm Deimling** aus Karlsruhe; geb. 20. Dezbr. 1831. 23. Mai 1876 v. Inf. Regt. 17; 19. Septbr. 1883 z. Inf. Regt 113 m. Wahrnehm. b. Divisionsärztl. Funktionen.
24. Assistenzart Dr. **Hugo v. Roblecki** aus Wohlau (Preußen); geb. 17. No= vember 1849. 28. Novbr. 1876 vom Gren. Regt. Nr. 110; 20. Novbr. 1879 z. Inf. Regt. Nr. 50.
25. Assistenzarzt **Max Schuenemann** aus Saalfeld (Preußen); geb. 15. Mai 1851. 28. Oktober 1880 z. Assist. Arzt bef.; 25. Mai 1882 aus b. akt. Sanit. Korps ausgeschieden u. z. b. Sanit. Offiz. b. 2. Batl. 113. Landw. Regts. übergetreten.
26. Assistenzarzt **Theodor Söhlisch** aus Bronnbach (Baden); geb. 26. April 1858. 26. Juni 1882 v. Inf. Regt. Nr. 112; 4. August 1888 a. Stabs= u. Btl. Arzt z. Inf. Regt. Nr. 118.
27. Regimentsarzt Dr. **Hermann Busch** aus Paderborn (Preußen); geb. 7. April 1838 v. Feld=Art. Regt. Nr. 30; 26. Juli 1887 z. Inf. Regt. Nr. 113 m. Wahrn. b. divisionsärztl. Funktionen.
28. Regimentsarzt Dr. **Richard Salzmann** aus Queblinburg (Preußen); geb. 4. März 1844. 24. Septbr. 1887 v. 1. Garde=Regt. z. F.; 30. Juni 1889 i. gl. Eigensch. z. Regt. b. Gardes du Corps.

29. Regimentsarzt Dr. **Max Wenzel** aus Mittelwalde (Schlesien); geb. 26. Juni 1845. 30. Juni 1889 v. Fuß-Art. Regt. Nr. 8.
30. Oberroßarzt **Emil Lüthens** aus Oppeln (Schlesien); geb. 23. Oktbr. 1854. 12. März 1889 vom Train-Batl. Nr. 4.
31. Zahlmeister **Adolf Tietze** aus Striegau (Schlesien); geb. 25. Oktbr. 1848. 16. Dezbr. 1889 vom Inf. Regt. Nr. 17.
32. Assistenzarzt Dr. **Rudolf Brugger** aus Hüfingen; geb. 5. August 1862. 18. März 1890 v. Drag. Regt. 22; 26. Oktbr. 1890 i. b. Jäger-Batl. Nr. 10.
33. Assistenzarzt Dr. **Hermann Schaubach** aus Meiningen; geb. 8. Mai 1861. 26. Oktbr. 1890 v. Inf. Regt. Nr. 32; 25. Febr. 1892 z. Jäger-Batl. Nr. 8.
34. Assistenzarzt Dr. **Friedrich Eble** aus Rastatt; geb. 12. Juni 1863. 25. Febr. 1892 vom Inf. Regt. Nr. 25.

Anlage V.

Liste
der Namen und Garnisonen des Regiments.

Namen:
Vom 20. Februar 1850 bis 10. Januar 1855 „2. Reiter-Regiment".
- 10. Januar 1855 - 20. September 1856 „2. Dragoner-Regiment".
- 20. September 1856 bis 29. Juni 1882 „2. Dragoner-Regiment, Markgraf Maximilian".
- 29. Juni 1882 bis zur Gegenwart „2. Badisches Dragoner-Regiment Nr. 21".

Garnisonen:
Vom 20. Februar 1850 bis 16. Juli 1850 Mannheim.
- 17. Juli 1850 bis 6. Dezember 1850 Marsch nach Preußen.
- 7. Dezember 1850 bis 29. Januar 1851 Karlsruhe.
- 30. Januar 1851 bis 24. September 1862 Bruchsal.
- 25. September 1862 bis 15. Juli 1870 Karlsruhe und
- 1. November 1867 bis 15. Juli 1870 eine Eskadron in Durlach.
- 4. April 1871 bis 1. April 1890 1. 2. 4. 5. Eskadron Bruchsal.
- 4. "   "   "   "   3. Eskadron Rastatt.
- 1. April bis zur Gegenwart 1. 2. 3. 5. Eskadron Bruchsal.
- 1. "   "   "   "   4. Eskadron Schwetzingen.

Anlage VI.

Uniform,
Ausrüstung und Bewaffnung des Regiments
sowie deren
Veränderungen.

I. Bekleidung.

1. **Feldmützen** von mittelblauem Tuch mit Besatz und Vorstoß um den Rand des Deckels von hellgelbem Tuch. Vorn auf dem Besatz die badische Kokarde (gelb=roth), über derselben die deutsche Kokarde. Im Jahre 1851 wurde die deutsche Kokarde abgelegt und nur die badische getragen. Nach der Militär=konvention im Jahre 1871 bestand das Grundtuch der Feldmütze aus korn=blumenblauem Tuch.

2. **Waffenrock.** Von mittelblauem Tuch mit einer Reihe gewölbter zinnerner Knöpfe, Vorstoß vorn herunter, Vorstoß an den Taschenleisten, ab=gerundeter Kragen von hellgelbem Tuch, schwedische Aermelaufschläge und Schulterklappen von demselben Tuch. Die Trompeter Schwalbennester von hell=gelbem Tuch mit glatten silbernen Tressen. Die Schwadronen unterscheiden sich durch Nummerknöpfe an den Schulterklappen. Die Oberwachtmeister trugen zu beiden Seiten des Kragens große heraldische Knöpfe (der badische Greif das badische Wappen haltend). Im Jahre 1851 erhielten die Oberwachtmeister eine schmale silberne Borte um die Schulterklappen und die Karabiniers eine solche aus weißer Wolle um die Aermelaufschläge, jedoch 1869 fielen diese Ab=zeichen wieder fort. Nach der Militärkonvention im Jahre 1871 wurden Waffenröcke von kornblumenblauem Tuch eingeführt. Die Abzeichen der Chargen wurden nach der Konvention dieselben wie in der preußischen Armee, auch traten an Stelle der zinnernen Knöpfe solche von Britanniametall oder Nickel. 1889 wurde bestimmt, daß das Regiment auf den Schulterklappen der Waffen=röcke und Mäntel die Regimentsnummer zu führen habe. In demselben Jahre erhielten die Wachtmeister als besonderes Abzeichen am Unterärmel des Waffen=rocks außer der breiten noch eine schmale Tresse.

3. **Reithose.** Langes Beinkleid von graumelirtem Tuch. Besatz von schwarzem Kalbleder vom Gesäß die ganze innere Beinlänge herab. Im Jahre 1870 kurzes, unten enges Beinkleid von dunkelblaumelirtem Tuch ohne Vorstoß in den Seitennähten. Besatz von schwarzem Kalbleder die innere Bein=länge herab bis über die halbe Wade reichend.

4. **Mäntel.** Von graumelirtem Tuch mit einer Reihe gewölbter zinnerner Knöpfe, stehendem Kragen, hoch und edig geschnitten von dem Grundtuch des

Mantels. Die Kragenpatten eckig geschnitten von hellgelbem Tuch. Die Unteroffiziere auf jeder Patte einen metallenen Knopf, und zwar die Oberwachtmeister und Wachtmeister von größerer Form mit dem badischen Greif, die übrigen Unteroffizierchargen gewöhnlich gewölbte zinnerne Mantelknöpfe. Die Schulterklappe von mittelblauem Tuch mit hellgelbem Vorstoß. Vom Jahre 1869 an Schulterklappen von kornblumenblauem Tuch, ferner durchweg glatte zinnerne Mantelknöpfe. Im Jahre 1871 an Stelle des eckig geschnittenen Mantelkragens ein solcher hoch und vorn abgerundet mit Kapotte von blauer Leinwand. Unteroffizierabzeichen auf der Patte durch schwarz-weiß wollene Borte.

5. **Aermelweste.** Für Karabiniers und Gemeine (Kasernen- und Stubenanzug) von mittelblauem Tuch mit Schulterklappe von demselben Tuch und hellgelbem Vorstoß. Im Jahre 1869 kam die Aermelweste in Fortfall und statt dieser die Drillichjacke.

6. **Stiefel** mit kurzen Schäften unter der langen Reithose. Vom Jahre 1870 an langschäftige Stiefel, über der kurzen Reithose zu tragen. Neben den langschäftigen Stiefeln auch kurze zum Haus- und Stallanzug. An Stelle der kurzschäftigen Stiefel, welche nur für das Garnisonverhältniß weiter getragen werden dürfen, traten für Feldverhältniß vom Jahre 1889 ab Schnürschuhe von wasserdichtem Stoff.

II. Ausrüstung.

a) Für Mannschaften.

Helm von schwarzlackirtem Leder mit Vorder- und Hinterschiene und gelbem metallenen Beschlag, bestehend aus der Schirmschiene, der Hinterschiene, den Blättern und der stumpfen Spitze mit Perlenring. Schuppenketten, konvex, von Messing. Die Helmdekoration besteht aus dem badischen Greif vom Metall des Beschlages (gelb) mit einem Band und der Inschrift „Mit Gott für Fürst und Vaterland". An der Befestigung der Schuppenketten zu beiden Seiten des Helms rechts die badische und links die deutsche Kokarde. Bei Paraden weißer Haarbusch, die Trompeter desgleichen rothe. Im Jahre 1851 wurde die deutsche Kokarde abgelegt und nur noch die badische getragen. Vom Jahre 1869 an neusilberner Beschlag mit messingenen konvexen Schuppenketten.

Säbelkoppel von weiß-sämischem Leder mit zwei Hängeriemen von demselben Leder und vorn ein messingenes Schild mit der Inschrift „Gott mit uns". Nach der Militärkonvention im Jahre 1871 an Stelle des messingenen Schildes eine einfache messingene Schnalle. 1890 Ueberschnallkoppel für den Kavalleriedegen 89.

Faustriemen für Oberwachtmeister Quast von Silber und rothgelber Seide an einem schwarzen ledernen Riemen, dreifach der Länge nach mit Silberfäden durchzogen. Die Unteroffiziere und Mannschaften Riemen und Quast von weiß-sämischem Leder. Im Jahre 1869 rothjuchtener Riemen mit Schieber, und zwar für Unteroffiziere mit Quast aus rothgelber Wolle und für Mannschaften mit Quast nach den einzelnen Eskadrons (1. Eskadron weiß, 2. roth, 3. gelb, 4. hellblau, 5. grün). Nach der Militärkonvention im Jahre 1871 trugen die Unteroffiziere Quast von schwarz und weißer Wolle. Die Wacht-

meister Quast von Silber und schwarzer Seide, an beiden Seiten des schwarzen
Lederriemens mit Silberfäden durchzogen.

Sporen. Gerade, vom Jahre 1871 an Schwanenhalssporen.

Kartusche. Von weiß-lohgarem Leder, ohne Verzierung. Vom Jahre
1869 an als Verzierung messingenes Blech, darstellend den badischen Greif,
mit Kriegsemblemen umgeben. Vom Jahre 1890 ab Kartuschen für Mannschaften mit federnden Blecheinsätzen zur Aufnahme von sechs Rahmen mit je
fünf Patronen. Die Kartuschverzierung blieb dieselbe.

Bandolier von weiß-sämischem Leder, Schnallen und Beschlag von
gelbem Metall. 1890 Fortfall von Schnallen und Beschlag.

b) Für Pferde.

Ungarische Sattelböcke von Holz, schwarzes Lederwerk, Zaumzeug, Vorder-
und Hinterzeug mit gelbem Beschlag. Schabraden von mittelblauem Tuch mit
scharlachrothem Vorstoß, Sitztheil von schwarzem Schafpelz. An den beiden
hinteren Ecken derselben die Chiffre L und seit 1856 die Chiffre F von
scharlachrothem Tuch, vorn auf beiden Seiten je eine Krone von demselben
Tuch. Mantelsack von mittelblauem Tuch, an den beiden Enden die Nummer 2
von scharlachrothem Tuch. Vom Jahre 1869 an braunes Lederwerk mit neu-
silbernem Beschlag. Sattelüberlegedecken von mittelblauem Tuch mit 4 cm
breitem Besatz von hellgelbem Tuch. Nach der Militärkonvention im Jahre
1871 Grundtuch der Sattelüberdecke von kornblumenblauem Tuch. Von 1889
ab war die Schabrade nicht mehr Gegenstand der Feldausrüstung, sondern nur
etatsmäßiges Paradestück. Im nämlichen Jahre kam der Armeesattel zur Einführung. Der Armeesattel besteht aus dem von Holz hergestellten, mit Leinwand behäuteten Sattelbaum, welcher in der Form dem Pritschsattel ähnelt.
Die beiden großen Satteltaschen (Schweißblätter) sind durch Schrauben am
Sattelbaum befestigt. Die Sattelpolster, welche auf der Innenseite aus wasser-
dicht präparirter Segelleinwand hergestellt sind, werden an den Trachten mit
Schnallen befestigt. Der Sitzriemen besteht aus Transparentleder, und liegt
über demselben der Sattelsitz, welcher hinten durch Schnallen am Sattelbaum
befestigt und vorn durch die Packtaschenkrampen festgehalten wird. An Stelle
der in Fortfall gekommenen Patronenbüchse ist die Packtasche mit einem Futteral
zur Unterbringung von drei Rahmen mit je fünf Patronen im Jahre 1890
versehen worden; auch wurde in demselben Jahre ein gegen früher etwas
kleineres Kochgeschirr und an Stelle des Kochgeschirrfutterals ein Riemengestell
zur Fortschaffung des Kochgeschirrs am Pferde eingeführt. Die Woylachs
werden vom Jahre 1890 ab nicht mehr aus weißer (gebleichter) Wolle, sondern
aus grauer (ungebleichter) Naturwolle hergestellt.

c) Waffen.

Unteroffiziere und Mannschaften Pistolen, die Karabiniers Karabiner.
Reitersäbel mit eiserner Scheide und gelbem Griff. Oberwachtmeister und
Unteroffiziere in Oberwachtmeister-Rang Offizierssäbel mit stählerner Scheide
und vergoldetem Griff. Im Jahre 1857 wurden die österreichischen Husaren-
säbel sowie die Kolbenpistole eingeführt. Nach der Militärkonvention im Jahre

1871 der preußische Kavalleriesäbel M/50. Die Wachtmeister und deren Rang habende behielten den badischen Offiziersäbel mit Korb von durchbrochener Arbeit bei.

Gleichzeitig erhielt das Regiment den Zündnadelkarabiner M/57 für Mannschaften und die glatte Pistole für Unteroffiziere. Im Frühjahr 1877 wurden die Mannschaften mit dem Kavalleriekarabiner M/71 und im Jahre 1879 die Unteroffiziere mit Revolvern M/79 unter Fortfall der Pistolen M/50 ausgerüstet. In der Zwischenzeit war als provisorische Schußwaffe der Mannschaften das französische Chassepotgewehr und der aptirte französische Chassepotkarabiner im Gebrauch. Im Jahre 1890 erhielt die Kavallerie den Karabiner M/88. Vom Jahre 1889 ab wurde das Regiment mit Lanzen bewaffnet, statt der bisherigen Holzlanze kam 1890 die Stahlrohrlanze zur Einführung. Unteroffiziere ohne Portepee führen ebenfalls die Stahlrohrlanze, jedoch mit der weißen Flagge des badischen Wappens, während die Lanzenflagge der Dragoner roth-gelb ist. Im Jahre 1889 wurden die Unteroffiziere und Dragoner mit dem Kavalleriedegen M/89 ausgerüstet.

Anlage VII.

Militärkonvention
zwischen Baden und Preußen.

Seine Königliche Hoheit der Großherzog von Baden und Seine Majestät der König von Preußen als Bundesfeldherr haben im Anschluß an die das Bundeskriegswesen betreffenden Bestimmungen der vereinbarten Verfassung des deutschen Bundes behufs der Regelung der Verhältnisse des Großherzoglich badischen Kontingents zur Königlich preußischen, bezw. Bundes-Armee, Unterhandlungen eröffnen lassen und zu Ihren Bevollmächtigten ernannt, und zwar:

Seine Königliche Hoheit der Großherzog von Baden:
Allerhöchst Seinen Präsidenten des Staatsministeriums und Staatsminister des Innern, Dr. Julius Jolly, und Allerhöchst Seinen Generaladjutanten, Generallieutenant Freiherrn Wilhelm v. Neubronn;

Seine Majestät der König von Preußen:
Allerhöchst Seinen Staats-, Kriegs- und Marineminister, General der Infanterie Albrecht v. Roon;

welche, nachdem sie ihre Vollmachten einander mitgetheilt und richtig befunden, nachstehende

Militärkonvention

abgeschlossen haben.

Artikel 1.

Das Großherzoglich badische Kontingent wird unmittelbarer Bestandtheil der deutschen, bezw. der Königlich preußischen Armee, in der Art, daß Seine Majestät der König von Preußen als Bundesfeldherr alle Rechte und Pflichten des Kontingents- und Kriegsherrn, einschließlich der Fürsorge für die Festung Rastatt, unter Vorbehalt der badischen Territorial-Hoheit übernimmt, wogegen das Großherzogthum Baden die dasselbe jeweils bundesverfassungsgemäß betreffende Summe für das Bundes-Landheer der Königlich preußischen Kriegsverwaltung für Bundesrechnung zur freien Verfügung überläßt. Außer dieser Summe hat das Großherzogthum Baden für die ihm zur Erhaltung des Landheeres obliegenden Leistungen weder an Spezial- noch an Generalkosten weitere Zahlungen zu übernehmen, vorbehaltlich seiner matrikularmäßigen Beiträge zu etwaigen bundesgesetzlich festgestellten besonderen Leistungen für das Bundes-Landheer.

Artikel 2.

Das Großherzoglich badische Kontingent wird ungetrennt in die entsprechende größere Abtheilung der deutschen Bundes-, bezw. der Königlich preußischen Armee eingereiht werden.

Artikel 3.

Die badischen Truppenkörper erhalten unter der Bezeichnung: ntes badisches Infanterie-Regiment Nr. x eine Regimentsnummer in der deutschen Bundes-, bezw. der Königlich preußischen Armee.

Die Regimenter behalten die bisher geführten Farben, bezw. Standarten.

Der Fahneneid wird von den ihrer Militärpflicht genügenden badischen Staatsangehörigen in der bisherigen Weise geleistet unter Einschaltung der Verpflichtung des Gehorsams gegen den Bundesfeldherrn in Gemäßheit des Artikels 64 der Bundesverfassung.

Die Offiziere, Portepeesähnriche, Aerzte und Militärbeamten im Offiziersrange leisten den Fahneneid Seiner Majestät dem Könige von Preußen als Bundesfeldherrn und verpflichten sich zugleich mittelst Reverses: Das Wohl und Beste Seiner Königlichen Hoheit des Großherzogs zu fördern, Schaden und Nachtheile von Höchstdemselben und Seinem Hause und Lande abzuwenden.

Die Offiziere legen eine silberne Schärpe und desgleichen Portepee in den durch Artikel 55 der Bundesverfassung festgestellten Bundesfarben an.

An den Helmen tragen die Angehörigen des Kontingents — vorbehaltlich einer künftigen anderweiten Bestimmung über eine einheitliche Helmzier — das badische Wappen, und — bis zur Einführung einer allgemeinen Bundeskokarde — die Landeskokarde, die Offiziere 2c. daneben die preußische Kokarde.

Artikel 4.

Um den Wehrpflichtigen die Ableistung ihrer Dienstpflicht zu erleichtern, werden Seine Majestät der König von Preußen dem badischen Kontingente, soweit als möglich, ständige Garnisonen innerhalb der Grenzen des Großherzogthums anweisen und von dem Allerhöchst Ihm als Bundesfeldherrn verfassungsmäßig zustehenden Dislokationsrechte nur vorübergehend und in außergewöhnlichen, durch militärische oder politische Interessen gebotenen Fällen Gebrauch machen. Ebenso sollen nur, sofern ähnliche Rücksichten es erfordern,

Ortschaften des Großherzogthums anderen Bundestruppen als Garnison angewiesen werden, vorbehaltlich besonderer Verfügung in Betreff der Besetzung der Festung Rastatt.

Artikel 5.

Seine Königliche Hoheit der Großherzog von Baden und Großherzogliche Familie erhalten von den im Großherzogthum garnisonirenden Truppen die dem Landesherrn und Höchstdessen Angehörigen zukommenden Ehrenbezeugungen.

Seine Königliche Hoheit der Großherzog stehen zu den Truppen in dem Verhältniß eines kommandirenden Generals, üben auch als solcher neben den bezüglichen Ehrenrechten die entsprechende Disziplinar-Strafgewalt aus und erlassen in dieser Beziehung Höchstihre Befehle direkt an die betreffenden Abtheilungskommandeure. Ebenso steht Höchstdemselben die freie Verfügung über die im Großherzogthum dislozirten Bundestruppen zu Zwecken des inneren Dienstes zu, und haben in dieser Beziehung die Truppenkommandeure Höchstdessen Befehlen Folge zu geben.

Die badischen Hoheitszeichen werden in Wappen und Farben an den dem Bundesmilitär eingeräumten Lokalitäten, bezw. sämmtlichen Garnisonseinrichtungen beibehalten, sofern nicht Bundeszeichen und Farben an die Stelle treten.

Artikel 6.

Seine Königliche Hoheit der Großherzog haben das Recht, bei Höchstihrer Person, bezw. den badischen Truppenabtheilungen, Offiziere à la suite nach freier Wahl zu ernennen, deren etwaige Besoldung und dereinstige Pensionirung jedoch nicht aus Bundesmitteln erfolgt.

Die nach dem Inslebentreten dieser Konvention ernannten Offiziere à la suite, ingleichen die nach diesem Termin ins Pensionsverhältniß tretenden Offiziere, welche innerhalb des Großherzogthums ihren Wohnsitz nehmen, sind nach Maßgabe der betreffenden Königlich preußischen Vorschriften dem Disziplinar-, Militärgerichts- und ehrengerichtlichen Verfahren vorkommenfalls unterworfen.

Seine Königliche Hoheit sollen in der Auswahl und dem Wechsel Höchstihrer Adjutanten, sowie von Ordonnanzoffizieren für die Großherzoglichen Prinzen insofern unbeschränkt sein, als nicht dienstliche Rücksichten entgegenstehen. Die Besoldung dieser Offiziere erfolgt aus Bundesmitteln.

Artikel 7.

In Betreff der badischen Truppenabtheilungen sollen bei Anstellung und Versetzung von Offizieren die etwaigen Wünsche Seiner Königlichen Hoheit des Großherzogs thunlichste Berücksichtigung finden.

Artikel 8.

Seiner Königlichen Hoheit dem Großherzog sind die bei den badischen Truppen vorkommenden wichtigeren Vorfälle jedesmal zu melden und von den betreffenden Kommandostellen die folgenden Eingaben und Meldungen zu machen:

ein Monatsrapport,
der Uebungsplan für längere Zeiträume in Voraus,
Meldung über größere Manöver unter Mittheilung der Dispositionen,
Anzeige von Aenderungen im Offizierkorps, von Kommandos zu Bildungsanstalten ꝛc., Verheirathungen, Ordensverleihungen ꝛc.

Seine Königliche Hoheit wird aus den Eingaben und Meldungen, sowie aus Seinen direkten Wahrnehmungen Anlaß nehmen, die ihm sich darbietenden Bemerkungen über den Zustand des Kontingents zur Kenntniß Seiner Majestät des Königs zu bringen.

Artikel 9.

In Betreff der Rekrutirung und der Landwehr-Angelegenheiten treten die jetzt im norddeutschen Bunde geltenden Bestimmungen mit der Maßgabe in Kraft, daß das Großherzoglich badische Ministerium des Innern bezüglich des Großherzogthums Baden dieselben Funktionen wahrnimmt, wie das Königlich preußische Ministerium des Innern für Preußen.

Das Großherzogthum Baden bildet einen Ergänzungsbezirk für sich.

Etwaige Aenderungen der Eintheilung des Großherzogthums in Landwehr-, Bataillons- und Aushebungsbezirke, sowie die Aushebung selbst, geschehen unter Mitwirkung der konkurrirenden Großherzoglichen Civilbehörden.

Die Vertheilung des vom Großherzogthum Baden jährlich aufzubringenden Rekrutenkontingents auf die einzelnen Ergänzungsbezirke erfolgt durch das Großherzogliche Ministerium des Innern.

Artikel 10.

Die höheren Lehranstalten des Großherzogthums Baden stellen unter den gleichen Voraussetzungen, wie die der anderen Bundesstaaten, Zeugnisse für Zulassung zum einjährigen Freiwilligendienste aus.

Artikel 11.

Die Garnisonseinrichtungen an Gebäuden und Grundstücken, über deren Bestand genaue Mittheilung erfolgen wird, verbleiben badisches Staats-, bezw. Gemeindeeigenthum und sind nur als im Nießbrauch der Truppen befindlich anzusehen.

Artikel 12.

Die Aufstellung von Wachen und Wachtposten, außer bei den dem Militär eingeräumten Etablissements und im unmittelbaren Dienst der Truppenabtheilungen, die Abhaltung von Paraden, Uebungen und Aufstellung von Truppen außerhalb der dem Militär dazu eingeräumten Uebungsplätze und Schießstände, auf öffentlichen Straßen, Plätzen und Anlagen ist durch die vorgängige allgemeine oder besondere Zustimmung der Civilbehörde bedingt.

Artikel 13.

Wenn bei Störungen der öffentlichen Ruhe die Polizei den Beistand des Militärs in Anspruch nimmt, so ist dieser Requisition durch den betreffenden Befehlshaber Folge zu geben, und geht damit die Leitung der zur Herstellung der Ordnung zu ergreifenden Maßregeln auf den Letzteren über; ein selbständiges militärisches Einschreiten ohne vorherige Requisition der zuständigen Civilbehörde ist nicht statthaft, womit jedoch die Zurückweisung von Angriffen und Widersetzlichkeiten gegen Militärwachen oder Patrouillen nicht ausgeschlossen sein soll. Alle Militärs haben den behufs Erhaltung der öffentlichen Ordnung ergehenden Weisungen der Polizeibeamten Folge zu leisten.

In Beziehung auf Vergehen und Kontraventionen der Militärpersonen steht zwar den badischen Civilbehörden bei Betretung auf der That das Recht der einstweiligen Sistirung zu, indessen ist der unter solchen Umständen Sistirte unverweilt unter Mittheilung oder alsbaldiger Nachlieferung eines Berichts an die nächste Militärbehörde oder Wache abzuliefern.

Die Fälle und Formen, in welchen das Militär gegen Civilpersonen einschreiten und von seinen Waffen Gebrauch machen darf, werden durch eine, unter Berücksichtigung der betreffenden preußischen Reglements, badischerseits zu erlassende Verordnung geregelt.

Artikel 14.

Offiziere, Mannschaften, Aerzte und Militärbeamte der im Großherzogthum garnisonirenden Truppenabtheilungen sind daselbst den badischen Gesetzen und Rechtsnormen, sowie den badischen Behörden und Gerichten unterworfen, soweit nicht die nach der Verfassung des Bundes in Wirksamkeit tretenden preußischen Militärgesetze oder die gegenwärtige Konvention besondere Ausnahmen bestimmen.

In allen Fällen, wo in jenen Gesetzen das preußische Civil-Strafgesetzbuch und Landrecht genannt sind, treten bis zur Einführung des allgemeinen deutschen Strafgesetzbuches im Großherzogthum Baden die badischen Gesetze, Verordnungen und Rechtsnormen in Wirksamkeit.

Die Militärgerichtsbarkeit wird von den Militärgerichtsherren ausgeübt; die Bestätigung der von Militärgerichten ergangenen Erkenntnisse erfolgt auf dem militärischen Instanzenwege. Das Begnadigungsrecht steht Sr. Majestät dem Könige von Preußen als Bundesfeldherrn zu, jedoch werden Wünsche Sr. Königlichen Hoheit des Großherzogs in dieser Richtung, badische Unterthanen betreffend, thunlichste Berücksichtigung finden.

Artikel 15.

Die persönlichen Verhältnisse der dem Großherzogthum nicht angehörigen Personen, welche bei den im Großherzogthum garnisonirenden Truppen dienen, sammt deren Familien, werden durch die Verlegung ihres Domizils in das Großherzogthum nicht verändert, vielmehr bleiben jene Personen in ihrem bisherigen Unterthanenverhältniß. Ihr eheliches Güterrecht, die Erbfolge in ihre Verlassenschaft, die Bevormundung ihrer Hinterbliebenen richten sich nach den Rechtsnormen ihrer Heimath.

Das Gleiche gilt für die dem Großherzogthum Baden angehörigen Personen, welche bei einem außerhalb des Großherzogthums garnisonirenden Truppentheile dienen.

Die Besteuerung der Offiziere, Aerzte und Militärbeamten richtet sich nach dem Bundesgesetz über die Beseitigung der Doppelbesteuerung. Sie sind von den Kommunalabgaben befreit, soweit diese nicht von Grund-, Häuser-, Gefäll- und Gewerbesteuer-Kapitalien entrichtet werden.

Den indirekten Steuern und Abgaben aller Art sind sie jedoch unterworfen. Das Diensteinkommen der Militärpersonen unter Offiziersrang darf überhaupt nicht, weder zu Staats- noch zu Gemeindezwecken, besteuert werden.

Artikel 16.

Die gegenwärtig der badischen Militärformation angehörenden Offiziere, Portepeefähnriche, Aerzte und Militärbeamten von Offiziersrang werden, insofern sie es wünschen, und soweit sie preußischerseits geeignet befunden werden, unter Beibehalt ihres Ranges und ihrer Anciennetät in die Königlich preußische

Armee übernommen, hinsichtlich der Anciennetät jedoch mit der Maßgabe, daß sie durch diesen Uebertritt nicht besser zu stehen kommen dürfen, als wenn sie von Anfang an in der preußischen Armee gedient hätten.

Diejenigen Offiziere, welche wegen besonderer Qualifikation und Leistungen etwa bevorzugte Beförderung erfahren haben, sollen die erlangte Anciennetät thunlichst gewahrt erhalten. In Betreff der Gehaltskompetenzen treten die Offiziere zc. in den Genuß der in Preußen etatsmäßigen Chargenbezüge, behalten aber ihr gesammtes jetziges Diensteinkommen, wenn dasselbe die preußischen Kompetenzen ihrer Charge übersteigt, event. bis dahin, daß sie nach preußischem Etat in eine höhere Einnahme einrücken, bezw. pensionirt werden.

Die Belassung etwa bisher genossener höherer Bezüge beim Uebertritt in den preußischen Dienst findet auch auf die Unteroffiziere zc. statt.

Artikel 17.

Die in die preußische Armee übertretenden Offiziere, Unteroffiziere zc., Aerzte und Militärbeamten werden bei demnächst eintretender Invalidität nach preußischen Normen pensionirt; beträgt jedoch die so berechnete Pension weniger als diejenige, welche die betreffenden Personen zu dem Zeitpunkte des Inkrafttretens dieser Konvention nach badischen Normen bereits erworben haben würden, so sollen dieselben den letzteren Betrag als Pension erhalten. Für jeden Einzelnen soll dieser Betrag auf den erwähnten Zeitpunkt berechnet und darüber von der betreffenden badischen Militärbehörde demnächst ein namentliches Verzeichniß aufgestellt und mitgetheilt werden.

Wer zum Uebertritt nicht geeignet befunden worden, bezw. nicht geneigt ist, wird nach den für ihn günstigen Normen (preußischen oder badischen) pensionirt.

Die sämmtlichen Pensionen des badischen Militär-Pensionsetats, wie solche am Tage des Inkrafttretens der gegenwärtigen Konvention sich herausstellen werden, übernimmt von da ab Preußen für Bundesrechnung, und zwar nach den zur Zeit der Bewilligung in Geltung gewesenen Grundsätzen in Betreff des Zahlungsmodus u. s. w.

Artikel 18.

Die sämmtlichen vorhandenen Materialbestände für das badische Kontingent an Bekleidung, Bewaffnung, Munition, Feldequipage, Fahrzeugen, Pferden, Utensilien und Proviant gehen an den Bund über. Dieser übernimmt nach Beendigung des Krieges die Wiederinstandsetzung des gesammten Materials, wogegen Baden den Theil der auf dasselbe fallenden Kriegskosten-Entschädigung, welcher von Bundeswegen für Wiederherstellung des Kriegsmaterials bestimmt werden wird, für diesen Zweck zur Disposition stellt.

Artikel 19.

Die Königlich preußische Regierung sichert der Großherzoglich badischen die Gewährung aller derjenigen auf das Bundes-Kriegswesen bezüglichen Vortheile und Erleichterungen zu, welche, abgesehen von besonderen Zugeständnissen in Beziehung auf Geldleistungen, in Preußen eingeführt oder irgend einem Staat des norddeutschen Bundes gewährt sind oder werden.

Artikel 20.

Diese Konvention tritt mit dem Ersten des auf die Demobilisirung des badischen Kontingents folgenden Monats in Kraft.

Artikel 21.

Die gegenwärtige Konvention kann nur im beiderseitigen Einverständnisse aufgehoben oder abgeändert werden und soll alsbald den betheiligten Regierungen zur Genehmigung vorgelegt und die Ausfertigung und Auswechselung der Ratifikationen baldthunlichst bewirkt werden.

So geschehen Versailles, den 25. November 1870.

(L. S.) gez. Jolly.   (L. S.) v. Roon.

(L. S.) gez. v. Neubronn.

Schlußprotokoll.

Zu der am heutigen Tage zwischen dem Bevollmächtigten Seiner Königlichen Hoheit des Großherzogs von Baden und Seiner Majestät des Königs von Preußen abgeschlossenen Militärkonvention haben dieselben noch folgende Zusatzbestimmungen vereinbart, bezw. Erklärungen abgegeben:

1. Die Bevollmächtigten waren darüber einverstanden, daß infolge der im Artikel 1 der Konvention ausgesprochenen Einverleibung des badischen Kontingents in die deutsche, bezw. preußische Armee die badischen Staatsangehörigen, wie in allen auf das Militärwesen sich beziehenden Verhältnissen, so namentlich auch in Betreff der Benutzung der vorhandenen oder noch zu errichtenden militärischen Bildungs- und Erziehungsanstalten, den preußischen Staatsangehörigen völlig gleich gestellt sein sollen.

Als Rayongesetz für die im Großherzogthum vorhandenen oder etwa noch anzulegenden Festungen und Befestigungen soll, bis zum Erlaß eines Bundes-Rayongesetzes, das dermalen für Rastatt geltende Rayongesetz in Kraft bleiben, bezw. treten.

2. Die Bevollmächtigten erachteten als selbstverständlich, daß die von Seiner Königlichen Hoheit dem Großherzog verliehenen Regiments-Inhaberstellen und ebenso die bezüglichen Auszeichnungen an den Uniformen den betreffenden Regimentern verbleiben.

3. Die Großherzoglich badischen Bevollmächtigten erklärten, daß Seine Königliche Hoheit der Großherzog von der Befugniß, Seine Adjutantur zu bestellen, dahin Gebrauch zu machen gedenke, daß dieselbe aus einem Generaladjutanten bis zum Range eines Generallieutenants und zwei Flügeladjutanten bis zum Range von Obersten bestehe.

4. Zu Artikel 9 der Konvention wurde auf Wunsch der Großherzoglich badischen Bevollmächtigten von anderer Seite zugesagt, daß zu dem neuen Aushebungsverfahren mit thunlichster Schonung der seitherigen betreffenden Vorschriften und Einrichtungen übergegangen werden wird.

5. Zu Artikel 11 wird bemerkt, daß mit dem Nießbrauch auch die Erhaltungspflicht und die Uebernahme von Lasten, die auf den Gebäuden und Grundstücken ruhen, wie z. B. Feuerversicherungsbeiträge, soweit überhaupt die Versicherungen beibehalten werden, verbunden ist. Wo der Besitz auf Miethsverträgen beruht, tritt Preußen in diese ein. Nach Orten, in denen die

erforderlichen Kasernirungs-Einrichtungen nicht vorhanden sind, wird nur aus besonders bringenden Gründen eine ständige Garnison verlegt werden.

6. Zu Artikel 12 der Konvention waltete darüber Einverständniß ob, daß die bei besonderer Veranlassung und nur zeitweise erforderliche Aufstellung von Ehren- und Sicherheitswachen zu militärischen Zwecken, sowie deren Posten, einer besonderen Zustimmung der Civilbehörde nicht bedürfe; daß jedoch, falls die Aufstellung eine nicht ganz vorübergehende ist, der betreffenden Civilbehörde Anzeige über die erfolgte Aufstellung gemacht werde.

7. Zu Artikel 13 der Konvention waltete darüber Einverständniß ob, daß die Abgabe der zur Bewachung der Strafanstalten erforderlichen Militärkommandos fortzudauern habe.

8. Zu Artikel 14 der Konvention erklärte der Bevollmächtigte Seiner Majestät des Königs, daß Allerhöchstdieselben das Begnadigungsrecht über badische Staatsangehörige in Fällen von Verurtheilungen wegen nicht militärischer Vergehen Seiner Königlichen Hoheit dem Großherzog gern überlassen werde.

9. Zu Artikel 17 waren die Bevollmächtigten darüber einverstanden, daß überhaupt wohlerworbene Rechte nicht verkürzt oder aufgehoben werden können, daß insbesondere auch die bisherigen persönlichen und Rechtsverhältnisse der beim Inkrafttreten der Konvention bereits vorhandenen Pensionäre durch die Uebernahme der deren Pensionen auf die Bundeskasse in keiner Weise geändert werden, und daß solche badischen Offiziere zc., Aerzte und Militärbeamten, welche bei ihrem späteren Ausscheiden aus dem Dienste nach preußischem Gesetze eine Pension nicht zu beanspruchen hätten, während sie nach badischem Rechte dazu berechtigt sind, vorkommendenfalls nach dem letzteren zu behandeln sein werden.

10. Wegen der Großherzoglich badischen Militär-Wittwenkasse soll, sobald als möglich, wenn thunlich vor dem Inslebentreten der Konvention, eine besondere Vereinbarung getroffen werden, die auf dem Grundsatze der Wahrung wohlerworbener Rechte zu beruhen hat. Bis dahin bleiben die Verhältnisse jener Kasse, einschließlich der aus dem Militärfiskus ihr zufließenden Bezüge unverändert, und die sämmtlichen dermaligen badischen Offiziere, Aerzte und Militärbeamten, auch wenn sie zu einem anderen Kontingent versetzt werden, zur Mitgliedschaft verpflichtet.

11. Zu Artikel 18 war man darüber einverstanden, daß, soweit die laufenden Lieferungs- und Miethsverträge zur Zeit des Inkrafttretens der Konvention noch in Geltung sind, in deren Betreff Preußen in die Verpflichtungen Badens einzutreten hat.

Die in der Ausführung begriffenen Bauten und Anlagen für militärische Zwecke werden für Rechnung der Bundeskasse, soweit dies für erforderlich erachtet wird, weiter geführt werden.

12. Die Konvention bezieht sich nicht auf das Großherzoglich badische Gendarmeriekorps. Dasselbe behält jedoch seinen militärischen Charakter; wegen Fortführung der militärischen Gerichtsbarkeit über die Angehörigen des Korps bleibt nähere Verständigung vorbehalten.

Versailles, den 25. November 1870.

(L. S.) gez. Jolly.   (L. S.) gez. v. Roon.

gez. v. Neubronn.

Anlage VIII.

Quellen.

1. Die Großherzoglich badischen Verordnungs- und Regier...
2. Akten und Kriegstagebücher des Regiments.
3. Preußisches Generalstabswerk 1866.
4. „Antheil der badischen Felddivision 1866."
5. Schmidt: Das Großherzoglich Badische 2. Dragoner...
   Markgraf Maximilian im Feldzuge 1870/71.
6. Preußisches Generalstabswerk 1870/71.
7. v. Moltke: Geschichte des deutsch-französischen Krieges von...
8. Die im 14. Armeekorps erschienenen Regimentsgeschichten.
9. Die badischen Militair-Almanachs.
10. Manuskripte aus dem Großherzoglichen General-Landes-Arc...
    die Feldzüge der ehemaligen badischen Kavallerie.
11. Die Geschichte des früheren Dragoner-Regiments von Freyß...
12. Die Geschichte des früheren Dragoner-Regiments Großherzog...

www.ingramcontent.com/pod-product-compliance
Lightning Source LLC
Chambersburg PA
CBHW031331230426
43670CB00006B/309